LE LIEN
QUANTIQUE

LYNNE MCTAGGART

Le Lien Quantique

The Bond

La carte pour changer de vie
et vivre en harmonie
avec les autres et la nature

MACRO EDITIONS

www.macrolivres.com

Pour de plus amples informations sur cet auteur et sur cette collection visitez notre site ***www.macrolivres.com***

Titre original : The Bond. Connecting through the space between us.

FREE PRESS
A Division of Simon & Schuster, Inc.
1230 Avenue of the Americas
New York, NY 10020
USA

coordination éditoriale	Chiara Naccarato
traduction	Madeleine Le Jeune
révision	Marylène Di Stefano
couverture	Luca Gardelli et Editing snc, Cesena - Italie
mise en page	JMD srl comunicazione e marketing, Como - Italie
impression	Tipografia Lineagrafica, Città di Castello - Italie

1re édition janvier 2012

Collection « Science et Connaissance »
www.macrolivres.com (France)
www.macroedizioni.it (Italie)
Via Bachelet 65,
47522 Cesena - Italie

ISBN 978-88-6229-263-4

Ce livre est imprimé sur du papier recyclé et écologique. Fabriqué sans chlore ni autres agents blanchissants, et dans le souci de réduire la consommation d'eau et d'énergie, le papier Editor 2 est labellisé.

Les encres utilisées pour imprimer ce livre ne contiennent pas de composés organiques volatils ni d'huiles minérales. 100 % végétales, elles sont compatibles avec l'environnement.

Éloges du livre *Le Lien*

« Avec sagesse et perspicacité, Lynne McTaggart nous propose dans *Le Lien* un projet qui nous amène à une nouvelle façon de vivre. Fondé sur les dernières découvertes scientifiques, ce livre étonnant parle au cœur et à l'esprit. Le message vital que nous donne cet ouvrage époustouflant a le pouvoir de guérir nos rapports avec les autres, avec notre voisinage et avec notre monde, en nous propulsant dans un avenir totalement différent à un moment où nous en avons le plus besoin. »

– Debbie Ford, auteure de *La Part d'ombre du chasseur de lumière,* au nombre des best-sellers du *New York Times*

« Une théorie audacieuse dans cet ouvrage spectaculaire, reposant sur des révélations scientifiques, mais aussi sur l'espoir et l'inspiration, qui nous montre le chemin pour vivre en harmonie les uns avec les autres et avec notre vraie nature qui est celle du don et du partage. »

– Janet Atwood, coauteure du bestseller *The Passion Test*

« *Le Lien* nous fait pénétrer à l'intérieur d'une réalité lumineuse de connexion à tous les niveaux de l'existence, où nous sommes témoins du cœur de l'impulsion évolutionniste. Au cœur de ce modèle, nous pouvons retrouver les chemins vers l'empathie profonde, l'harmonie sociale et la complétude. Vous allez vous délecter de l'interprétation brillante de la science que vous donne Lynne McTaggart et de la profondeur de la vision, de la cohérence morale et du pouvoir de guérison de *Le Lien.* »

– James O'Dea, activiste de la guérison sociale, ancien président de l'Institute of Noetic Sciences et auteur de *Creative Stress : A Path for Evolving Souls Living Through Personal and Planetary Upheaval*

« Dans *Le Lien*, Lynne McTaggart détruit le mythe selon lequel la connexion entre les êtres est une expérience délicate et incertaine. En se servant d'histoires fascinantes et de données scientifiques irréfutables, elle donne la preuve définitive que nous avons besoin les uns des autres, que notre capacité à prospérer et peut-être même à survivre nécessite que ce besoin devienne un principe organisateur fondamental de nos vies. *Le Lien* est un ouvrage fascinant qui inspire et dérange ; l'éloquence de Lynne McTaggart et son écriture conviviale rendent cette lecture non seulement instructive, mais aussi captivante. »

– Ocean Robbins, créateur de YES ! et auteur de *Choices for Our Future*

« À nouveau, Lynne McTaggart ajoute une pierre à l'édifice du mouvement du potentiel humain. *Le Lien* est une compilation de découvertes fascinantes et captivantes qui affirment l'interconnexion de tout ce qui est la vie. Découvertes qui se tissent entre elles pour inspirer chacun de nous à relever joyeusement le défi : soigner et honorer ces connexions profondes dans notre vie et dans notre monde. »

– Katherine Woodward Thomas, cofondatrice et coleader de Feminine Power Global Community

« Pari à nouveau réussi pour Lynne McTaggart ! *Le Lien* est son *tour de force*. Tout le monde aime aimer, tout le monde a besoin de connexions profondes, mais nous ne savons pas toujours comment les vivre. Ce message simple, mais puissant, venu des frontières de la science moderne, est un jalon qui plaira aux sceptiques aussi bien qu'aux convertis. Il nous montre comment retrouver la totalité de notre nature et guérir notre monde. »

– Arjuna Ardagh, auteur du bestseller : *The Translucent Revolution*

« Une fois de plus, Lynne a osé transmettre un message clair et transcendant qui arrive au moment opportun pour tous ceux d'entre nous qui, dans le monde entier, se sentent mystérieusement reliés. »

– Dr John Demartini, spécialiste en comportement humain, éducateur et auteur du bestseller *Inspired Destiny : Living a Fulfilling and Purposeful Life*

à Bryan

Tout a été détruit … mais il me semble qu'une nouvelle chose a été construite. Une sorte de … responsabilité. De l'homme pour l'homme. [A]fin que sur la terre s'élève à nouveau une sorte de monument dont chacun sentira l'existence, derrière lui, et pour lui cela fera toute la différence.

Arthur Miller, *Ils étaient tous mes fils*.

Prologue

Par un samedi matin frisquet, debout en plein courant d'air, je regardais l'une de mes filles qui répétait pour la pièce de théâtre de l'école. Comme elle était douée pour le théâtre, elle avait été choisie lors des auditions pour tenir le rôle principal, mais, quelques semaines avant la répétition générale, elle avait été reléguée dans un rôle secondaire. Je n'avais jamais pu savoir la raison de ce changement – et ma fille refusait d'en parler – jusqu'à ce que l'une de ses amies ne révèle que lorsque le nouveau directeur était arrivé, une autre fille de treize ans avait menti sur son expérience d'actrice afin de le persuader de lui donner le rôle qui avait été assigné à ma fille – sa meilleure amie.[1]

Quand j'ai essayé d'en parler avec sa mère avec le plus de tact possible, alors qu'elle était à la répétition, elle m'a interrompue et a haussé les épaules en disant d'un ton léger : « Bah, c'est la vie, n'est-ce pas ? »

J'ai été prise de court, mais j'ai dû admettre qu'elle n'avait pas tout à fait tort. Il est certain que c'est la vie que nous, adultes, avons planifiée pour nous-mêmes. La compétition est la pierre de touche des sociétés des pays les plus modernes et les plus développés. C'est le moteur de notre économie et l'on admet que c'est la base de la plupart de nos relations – de travail, de voisinage et même de nos amitiés les plus proches. Être le premier, de quelque façon que ce soit, a même imprégné notre vocabulaire : *en amour comme à la guerre, tous les coups sont permis. La survie des plus adaptés. Le gagnant remporte tout. Celui qui meurt avec le plus de jouets a gagné.* Il n'est donc pas étonnant que les tactiques hautement compétitives aient aussi pénétré les relations sociales de nos enfants, en conduisant à des transgressions, grandes ou petites.

---

1 Certains détails de cet incident ont été changés.

J'ai réfléchi aux échanges sociaux dans mon voisinage et à l'importance de ce que les psychologues appellent « la relativité de la conscience de soi ». *Combien d'enfants avez-vous ? Quelle sorte de voiture avez-vous ? Combien de vacances avez-vous pu vous offrir cette année ? À quelle université est-ce que votre enfant a été admis ? Quels sont ses résultats ? En d'autres termes, où vous situez-vous sur l'échelle sociale ?* Même les meilleurs d'entre nous ont ces moments intimes tels que le trader Patrick Batman d'*American psycho* qui en découvrant l'élégante carte de visite de son collègue se dit angoissé : « Oh mon Dieu, il y a même son nom *en filigrane.* »

Néanmoins, selon une perspective scientifique, cette notion que la compétition est un besoin humain fondamental n'a aucun sens pour moi. J'écris sur la science de pointe, et les dernières découvertes, provenant de plusieurs disciplines – des neurosciences et de la biologie en passant par la physique quantique – indique que la volonté la plus basique de la nature n'est pas la compétition, comme le prétend la théorie classique de l'évolution, mais l'unité. J'ai découvert de nombreuses recherches récentes qui prouvent que tous les êtres vivants, y compris les êtres humains, ont été programmés pour rechercher la connexion au-delà de toute autre impulsion même si cela a un coût personnel. Cependant, notre paradigme actuel, tel qu'il nous a été donné par la science traditionnelle, persiste à montrer l'univers comme un endroit de manque, peuplé par des choses séparées qui doivent se dresser les unes contre les autres afin de survivre. Nous avons tous accepté que *c'est la vie.*

Mais si cela a été notre vision de la vie, en ce qui me concerne, ce n'était certainement pas celle de l'animal le plus proche des miens : notre chien Ollie. Dans l'univers d'Ollie, il n'y a aucune conception de cruauté du genre « les chiens se dévorent entre eux ». Ollie ne s'occupe pas beaucoup des humains, mais il est gentil avec tous les congénères qu'il rencontre pendant ses promenades. Il va régulièrement glisser des os sous la clôture pour T-bone, l'affenpinscher de notre voisin ; en fait, il garde les plus gros os pour elle. La relation d'Ollie et de T-bone contredit toute description biologique actuelle sur la nécessité d'agir égoïstement. Comme T-bone a été stérilisée, il n'y a aucun avantage génétique personnel à lui faire la cour, aucune possibilité d'extension de la lignée familiale. Néanmoins, quand T-bone nous rend visite, Ollie va fourrager dans la poubelle pour lui trouver une carcasse de poulet, puis il lui laisse libre accès à sa propre écuelle, à ses oreilles de cochon et à ses jouets. Bien que T-bone soit plus petite que lui, quand Ollie joue avec elle il la laisse souvent gagner juste pour qu'elle continue de jouer.

J'ai commencé à me poser cette question fondamentale : *est-ce qu'il faut que ce soit toujours comme ça ?* Sommes-nous censés être aussi compétitifs les uns envers les autres ? Est-ce inhérent à la biologie animale et humaine ? Comment en sommes-nous arrivés là ? Et si nous n'étions pas ainsi, qu'est-ce que nous étions censés être ?

Depuis cette répétition théâtrale, j'ai pensé qu'à un moment donné nous avions déchiré le contrat social et oublié comment nous rejoindre. Quelque part dans l'histoire, nous avons oublié comment *être.*

Il n'est pas nécessaire qu'il en soit ainsi. Quand j'ai commencé à faire des recherches pour ce livre et à étudier les dernières découvertes dans un large éventail de disciplines – biologie, physique, zoologie, psychologie, botanique, anthropologie, astronomie, chronobiologie et histoire culturelle –, il est devenu de plus en plus évident pour moi que les vies que nous avons choisi de vivre ne concordent pas avec qui nous sommes en réalité. J'ai découvert d'autres sociétés qui vivent très différemment de nous, possédant une vision du monde qui est bien plus conforme aux découvertes de la nouvelle science. Ces cultures conçoivent l'univers comme un tout indivisible, et cette croyance centrale les a conduites à voir et à interagir avec le monde d'une manière extraordinairement différente de la nôtre. Ces gens croient qu'ils sont en relation avec tout ce qui est la vie, même avec la Terre. Nous voyons la chose ; ils voient la colle entre les choses, ce qui les tient ensemble. L'élément essentiel pour ces sociétés n'est pas l'individu, mais la relation entre les individus, qu'ils voient comme une chose en soi.

Ils ont compris que la nature essentielle de l'humanité est un rassemblement, une communion, et par conséquent, ils vivent des vies plus heureuses avec beaucoup moins de divorces, d'enfants perturbés, de crimes et de violence, au sein d'une communauté plus forte. Ils ont choisi une meilleure façon de vivre, une façon plus authentique d'être – ils ont choisi la manière, je crois, dont vous et moi étions censés vivre. Et ils le font parce qu'ils vivent dans une autre histoire – avec une autre vision du monde, racontant qui nous sommes et pourquoi nous sommes ici, une histoire autre que celle épousée par notre culture, plus particulièrement par la science généralement admise.

J'ai écrit ce livre pour vous prouver que nous fonctionnons d'après un ensemble de règles dépassées. Je veux vous montrer que l'histoire scientifique expliquant qui nous sommes a changé de façon drastique, et que nous devons changer avec elle afin de survivre. L'impulsion compétitive qui est à présent une partie majeure de la définition de nous-mêmes et qui forme le substrat de toutes nos vies est le même état d'esprit qui a créé toutes les grandes crises globales qui à présent menacent de nous détruire. Si nous pouvons retrouver l'intégralité dans nos relations, selon moi, nous commencerons à guérir notre monde.

Mon espoir, c'est que la lecture de *Le Lien* vous donnera un meilleur voisinage que celui que vous avez maintenant – si bien que les comparaisons constantes et le vol des rôles ne feront plus partie des règles du jeu.

Je veux faire remarquer que ce livre n'est certainement pas une apologie du communisme ou du socialisme, pas plus qu'un nouveau modèle économique politique. Je jouis des libertés de la démocratie, tout comme vous je suppose, en dépit des excès récents du modèle économique qu'elle a engendrés, et après avoir vécu au Royaume-Uni pendant plusieurs années, j'ai pu être témoin des limitations de certaines de ses anciennes politiques socialistes. Les idées contenues dans cet ouvrage ne sont pas là pour critiquer la science en tant que profession ou les découvertes des grands génies de la science comme Isaac

Newton ou Charles Darwin. J'affirme que je ne suis pas créationniste. Cependant, la science est un processus de découvertes incessant. Pas un seul scientifique ne peut écrire seul l'histoire définitive pour tous les temps. Lorsqu'une nouvelle découverte est révélée, de nouveaux chapitres révisent constamment, voire supplantent, les versions antérieures. À présent, nous vivons une révision radicale de la compréhension de nous-mêmes et de notre monde. Nombre des théories que nous avons tenues pour sacrées, y compris la théorie originale de l'évolution, sont en phase d'être révisées alors que nous découvrons plus d'informations sur la nature de notre monde.

J'espère vous offrir la première carte routière vous montrant comment vivre selon cette nouvelle histoire scientifique. Mon but est de vous proposer une façon nouvelle de voir le monde, avec une perspective plus large, d'avoir d'autres relations avec d'autres êtres humains, un nouveau sens de la communauté, un but nouveau et authentique – quelque chose de mieux que d'envier la carte de visite en filigrane de votre voisin.

Mon intention est de vous prouver combien il est facile de vivre dans l'unité, que de minuscules changements peuvent révolutionner votre vie et la vie de chacun autour de vous.

Les choses n'ont pas besoin de rester ainsi. Pas même un jour de plus.

Lynne McTaggart,
Décembre 2010

Introduction

Nous sentons que nous avons atteint la fin de quelque chose. Depuis le début du millénaire, des commentateurs en tout genre essaient de saisir la signification collective des incessantes crises qui nous assaillent en ces temps modernes : crises bancaires, terrorisme, crises de la dette publique, crises du changement climatique, crises énergétiques, crises alimentaires, crises écologiques, déclenchées entre autres par l'homme.

« Le monde tel que nous le connaissons est en train de disparaître », a annoncé un courtier de Wall Street aux journalistes, en septembre 2008, après l'effondrement de Lehman Brothers et la menace que Morgan Stanley fasse de même. C'est « la fin du capitalisme tel que nous le connaissons » a déclaré le réalisateur Michael Moore lorsque le géant automobile américain, General Motors, a déposé son bilan. C'est la fin de notre dépendance des énergies fossiles, a annoncé le président Barack Obama, en parlant de l'explosion de la plate-forme pétrolière Deepwater Horizon. C'est la fin de la nature, a écrit Bill McKibben dans son livre du même titre que cette déclaration. C'est la fin du pétrole, a écrit le journaliste Paul Roberts dans son livre qui lui aussi s'appelle ainsi. C'est la fin de la nourriture car c'est la fin du pétrole, a déclaré Roberts dans son livre suivant. Pour ceux qui prêtent attention au calendrier maya et à la signification apocalyptique de 2012, c'est le début de la fin du monde.

Mais les crises auxquelles nous sommes confrontés de bien des côtés sont symptomatiques d'un problème plus profond qui a plus de répercussions potentielles que celles de n'importe quel événement cataclysmique. Elles ne sont qu'une mesure de la vaste disparité entre notre définition de nous-mêmes et notre véritable essence. Pendant des centaines d'années, nous avons agi contre nature en ignorant notre connexion essentielle et en nous définissant comme séparés de notre monde. Nous avons atteint le point où ne pouvons plus vivre selon cette vision erronée de notre vraie nature. Ce qui se termine, c'est l'histoire qu'on nous a racontée jusqu'à présent sur qui nous sommes et comment nous sommes censés vivre – et c'est avec la fin de cette histoire que se trouve le seul chemin vers un meilleur avenir.

Dans ce livre, j'ai une mission audacieuse : révolutionner la façon dont vous vivez. Ce livre va réécrire l'histoire scientifique que l'on vous a racontée sur qui vous êtes, car la version courante nous a réduits à notre commun dénominateur le plus bas. En ce moment même, vous vivez à l'opposé de votre nature la plus vraie. J'espère vous aider à reconquérir votre droit de naissance, qui a été saboté non seulement par la société moderne, mais aussi et plus fondamentalement par la science moderne. Je veux vous éveiller à qui vous êtes vraiment, je veux vous faire revenir à votre moi authentique.

Le leitmotiv de notre histoire actuelle est le héros seul contre tous. Nous considérons comme acquis que notre vie est censée être un combat. Par conséquent, nous restons constamment vigilants, prêts à lutter contre tous les monstres – chez nous, au travail, parmi nos connaissances et nos amis – qui s'égarent sur notre chemin. Quel que soit le niveau de bonheur de nos vies, la vaste majorité d'entre nous maintient l'attitude d'opérer *contra mundi*, à chaque rencontre une forme de bataille quelconque doit être engagée : contre les collègues qui cherchent à usurper notre travail ou notre promotion, ou contre les étudiants qui lèvent la jauge par laquelle nous sommes jugés, contre les gens qui prennent notre place dans le métro, contre les magasins qui nous font payer trop cher, contre les voisins qui ont une Mercedes alors que nous conduisons une Volvo, et même contre notre mari ou notre femme qui a l'audace de continuer à maintenir une opinion différente de la nôtre.

L'idée que nous opérons *contre* le monde a son origine dans notre compréhension élémentaire de ce moi que nous sommes ; cette chose que nous appelons « je » existe en tant que quantité distincte, une création unique de code génétique qui vit séparément de tout ce qui est là dehors.

La définition la plus persistante que nous formulons sur la condition humaine, sur le fait fondamental de notre existence, c'est notre solitude, notre sentiment d'être séparé du monde. Nous considérons comme évident d'exister comme des êtres autonomes, isolés, qui vivent leurs histoires individuelles, alors que tout le reste – les autres atomes et autres cellules, les autres choses vivantes, les masses terrestres, les planètes, même l'air que nous respirons – existe comme quelque chose de distinct et de totalement séparé.

Bien que nous commencions la vie de l'union de deux entités, à partir de ce moment-là, nous dit la science, nous sommes essentiellement seuls. Le monde est l'irréfutable *autre*, qui continue impassiblement avec ou sans nous. Nos cœurs, croyons-nous, battent finalement et douloureusement seuls.

Ce paradigme d'individualisme compétitif nous offre une vision de la vie qui serait une lutte héroïque pour la domination sur des éléments hostiles et pour un partage de ressources strictement limitées. Il n'y en a pas assez pour tout le monde et d'autres peuvent être plus adaptés que nous, donc nous devons faire le plus possible pour l'obtenir d'abord.

Une multitude d'influences – religieuses, politiques, économiques, scientifiques et philosophiques – écrivent l'histoire que nous vivons. Néanmoins, la plupart des grandes idées que nous avons sur l'univers et sur ce qu'est un être humain proviennent de trois révolutions : la révolution scientifique, ou le Siècle des Lumières, et les deux révolutions industrielles des XVIIIe et XIXe siècles, qui ont transformé les conditions culturelles et économiques de l'Occident en notre monde moderne développé. Ces mouvements ont en grande partie créé la définition moderne de notre propre individualité en altérant de façon drastique notre vision de l'univers, partant d'un tout interconnecté, harmonieux et bienfaisant vers un amalgame de choses séparées et sans rapport, qui entrent en compétition les unes avec les autres pour leur survie.

La révolution scientifique a lancé une marche sans pitié vers l'atomisation, quand les scientifiques ont cru qu'ils pouvaient comprendre l'ensemble de l'univers en étudiant ses composants individuels.

Avec la publication de *Philosophiae Naturalis Principia Mathematica*, en 1687, Isaac Newton, le père de la physique moderne, a décrit un univers dans lequel toute matière était censée se déplacer selon des lois fixes, dans un temps tridimensionnel et dans un espace géométrique. Les lois de Newton sur le mouvement et la gravité décrivent l'univers essentiellement comme une machine, une vaste horlogerie d'éléments séparés dont on est certain qu'ils suivent toujours un comportement prévisible. À partir du moment où les lois newtoniennes ont démontré que la trajectoire de pratiquement toute chose, depuis de simples objets jusqu'au mouvement des planètes, pouvait être réduite à une équation mathématique, on a commencé à voir le monde comme une mécanique sûre. Les lois de Newton ont aussi démontré que les choses existent indépendamment les unes des autres, de façon complète, dans leurs propres frontières inviolées. Nous avons fini par les poils de notre peau ; à partir de là, le reste de l'univers commence.

Le philosophe René Descartes a écrit sur la séparation essentielle de l'homme et de son univers dans une philosophie qui bannissait toute espèce d'intelligence holistique de la nature et décrivait la matière comme mécanique et corpusculaire. Même nos corps matériels existaient en dehors de notre moi conscient ; une fois de plus une machine bien huilée et hautement fiable.

Le paradigme newtonien du monde construit comme une machine a été encore renforcé par l'arrivée de la machine la plus influente de toutes : la machine à vapeur. La vapeur et le développement de machines-outils ont non seulement transformé la production de la nourriture, du combustible, du chauffage, de la fabrication et du transport, mais ils ont aussi profondément affecté les êtres humains en les séparant du monde naturel. Partout, la vie a été divisée en séquences régulières. Le travail a été soumis au travail à la chaîne, et les ouvriers sont devenus un rouage de plus dans la chaîne de production. Le temps a été divisé en minutes, non plus par les semailles et les moissons, mais par une machine à pointer. La vaste majorité des gens qui travaillaient dans les usines ne suivaient plus les rythmes de la nature, mais celles de l'horloge.

La seconde révolution industrielle, au XIXe siècle, a introduit la technologie moderne avec le traitement de l'acier et du pétrole et a conduit à l'émergence d'une classe moyenne, qui à son tour a préparé la voie pour le capitalisme moderne et la promotion de l'individu et de ses intérêts. Dans son œuvre *Recherches sur la nature et les causes de la richesse des nations*, publiée en 1776 et considérée comme l'une des philosophies fondatrices de la théorie économique, le philosophe écossais Adam Smith a avancé que « la main invisible » du marché, créée par l'offre et la demande naturelles, et la compétition entre des individus égoïstes, servaient mieux la société en général. Son opinion, notoirement connue, était que ce que nous avions de mieux à faire pour les autres, c'était de nous abandonner à cette nature fondamentalement égoïste qui est la nôtre, en nous occupant de nous d'abord : « En poursuivant son propre intérêt, [l'individu] fait fréquemment avancer celui de la société plus efficacement que lorsque c'est son intention. »[2]

Il ne fait pas de doute que la découverte scientifique qui a le plus marqué notre vision actuelle du monde est la théorie de Charles Darwin sur l'évolution par la sélection naturelle. Quand il rassemblait ses recherches pour *L'Origine des espèces*, le jeune Darwin a été profondément influencé par les préoccupations du révérend Thomas Robert Malthus concernant l'explosion de la population et les ressources naturelles limitées.[3] Darwin en a conclu que puisqu'il n'y en avait pas assez pour tout le monde, la vie devait évoluer par ce qu'il appelait « la lutte pour l'existence ». Il explique dans *L'Origine des es-*

2 A. Smith, *An Inquiry into the Nature and Cause of the Wealth of Nations*, W. Strahan and T. Cadell, 1776.

3 T. R. Malthus, *An Essay on the Principle of Population as It Affects the Future Improvement of Society*, 1798 ; reprint, Oxford World's Classics, 13.

pèces : « Comme il naît plus d'individus qu'il n'en peut vivre, il doit y avoir, dans chaque cas, lutte pour l'existence, soit avec un individu de la même espèce, soit avec des individus d'espèces différentes, soit avec les conditions physiques de la vie. »[4]

En son temps, Darwin avait du mal à expliquer que sa phrase mémorable « la lutte pour l'existence » n'était pas littérale, mais très élastique, qu'elle englobait tout, depuis la recherche des racines pour trouver de l'eau jusqu'à l'entraide dans un troupeau d'animaux. C'est en fait le philosophe britannique, Herbert Spencer, qui le premier a utilisé le terme « la survie du plus adapté », après s'être enthousiasmé pour la lecture de *L'Origine des espèces* ; il fallut faire preuve de persuasion pour que Darwin accepte l'expression,[5] et ajoute par la suite le sous-titre : *ou la préservation des races favorisées dans la lutte pour la vie.*

Malthus avait fourni à Darwin une métaphore fondamentale pour expliquer le mécanisme qui pousse la nature à se propager et à prospérer, et par une conséquence involontaire, Darwin a lâché sur le monde une métaphore qui a représenté l'expérience humaine : *la vie est un conflit.* Un individu ou une population ne vivent qu'aux dépens de quelqu'un d'autre. En dépit de l'utilisation libérale du terme par Darwin, presque immédiatement le sens le plus étroit de la métaphore est resté dans les esprits, en offrant un cadre scientifique pour les divers mouvements sociaux et économiques qui surgissaient à l'époque. Les interprétations suivantes du travail de Darwin, même en son temps, soutenaient une vision de la vie comme une bataille pour les rares ressources, où seuls les plus durs et les plus égoïstes survivaient.

Le biologiste anglais Thomas Huxley, le Richard Dawkins de son époque, surnommé « le bouledogue de Darwin » pour avoir été son

---

4 C. Darwin, *On the Origin of Species by Means of Natural Selection, or the Preservation of the Favoured Races in the Struggle for Life*, John Murray, 1859.

5 A. R. Wallace, « Mr. Darwin's Metaphors Liable for Misconception », 1868, cité dans D. Todes, « Global Darwin: Contempt for Competition », *Nature* 462, n° 5 (2009): 36-37. Les dernières études sur Darwin avancent que sa métaphore centrale était le « compromis » plutôt que la lutte pour la survie ; il en était arrivé à penser que la vie se transforme sans fin et s'adapte en réponse à son environnement.

porte-parole véhément, a généreusement développé la vision de la compétition sans pitié, car pour lui elle était responsable de l'évolution de la culture, des idées, et même de l'esprit humain. Huxley était convaincu qu'il était dans l'ordre naturel que les êtres humains mettent leurs propres intérêts au-dessus de tous les autres.[6]

Grâce au câble télégraphique nouvellement inventé et aux avancées dans l'imprimerie, l'interprétation plus large de la théorie de Darwin s'est rapidement répandue dans le monde. « La survie du plus adapté » convenait parfaitement à l'idée de Smith pour la compétition intelligente sur le marché, mais en dehors du capitalisme occidental, la théorie de la sélection naturelle avait aussi été utilisée pour justifier la révolution chinoise et le « blanchiment » de la culture indigène de l'Amérique latine par des apports européens.[7] Des écrivains, telle Ayn Rand, d'origine russe, ont utilisé la fiction comme polémique à peine déguisée pour se féliciter du processus par lequel chacun d'entre nous essaie d'absorber la plus grande bouffée d'une quantité strictement limitée d'oxygène.

La représentation métaphorique de la vie comme une course vers la ligne d'arrivée a été utilisée comme justification intellectuelle pour la plupart des aspects de la société moderne industrialisée, qui considère la compétition comme le parfait mécanisme de la société, séparant celui qui est faible économiquement, politiquement, et socialement, de celui qui est fort. Les gagnants ont le droit de rafler le prix, car la race humaine en tire globalement bénéfice.

L'influence définitive sur notre définition scientifique moderne a eu lieu en 1953 quand les biologistes moléculaires James Watson et Francis Crick ont proclamé qu'ils avaient découvert le « secret de la vie » en révélant la nature de l'acide désoxyribonucléique (l'ADN),

6 M. Elshakry, « Global Darwin: Eastern Enchantment », *Nature* 461, n° 2 (2009) : 1200-1201.

7 J. Pusey, « Global Darwin: Revolutionary Road », *Nature* 462, n° 12 (2009) : 162-63 ; J. Bucheneau, « Global Darwin: Multicultural Mergers », *Nature* 462, n° 19 (2009) : 284-85.

le codage génétique dans le noyau de chaque cellule. Par la suite, beaucoup de scientifiques en sont venus à croire qu'à l'intérieur de la double hélice enroulée se trouvait le programme de toute l'existence d'un individu. Chacune de nos cellules, équipée d'un paquet complet de gènes, suivait son futur pré-programmé, tandis que nous étions pris en otage par notre destinée génétique, impuissants à faire autre chose que d'observer notre histoire se dérouler. Comme toute autre sorte de matière, l'être humain avait aussi été atomisé – réduit, dans un sens, à une équation mathématique.

Les interprètes actuels de Darwin, les néo-darwinistes, ont tissé la compétition et la lutte dans les dernières théories de notre constitution biologique en prétendant que chaque partie de nous-mêmes agit égoïstement afin de survivre ; nos gènes – même nos idées – sont engagés dans la compétition avec d'autres réserves de gènes et de pensées pour la domination et la longévité.[8] En fait, certains scientifiques investissent les gènes du pouvoir de contrôler chaque aspect de nos vies, en considérant le corps comme un sous-produit accidentel d'une plus grande entreprise évolutionniste.[9]

La théorie évolutionniste moderne a enlevé tout vestige d'intention de schéma moral ou bienfaisant au monde naturel : la nature n'a pas de préférence dans la coopération ou le partenariat, mais elle n'aime que les gagnants, de toutes sortes. La vision d'un tout déterminé et harmonieux a été remplacée par une force évolutionniste aveugle dans laquelle les êtres humains ne jouent plus désormais un rôle conscient.

Beaucoup de psychologues prétendent que l'esprit de compétition est profondément ancré en nous, que c'est un besoin biologique naturel aussi inhérent que notre besoin élémentaire de survivre. Après que nous nous arrêtons de nous battre pour la nourriture, l'eau, l'abri et les partenaires sexuels, la théorie prétend que nous commençons à

8 Voir R. Dawkins, *The Selfish Gene*, Oxford University press, 1989.

9 Ibid., 2. Voir aussi Rupert Sheldrake, *The Presence of the Past*, Harper Collins, 1988, 83-85.

rivaliser pour des prix plus éphémères : le pouvoir, le statut et, récemment, la célébrité.

Par conséquent, pendant plus de 300 ans, notre vision du monde a été forgée par une histoire qui décrivait des êtres isolés rivalisant pour la survie, sur une planète solitaire, dans un univers indifférent. La vie, telle qu'elle est définie par la science moderne, est essentiellement prédatrice, intéressée et solitaire.

Ces métaphores – la vision mécanique de l'univers, le sentiment que nous sommes des bêtes sauvages – ont pénétré dans notre conscience pour imprégner notre vie quotidienne. Notre paradigme pour vivre aujourd'hui a été construit sur la prémisse que la compétition est la carte de visite de l'existence. Chaque recette moderne dans nos vies a été tirée de notre interprétation de la vie comme étant un combat individuel et solitaire, avec la compétition du chacun pour soi comme une part inhérente de la vie. Tout notre modèle économique occidental est construit sur la notion que la compétition dans une économie de marché libre est essentielle pour motiver la prospérité et l'excellence. Dans nos relations, nous prônons notre droit inhérent au bonheur et à l'expression individuels par-dessus tout. Nous éduquons nos jeunes en les encourageant à rivaliser avec leurs pairs et à les surpasser. Les garages à deux voitures des quartiers modernes indiquent que ses habitants pratiquent l'art de la comparaison et l'art de faire mieux que les autres. Comme l'a si bien dit Woody Allen : « Le monde est une vaste cafétéria. »

L'esprit des temps modernes, de l'individualisme et du gagnant-rafle-tout, est responsable de bien des crises auxquelles nous devons désormais faire face dans notre société, en particulier des excès du secteur financier et de son insistance sur un plus grand et un meilleur profit chaque année, à n'importe quel prix. Avant d'être mis en prison pour sa participation à un vaste réseau d'activités frauduleuses de la société du secteur de l'énergie Enron, son PDG, Jeffrey Skilling, se vantait que son livre préféré était celui du néodarwiniste Richard Dawkins, *Le Gène égoïste*, et régulièrement il renvoyait tous les membres de son équipe qui se trouvaient dans les derniers 10 % sur la liste des résultats de réussite, afin d'améliorer « l'aptitude » générale du troupeau.[10] Cet état d'esprit est responsable de la multitude de malhonnêtetés désormais présentes dans chaque secteur de la société, depuis les 50 % d'étudiants à l'université qui officiellement trichent aux examens jusqu'à la fraude des sociétés, même dans les secteurs destinés à l'intérêt public. Presque les trois quarts de la recherche sur des produits pharmaceutiques publiés dans la littérature médicale sont écrits par des nègres d'entreprises de relation publique loués par les compagnies pharmaceutiques, alors que des effets secondaires sérieux et potentiellement mortels sont systématiquement cachés.[11]

Le danger inhérent à notre vision actuelle du monde est apparent dans la façon dont il a été amené à sa conclusion extrême et utilisé comme un principe justifiant le comportement sociopathique, depuis le meurtre de masse sous le Troisième Reich et l'eugénique du XXe siècle, jusqu'au nettoyage ethnique moderne et les meurtres en série. Eric Harris, par exemple, arborait un T-shirt où il était écrit *Natural Selection* (« sélection naturelle »), le 20 avril 1999, lorsque lui et Dylan Klebold, armés de bombes au propane, d'un assortiment de cocktails Molotov, d'un pistolet Intratec TEC-DC9 semi-automatique avec retour de souffle actionné, d'un pistolet semi-automatique Hi-point 995 Carbine, d'un fusil à pompe Savage 67-H, d'un fusil à double canon scié Stevens 311D, sont entrés nonchalamment dans le lycée de Colombine et ont ouvert le feu.[12]

Bien que notre angle newtonien nous ait permis la maîtrise technologique sur nos vies, l'effondrement mondial de notre modèle économique mondial en 2008, la crise écologique actuelle, la possibilité d'un manque de nourriture et d'eau et l'épuisement des ressources

10 B. Lipton, *Spontaneous Evolution : Our Positive Future and a Way to Get There from Here*, Hay House, 2009.

11 P. C. Gotzsche et al., « Ghost authorship in Industry-initited Randomised Trials », PLoS Med, 2007 ; 4 (1) : e19.

12 D. Sewell, *The Political Gene : How Darwin's Ideas Changed Politics*, Picador, 2009.

pétrolières dénoncent les limites de cet état d'esprit qui menace désormais notre planète d'extinction. Sur un plan personnel, cela a laissé la plupart d'entre nous avec une sensation de vide, comme si quelque chose de profond – notre humanité même – avait été piétiné dans notre lutte quotidienne avec le monde.

Nous avons un besoin urgent d'une nouvelle raison de vivre.

Ces quinze dernières années, depuis que j'ai commencé à m'intéresser aux découvertes de pointe en physique et dans d'autres branches de la science,[13] j'ai été frappée par la quantité de théories scientifiques, et par conséquent de modèles expliquant comment les choses marchent, qui s'envolent en fumée. Avec chaque nouvelle découverte dans les sciences, une autre notion chère que nous entretenions sur nous-mêmes est renversée. Une histoire scientifique complètement nouvelle est en train d'émerger qui remet en question beaucoup de nos assomptions newtoniennes et darwiniennes, y compris notre prémisse la plus élémentaire : le sentiment que les choses sont des entités séparées rivalisant pour leur survie. La preuve la plus récente, venue de la physique quantique, pose la possibilité extraordinaire que tout ce qui est la vie existe dans une relation dynamique de coopération. Les physiciens quantiques reconnaissent désormais que l'univers n'est pas un assemblage de choses séparées qui se bousculent dans un espace vide. Toute matière existe dans une vaste toile quantique de connexions, et une chose vivante, à son état le plus élémentaire, est un système d'énergie impliqué dans un transfert constant d'informations avec son environnement. Plutôt qu'un groupement de molécules individuelles et autonomes, les objets et les êtres vivants sont désormais considérés comme des *processus* dynamiques dans lesquels des parties d'une chose et des parties d'une autre chose échangent continuellement leur place.

---

13 L. McTaggart, *The Field : the Quest for the Secret Force of the Universe*, HarperCollins, 2002.

Cette révolution n'est pas limitée à la physique. De nouvelles découvertes extraordinaires, en biologie et en sciences sociales, ont profondément changé notre vision des relations entre les choses vivantes et leur environnement. Des biologistes, des psychologues, des sociologues de pointe ont tous trouvé des preuves que les individus sont moins individuels que nous ne le pensons. Entre les plus petites particules de notre être, entre notre corps et notre environnement, entre nous-mêmes et tous les gens avec qui nous entrons en contact, entre chaque membre de chaque groupe sociétal, il y a un *lien* – une connexion si intégrale et si profonde qu'il n'y a plus de démarcation claire entre le bout d'une chose et le commencement d'une autre. Le monde fonctionne essentiellement, non pas à travers l'activité de choses individuelles, mais dans leur connexion – en un sens, *dans l'espace entre les choses.*

L'aspect le plus essentiel de la vie n'est pas la chose isolée, que ce soit une particule subatomique ou un être vivant à part entière. C'est la relation elle-même : le *lien* inséparable et irréductible. Cette connexion – l'espace entre – détient la clé de la vie de chaque organisme, depuis les particules subatomiques jusqu'aux sociétés à grande échelle, et aussi la clé vers notre futur viable.

Ces découvertes suggèrent que l'idée de l'individu en tant qu'élément individuel distinct des autres éléments est une erreur. Il n'y a rien – depuis nos molécules subatomiques jusqu'à notre être entier – que nous puissions définir avec certitude comme un corps totalement séparé qui peut être isolé et cerné. « L'individu » n'est que la somme d'un nombre infini de parties inexactement définies, et les parties telles que nous les comprenons normalement se déplacent et se transforment à chaque moment. De toutes les façons, les choses individuelles vivent la vie inextricablement attachées et liées à ce qui est « autre ». L'impulsion la plus élémentaire de la nature n'est pas la lutte pour la domination, mais une volonté consistante et irrépressible d'unifier.

Ces nouvelles révélations venant des frontières de la science représentent un renversement du processus d'atomisation qui a commencé avec le Siècle des Lumières. La nouvelle histoire qui est en train de s'écrire sur la planète constitue le début d'une reprise de notre vision holistique de nous-mêmes comme inextricablement liés à tout ce que nous voyons autour de nous.

Ces découvertes n'ont pas seulement de grandes conséquences sur la façon dont nous choisissons de nous définir, mais aussi sur la façon dont nous devrions vivre. Elles indiquent que toutes nos créations sociétales, à présent pénétrées par la compétition et l'individualité, vont à l'encontre de notre être le plus fondamental – qu'une volonté pour la coopération et le partenariat, et non la domination, est fondamentale à la physique de la vie et à la construction biologique de toutes les choses vivantes. Elles impliquent que la plupart d'entre nous, dans le monde développé, ne vivent pas en harmonie avec notre véritable nature. Le fait que nous influençons constamment et que nous sommes constamment influencés par toute matière dans un *lien* constant et toujours en évolution exige un changement drastique dans la façon dont nous sommes en relation avec nous et avec toutes les autres choses vivantes.

Nous avons besoin de nouvelles règles. Nous avons besoin d'une autre façon d'*être*.

Ce livre propose d'adhérer à une nouvelle métaphore. Il rejette le dogme central de la science orthodoxe : que la matière, même la matière subatomique, existe isolément et qu'elle est complète en soi. Il avance que la danse de la vie n'est pas un solo, mais un duo – que chaque partie de vous se raccorde à un *lien* essentiel et irréductible. Il reconnaît que chacun d'entre nous est si étroitement interconnecté avec notre monde que nous ne pouvons espérer vivre de manière authentique que lorsque nous vivrons dans une histoire très différente.

Nous devons adopter une nouvelle définition de l'être humain. Nous devons observer notre univers avec un regard neuf. Appliquer ces nouvelles découvertes à tous les aspects de notre vie n'exige rien de moins que de nous renouveler.

Au final, le *lien* postule un avenir alternatif dans lequel un nouveau paradigme pour vivre en partenariat et en connexion remplace la métaphore de la lutte. J'espère vous présenter une nouvelle vision de vous et de votre place dans le monde, non pas comme son maître ou son concurrent, mais comme son partenaire coopératif.

Cette nouvelle vision commence par la compréhension – choquante par l'importance de ses conséquences – que rien dans le monde n'est séparé. En fait, au sens le plus élémentaire, il n'existe rien qui soit une chose.

PARTIE I

LE SUPERORGANISME

« Le malaise de notre temps, selon moi, c'est juste ce truc idiot que tout est devenu de plus en plus petit et de moins en moins important. »

Norman Mailer, *Les Nus et les morts*.

CHAPITRE I

« Traquer la chose »

À l'université californienne de Berkeley, sur un établi du département de chimie de la taille de deux 4x4, Graham Fleming et ses collègues ont mis en place l'équivalent scientifique d'une sorte de flipper. De nombreux lasers de précision, qui propulsent la lumière à des millions d'un milliardième de seconde, sont placés à divers points stratégiques et orientés sur une course d'obstacles faite de miroirs et de lentilles de verre, eux-mêmes dirigés vers une seule petite boîte noire. Une fois les machines mises en marche, la lumière laser générée par ces appareils ultrarapides va ricocher sur chaque miroir et chaque lentille avant de jaillir dans la boîte pour éclairer son contenu : un minuscule échantillon de bactéries du soufre vertes. La lumière provenant des lasers est censée imiter le soleil, car ce genre de bactéries est en fait une plante dont elle possède la même capacité extraordinaire de photosynthèse à convertir la lumière solaire en énergie, à l'intérieur de ses cellules.

En observant les moyens par lesquels un organisme rudimentaire vivant capte la puissance du soleil pour la convertir en énergie stockée, Fleming, un chercheur d'origine britannique, espère résoudre le mystère fondamental des plantes : leur efficacité inexorable. Le miracle, ce n'est pas seulement que la plante puisse accomplir cette merveille, mais c'est qu'elle le fasse en utilisant jusqu'au dernier photon qui se trouve sur son chemin.

Même la machine la plus sophistiquée sur terre ne peut prétendre imiter la production énergétique d'une plante. Toute activité humaine d'équivalence approximative verra diminuer le stockage d'énergie initiale de plus de 20 % lors de la transformation d'un type d'énergie à l'autre. Si les êtres humains pouvaient apprendre à capturer et à transformer l'énergie solaire grâce à une approximation même sommaire de la façon dont les plantes s'y prennent, les besoins futurs de l'humanité en énergie seraient comblés pour toujours.

L'autre aspect du mystère est plus élémentaire : comment un simple système vivant, tel qu'une plante, peut-il générer l'oxygène et les hydrates de carbone de la planète grâce à une réaction fonctionnant avec l'électricité qu'il crée exclusivement par la lumière.

La clé pour étudier ce processus extraordinaire est de suivre le chemin de l'énergie de l'électron dans l'échafaudage protéique de la cellule. Celui-ci connecte les panneaux solaires externes de la bactérie, c'est-à-dire les chlorosomes qui récoltent la lumière du soleil, à des centres de réaction au cœur des cellules, ces minuscules foyers où a lieu le miracle de la conversion.

L'expérimentation de Fleming ne prend qu'une minuscule fraction du temps qu'il faut pour un battement de cils. Dès que la lumière propulsée par les lasers atteint la protéine, elle stimule les électrons et l'énergie qui en résulte doit alors trouver la route la plus directe, le long du minuscule trajet de l'échafaudage protéique, pour arriver aux centres de réaction. C'est une tâche complexe qui demande potentiellement beaucoup de temps, selon la physique conventionnelle, car il existe plusieurs chemins et points d'aboutissement possibles que l'énergie de l'électron doit repérer et rejeter, un par un.

Ce que Fleming a découvert n'est ni plus ni moins qu'une faille gigantesque dans tout l'édifice de la biologie conventionnelle. Plutôt que d'emprunter un seul trajet, l'énergie atteint sa cible en essayant plusieurs routes simultanément. Ce n'est que lorsque la connexion finale est faite et le bout du chemin atteint que l'énergie repère son trajet le plus efficace, rétroactivement, et qu'elle suit cet unique trajet. Il semble que la route optimale ait été choisie *en remontant dans le temps*, après que toutes les possibilités ont été épuisées. C'est comme si une personne perdue dans un labyrinthe avait essayé tous les chemins possibles en même temps, et une fois le bon trajet enfin découvert, avait éliminé toute trace de ses tentatives.

La découverte de Fleming est une réponse totalement inattendue à son interrogation de départ : si la plante est si efficace, c'est parce que l'énergie générée par ses électrons messagers est capable d'occuper plus d'un endroit à la fois.

Fleming est en train de faire quelques-unes des premières explorations dans ce que l'on a appelé la « biologie quantique », en fournissant les premières preuves que la vie sur Terre se conduit selon les lois de la physique quantique, et son expérience est nécessairement grossière. Elle substitue la lumière du laser à la vraie lumière solaire, et est conduite à - 203,15 degrés Celsius dans un environnement beaucoup trop froid pour la survie de la plupart des plantes.

Néanmoins, avec sa formation en physique aussi bien qu'en chimie, Fleming se rend compte de l'importance de ce dont il vient d'être témoin. Comme les pionniers de la théorie quantique, le physicien danois Niels Bohr et son brillant protégé, l'Allemand Werner Heisenberg, l'ont découvert dans la première partie du XXe siècle, les particules subatomiques comme les électrons et les photons ne sont pas encore une *chose* réelle. Les atomes ne sont pas de petits systèmes solaires faits de balles de billard, mais plutôt un petit nuage désordonné de probabilité. Ils existent en plusieurs endroits simultanément, dans un état de *pur potentiel* ou, comme le disent les physiciens, de « superposition » : la somme de toutes les probabilités. Une particule subatomique, comme celles de la bactérie de Fleming, essaie essentiellement ce trajet-ci et ce trajet-là, en même temps, avant de choisir le trajet optimal pour atteindre le lieu de la réaction.

L'une des conclusions de leur théorie, que l'on appelle l'interprétation de Copenhague, d'après le nom de la ville où Bohr et Heisenberg ont élaboré pour la première fois les conclusions indéniables de leurs découvertes mathématiques, est l'idée d'*indétermination* : vous ne pouvez jamais savoir complètement tout sur une particule subatomique. Si vous mesurez, par exemple, l'endroit où elle est, vous ne pouvez pas en même temps déterminer ni où elle va ni à quelle vitesse. Bohr et Heisenberg ont reconnu qu'une particule quantique peut exister à la fois en tant que particule, une chose agglutinée, ressemblant à une balle, et en tant que « fonction d'onde », une grande région aux pourtours indéfinis d'espace et de temps, où la particule peut occuper n'importe quel endroit.

Dans un état quantique, une particule existe en tant qu'ensemble de tous les devenirs possibles, tous en même temps, comme une chaîne de poupées de papier reproduite à l'infini. Un électron existe « probablement » jusqu'à ce que les scientifiques le découvrent et effectuent des mesures. À cet instant, ses états multiples s'effondrent et l'électron s'installe dans un seul état d'être.

Si les résultats de l'expérience de Fleming se confirment – et d'autres scientifiques ont réussi à faire l'expérience sur de vraies plantes à la température ambiante –, cela signifie que le processus le plus fondamental de l'univers, le processus responsable de la vie sur Terre, est régi par un mécanisme qui en fait n'est rien du tout, tout au moins selon notre définition habituelle de ce qu'est une chose. L'électron responsable de la photosynthèse est un feu follet impossible à repérer ou à localiser avec précision.[14] L'expérience de Fleming expose aussi au grand jour une bien plus grande possibilité qui est celle que la vie est créée et maintenue par quelque chose de si éphémère qu'il se peut que nous ne puissions pas identifier ce dont il s'agit réellement, encore moins le localiser avec précision.

Bien que révolutionnaire par ses retombées, la découverte de Graham Fleming n'est pas particulièrement une révélation pour les physiciens quantiques. Beaucoup de chercheurs dans cette discipline ont essayé de détecter, sans succès, ce qu'est *la chose* : la plus petite chose qui a créé toutes les autres choses du monde. Toutes les suppositions modernes sur notre univers physique reposent sur la croyance que la vie est composée de choses, qui sont elles-mêmes composées de plus petites choses, et que nous pouvons comprendre les grandes

14 G. Engel et al., « Evidence for Wavelike Energy Transfer through Quantum Coherence in Photosynthetic System », letter, *Nature* 446, n° 112 (2007) : 782-86.

choses en cherchant à découvrir et à nommer les petites choses.

Depuis qu'un physicien musulman nommé Ibn al-Haytham a élaboré la méthode scientifique il y a plus d'un millier d'années, les scientifiques ont tenté de démonter l'univers comme un vaste poste de radio dont on examinerait les divers composants. Ces cent dernières années environ, ils tentent surtout de localiser les plus minuscules de ces blocs de construction. En 1909, le prix Nobel de chimie, le Néo-Zélandais Ernest Rutherford, et ses collègues à l'université de Manchester créent le modèle de l'atome de Rutherford, un minuscule système solaire d'électrons bien ordonnés, après avoir découvert ce que d'abord on pensait être son Soleil et l'une des unités les plus petites du monde : le nucléus. Le modèle de Rutherford est mis à mal quand un collègue de Cambridge, le physicien britannique James Chadwick, découvre finalement une particule encore plus petite à l'intérieur du nucléus : le neutron.

Chadwick postulait que les constituants d'un atome – les protons, les électrons et les neutrons – sont les éléments fondamentaux de notre monde ; jusqu'à ce que l'on découvre que, telle une poupée russe, dans ces particules il y a encore de plus petites particules.

En 1969, la science peut se féliciter un court moment d'avoir isolé ce qu'elle pensait alors être le principal des éléments de l'univers, le quark, jusqu'à ce qu'un « melting pot » d'autres particules, découvertes ou postulées, ne fassent leur apparition au cours des décennies suivantes : muons, tauons, positrons et gravitons, particules avec force et particules sans force, particules upsilon, neutrino tau. C'était sans compter sur les découvertes les plus récentes : skyrmions, goldstinos, dyons, pommerons, luxons, plus des « particules composées » fortement interactives, tels les hadrons et même des particules hypothétiques nées des théories de la supersymétrie.

Afin de comprendre toutes ces entités, les physiciens ont produit le modèle standard, la pierre de Rosette de la physique moderne des particules, qui rassemble toutes ces centaines de variétés de particules et ces interactions terriblement compliquées en trois familles aux interactions et tendances fondamentales : six types de quarks, six leptons, une variété de bosons, ou particules « porteuses de force », qui comprennent la plus petite unité de lumière, le photon ; des gluons, quelque chose qu'on appelle bosons de jauge, plus des gravitons et le boson de Higgs. Ces deux dernières classifications, dont on présume l'existence, n'ont pas encore été observées.

Même si le modèle standard est élégant en tant que théorie, puisqu'il permet aux scientifiques de réduire toutes ces douzaines de particules à un code mathématique, les physiciens ne peuvent toujours pas isoler une seule structure et clamer en toute confiance : nous y voilà, nous avons isolé la plus petite dénomination de l'univers, l'entité individuelle suprême dont dérive notre monde. On pense à présent que la plupart des douzaines de particules découvertes après la Seconde Guerre mondiale ne sont pas élémentaires, mais plutôt des composés de particules ; en fait, les physiciens envisagent maintenant l'impossibilité de prouver un jour que ces particules puissent être davantage divisées en leurs parties constituantes.

Les physiciens *supposent* que certaines particules sont plus élémentaires que d'autres – que les quarks sont plus élémentaires, disons, que les nucléons et les pions. Néanmoins, comme s'en plaint le prix Nobel de physique américain Steven Weinberg : « Nous ne pouvons dresser aucune conclusion définitive sur le caractère élémentaire des quarks et des gluons eux-mêmes. »[15]

En se rabattant sur la théorie du modèle standard, les physiciens ont accepté une approximation floue qui pourrait ne pas plus s'approcher de l'ultime vérité qu'un cyborg ne s'approche d'un être humain. Le modèle standard va probablement se révéler n'être qu'une vague approximation au vu d'une théorie plus fondamentale qui se révèlera un jour, une fois que les scientifiques auront inventé de plus puissants accélérateurs de particules. À ce moment-là, il se peut que nous dé-

---

15 S. Weinberg. « What Is an Elementary Particle ? », *Beam Line : A Periodical of Particle Physics* 27, printemps 1997 : 17-21.

couvrions que la plus petite de ces particules n'est pas en fait la plus petite poupée russe, mais simplement une autre poupée contenant davantage de poupées.

L'une des raisons pour laquelle il est difficile de localiser le plus petit morceau de l'univers, c'est peut-être le simple fait que, finalement, rien n'existe indépendamment. Bien que nous considérions que la matière est discrète et définissable, le fait est que l'on ne peut pas la compartimenter en quelque chose de définitif. Même la plus petite structure de matière peut s'avérer impossible à séparer de ses voisines ; elle peut s'entourer d'une barrière et affirmer irrévocablement que c'est ici qu'elle commence et que c'est ici qu'elle finit. Car pour tout élément plus petit qu'un atome, nous ne pouvons pas savoir si une chose subatomique existe en elle-même ou si elle est un composé.

Plus les scientifiques avancent, plus ils découvrent combien tout est dépendant, et finalement indivisible. Werner Heisenberg a défini cela comme « la plus importante découverte expérimentale de ces 50 dernières années ». Il a aussi fait remarquer que même le questionnement sur ce qui constitue les particules « n'a plus de sens rationnel » : « un proton, par exemple, pourrait être composé de neutron et de pion, ou de hypéron lambda et de kaon, ou provenir de deux nucléons et d'un antinucléon ; ce serait beaucoup plus simple de dire qu'un proton est constitué de matière continue, et toutes ces définitions pourraient être tout aussi exactes que fausses. *La différence entre les particules élémentaires et composées a donc fondamentalement disparu.* »[16] En fait, l'appellation « particule », qui sous-tend une réalité séparée et corporelle, est impropre. Quand les physiciens des particules pénètrent au fin fond de la matière, ils découvrent qu'il n'y a vraiment rien. Bien que le modèle de Rutherford soit encore enseigné dans les cours de physique au lycée, et que les atomes soient encore décrits comme un

16 W. Heisenbers, « Talk to the German Physical Society », 1975, cité in S. Weinberg, « What Is an Elementary Particle? » nos italiques.

groupement de petites boules de billard bien sages qui orbitent de façon ordonnée autour d'un nucléus central, les particules subatomiques vues de plus près ressemblent à une petite coalescence d'énergie, une bouffée de vide vibratoire non agglutinée.

Vlatko Vedral, professeur de physique quantique à l'université d'Oxford, a fait remarquer qu'il était plus exact de dire qu'une particule est l'excitation d'une onde, une excitation d'énergie, une petite coalescence d'énergie dans un champ d'énergie plus vaste, tel un nœud sur la longueur d'une corde. Steven Weinberg ajoute : « Nous ne pourrons donner une réponse finale à la question de savoir quelles particules sont élémentaires avant d'avoir une théorie définitive sur la force et la matière. Quand nous aurons une telle théorie, il se peut que nous trouvions que les structures élémentaires de la physique ne sont pas du tout des particules. »[17]

Bien que nous classions tout, dans l'univers, comme séparé et individuel, l'individualité, au niveau le plus élémentaire, n'existe pas.

Le monde a une dette de gratitude envers le système immunitaire fragile de Werner Heisenberg et la tendance de son corps à des taux élevés d'histamine. Durant une sévère crise de rhume des foins, en mai 1925, Heisenberg décide de se rendre sur l'île de Heligoland, un petit archipel rocailleux au nord-ouest des côtes allemandes dont le nom, « terre sacrée », est un hommage à son climat inhabituellement tempéré – une anomalie en mer du Nord – et à l'absence quasi totale de pollen sur ce terrain inhospitalier. Après avoir recommencé à bien respirer, Heisenberg a aussi pu réfléchir plus facilement à plusieurs énigmes que posaient les nouvelles découvertes sur la structure quantique de la matière. Il avait déjà eu maintes discussions avec Niels Bohr sur l'incompatibilité entre ces nouvelles idées et la théorie de la physique existante alors qu'ils sillonnaient les montagnes près de la maison de Bohr, à Copenhague, Heisenberg ayant passé de longues

17 S. Weinberg, « What Is an Elementary Particle? »

heures à essayer de réconcilier les deux. Une fois sur l'île dénudée de Heligoland, sans autre distraction, il finit par élaborer les superbes équations de la mécanique des matrices quantiques, mettant définitivement fin au besoin d'ajuster les nouvelles découvertes sur les entités quantiques à la mécanique classique.

Les idées de Heisenberg se réduisent à un simple truisme : toute théorie sur l'univers physique ne doit concerner que ce que l'on peut réellement observer par l'expérimentation. Il élimine toutes les suppositions faites sur les éléments subatomiques, telle cette notion qu'ils orbitent comme des planètes autour du Soleil. Plutôt que de travailler avec des chiffres particuliers, il se sert d'un groupe de nombres pour représenter les spectres des états disponibles pour une entité subatomique, et de cette façon, il trouve un moyen mathématique de représenter l'étrange ambiguïté de la particule quantique.

De retour sur le continent, Heisenberg montre son travail à Bohr et à son autre mentor, le physicien Max Born, qui l'aide à formuler la première théorie cohérente de la physique quantique.

Heisenberg reste cependant confronté à un fait étrange : ses équations, qui sont d'une part si convaincantes, ne commutent pas. Contrairement à l'algèbre normale, $x+y$ n'égale pas $y+x$. Une année plus tard, il formule le principe d'incertitude, ou *Ungenauigkeit* en allemand, qui met en avant cette proposition scandaleuse : la matière est finalement inconnaissable. En se confinant à la pureté mathématique, il a découvert comment démontrer ce que lui et Bohr commençaient à soupçonner. Ils ont découvert sur le monde physique quelque chose de tellement contraire à l'intuition et de si bizarre que beaucoup de physiciens modernes, pénétrés de physique newtonienne, continuent à difficilement accepter qu'il n'y ait pas de chose qui soit une chose, pas de réalité solide sous-jacente, mais seulement *l'espace entre,* les relations indivisibles entre les choses.

Depuis que l'on a établi la physique quantique, les chercheurs se sentent obligés de continuer à inventer de nouvelles théories – la théorie des cordes, les théories des mondes multiples – car, bien que les équations mathématiques fonctionnent, la logique de la physique quantique continue de déconcerter. Néanmoins, les physiciens de la physique quantique moderne ont prouvé ce dont Heisenberg avait eu l'intuition le premier : la matière n'est qu'une relation ; *x+y* établit en fait le lien impénétrable existant entre deux choses indéterminées qui n'existent pas par elles-mêmes. Ou, comme l'a fait remarquer Heisenberg avec son penchant philosophique, après avoir vainement tenté de dépasser l'incertitude du monde quantique : « Nous ne pouvons pas connaître, par principe, le présent dans tous ses détails. »[18]

Heisenberg continue de peaufiner ses théories sur ce qui est devenu « la théorie quantique des champs ». Il découvre qu'à notre niveau d'existence le plus élémentaire, les particules subatomiques non seulement ne sont pas vraiment une chose définissable, mais qu'en plus elles ne restent pas les mêmes à tout moment. Les petites choses qui font les grandes choses dans l'univers ne restent pas les mêmes, mais changent sans arrêt. Toutes les particules subatomiques échangent continuellement de l'information avec leur environnement et sont continuellement remaniées dans une structure dynamique. L'univers contient un nombre indéterminé de paquets vibratoires d'énergie, qui passent et renvoient sans arrêt de l'énergie, comme s'ils jouaient sans fin au basket avec une mer de lumière quantique. En fait, ils ne sont même pas toujours là tout le temps, ils surgissent et disparaissent de l'existence constamment, en faisant une brève apparition pour ensuite disparaître et retourner dans le champ d'énergie sous-jacent.

Toutes les particules élémentaires interagissent par ce que l'on considère comme des particules quantiques temporaires ou « virtuelles », se combinant et s'anéantissant les unes les autres en moins d'un instant. De plus, chaque type de particule possède sa particule ombre sous forme d'antimatière ou antiparticule, qui se comporte exacte-

18 W. Heisenberg, « Über den Anschaulichen Inhalt der Quantentheoretischen Kinematik und Mechanik », *Zeitschrift für Physik*, 43 (1927) : 172-98.

ment comme sa variété « positive » sauf qu'elle a une charge opposée. Ainsi, pour chaque quark il y a un antiquark, pour chaque électron un positron. Si jamais les deux se rencontrent, ils se combinent tout simplement, si bien que l'apparence superficielle d'une entité redevient une énergie indéterminée et non définie.

Les allées et venues des particules virtuelles, comparables à deux personnes qui se rendent à tour de rôle dans une banque pour déposer, puis retirer la même somme d'argent, sont désignées sous le nom de champ du point zéro. Le champ est dénommé « point zéro » car même aux températures du zéro absolu, quand théoriquement toute matière est censée s'arrêter de bouger, ces minuscules fluctuations sont encore détectables. Même dans les endroits les plus froids de l'univers, la matière subatomique ne se repose jamais, mais continue de danser son petit tango d'énergie.[19]

Les ingrédients les plus basiques de la nature sont des amas d'énergie qui sont indiscernables du champ qui les entoure. Selon la théorie du champ quantique, l'entité individuelle est éphémère et sans substance réelle, et les particules ne peuvent pas être séparées de l'espace vide autour d'elles. Bien que vous apparaissiez le même à tout moment, vous êtes un lot d'énergie subatomique complètement nouveau à chaque inspiration.

Plutôt qu'un paquet de choses séparées qui se bousculent dans un espace vide, il est plus exact de dire que la matière fondamentale n'est tout simplement qu'une relation entre deux choses indéterminées : une énergie de particule qui a interagi avec une autre énergie de particule et avec le champ environnant. C'est en fait le *lien* entre ces petites particules et le champ environnant qui crée tout ce que nous appelons « matière ». Toute matière dépend d'une connexion avec des champs d'énergie dans leur conception la plus fondamentale pour devenir une substance apparaissant solide et stable.

---

19 John D. Barrow, *The Book of Nothing*, Jonathan Cape, 2000, 216.

Hal E. Puthoff, le directeur de l'Institute for Advanced Studies à Austin, au Texas, et ses collègues ont montré que cet échange de va-et-vient constant de toute matière subatomique avec le champ du point zéro explique la stabilité de l'atome d'hydrogène, ce qui veut dire qu'il explique aussi la stabilité de toute autre matière.[20] Sans cet échange constant d'énergie avec le champ du point zéro, les électrons à l'intérieur des atomes s'échapperaient sans contrôle pour aller s'abattre dans le noyau de l'atome, et ainsi toute matière exploserait tout simplement.

Puthoff a aussi démontré que cette relation crée notre perception de la masse ou de la densité d'un objet.[21] Dans un exposé historique, ses collègues et lui ont argumenté que l'inertie – la tendance des objets à rester immobiles et à être difficiles à mouvoir, puis une fois mis en branle difficiles à arrêter – est tout simplement une « force de traînée », ou résistance à être accéléré à travers le champ du point zéro. Plus un objet est grand, plus il contient de particules, et plus il est agrippé au champ. La « traînée » sur cet objet donne l'apparence de la masse, mais aux yeux de ces physiciens, la masse est simplement de l'énergie qui s'attache à une autre énergie. Quand vous poussez sur un objet ou quand il essaie de bouger, l'interaction entre les particules, ou énergie vibratoire, de cette masse est fermement maintenue par le champ du point zéro, en donnant le sens illusoire d'une forme corporelle.

Ce qui revient à dire que tout ce que nous désignons comme objet, quelle que soit sa grandeur ou son poids, est essentiellement un amas de charges électriques interagissant avec d'autres énergies. La propriété la plus basique de l'univers, ce sentiment d'être un « quelque chose » de solide, est seulement et totalement dû au *lien* entre les particules

---

20 H. E. Puthoff, « Ground State of Hydrogen as a Zero-point-fluctuation-determined State », *Physical Review D* 35 (1987) : 3266.

21 B. Haisch, A. Rueda et H. E. Puthoff, « Inertia as a Zero-point-field Lorentz Force », *Physical Review A* 49, n° 2 (1994) ; 678-94 ; B. Haisch, A. Rueda et H. E. Puthoff, « Physics of the Zero-point Field: Implications for Inertia, Gravitation and Mass », *Speculations in Science and Technology* 20 (1997) : 99-114.

subatomiques sur le fond d'une mer d'énergie.[22] Une « particule » subatomique est tout simplement la recherche d'une connexion dans l'espace entre un grand réseau d'énergie et un petit nœud d'énergie. Vous-même, et tout ce qui vous entoure, n'êtes qu'un amas d'énergie chargée en relation avec les autres.

Nous comprenons à présent que ces petits nœuds d'énergie aiment principalement fonctionner comme un collectif indivisible. Une autre étrangeté de la physique quantique est la non-localisation, appelée aussi « intrication », avec sa connotation poétique d'une inévitable indivision, comme un couple d'amoureux malchanceux forcés de se séparer, mais qui restent mentalement et émotionnellement entrelacés à jamais. Niels Bohr a découvert qu'une fois que les particules subatomiques, comme les électrons et les protons, sont en contact, elles restent conscientes l'une de l'autre et pour toujours influencées par l'autre instantanément, et sans raison apparente, indépendamment du temps et de la distance, en dépit de l'absence de force ou d'énergie, ces éléments que les physiciens considèrent nécessaires pour qu'une chose affecte quelque chose d'autre.

Quand des particules sont intriquées, les actions de l'une vont toujours influencer l'autre dans la même direction ou dans la direction opposée, quelle que soit la distance qui les sépare, tout comme des frères siamois qui ne peuvent jamais être séparés. Une fois qu'elles ont été connectées, la mesure d'une particule subatomique affecte instantanément la position de la seconde. Les deux particules subatomiques continuent de se parler, et ce qui arrive à l'une d'elles est identique, ou opposé, à ce qui arrive à l'autre.

Des particules intriquées se trouvent souvent dans un état de « cohérence » où elles perdent leur individualité et se comportent comme une onde géante. Bien que les entités subatomiques individuelles maintiennent une certaine individualité, comme chaque musicien dans un orchestre, toute tentative pour les séparer est désormais fu-

---

22 B. Haisch, A. Rueda et H. E. Pothoff, « Advances in the proposed electromagnetic zero-point field theory of inertia », communication donnée à l'AIAA 98-3143, Advances ASME/SAE/ASEE Joint Propulsion Conference and Exhibit, 13-15 juillet 1998, Cleveland, Ohio.

tile, car quelque chose qui arrive à l'une affecte toujours le tout, et toute action faite par l'une est dirigée par le groupe. Elles sont si inextricablement connectées que vous ne pouvez pas distinguer l'une de l'autre. Les physiciens à la pointe de leur science ont vu la preuve que les émissions de particules subatomiques des choses vivantes, y compris des humains, sont hautement cohérentes, ce qui implique que notre propre constitution subatomique consiste en particules qui n'existent que comme un collectif, et qu'il est impossible de les discerner les unes des autres.

Jusqu'à sa mort, en 2008, le visage qu'offrait au monde John Archibald Wheeler, qui n'était pas sans ressembler à un Richard Nixon dégarni, démentait le foisonnement d'une vie intérieure agitée de réflexions et de spéculations. Wheeler, un autre protégé de Niels Bohr, a développé la théorie de la fission nucléaire. Il a avancé aussi l'idée que l'uranium 235 pouvait fabriquer une bombe atomique, et ceci bien avant la mission du projet Manhattan, à Los Alamos, pendant la Seconde Guerre mondiale. C'est aussi Wheeler qui a découvert que l'espace-temps d'Einstein devient une structure en écume, et, avec un certain talent pour trouver des expressions hardies, il a inventé des termes comme « trou noir » et « trou de ver ». Wheeler a toujours été le meilleur défenseur des idées d'Einstein, en propageant la théorie de la relativité générale et, en travaillant avec Einstein, il a essayé, mais a échoué, d'en faire découler la théorie du champ unifié. Néanmoins, Wheeler a continué à croire que l'univers pouvait être unifié, présenté comme une solution mathématique et même, en fin de compte, entièrement réduit à de l'information. Il a finalement sorti cette expression accrocheuse : *it from bit.* Selon lui : « Chaque particule, chaque champ de force et le continuum espace-temps lui-même dérivent de réponses "oui ou non", de choix binaires, de bits. »[23]

---

23 J. A. Wheeler, « Information, Physics, Quantum: The Search for Links » in W. Zureck, ed., *Complexity, Entropy, and the Physics of Information*, Addison-Wesley, 1990.

Cette spéculation des plus outrancières de Wheeler tente de comprendre le plus grand mystère posé par la physique quantique. Des pionniers de la physique quantique avaient démontré par leurs expériences que la seule chose qui semble transformer le potentiel d'une particule subatomique en quelque chose de solide et de mesurable était la présence d'un observateur. Aussitôt que les scientifiques ont examiné de plus près une particule subatomique en la mesurant, l'entité subatomique qui existait comme pur potentiel « s'effondrait » dans un état particulier.

Le fait qu'une particule subatomique s'installe dans un état singulier bien défini, seulement quand on la mesure ou on l'observe, a amené bien des scientifiques à envisager une possibilité bouleversante : le rôle du scientifique – ou le rôle de la conscience vivante – est en quelque sorte l'influence qui transforme les plus petits éléments de la vie en quelque chose de réel. Ceci signifie que l'univers est une aventure commune entre la conscience qui observe et la chose observée : il faut l'observateur pour que ce qui est observé vienne à exister.

Wheeler a voulu tester cette notion par la célèbre expérience quantique de la double fente, fondée sur une expérience classique sur la lumière de Thomas Young, un physicien britannique du XIXe siècle. Dans cette expérience, Young fait passer un faisceau de lumière pure à travers un seul trou, ou fente, dans un morceau de carton, puis à travers un second écran percé de deux trous, avant d'arriver finalement sur un troisième écran vierge. La lumière qui traverse les deux trous forme un motif zébré de bandes alternativement lumineuses et sombres sur ce dernier écran. Si la lumière n'était tout simplement qu'une série de particules, deux des bandes les plus brillantes devraient apparaître directement derrière les deux trous du second écran, dans un motif de particules individuelles.

Cependant, la portion la plus brillante du motif se trouve à mi-chemin entre les deux trous, et résulte de l'amplitude combinée des deux ondes qui interfèrent le plus. Quand deux ondes, qui ont des pics et des creux en même temps, se tamponnent, le signal combiné de l'onde recouverte s'intensifie et la lumière devient plus brillante. Si une onde est à un pic pendant que l'autre est à un creux, le contraire se produit, et elles s'annulent l'une l'autre, ce qui occasionne une obscurité complète. Après avoir observé ce phénomène, Young a été le premier à se rendre compte qu'un faisceau de lumière traversant deux trous se disperse en deux ondes qui se chevauchent.

Une variante moderne de l'expérience utilise des photons individuels, tirés comme des balles, qui traversent la double fente en utilisant un gadget appelé interféromètre. Ces photons uniques produisent également des motifs zébrés sur l'écran, démontrant que même des unités uniques de lumière voyagent comme des ondes étalées possédant une large sphère d'influence. Les physiciens ont considéré l'expérience de Young comme la preuve que des entités quantiques comme les photons se comportent comme des ondes et voyagent simultanément à travers les deux fentes. Comme vous avez besoin d'au moins deux ondes pour créer de tels motifs d'interférence, l'expérience suppose que le photon est en quelque sorte mystérieusement capable de traverser les deux fentes en même temps et d'interférer avec lui-même quand il se réunit de l'autre côté.

Mais il y a un problème avec cette expérience : quand le dispositif expérimental possède un détecteur de particules dont le travail est de localiser la fente que le photon a traversée, l'issue de l'expérience est très différente. Au lieu d'être une onde, le photon agit comme une particule et on le détecte comme traversant définitivement l'une des deux fentes. Plutôt que de créer un motif d'interférences, il crée un véritable motif de particules sur l'écran.

Donc, quand le détecteur de particules est mis en marche, il prend le rôle de l'observateur. Une fois qu'il est « observé » par les détecteurs, le photon se conduit comme une particule solide plutôt que comme une onde. Il se réduit à une seule entité, traverse une seule fente, et vous permet de suivre sa trace.

En 1978, quand Wheeler s'est interrogé sur le sens de cette expérience, qui semblait mettre l'accent sur la détection ou non des photons, il s'est demandé si le timing était important, si le moment où le photon était observé et mesuré avait son importance.

Quand les scientifiques veulent tester une hypothèse, ils entreprennent parfois une « expérience de pensée », ou, en référence à la pratique historique allemande, un *Gedankenexperiment.* Ils imaginent en pensée une expérience et l'effectuent dans un pur langage mathématique. Ainsi l'expérience est d'abord prouvée, ou non, seulement par les mathématiques et non pas dans la vie réelle. Pour tester le timing de son expérience de photons, Wheeler a élaboré une expérience de pensée appelée l'*Expérience du choix retardé* dans laquelle un détecteur de particules est retardé, si bien que le trajet du photon n'est détecté qu'après qu'il ait traversé les fentes.

Imaginez un photon qui a déjà traversé les fentes et qui avance vers les murs noirs. Il y a trois routes possibles pour le photon : la fente gauche, la fente droite, ou les deux fentes à la fois. À ce stade nous ne savons pas quelle route il a prise.

Et si, comme l'a imaginé Wheeler, l'appareillage pouvait incorporer un écran détecteur hautement mobile, qui pourrait être soit enlevé à ce moment-là, soit laissé en place ? Une fois que l'écran est enlevé, on découvre deux télescopes, chacun dirigé sur une fente. Les télescopes pourraient voir et enregistrer un petit flash de lumière quand le photon traverse l'une des fentes et ainsi détecter son trajet à travers l'une ou l'autre fente.

Dans cette expérience, l'observateur « a retardé son choix », à savoir s'il veut ou non observer le trajet du photon (via les télescopes) après que le photon ait pris sa décision de traverser une fente, l'autre fente, ou les deux.

Selon les calculs de Wheeler, le trajet des photons dépend entièrement du fait qu'ils soient observés ou non. Si nous enlevons l'écran et laissons les télescopes enregistrer le trajet du photon – même après qu'il ait traversé les doubles fentes – nous obtenons un schéma de motifs concordant avec ce que nous aurions obtenu si les particules traversaient l'une ou l'autre des fentes, mais pas les deux. Si nous gardons l'écran en place, les photons restent dans un état de superposition et traversent les deux fentes.

L'aspect étonnant de cette expérience, c'est que le timing n'entre pas en jeu : même après que l'événement a eu lieu et que le proton a traversé une fente, ou les deux, la présence ou l'absence de l'écran – c'est-à-dire la présence ou l'absence d'observation – détermine son issue finale.[24]

L'expérience de Wheeler sous-tend que l'observation, même après le fait, détermine l'issue finale. L'observateur contrôle entièrement si ce qui est observé vient à naître à n'importe quel moment dans le temps.

Comme l'a écrit son protégé, Richard Feynman, le rôle de l'observateur est central en physique quantique ; c'est le « mystère que l'on ne peut pas écarter ». L'expérience de Wheeler est restée une spéculation jusqu'à ce que Jean-François Roch et ses collègues de l'École normale supérieure de Cachan réussissent, en 2007, à trouver un moyen de faire l'expérience du « choix retardé » et ainsi de valider les idées imaginées par Wheeler trente ans plus tôt.[25]

Comme l'a fait remarquer Wheeler en 2006, deux ans avant sa mort : « Nous sommes des participants qui amènent à exister non seulement le ici et maintenant, mais aussi ce qui est loin et il y a longtemps ».[26] Dans son imagination fertile, il envisageait même l'univers comme une immense onde qui avait besoin d'observateurs pour l'amener à exister.

---

24 J.A. Wheeler, *Mathematical Foundation of Quantum Theory*, A.R. Marlow, ed., Academic Press, 1978.

25 On a admis que la non-localisation a été reconnue par les expériences d'Alain Aspect et al. à Paris en 1982 : A. Aspect et al., « Experimental Realization of Einstein-Podolsky-Rosen-Bohm Gedanknexperiment: A New Violation of Bell's Inequalities », *Physical Review Letters*, 49, n° 2 (1982) : 91-4. V. Jacques et al., « Experimental Realization of Wheeler's Delayed-Choice Gedankenexperiment », *Science* 315, n° 5814 (2007): 966-68.

26 J.A. Wheeler, entretien radiophonique sur « L'Univers anthropique », sur ABC Radio National, *The Science Show*, 18 février 2006.

À partir de ces preuves, nous devons nous poser une question fondamentale : si des entités quantiques, qu'il est impossible de séparer les unes des autres, conduisent tous les processus élémentaires de la vie, est-ce qu'il existe quelque chose étant en fait une chose en soi ?

Dans le monde subatomique, la matière ne peut pas être comprise séparément, mais seulement dans un réseau complexe de relations, pour toujours indivisibles. La vie existe à cause d'une dualité fondamentale, d'une multiplicité d'influences et d'états d'être, un partenariat coopératif. Dans son aspect le plus élémentaire, la matière physique non seulement n'est pas encore une chose, mais elle reste quelque chose d'indéterminé jusqu'à ce que notre conscience s'implique dans cette chose. Au moment où nous regardons un électron ou le mesurons, nous aidons à déterminer son état final.

La relation la plus irréductible de toutes est peut-être celle qui existe entre la matière et la conscience qui l'observe ; tout ce qui finalement rend quelque chose réel est le *lien* alchimique entre l'observateur et l'observé. Il n'y a pas « nous » et « eux », mais seulement un « nous » qui se transforme sans cesse. Avec chaque respiration, nous co-créons notre monde.

Nous ne pouvons pas découvrir les parties fondamentales de notre univers, quelle que soit l'intensité avec laquelle nous cherchons, car elles n'existent qu'en relation avec les autres parties. Les physiciens quantiques continuent sans succès de « traquer la chose », même si, dans l'acte même de la chercher, ils l'altèrent. La vie est établie non pas dans une chose, mais dans le *lien*, dans l'espace entre deux choses : entre les particules subatomiques, entre les particules et le champ en toile de fond, et entre l'esprit, ou la conscience, et la matière. En fait, comme les biologistes l'ont découvert, c'est de cette façon que nous sommes fabriqués. Vous et moi sommes entièrement les créations de nos interactions avec l'univers.

CHAPITRE 2

Le Maître concepteur

Selon Randy Jirtle, le génome humain est tout simplement un ordinateur défectueux. Alors qu'il était encore étudiant, Jirtle, professeur de cancérologie à la *Duke University*, a commencé sa longue carrière académique en effectuant sur ordinateur des prouesses mathématiques complexes lors de ses recherches universitaires en ingénierie nucléaire. Son diplôme en poche, il a renoncé à son intention initiale de travailler sur l'énergie et les réacteurs nucléaires pour se spécialiser dans la biologie du rayonnement ionisant – les effets biologiques qui sont, dans un certain sens, ceux d'une énergie nucléaire qui s'est déréglée. Pourtant, même en travaillant avec des systèmes vivants, il lui semblait à nouveau travailler avec du hardware et des logiciels. Pour lui, il était clair que le gène était le hardware. Mais il se demandait pourquoi ce hardware se déréglait si souvent. Et où était exactement le logiciel, le maître concepteur qui contrôlait le tout ?

La faille dans le logiciel avait quelque chose à voir avec *l'empreinte parentale*, avec ce pan tout entier d'ADN, sur chaque paire de chromosomes, condamné à rester silencieux pour la vie. L'empreinte parentale a fasciné beaucoup de généticiens, car elle semble violer les belles lois de l'hérédité établies par Gregor Mendel, un moine du XIXe siècle, qui a développé les bases de la génétique moderne. Bien qu'un organisme hérite de deux lots de gènes, un pour chacun des parents, selon Mendel, le gène le plus fort et le plus adapté est *dominant*, en aidant ainsi à former l'apparence de l'organisme, alors que l'autre moitié *récessive* reste silencieuse, dépassée par le gène dominant. La logique de la nature consistant à recevoir deux copies génomiques à la fois de la mère et du père semble être un garde-fou supplémentaire contre une mutation, mais en rendant silencieux l'un ou l'autre, la nature semble abandonner cet avantage.

Jirtle a avancé que le fait qu'un gène apparaisse dépend plus du parent dont il provient que de la tendance innée à être dominant. Au niveau du gène, la vie est une guerre constante entre les sexes. Comme ses propres recherches l'ont démontré, le gène rendu silencieux semble posséder une faiblesse inhérente, être une cible potentielle pour le cancer ou toute autre maladie. C'est comme si l'ADN avait été construit avec un circuit imprimé, délibérément programmé pour imploser.

Pendant plus d'une dizaine d'années, Jirtle s'est interrogé sur ce phénomène et ses rapports avec des systèmes dans le corps qui soudain développaient un cancer. Son laboratoire était connu pour ses recherches sur l'IGF-2 (facteur de croissance 2 analogue à l'insuline), une substance du corps qui arrête l'apoptose, ou mort cellulaire programmée, en ouvrant la voie au cancer : la croissance cellulaire devient frénétique. Il a étudié exhaustivement un suppresseur de tumeur, appelé IGF-2R, chez la souris, qui phagocyte l'IGF-2 et arrive à l'engloutir, en supprimant finalement le cancer du foie. L'équipe de Jirtle a découvert qu'un déclic en dehors du gène était responsable du déclenchement de l'activité de l'IGF-2R. Mais quelles sont les conditions biologiques exactes qui ont appuyé sur le déclic ? S'il pouvait trouver les boutons qui activent ou désactivent certaines maladies, il pourrait modifier le processus de l'empreinte parentale et au bout du compte éteindre le mécanisme autodestructeur de l'ordinateur.

Jirtle a pu approfondir ses recherches, en 2000, lorsqu'il a reçu une lettre de Rob Waterland lui demandant de sponsoriser son projet postdoctoral. Waterland, qui venait de passer son doctorat en nutrition humaine à la *Cornell University*, désirait explorer la possibilité selon laquelle des changements de nutrition seraient l'un des facteurs déclencheurs. Il avait été impressionné par le fait que Jirtle envisageait que le plan directeur pouvait être en dehors du gène. Waterland avait été particulièrement fasciné par l'évidence scientifique montrant que les enfants dont les mères avaient été privées de certains aliments pendant leur grossesse étaient beaucoup plus susceptibles de développer des maladies et des désordres neurologiques. La recherche épidémiologique avait révélé que des populations exposées à la famine durant la période prénatale pesaient moins à la naissance et avaient un taux plus élevé de maladies dégénératives telles que le diabète, des insuffisances coronariennes et le cancer.

Waterland était aussi intrigué par l'évidence que la famine a des effets qui continuent sur plusieurs générations. Les gens qui ont souffert de la faim lorsqu'ils étaient dans l'utérus produisent des enfants plus petits que des enfants normaux et ces enfants à leur tour ont des enfants plus petits que la moyenne, même si les enfants et les petits-enfants ont reçu une alimentation adéquate pendant leur vie. Des conditions d'environnement hostiles semblent affecter au moins les deux générations qui suivent.[27]

Waterland s'est demandé ce qui arriverait si on faisait l'inverse : en *améliorant* la nourriture d'une femme enceinte, pouvait-on empêcher les gènes programmés pour la maladie de s'exprimer et ainsi inverser la destinée génétique ?

Jirtle a accepté de travailler avec Waterland à une condition : qu'ils choisissent leurs cobayes très soigneusement. Lorsque les scientifiques veulent étudier un problème génétique, ils ont besoin d'examiner une aberration facilement identifiable sous des conditions exagérées ; ils choisissent donc un caprice génétique de la nature. Chacun de leur côté, Jirtle et Waterland ont décidé que l'anomalie parfaite pour leurs recherches était le gène « Agouti viable jaune » (Avy). Les souris Agouti possèdent un défaut génétique dans leur gène Agouti qui encode la molécule du signal de la couleur des poils, en donnant l'ordre aux follicules du poil de produire un pelage jaune plutôt que la couleur

27 L.H. Lumey, « Decreased Birthweights in Infants After Maternal in Utero Exposure to the Dutch Famine of 1944-1945 », *Paediatric and Perinatal Epidemiology* 6, n° 2 (1992): 240-53 ; G. Kaati et al., « Cardiovascular and Diabetes Mortality Determined by Nutrition During Parents' and Grandparents' Slow Growth Period », *European Journal of Human Genetics* 10 (2002): 682-88. Voir Harald Gaier, « Beyond the Selfish Gene », *What Doctors Don't Tell You*, 22 août 2008.

brune habituelle. Les souris qui possèdent le gène défectueux Agouti sont aussi destinées à devenir des mollassons. Non seulement elles sont de couleur dorée, mais ces souris sont obèses avec une prédisposition au diabète et au cancer.

Waterland avait été inspiré par une étude faite par le National Center for Toxicological Research (NCTR) qui montrait qu'en ajoutant une variété de suppléments de vitamines B à la nourriture des souris Agouti, on pouvait neutraliser les défauts génétiques et produire un plus grand nombre de bébés normaux. L'étude avait spéculé qu'un mécanisme « au-dessus du gène » était responsable, mais les chercheurs n'avaient pas pu identifier exactement son fonctionnement ni ce qui, dans l'ADN de la mère, avait été modifié pour produire ce résultat favorable.[28] Waterland a décidé d'utiliser le modèle et le protocole du NCTR, mais d'étudier séparément l'ADN des bébés souris pour voir ce qu'il pourrait révéler.

Ayant obtenu une bourse de recherches pour deux ans du *Dannon Institute*, Waterland et Jirtle se sont procuré quelques couples de souris Agouti du groupe du NCTR qui avait fait l'étude initiale, et, en six mois, ils avaient chacun dix portées de souris à tester et à observer. La moitié des souris femelles Agouti recevaient des suppléments de vitamines B avant d'être fécondées, pendant leur gestation et pendant l'allaitement, alors que l'autre moitié ne recevait que la nourriture habituelle des souris.

Isoler le code génétique d'un seul animal est un processus laborieux qui peut prendre toute une semaine. Waterland a commencé par prendre un petit fragment de tissu de la queue de chaque animal, l'a modifié par un procédé adéquat, l'a mélangé dans une soupe toxique de produits chimiques pour séparer le code génétique, puis lui a fait subir des différences de température de 40 °C, en alternant le chaud et

28 G. Wolff et al., « Maternal Epigenetics and Methyl Supplements Affect Agouti Gene Expression in Avy/a Mice », *FASEB Journal*, 12 août 1998 : 949-57.

le froid, pour déclencher une réaction en chaîne qui répliquait rapidement l'ADN, un peu comme un photographe prend des photos sans arrêt. Après quelques opérations chimiques supplémentaires, l'empreinte génétique a été suffisamment visible pour être photographiée. Une fois ce processus laborieux établi avec toutes ses souris, Waterland a découvert une différence évidente dans un aspect du code génétique des souris dont les mères avaient reçu les suppléments de vitamines.

Le code génétique pour les protéines se présente sous quatre versions que la science a, pour une fois, appelées très simplement : A, C, G et T (représentant les bases nucléotides de l'adénine, de la cytosine, de la guanine et de la thymine). Chez une énorme proportion des souriceaux dont les mères avaient reçu les vitamines B, C s'était transformé en T. Dans un sens, les suppléments de vitamines B avaient fait naître un gène différent.

De plus, les changements de l'expression du gène étaient physiquement évidents. Un plus grand pourcentage de souriceaux des mères qui avaient reçu la nourriture enrichie était d'une couleur brune normale et moins susceptible de développer des maladies dégénératives telles que le diabète ou le cancer. Contrairement à leurs mères, la génération suivante a vécu aussi longtemps que des souris normales.[29] Les suppléments de vitamines avaient de façon spectaculaire neutralisé la destinée génétique des descendants en éteignant l'expression du gène Agouti. C'était la première preuve de l'existence d'un lien clair de cause à effet entre l'environnement d'une mère animale et les altérations permanentes d'un aspect du code génétique de sa progéniture. En publiant cette étude, Jirtle a pu faire cette déclaration sensationnelle : « C'est ici que l'environnement fait la jonction avec la génomique. »[30] Avec leur petit échantillon de souris, Jirtle et Waterland ont prouvé que quelques modifications simples de l'environnement,

29 R. A. Waterland et R. L. Jittle, « Transposable Elements: Targets for Early Nutritional Effects on Epigenetic Gene regulation », *Molecular Cell Biology* 23 (2003) : 5293-300.

30 Cité dans L. A. Pray, « Epigenetics: Genome, Meet Your Environment », *The Scientist* 18, n° 13 (2004) : 14-20.

se produisant tôt dans la vie d'un organisme vivant, peuvent prendre en charge sa destinée génétique.

« Nous allons soit devenir célèbres, soit être cloués au pilori », s'est moqué Jirtle en parlant à Waterland de la couverture du magazine *Molecular and Cellular Biology* du numéro d'août 2003 montrant un assortiment de souriceaux tout minces, aux pelages divers allant du jaune au brun, batifolant sur une montagne de brocolis et de choux frisés. Jirtle se rendait compte que leur étude lancée dans ce numéro allait non seulement ébranler une croyance sur la génétique scientifique vieille de cent ans, mais aussi le fondement même de la biologie moderne. De fait, ils allaient réhabiliter Jean Baptiste Lamarck, un géant de la science qui avait été si critiqué que pendant plus d'un siècle son nom avait été synonyme d'idée grotesque.

Plus de cinquante ans avant que Darwin ne développe ses idées sur la sélection naturelle et n'écrive *L'Origine des espèces*, le botaniste et zoologiste français Lamarck avait passé une dizaine d'années à étudier la flore française et les invertébrés (un nom qu'il inventa), pour finalement publier, en 1802, la *Recherche sur l'organisation des corps vivants* et plus tard son œuvre maîtresse, *La Philosophie zoologique,* le premier de ces ouvrages exposant une théorie de l'évolution élaborée et cohérente.[31] Lamarck décrivait la vie comme une chaîne d'existence en évolution ; et Darwin, lorsqu'il était étudiant à Oxford, avait étudié les théories de Lamarck et y adhérait totalement. Lamarck croyait aussi dans la transmission des « caractères acquis ». Il affirmait que l'environnement est responsable des changements chez les animaux et que ces changements peuvent être transmis à la génération suivante.

Darwin décrivait l'évolution des espèces essentiellement comme un hasard capricieux. L'ensemble de sa théorie de la sélection naturelle repose sur trois postulats de base : que tous les organismes descendent d'un ancêtre commun, que les nouveaux traits dans une espèce évoluent par une mutation due au hasard, et que ces traits

31 J. Lamarck, *Philosophie zoologique ou exposition des considérations relatives à l'histoire naturelle des animaux*, Dentu, 1809.

persistent seulement s'ils aident l'espèce à survivre. Il croyait que les mutations arrivent à l'intérieur des organismes individuels essentiellement comme une sorte d'erreur de recopiage qui se transmet à la génération suivante. Tous les changements majeurs d'une espèce à une autre perdureraient dans une espèce, seulement si cette erreur génétique procurait un avantage de survie pour les membres de l'espèce. Néanmoins, les changements majeurs d'une espèce à une autre se produisaient par des étapes infimes réparties sur des laps de temps très longs. Selon cette perspective, comme Richard Dawkins l'a décrit de façon spectaculaire, la nature est un « horloger aveugle » et l'évolution est un processus insensible qui départage les gagnants des perdants.

D'autre part, Lamarck considérait l'évolution comme une aventure coopérative entre un organisme et son environnement. Il croyait dans « la transmission des caractères acquis » : un organisme acquiert certaines caractéristiques durant sa vie, *en réponse aux défis de l'environnement*, et les transmet à sa descendance. Il concluait qu'un organisme répond *au besoin d'évoluer* et que ce besoin produit des adaptations favorables. Tout comme Darwin, Lamarck prétendait que la « transmutation des espèces », ainsi qu'il nommait l'évolution d'une espèce en une autre, survenait lentement, sur un temps infini. Contrairement à la synthèse évolutionniste actuelle, et à l'importance qu'elle donne au hasard génétique, la vision du monde lamarckienne décrit le monde naturel comme une coopération dynamique et symbiotique, et considère le changement évolutionniste comme une solution commune, qui restaure l'équilibre et l'harmonie quand un organisme n'est plus en phase avec son environnement.

Bien que ses vues aient été initialement accueillies avec enthousiasme, elles furent par la suite complètement rejetées et Lamarck mourut pauvre, son corps enterré dans une fosse commune. Le terme « lamarckien » est alors utilisé dans le vocabulaire scientifique comme un terme désobligeant pour toute idée suggérant que les facteurs environnementaux peuvent altérer le codage génétique ou qu'un organisme de n'importe quelle variété possède en quelque sorte l'intelligence d'affecter l'empreinte génétique d'un corps.

Il s'est passé plus d'un siècle avant que le travail de Lamarck ne soit réexaminé par un embryologiste britannique, professeur à l'université de Cambridge, Conrad Waddington, qui, en essayant de comprendre comment les tubes médullaires des amphibiens se construisent, a été convaincu que la réponse se trouvait dans la discipline toute récente de la génétique. Dans les années 1930, cette pensée était une hérésie, car on ne comprenait pas bien les gènes et on n'envisageait certainement pas qu'un plan héréditaire puisse exister en dehors des caractéristiques physiques des individus.

Afin de poursuivre sa théorie non orthodoxe, Waddington s'est rendu aux États-Unis, sur la côte ouest, à la California School of Technology, où le grand généticien américain Thomas Hunt Morgan avait créé un laboratoire entièrement consacré à la *Drosophila melanogaster*, la mouche du vinaigre. Celle-ci allait devenir, grâce au travail de Morgan, l'organisme modèle le plus étudié pour des générations à venir. Une fois installé au laboratoire de Californie, Waddington a commencé à analyser méticuleusement comment de minuscules mutations affectent le développement de l'aile arrière de la drosophile en exposant les mouches embryonnaires à l'éther.

Bien que Waddington ait supposé à l'origine que ses recherches prouveraient l'importance du code génétique, il a découvert que les conditions anormales au début de la vie d'une mouche du vinaigre lui font développer un étrange couple d'ailes arrière. Après avoir exposé à l'éther de nombreuses générations de mouches, Waddington s'est rendu compte d'un autre phénomène assez remarquable : l'altération des ailes arrière, changement introduit purement par l'environnement, continuait à être reproduit pendant huit générations suivantes. Et ceci, même lorsque cette descendance n'était pas exposée au liquide volatil.[32]

Waddington a inventé le terme « paysage épigénétique » pour suggérer que l'environnement aide à compléter l'expression généti-

---

32 A. C. Faberge et J. D. Mohler, « Breakage of Chromosomes Produced by Ultraviolet Radiation in Drosophilia », *Nature* 169, n° 4294 (1952) : 278-79.

que. Il a utilisé le terme « épigénétique », qui signifie « au-dessus du gène », parce que cette influence semblait se produire en dehors du gène lui-même. Il a aussi développé sa théorie sur *l'assimilation génétique*, qui propose que la réponse d'un animal à son environnement, particulièrement aux causes de stress, affecte non seulement son développement, mais fait aussi partie de son héritage ; les caractéristiques acquises qui en découlent créent des changements qui sont assimilés dans les espèces, en produisant ainsi des changements majeurs pour les générations suivantes.[33] Waddington a été le premier à démontrer que Lamarck, et non Darwin, avait raison sur un certain point : le développement d'une chose vivante semble être dépendant de la nature de sa connexion avec des choses extérieures à elle, et c'est cette *connexion*, et non pas simplement le code génétique, qui est transmise aux générations suivantes.

La preuve la plus fondamentale que nous ayons de notre propre distinction repose sur le fait que notre corps est unique par rapport à tous les autres. Notre concept du *moi* vient aussi de cette croyance que notre corps est créé par un processus exclusif et entièrement autosuffisant à l'intérieur de ses propres frontières. Personnalité, caractéristiques physiques, en fait la somme totale de ce qui nous définit, sont façonnées par le programme unique de l'ADN contenu à l'intérieur. Bien que nous acceptions l'effet du stress émotionnel sur notre psychisme personnel et l'effet de la nourriture sur certains aspects de notre santé, nous avons admis que l'argile de notre moi prend une forme permanente, puis se fixe et durcit, principalement d'après un processus qui part du gène vers l'extérieur à travers nos cellules et organes. Nous ne pensons pas que le cours de nos vies, bon ou mauvais, puisse altérer, soit notre propre programme génétique, soit celui que nous passons à nos enfants, autrement que par des mutations arbitraires qui ont lieu sur des centaines de générations.

---

33 C. H. Waddington, « Genetic Assimiliation of an Acquired Character », *Evolution* (1953) : 118-26 ; C. H. Waddington, *The Evolution of an Evolutionist*, Cornell University Press, 1975.

Depuis que le philosophe de la nature (et l'ennemi juré de Newton), Robert Hooke, s'est mis à faire des observations avec un microscope primitif, en 1660, et a découvert ce qui semblait être des unités autonomes dans des coupes de liège, les biologistes ont considéré que la cellule était « la chambre des machines » du corps humain. En fait, le mot « cellule » veut dire « petite chambre » en latin, car Hooke a trouvé que ces cellules de liège ressemblaient à une cellule monastique, la mitochondrie – la machine réelle – et le noyau : le quartier général de l'opération. Néanmoins, il a fallu que des générations de scientifiques se penchent pendant trois siècles sur cette petite partie d'une cellule pour découvrir ce qui a fini par être considéré comme l'ingénieur principal du corps.

Une fois que Watson et Crick ont décodé l'ADN, le code génétique dans le noyau cellulaire, l'ADN a été considéré comme l'architecte, le constructeur et le suzerain du corps, qui élaborait le plan de toute une vie et l'utilisait ensuite pour mener et diriger toutes les activités dynamiques du corps. On supposait que tout ceci était dirigé par un processus mécanique simple qui activait ou désactivait sélectivement certains gènes, les étapes sur l'échelle en spirale de la double hélice. Ces nucléotides, ou instructions génétiques, font des copies d'elles-mêmes : les molécules d'acide ribonucléique messager (ARN), qui choisissent, à partir d'un alphabet d'acides aminés, les « mots » génétiques créant l'une des (environ) 150 000 protéines spécifiques du corps pour effectuer ses multiples fonctions.

Dès le début, Watson et Crick ont établi certaines règles qu'ils ont appelées le « dogme central » de la microbiologie, comme pour souligner l'importance d'y souscrire comme à un article de foi. Le premier commandement était que les commandes d'information cellulaire vont dans une seule direction : de l'ADN à l'ARN messager, vers la combinaison choisie d'acides aminés jusqu'à l'assemblage de protéines. Toute proposition suggérant un tant soit peu la réversibilité de ce processus – c'est-à-dire que des agents extérieurs affectent les protéines qui constituent les organismes vivants, et que ces protéines affectent l'ARN et, en fin de compte, l'ADN – était discréditée et considérée comme une illusion lamarckienne.[34] Pourtant, le dogme central s'avérait incapable d'expliquer exactement comment cette longue chaîne d'instructions génétiques « savait » à quel moment orchestrer un processus particulier et ce qui déclenchait exactement le signal. Jusqu'à tout récemment, les scientifiques prétendaient que l'activité du gène était un processus fermé qui avait lieu indépendamment de l'environnement.

Comme l'étude de Jirtle et Waterland l'a démontré de façon probante, les gènes, loin d'être le contrôleur central, existent plutôt comme des particules subatomiques, purement comme un potentiel,[35] qui doit être activé ou non par des signaux en dehors de notre corps. La recherche suggère désormais que l'information coule dans une autre direction : *de l'extérieur vers l'intérieur*. Un signal environnemental quelconque avertit le corps que le produit d'une protéine spéciale est nécessaire, et c'est le signal environnemental extérieur qui active une expression génétique particulière. Le réseau compliqué d'influences environnementales auquel nous sommes exposés pendant notre vie détermine en fait l'expression finale de chaque gène dans notre corps. Les gènes sont activés, éteints ou modifiés, par les circonstances de notre vie et par l'environnement, c'est-à-dire par ce que nous mangeons, par les personnes dont nous nous entourons et par la façon dont nous conduisons notre vie.

Imaginez une usine géante avec un bureau central et un grand nombre de centres d'énergie utilisés pour alimenter le reste de l'usine, des centres si grands et si sophistiqués qu'ils abritent des milliers de processus chimiques et électriques simultanément. Puis, imaginez 40 billions de ces usines extraordinaires installées joue contre joue,

---

34 J. D. Watson et F. H. Crick, « Molecular Structure of Nucleic Acids : A Structure for Deoxyribose Nucleic Acid. », *Nature* 171, n° 4356 (1953) : 737-38.

35 Le biologiste Bruce Lipton a été l'un des premiers à faire ce rapprochement dans son livre fondateur : *The Biology of Belief: Unleashing the Power of Consciousness, Matter & Miracles*, Hay House, 2008.

dans un va-et-vient d'échange de ressources, et vous commencerez à comprendre la vie dynamique de chacune des 100 billions de cellules dans votre corps.

Chaque cellule est en soi un corps, capable, en l'espace de 10 micromètres, d'effectuer toutes les activités variées – respiration, consommation, reproduction, excrétion – que fait votre corps en tant que totalité. Néanmoins, quelle que soit sa capacité à faire des tâches multiples, quelle que soit sa capacité à observer un changement et à s'adapter rapidement, pas une seule cellule de votre corps n'est capable d'une fonction sans recevoir un signal venu de l'extérieur. En fait, les scientifiques commencent maintenant à comprendre que ce déclic qui active ou désactive les gènes est en dehors de votre corps.

Le cytoplasme, cette gelée qui constitue chaque cellule du corps, est contenu dans une membrane cellulaire semi-perméable constituée par une triple couche de molécules ressemblant à du gras contenant une variété de molécules de protéines qui agissent comme des portes tournantes afin que d'autres molécules puissent entrer ou sortir de la cellule. Qu'une molécule passe ou ne passe pas à travers la membrane de la cellule dépend entièrement de ces protéines gardiennes, qu'on appelle *récepteurs* car elles fonctionnent comme des antennes, en détectant des signaux externes provenant d'autres molécules et, à leur tour, en envoyant aux protéines *effectrices* le signal de modifier le comportement de la cellule.

La membrane contient des centaines de milliers de ces switches récepteurs de protéines, qui possèdent la capacité de réguler la fonction d'une cellule en activant ou en désactivant un certain gène. Mais, ainsi que Jirtle l'a découvert, ce qui amène à déclencher le switch est un signal environnemental – de l'air, de l'eau, de la nourriture que nous consommons, des toxines auxquelles nous sommes exposés, ou même des gens dont nous nous entourons. À son tour, ceci affecte la méthylation de la double hélice de l'ADN, qui est extrêmement sensible à l'environnement, en particulier pendant les premiers stades de la vie. Durant ce processus, le groupe méthyle, un quatuor d'atomes, se fixe à un gène spécifique et lui envoie un message pour le rendre silencieux, réduire son expression, ou en quelque sorte altérer sa fonction.

La science considérait cette configuration, souvent appelée « épigénome », comme simplement responsable de la différenciation cellulaire, en permettant à certaines cellules de se transformer pour devenir un nez ou un bras, même si chaque cellule portait un ADN identique. Mais comme l'a démontré l'étude sur les souris Agouti, l'épigénome a aussi le potentiel de fonctionner comme une interface entre l'extérieur et l'intérieur du corps, en devenant l'interprète du gène pour des signaux environnementaux. Les vitamines B, dans l'étude de Jirtle et Waterland, se comportaient comme des donneurs de méthyle, en poussant des groupes de méthyle à se fixer plus fréquemment au gène Agouti du souriceau dans l'utérus, en éteignant ainsi l'expression qui aurait déclenché la couleur jaune inhabituelle et la maladie. Ce signalement avait lieu non pas dans, mais *au-dessus* du gène et n'altérait pas la séquence génétique ou n'interférait en aucune façon avec les quatre lettres du code génétique. Ce qui signifie qu'un contrôleur important du gène, activé ou non, reçoit des influences en dehors du corps.

Donc, si on en revient à l'essentiel, une cellule de n'importe quelle personne ou de n'importe quel animal est indifférenciable d'une autre. Si vous prenez la membrane d'une de mes 40 billions de cellules, vous pouvez l'implanter avec succès dans votre propre corps.[36] Une cellule n'a pas d'individualité à moins qu'elle n'interagisse avec son environnement. Les influences extérieures détermineront l'expression d'une cellule et la façon dont elle réagit avec son monde, si elle obéira ou si elle sera différente de ses consœurs. Comme le biologiste Bruce Lipton l'indique dans son livre révolutionnaire, *La Biologie des croyances*, le vrai cerveau d'une cellule est sa membrane.[37]

---

36 Ibid., chapitre 3, 75-94.

37 Ibid., 75-6.

Plutôt que le noyau, ce sont des influences externes filtrant à travers la membrane cellulaire qui contrôlent la cellule et, par conséquent, le comportement et la santé de l'organisme tout entier. Les changements épigénétiques, et le fait qu'un gène s'exprime ou non, sont le résultat de stress environnementaux. La nourriture, la qualité de l'air et de l'eau, le climat émotionnel dans votre famille, l'état de vos relations, le sens d'accomplissement de votre vie – la somme totale de comment vous vivez votre vie et aussi de comment vos ancêtres vivaient la leur – ont l'effet le plus important sur l'expression de vos gènes. Chaque facteur de nos vies concourt à créer la personne physique que nous devenons.

Les découvertes en épigénétique représentent l'ultime apostasie pour le dogme central de Watson et Crick selon lequel les gènes déterminent la façon dont nous répondons à notre environnement. Comme l'expérimentation de Jirtle et Waterland le montre, l'inverse a lieu : notre environnement détermine la façon dont nos gènes vont répondre. L'environnement *à l'extérieur* de nos corps détermine l'environnement *à l'intérieur*. Nous sommes construits par un échange délicat de substances, à l'intérieur et à l'extérieur de notre frontière physique. Un *lien* existe entre la programmation dans nos cellules et tout ce à quoi nous sommes connectés dans notre monde durant toute notre vie. Tout comme des particules subatomiques, notre corps physique n'est pas une entité discrète, mais le produit fini d'une relation.

L'étude de Jittle et Waterland sur les souris a donné lieu à une profusion de recherches. Pendant les cinq années qui ont suivi sa publication, le nombre d'articles publiés sur l'épigénétique a été multiplié par 40, en particulier les études concernant les maladies héréditaires. À la pointe de la recherche se trouvait une équipe de scientifiques de l'université McGill, à Montréal, conduite par Moshe Szyf, professeur de pharmacologie et de thérapeutique, originaire d'Israël. Le propre laboratoire de Szyf a breveté cinq produits d'ADN et un brevet est encore en attente, tous concernant des formules pour l'ADN avec lesquelles il espère changer le cours de l'histoire médicale. Il pense qu'il peut trouver un traitement pour le cancer dans l'épigénome humain en manipulant le processus de méthylation afin que le switch qui active les gènes cancérigènes reste inopérant de façon permanente.

Szyf a découvert qu'une caractéristique majeure du cancer est une aberration dans le schéma de méthylation, si bien que les gènes nécessaires à la croissance rapide de la cellule, à l'invasion, et aux métastases ne sont pas contrôlés.[38] Bien que d'autres chercheurs pensent que le cancer se produit à cause d'une trop grande méthylation autour d'un gène, Szyf est d'avis que le problème est à la fois une question de « trop » et de « pas assez ». Trop de méthylation dans le cancer du sein, par exemple, désactive les gènes nécessaires à la régulation de la croissance de la cellule, et pas assez tend à activer les gènes impliqués dans la métastase rapide. Les brevets de Szyf concernent des produits qui vont réguler le processus de méthylation chez les individus atteints de cancer, un processus qu'il a été capable de démontrer en laboratoire sur des cellules du cancer humain.[39]

Le travail de Szyf défie la pensée actuelle sur l'épigénétique. Beaucoup de scientifiques qui explorent ce nouveau champ ont d'abord admis que les changements épigénétiques se déroulaient un peu comme l'effet papillon dans la théorie du chaos, avec sa dépendance sensible à des conditions initiales ; des petits changements qui surviennent dans votre environnement quand vous êtes bébé vont produire de grands changements dans l'expression génétique, qui resteront constants toute la vie. Le travail de Szyf en laboratoire prouve définitivement que ce n'est pas le cas.

Dans une série d'études sur les animaux, il a montré que de nombreuses réponses à un stress programmé délibérément sur une variété

38 M. Szyf, « DNA Memethylation and Cancer : Therapeutic Implications », *Cancer Letters* 10, n° 211 (2004) : 133-43.

39 J. N. Ou et al., « Histone Deacetylase Inhibitor Trichostatin A Induces Global and Gene-specific DNA Demethylaton in Human Cancer Cell Lines », *Biochemical Pharmacology* 73, n° 9 (2007) : 1297-307.

d'animaux mis dans des conditions spéciales tôt dans la vie pouvaient être déprogrammées de l'organisme en changeant plus tard les conditions de vie. Dans une étude, Szyf a été capable d'inverser des anomalies chez des bébés rats causées par un mauvais maternage en les confiant à des mères nourricières qui les traitaient normalement. Désormais, nous pensons que les conditions épigénétiques sont fluides et peuvent être complètement réversibles à l'âge adulte.[40]

Une maladie comme le cancer du sein peut aussi avoir sa genèse dans le *lien* entre le monde interne et le monde externe, et non pas exclusivement dans nos gènes. De toutes les formes de cancer, on pense généralement qu'une histoire familiale de cancer du sein est l'une des indications génétiques qui fait qu'une femme peut développer la maladie. Récemment, certains médecins conseillaient même à des femmes en bonne santé, mais possédant un certain gène, de subir une mammectomie simple ou double pour prévenir le développement du cancer du sein.

Plusieurs épidémiologistes de l'University Rochester Medical Center à New York ont mis en doute le bien-fondé de cette pratique après avoir examiné les résultats de l'une des études les plus controversées sur les femmes dans l'histoire américaine, la Women's Health Initiative (WHI), à l'initiative des National Institutes of Health. Puisqu'il s'agissait de l'une des plus grandes études devant suivre les femmes sur plusieurs dizaines d'années, le WHI s'attendait à voir confirmer les bénéfices et les bienfaits de la thérapie de remplacement hormonal (TRH), ainsi que d'autres traitements et d'autres pratiques. Cinq ans après le début des études sur le remplacement hormonal, le Data and Safety Monitoring Board de la WHI a bouleversé le monde en demandant un arrêt immédiat de l'utilisation de la TRH quand il est devenu

40 I. C. Weaver et al., « Epigenetic Programming by Maternal Behavior », *Nature Neuroscience* 7, n° 8 (2004) : 847-54 ; I. C. Weaver et al., « Maternal Care Effects on the Hippocampal Transcriptome and Anxiety-mediated Behaviors in the Offspring That are reversible in Adulthood », *Proceedings of the National Academy of Sciences* USA 103, n° 9 (2006) : 3480-85.

apparent que les 16 000 participantes qui prenaient des hormones avaient un risque accru de développer un cancer du sein, un cancer ovarien, un arrêt cardiaque et des maladies cardio-vasculaires.[41]

Pour les scientifiques de Rochester, le WHI représentait une mine d'informations permettant de comparer le cancer déclenché par l'hérédité de celui déclenché par l'environnement. Quand ils ont épluché les données des femmes qui avaient développé un cancer du sein, ils ont tout naturellement pensé que l'on trouverait une plus haute incidence de cancer parmi celles qui avaient une histoire familiale de la maladie. Cependant, les résultats ont montré une incidence du cancer identique chez celles qui prenaient du TRH, qu'il y ait ou non des cancers du sein dans leur histoire génétique. Les particularités de la génétique d'une femme ou une histoire familiale du cancer semblaient n'avoir rien à voir avec le déclenchement de la maladie.[42] Dans ce cas, le stresseur environnemental – les hormones artificielles prises régulièrement – était le déclic principal.

Une autre sorte de *lien* ayant la même capacité d'affecter l'expression génétique est la qualité de nos relations sociales. Moshe Szyf a examiné et comparé les cerveaux de suicidés, sélectionnés pour avoir eu des parents violents ou négligents, avec les cerveaux de malades morts de causes ordinaires. Malgré la séquence génétique identique dans les deux lots de cerveaux, des différences fascinantes apparaissaient dans les marqueurs épigénétiques des gènes des cerveaux de ceux qui s'étaient suicidés.[43] Szyf ne pouvait pas conclure catégoriquement que les mauvais traitements dans l'enfance étaient définitivement la cause à la fois des marqueurs épigénétiques et au bout du compte de

41 Jacques E. Rossouw et al., « Risks and Benefits of Estrogen Plus Progestin in Healthy Postmenopausal Women : Principal Results From the Women's Health Initiative Randomized Controlled Trial », *Journal of the American Medical Association*, 288 (2002) : 321-33.

42 R. Gramling et al., « Hormone Replacement Therapy, Family History and Incident Invasive Breast Cancer Among Postmenopausal Women in the Women's Health Initiative », *Epidemiology* 20 (2009) : 752-56.

43 P. O. McGowan et al., « Promoter-wide Hypermethylation of the Ribosomal RNA Gene Promoter in the Suicide Brain », *PLoS ONE* 3, n° 5 (2008) : e-2085.

la dépression suicidaire, mais les preuves indirectes sont convaincantes.[44] Ses découvertes font écho à un travail récent entrepris au Centre for Addiction and Mental Health à Toronto sur des patients atteints de schizophrénie et de troubles bipolaires. Ces patients présentaient des altérations dans l'enveloppe extérieure de l'ADN, ce qui suggère fortement une cause environnementale pour la maladie, et non pas l'histoire génétique transmise.[45]

Le *lien* que nous formons entre nos mondes interne et externe est si puissant qu'il peut avoir aussi un effet positif, en compensant un mauvais héritage génétique. Li-Huei Tsai, neuroscientifique et directrice du Picower Institute for Learning and Memory au Massachusetts Institute of Technology, a étudié l'architecture neurale impliquée dans la mémoire, en espérant que son travail l'amènerait à trouver une façon de prévenir la dégénération du cerveau. En 1997, Tsai a commencé à explorer la possibilité que des changements épigénétiques améliorent la mémoire, en particulier chez un mammifère avec des lésions cérébrales d'origine génétique.

Tsai et son équipe ont élevé un groupe sélectionné de souris possédant une certaine expression génétique appelée p25, qui cause une dégénération neurale et aboutit finalement à une condition qui ressemble à la maladie d'Alzheimer. Les animaux possédant cette configuration génétique ont des capacités d'apprentissage et de mémorisation profondément réduites. Après l'atrophie du cerveau et la perte progressive des neurones, ces souris sont rapidement devenues démentes. Impressionnée par des études qui montraient qu'un environnement enrichi peut améliorer les capacités d'apprentissage, Tsai a décidé de tester si cela pouvait s'appliquer à un animal qui avait déjà souffert d'une dégénérescence du cerveau.

---

44 P. O. McGowan et al., « Epigenetic Regulation of the Glucocorticoid Receptor in Human Brain Associates with Childhood Abuse », *Nature Neuroscience*, 12 (2009) : 342-48.

45 J. Mill et al., « Epigenomic Profiling Reveals DNA-Methylation Changes Associated with Major Psychosis », *American Journal of Human Genetics* 82, n° 3 (2008) : 696-711.

Dans le premier test, chaque fois que les souris pénétraient dans une chambre spécifique de leur cage pour effectuer une tâche particulière, elles recevaient un léger choc électrique. Dans le second test, les souris devaient trouver une plate-forme qu'elles avaient vue auparavant, mais qui était maintenant submergée dans de l'eau trouble. Comme les souris ne pouvaient plus voir la plate-forme, elles devaient entièrement s'appuyer sur leur mémoire pour retrouver son emplacement.

Normalement, la peur conditionnée du choc électrique produit une mémoire à long terme de l'événement ; quand un enfant se brûle la main sur la cuisinière, il a tendance à s'en souvenir et à ne plus s'approcher de la flamme de la gazinière. Le groupe de souris de Tsai a échoué aux deux tests ; leur cerveau s'était atrophié au point où elles ne pouvaient plus apprendre d'une expérience désagréable ni retrouver dans leur mémoire où un objet avait été placé.

Dans la série de tests suivants, Tsai a placé sa population de souris dans un environnement très actif, qui contenait un tapis roulant, des jouets de différentes formes et de différentes textures qui changeaient chaque jour, et un nouveau groupe de souris. Après que les souris de l'expérience ont séjourné un certain temps dans ce nouvel environnement, les chercheurs leur ont fait passer à nouveau les deux tâches. Cette fois-ci, les souris ont montré la capacité de se souvenir de la chambre avec le choc électrique et de la plate-forme submergée. Quand Tsai et ses collègues ont examiné plus tard les cerveaux des animaux du test, ils ont découvert que la stimulation environnementale avait modifié les tags chimiques épigénétiques et les groupes méthyles appelés acétylation histone, ce qui éteignait l'expression de leur gène d'Alzheimer génétiquement modifié.[46]

L'expérience sur les souris montre que, même pour quelque chose d'aussi complexe qu'un trouble de la mémoire déclenché génétiquement, les gènes ne sont pas la destinée. Dans ce cas, le *lien* entre les

46 A. Fischer et al., « Recovery of Learning and Memory Is Associated with Chromatin Remodelling », *Nature* 447, 10 mai 2007 : 178-182.

animaux et leur environnement stimulant l'emporte sur les handicaps génétiques de l'animal.

Larry Feig et son équipe de chercheurs à la Sackler School of Biomedical Sciences à la Tufts University ont fait une expérience similaire avec un groupe de souris possédant un gène silencieux, le gène Ras-GRF-2, qui affecte aussi la mémoire et l'apprentissage. Mais cette fois-ci, l'équipe s'est concentrée sur la descendance qui a été élevée en l'espace de deux mois pendant lesquels la mère souris a vécu dans leur « parc à thème » en profitant ainsi d'un apprentissage normal. Selon la théorie génétique, la descendance aurait dû hériter du gène silencieux Ras-GRF-2, car les souriceaux étaient élevés dans un environnement de laboratoire normal plutôt que dans le parc à thème stimulant.

À leur grande surprise, les descendants de ces souris ont montré une capacité d'apprentissage et une mémoire normales – bien que les souriceaux eux-mêmes n'aient pas reçu de stimulation supplémentaire et auraient dû hériter du gène silencieux. Les conditions environnementales de leur mère l'emportaient sur leur destinée génétique.[47]

Comme pour l'étude de la souris Agouti, le travail de Feig suggère que le *lien* entre une chose vivante et son monde, et pas seulement le code génétique, est au bout du compte ce qui se transmet aux générations suivantes. Une nourriture appropriée de la mère et un environnement positif représentent un héritage bien plus puissant pour ses enfants que de « bons gènes ».

Le contraire est aussi vrai : nous pouvons aussi hériter des effets de l'environnement négatif de nos parents. Lars Olov Bygren, spécialiste de la médecine préventive au Karolinska Institute de Stockholm, a étudié près d'une centaine d'individus nés dans la paroisse d'Overkalix de Norrbotten, le petit comté le plus au nord de la Suède. Bygren savait que cette région isolée et peu peuplée avait souffert de mauvaises

47 J. Arai et al., « Transgenerational Rescue of a Genetic Defect in Long-Term Potentiation and Memory Formation by Juvenile Enrichment », *Journal in Neuroscience* 29, n° 5 (2009) ; 1496-502.

récoltes au XIXe siècle. Entre 1800 et 1821, par exemple, il n'y avait eu aucune récolte et les habitants avaient souffert de la famine, mais en 1802 et en 1822, la moisson avait été si abondante que les habitants du Norrbotten qui avaient souffert de la faim deux ans auparavant s'étaient gavés de nourriture pendant des mois. Bygren s'interrogeait sur les effets à long terme de ces cycles de suralimentation et de famine sur la descendance des habitants du Norrbotten. Après avoir examiné des documents historiques et agricoles, il a été capable de déterminer que ces hommes et ces femmes qui étaient devenus gloutons pendant un seul hiver avaient produit des enfants et des petits-enfants qui avaient eu des vies plus courtes.[48]

Bygren a vérifié ses conclusions en s'associant avec le généticien britannique Marcus Pembrey de l'University College de Londres, pour entreprendre une grande étude épidémiologique dans le comté d'Avon en Grande-Bretagne. Sur une population étudiée de plus de 14 000 individus, les chercheurs ont trouvé 166 hommes qui avaient commencé à fumer avant l'âge de onze ans, ce qui est juste le moment avant lequel les garçons entrent dans leur puberté et commencent à produire du sperme. Quand Pembrey et Bygren ont examiné les résultats des enfants de l'étude, ils ont trouvé qu'à l'âge de neuf ans, les enfants des hommes qui étaient des fumeurs précoces avaient de façon significative un indice de masse corporelle plus élevé que les fils de ceux qui n'étaient pas des fumeurs précoces.[49] Le groupe d'Avon a aussi découvert que les mères qui prenaient trop de poids pendant leur grossesse prédisposaient leurs enfants à des risques cardiaques futurs.[50] Un seul de ces stresseurs environnementaux à ce point clé de la vie pouvait avoir un impact majeur sur la santé future des enfants.

48 G. Kaati et al., « Transgenerational Response to Nutrition, Early Life Circumstances and Longevity », *European Journal of Human Genetics* 15 (2007) : 784-90.

49 M. E. Pembrey et al., « Sex-specific, Male-line Transgenerational Responses in Humans », *European Journal of Human Genetics* 14 (2006) : 159-166.

50 A. Fraser et al., « Association of Maternal Weight Gain in Pregnancy with Offfspring Obesity and Metabolic and Vascular Traits in Childhood », *Circulation* 121 (2010) : 2557-64.

L'un des plus grands déclics environnementaux peut être la qualité de notre *lien* avec un groupe social. Des psychologues de la Northwestern University ont étudié l'effet du groupe social sur la prédisposition à la dépression génétiquement héritée. On considère généralement que la vraie dépression clinique, comme la plupart de nos maladies actuelles, est causée par un hasard malchanceux. Tout le programme de traitement standard contre la dépression repose sur la théorie que la dépression est le résultat d'un déséquilibre chimique dans le cerveau que l'on considère être en grande partie héréditaire.

Le principal composant génétique de la dépression récurrente concerne le gène transporteur de la sérotonine qui apparaît sous deux formes distinctes : l'allèle court et l'allèle long. L'allèle court, comme son nom le suggère, représente la courte paille. Cette variation porte le déclencheur de la dépression ; quiconque possédant ce gène subit une série de stress importants pendant sa vie est un candidat idéal pour une dépression majeure.

L'équipe de Northwestern fait partie d'un nouveau champ scientifique appelé la neuroscience culturelle, qui examine la santé mentale des groupes sociaux des nations ou des individus. Une des grandes distinctions dans toute culture est l'image qu'une personne a d'elle-même par rapport aux autres membres de sa société, et si elle se voit principalement comme « individualiste » (un loup solitaire) ou « collectiviste » (un petit rouage dans un plus grand élément).[51] L'équipe a examiné la santé par rapport aux valeurs culturelles dans un échantillon de pays de la plupart des continents en se focalisant sur le degré accordé dans chaque population à l'individu ou au groupe.

En résumé, ils ont trouvé que les Occidentaux se définissent par leur individualité et que les Orientaux se définissent par l'étendue de leur acceptation dans un groupe. « Des gens de culture hautement individualiste, tels les États-Unis et l'Europe de l'Ouest, sont plus en-

51 R. Alleyne, « Britain's 'Me culture' Making Us Depressed », *The Telegraph*, 6 novembre 2009.

clins à préférer l'individualité à l'harmonie, l'expression à l'accord, et à se définir différents du groupe », a déclaré Joan Chiao, le directeur de l'équipe.

En revanche, dans les sociétés collectivistes, telles que celles d'Extrême-Orient, on place une plus grande valeur à l'harmonie sociale qu'à l'individualité. La culture encourage des comportements et des pratiques qui assurent l'interdépendance et la cohésion du groupe.

L'équipe de Chiao a fait une découverte inattendue : plus la population est étroitement soudée, plus le pourcentage des gens qui portent le gène de la dépression est élevé. L'Extrême-Orient en particulier à un nombre de porteurs de l'allèle court extrêmement disproportionné ; au moins 80 % de la population est génétiquement susceptible à la dépression. Selon la théorie génétique actuelle sur la dépression, de hauts niveaux de dépression devraient exister parmi ces populations. Au lieu de cela, Chiao a découvert le contraire : parmi ces populations hautement susceptibles de développer une dépression, la prévalence de la maladie est nettement plus basse qu'en Europe de l'Ouest ou aux États-Unis.

Le fait que les individus de ces cultures hautement collectives s'attendent à recevoir un soutien semble les blinder contre les stresseurs environnementaux qui pourraient déclencher la dépression.[52] Même une dépression héritée génétiquement pourrait donc être contrôlée par un switch social.

Au milieu des années 80, John Cairns, généticien anglais travaillant à la Harvard School of Public Health, entreprenait une étude qui allait déclencher l'une des plus grandes polémiques de la biologie moderne. Le but de l'expérience était assez simple : placer certaines bactéries dans un environnement difficile. Cairns a sélectionné des bactéries possédant un défaut génétique les rendant incapables de digérer le

52 J. Chiao et K. Blizinsky, « Culture-Gene Coevolution of Individualism-Collectivism and the Serotonin Transporter Gene », *Proceeding of the Royal Society B : Biological Sciences* 277, n° 1681 (2010) : 529-37.

lactose, le sucre présent dans le lait, puis il les a placées dans une boîte de pétri contenant des cultures dont la seule source de nourriture était le lactose. Sans aucune nourriture digestible pour elle, la bactérie était vouée à lentement mourir de faim.

Selon les positions de la science actuelle et la vision néodarwiniste de la sélection naturelle, les bactéries ne seraient pas capables de coloniser ; sans une source de nourriture qui déclencherait les processus métaboliques, elles ne pourraient pas se reproduire normalement. Néanmoins, dans chaque boîte de Pétri, Cairns a trouvé un nombre conséquent de colonies qui se développaient.

Quand Cairns a testé les changements génétiques dans ses colonies, il a trouvé qu'un seul type de gène avait changé : celui qui empêchait le métabolisme du lactose. Des changements identiques dans ce seul gène s'étaient effectués dans chaque nouvelle colonie de boîte de Pétri. Cairns a confirmé qu'avant l'expérience aucune des bactéries à l'origine ne contenait de nouvelle mutation pour digérer le lactose. Grâce à un mécanisme inconnu, les bactéries avaient activé des mutations de dernière minute en réponse directe à une crise environnementale extrême, et ces mutations leur avaient sauvé la vie. Les bactéries avaient défié le dogme central : elles avaient évolué dans un but et non par hasard, afin de restaurer équilibre et harmonie dans leur environnement. D'une certaine façon, les conditions environnementales extrêmes avaient causé des changements dans les gènes en permettant aux bactéries de digérer la seule nourriture disponible.

En 1988, Cairns a publié ses résultats dans le prestigieux journal *Nature*, sous un titre bizarre : « L'Origine des mutants », un clin d'œil désinvolte à Darwin.[53] Il avançait que les cellules, à l'intérieur des organismes, ont la capacité d'orchestrer leur propre « mutation dirigée » en s'adaptant rapidement à un environnement changeant. Cairns, qui avait découvert la structure et la réplication du génome *E.coli*, jouissait d'une grande réputation auprès de ses pairs, pourtant

53 J. Cairns, « The Origin of Mutants », Nature, 335 (1988) : 142-45.

l'assertion lamarckienne selon laquelle l'environnement change les gènes a déclenché une protestation d'une décennie dans la littérature médicale. Le journal américain *Science* a rejeté son travail en le traitant d'« hérésie ».[54]

Par des études plus poussées, d'autres chercheurs ont découvert qu'en situation de stress environnemental, une enzyme spéciale dans une cellule bactérienne était activée, initiant un processus accéléré de copiage de la cellule ADN avec un éventail délibéré d'erreurs aléatoires, un mécanisme qu'on appelle à présent une *hypermutation somatique*. Si l'un de ces gènes mutés est capable d'assembler une protéine possédant la clé pour surmonter le problème environnemental, l'impensable arrive : la bactérie débarrasse son ADN du problème d'origine et le remplace par le nouveau gène.[55] Ceci est le processus le plus probable par lequel les bactéries se débrouillent constamment pour déjouer les manœuvres des antibiotiques. Bien que Darwin ait décrit la mutation comme un accident dû au hasard pendant le processus de reproduction, Cairns et d'autres scientifiques après lui ont démontré que l'environnement est constamment en train de changer un organisme, pas seulement par l'épigénétique, mais directement *en changeant les gènes.*

Les scientifiques ont affiné les premières idées de Cairn en découvrant que l'information entre les gènes, le reste du corps et l'environnement passe de façon dynamique et interactive. « L'idée mécaniste traditionnelle avançait que la structure des molécules biologiques détermine les actions d'une cellule de façon linéaire » affirme James Shapiro, professeur au Department of Biochemistry and Molecular Biology à l'université de Chicago. Les gènes changent, dit

54 D. Charlesworth et al., « Origin of Mutants Disputed », *Nature*, 336 (1988) : 525 ; R. E. Lenski et J. E. Mittler, « The Directed Mutation Controversy and Neo-Darwinism », *Science*, 259 (1993) : 188-94 ; plus correspondance afférente in *Science* 260 (1993) : 1221-24, 1958-60.

55 B. Lipton, *Spontaneous Evolution*, 149-50.

Shapiro, non pas par accident, mais par un « processus génétique naturel » ou « évolution adaptative », comme on l'appelle désormais, un processus dynamique et constant d'adaptation entre un organisme et son environnement.[56] « Aujourd'hui, nous savons que les molécules biologiques changent leur structure quand elles interagissent avec d'autres molécules et ces changements structurels contiennent l'information sur l'environnement extérieur et les conditions à l'intérieur des cellules. »[57]

Toute la recherche récente sur la mutation adaptative et l'épigénétique jette un grand doute sur l'idée que la maladie est tout simplement due à de bons ou à de mauvais gènes. Il existe non seulement des switches, activant ou désactivant une expression génétique, qui sont contrôlés par des déclencheurs environnementaux, mais des maladies très variées telles que le cancer, les défauts héréditaires, la démence, la conduite suicidaire, la schizophrénie, la dépression et d'autres maladies mentales semblent toutes être déclenchées par des influences à l'extérieur de notre corps. La nourriture, une forte appartenance à un réseau social et des liens avec la communauté, un travail utile, une stimulation mentale et un environnement débarrassé de pollution et de toxines semblent être plus importants que les gènes avec lesquels vous êtes né pour déterminer la personne que vous deviendrez et la santé que vous aurez.

Les conséquences de l'étude sur les souris de Jirtle et Waterland vont bien au-delà de la santé et de la maladie. Avec une seule petite étude, ils ont en fait démoli l'édifice central de la biologie moléculaire, les hypothèses mécanistes sur le fonctionnement central des choses

---

56 J. A. Shapiro, « Mobile DNA and Evolution in the 21st Century », *Mobile DNA* 1 (2010) :4.

57 J. A. Shapiro, « Bacteria Are Small but Not Stupid : Cognition, Natural Genetic Engineering and Socio-bacteriology », *Studies in History and Philosophy of Science Part C : Studies in History and Philosophy of Biological and Biomedival Sciences* 38, n° 4 (2007) : 807-19.

vivantes, y compris la primauté de l'information génétique. Les gènes ne peuvent plus être considérés comme la seule force motrice de la nature si une influence extérieure peut faire dérailler la programmation. Des études telles que celles de Bygren et Pembrey montrent aussi que de nouveaux traits – positifs ou négatifs – peuvent apparaître dans une seule génération, en fonction de la nature de la relation entre le parent et son environnement. Le *lien* entre une chose vivante et son monde, les relations que nous avons les uns avec les autres et avec notre environnement, sont la force héréditaire la plus grande. Cette information renverse complètement le concept orthodoxe de l'évolution ; plutôt qu'un accident dû au hasard, c'est un processus coopératif, un effort constant et finement adapté pour l'harmonie entre une chose vivante et son monde.

L'épigénétique et l'évolution adaptative montrent aussi quelque chose de remarquable sur la façon dont nous prenons une forme physique. La relation entre une chose vivante et son environnement est une conversation continue, un va-et-vient constant. Même si une grande partie de cette conversation est établie tôt dans nos vies, c'est une relation pour la vie qui est dynamique, fluide, et même réversible. Nous sommes un équilibre d'influences internes et externes, une programmation précoce et tardive, constamment transformés par l'influence de chaque moment.

Ces nouvelles découvertes soulèvent cette question dérangeante : où est-ce exactement que le « vous » se termine et où commence le reste de l'univers ? Si vous internalisez et changez avec chaque interaction que vous avez avec l'univers – avec chaque morceau de nourriture que vous mangez, chaque personne que vous rencontrez, chaque endroit que vous visitez, que signifie exactement être vous ? Comment pouvez-vous être considéré autonome ?

Ce que nous considérons comme le *soi* n'est qu'une manifestation physique de notre expérience, le récapitulatif de notre *lien* avec l'univers. Notre interaction avec notre monde est une conversation, et non pas un monologue ; tout comme l'observateur change ce qu'il observe, ce qui est observé change l'observateur. Et comme nous nous en rendons compte désormais, ces influences ne sont pas limitées à celles de notre environnement immédiat ou même avec la Terre elle-même, mais s'étendent jusqu'aux confins du cosmos.

CHAPITRE 3

Le *Zeitgeber*

En 1922, Alexander Chizhevsky, jeune scientifique de Biélorussie, a annoncé une théorie des plus absurdes selon laquelle les plus grands bouleversements de l'histoire de l'humanité, tels que l'agitation sociale, la guerre et la révolution sont causées par l'activité du Soleil. Ces déclarations extraordinaires, contenues dans son premier livre, *Les Facteurs physiques du processus historique*, ont été presque unanimement accueillies avec dérision et pendant un certain temps le pâle et maussade jeune homme de 25 ans, descendant d'un ténor de la cour et membre de la noblesse héréditaire, déjà suspect aux yeux de ses compatriotes du fait de sa lignée aristocratique, est devenu la moquerie du nouveau parti bolchevique, qui le surnommait avec dérision « l'adorateur du Soleil ». Après tout, ne suggérait-il pas, en l'occurrence, que tous les événements tumultueux qui avaient conduit la Russie à se libérer de la corruption tsariste n'avaient rien à voir avec l'idéologie ou la motivation des travailleurs du pays, mais tout à voir avec les taches solaires.

Pendant des années, Chizhevsky a donc été ignoré par les scientifiques, malgré la protection du prix Nobel, l'auteur et activiste politique, Maxime Gorky. Néanmoins, Chizhevsky, une sorte de scientifique à la Léonard de Vinci, a continué ses recherches avec entêtement en essayant d'établir des connexions entre la biologie, la physique, la géologie et la météorologie de l'espace. Connexions qui restaient invisibles aux yeux de la plupart de ses pairs. Il a soigneusement examiné les archives de tous les conflits, les soulèvements, les révolutions et les guerres, en les comparant avec l'activité des taches solaires sur une période de presque deux mille ans dans soixante et onze pays, y compris le sien. Il a ainsi prouvé sa théorie : plus des trois quarts des rebellions humaines, y compris la révolution russe de 1917, avaient eu lieu pendant le maximum de l'activité solaire : la période du nombre maximum de taches solaires pendant un cycle solaire. Le seul point qui restait à explorer était le mécanisme de cette connexion cosmique, mais Chizhevsky avait une théorie : notre dépendance à la pulsion cosmique du Soleil pouvait être régie par les ions, ou une charge en excès, dans l'air.

Il se peut que Chizhevsky ait été influencé par un physicien français, Jean-Jacques d'Ortous de Mairan, qui avait observé que l'une de ses plantes refermait ses feuilles et « s'endormait » au même moment chaque nuit, même quand elle était placée dans une obscurité totale. Le mécanisme de cette étrange activité était juste sous le nez de Mairan, mais à cette époque, il ne le voyait pas. Bien qu'il ait écrit un livre sur l'aurore boréale, il rejetait l'idée que l'activité solaire et le magnétisme puissent être responsables de la régularité de l'emploi du temps de sa plante. Deux siècles plus tard, Chizhevsky a immédiatement compris la connexion.

Bien que le gouvernement soviétique ait fini par donner à Chizhevsky son propre laboratoire, surtout à cause de sa contribution à la compréhension de l'ionisation de l'air, une personne restait singulièrement peu impressionnée par les théories de Chizhevsky : Joseph Staline, qui, en 1942, a exigé que le scientifique revienne sur ses idées au sujet de l'influence du Soleil sur les êtres humains. Toute preuve que la révolution peut avoir surgi par toute autre chose que la progression naturelle de la lutte de la classe ouvrière pouvant s'avérer désastreuse pour le parti communiste.

Quand Chizhevsky a refusé d'obéir, il a été envoyé dans un goulag dans les montagnes de l'Oural. Il y est resté emprisonné huit ans et après sa libération au Kazakhstan, il s'est passé encore huit ans avant sa réhabilitation, après quoi, sa santé déjà fragile complètement altérée, il a vécu juste assez longtemps pour restaurer sa réputation. Un an après sa mort, au milieu des années 1960, quand l'Académie soviétique des sciences a ouvert ses archives, la portée et la vision du travail de Chizhevsky ont été reconnues. Il est devenu un héros posthume, on a créé un centre scientifique qui porte son nom où l'on peut voir à la place d'honneur le « chandelier » de Chizhevsky, le premier ioniseur d'air.

Néanmoins, il a fallu des années et le travail de beaucoup d'autres scientifiques du monde entier pour déterminer ce que Chizhevsky avait exactement découvert.[58] En Amérique, l'économiste Edward Dewey a été l'un des nombreux savants à relever le défi surtout pour en faire une explication des cycles économiques d'expansion et de recul, essayant en vain d'aider le président Herbert Hoover à ne pas être accusé d'être responsable de la Grande Dépression. Ce n'est pas avant les années 1970, avec le travail du biologiste et physicien Franz Halberg et sa collaboratrice de toujours, la physicienne belge Germaine Cornélissen, que la science officielle a commencé à vraiment comprendre l'étendue de notre rapport avec l'activité volatile du Soleil.

Halberg et Cornélissen sont des chasseurs de cycles, tous deux experts en ce qu'ils appellent « chronomes », des structures qui se répètent en biologie. Désormais un grand monsieur de 90 ans, Halberg a consacré sa vie à étudier l'effet des influences environnementales externes sur les choses vivantes. En 1972, il a enrôlé Germaine Cornélissen, alors jeune étudiante avec tout juste son doctorat, précisément parce que sa dissertation portait sur l'analyse d'événements qui sont répétés sur des intervalles réguliers. Halberg avait déjà découvert que virtuellement chacun de nos processus biologiques opère sur un emploi du temps prévisible.[59] C'est Halberg qui, le premier, a utilisé le terme « circadien » (*circa* = au sujet ; *dia* = jour) pour nommer les rythmes

58 F. Halberg, « Historical Encounters between Geophysics and Biomedicine Leading to the Cornélissen-series and Chronoastrobiology », in : Schröeder, W., ed. *Long-and Short-Term Variability in Sun's History and Global Change* (Bremen : Science Edition [2465] 2000): 272 ; F. Halberg et al., « Cycles Tipping the Scale between Death and Survival (='Life') », *Progress of Theoretical Physics*, suppl. 173 (2008): 153-81.

59 J'ai examiné ceci en détail dans *The Intention Experiment*, Free Press, 2007, 100-101.

biologiques journaliers, tels que notre cycle de sommeil et d'éveil, et finalement, il a donné le terme « chronobiologie » au cycle récurrent de la fonction biologique. Il a établi aussi une institution des plus respectées pour étudier ce phénomène, les Chronobiology Laboratories de l'université du Minnesota, maintenant de renommée mondiale.

Partout où Halberg et Cornélissen posent le regard, ils découvrent de nouveaux cycles et de nouvelles périodicités. Pendant des années de recherche méticuleuse, les deux scientifiques ont compris que les processus biologiques de chaque chose vivante non seulement avaient des rythmes journaliers, mais aussi bihebdomadaires, hebdomadaires et même des cycles annuels ; le pouls humain et la tension artérielle, la température du corps et la coagulation sanguine, la circulation des lymphocytes et les cycles hormonaux, la variabilité du rythme cardiaque et la plupart des autres fonctions du corps humain fluent et refluent selon un emploi du temps relativement prévisible. Halberg a démontré que le niveau de la pression sanguine chez la plupart des gens semble culminer entre midi et 16 heures.[60] Même un traitement médical tel que la chimiothérapie a une efficacité qui varie selon le moment où elle est administrée.[61]

Après s'être interrogé pendant des années sur le mécanisme de ces cycles à l'*intérieur* des organismes et à se demander si des « gènes du temps » déclenchés par des influences externes pouvaient exister, Halberg a finalement reconnu le bien-fondé de la conclusion que Chizhevsky avait faite des années auparavant : le synchroniseur de beaucoup de ces processus n'est pas à l'intérieur, mais c'est, comme certains de ses collègues l'ont appelé, un *Zeitgeber* – le mot allemand pour « gardien du temps » – une sorte de signal environnemental *extérieur* qui se déclenche et entraîne, ou synchronise, les rythmes biologiques de tous les systèmes vivants. Même si Halberg lui-même

60 L. E. Scheving et F. Halberg, *Chronobiology: Principles and Applications to Shifts in Schedules*, Kluwer Academic, 1981.

61 W. Hrushesky et al. « Cisplatine Chronotolerance », *Proceedings of the Conference on Combined Modalities : Chemiotherapy/Radiotherapy* [567], abstract CP-V-3 (1978): 58.

détestait une terminologie aussi imprécise – beaucoup de rythmes semblaient légèrement irréguliers –, ce n'est qu'à l'âge de 80 ans qu'il a découvert les preuves que le *Zeitgeber* réside dans l'espace,[62] et que le switch maître n'est pas la lumière, mais, comme l'avait prédit Chizhevsky, des champs magnétiques solaires.

Halberg s'est rendu compte que la découverte de Chizhevsky allait bien au-delà des périodicités et des cycles, car il avait découvert une vérité qui donnait à réfléchir sur la condition humaine : nous ne sommes pas complètement responsables de notre propre destinée, en particulier de notre destinée biologique. La sphère de l'influence sur notre biologie ne se termine pas avec notre environnement immédiat ou même avec la Terre elle-même, mais s'étend jusqu'aux confins du cosmos. Comme bien des collègues de Halberg du monde entier le confirment désormais, le métronome de chaque chose vivante, qui installe le tempo de nos systèmes régulateurs de base et nous maintient dans un état d'équilibre sain, est le Soleil. Ce *Zeitgeber* cosmique est si puissant qu'il peut même influencer notre taille physique, notre longévité, notre stabilité mentale, notre tendance à la violence et même, probablement, ce que nous considérons n'être que notre motivation individuelle. Notre *lien* environnemental ultime, qui nous façonne et façonne nos vies, est avec une étoile située à 150 millions de kilomètres de distance.

La Terre est essentiellement un immense aimant, son pôle Nord et son pôle Sud sont les deux pôles de l'aimant, qui est entouré par un champ magnétique de forme elliptique. Ce champ géomagnétique ambiant, ou magnétosphère, est en flux constant affecté par la météo dans l'espace, par tout changement géologique sur Terre et même par l'oscillation de la Terre dans sa rotation journalière, mais plus particulièrement par les changements extrêmes du temps météorologique dans l'espace dus à l'activité intense du Soleil.

---

62 G. Cornélissen et al., « Is a Birth-month-dependence of Human Longevity Influenced by Half-yearly Changes in Geomagnetics? » *Proceedings of the XXV Annual Seminar, « Physics of Auroral Phenomena »*, Apatity, 26 février-1er mars 2002. Apatity : Polar Geophysical Institute, Kola Science Center, Russian Academy of Sciences ; [2657b] (2002) : 161-65.

L'étoile bienfaisante, responsable de toute vie sur Terre, est essentiellement un aggloméré d'hydrogène et d'hélium extraordinairement chaud, de la taille environ d'un million de notre Terre, traversé par une couche de champs magnétiques instables. Il n'est pas surprenant que cette combinaison changeante soit la cause d'éruptions périodiques de style volcanique, qui projettent du gaz dans l'espace en vortex de champs concentrés, des formes noires à la surface du Soleil que nous appelons taches solaires et qui se divisent et se remettent ensemble dans de nouveaux arrangements. En dépit de cette combinaison potentiellement anarchique, le Soleil effectue cette activité selon un emploi du temps assez prévisible ; les cycles solaires sont d'environ onze ans, pendant lesquels les taches solaires augmentent, se libèrent et commencent à décroître.

Pendant la phase descendante, alors que les taches solaires s'accumulent, le Soleil commence à rejeter ses explosions gazeuses vers nous : des flashs solaires, des protons électrifiés de haute énergie, des éjections de masse coronale, un milliard de tonnes de gaz et de champs magnétiques de la force de milliards de bombes atomiques, tous envoyés dans l'air et quelques-uns dirigés vers la Terre par le gaz électrifié du vent solaire, se déplaçant à quelques 8 millions de kilomètres par heure. Cette activité provoque des tempêtes géomagnétiques gigantesques dans l'espace, qui, pendant les moments d'intense activité solaire, ont un effet puissant sur le champ magnétique terrestre. Pendant tout ce cycle solaire de onze ans, nous devons nous attendre à être affectés par deux ans de tempêtes géomagnétiques suffisamment importantes pour perturber les réseaux électriques de la Terre, interrompre les systèmes de communication de haute technologie et pour désorienter les systèmes de navigation des satellites et des engins spatiaux.

Jusqu'à tout récemment, les scientifiques avaient rejeté l'idée que le champ magnétique de la Terre (un millier de fois plus faible qu'un aimant dont on se sert dans une expérience au lycée) avait un effet quelconque sur les processus biologiques de base, d'autant plus que toute chose vivante sur Terre est désormais exposée à des champs électromagnétiques et géomagnétiques beaucoup plus intenses de par notre technologie moderne. Mais les dernières découvertes ont révélé que les choses vivantes possèdent une petite fenêtre à travers laquelle des champs géomagnétiques et électromagnétiques subtils, tels que ceux générés par la Terre, plutôt que les champs générés par notre technologie artificielle, ont l'effet le plus important sur tout le processus cellulaire des choses vivantes.[63] Des changements dans cette faible charge, particulièrement ceux qui s'opèrent à des fréquences extrêmement basses (moins de 100 Hz), influencent profondément et virtuellement tous les processus biologiques des choses vivantes – en particulier les deux moteurs principaux du corps : le cœur et le cerveau.

Comme le remarque Germaine Cornélissen, ceci n'est pas surprenant. « Nous savons quand une tempête géomagnétique arrive – par son effet sur notre réseau électrique, dit-elle. Les circuits électriques réagissent, tout comme le cœur, le cerveau et le système nerveux. En fait, le cœur est le plus grand système électrique du corps. » Selon elle, un être humain est tout simplement un autre système satellite susceptible d'être déstabilisé, ou même dévié de sa course, par une tempête électrique dans l'espace.[64]

Les champs magnétiques se lèvent du flux des ions, des électrons et des atomes qui ont une charge. Quand les forces magnétiques changent de direction, comme elles le font souvent à la surface du Soleil, elles déplacent la direction du flux des atomes et des particules. Toutes les choses vivantes, y compris les humains, sont en fait constituées du même matériau de base, et comme l'avait pressenti Chizhevsky, tout changement de force magnétique va altérer notre propre flux interne atomique et subatomique.

L'activité magnétique de la Terre semble affecter directement nos membranes cellulaires et les canaux ions-calcium, qui sont essentiels

63 V. N. Bingia et A. V. Savin, « Effects of Weak Magnetic Fields on Biological Systems: Physical Aspects », *Uspekhi Fizicheskikh Nauk* 173, n° 3 (2003) : 265-300.

64 Entretien avec Germaine Cornélissen, 11 février 2010.

pour régulariser les systèmes d'enzymes à l'intérieur de la cellule. Le champ géomagnétique de la Terre en particulier semble se diriger vers les nerfs sympathiques (ceux qui partent de la poitrine et des parties inférieures arrière de la moelle épinière), y compris vers la réaction d'attaque ou de fuite.

De tous les systèmes du corps, les changements dans les conditions géomagnétiques solaires perturbent le plus profondément l'activité du cœur. Chez les personnes prédisposées, les tempêtes géomagnétiques peuvent déclencher une crise cardiaque.[65] Les cœurs en bonne santé ont un haut degré de variations du rythme cardiaque, mais une bonne dose d'activité géomagnétique diminue la variabilité du rythme cardiaque,[66] ce qui augmente alors le risque de maladie coronarienne et de crise cardiaque. Quand l'activité géomagnétique augmente, le sang devient beaucoup plus épais, parfois deux fois plus, et la circulation sanguine ralentit – ce qui prédispose à une crise cardiaque.[67] Le nombre de crises cardiaques et de morts cardio-vasculaires augmente lorsqu'il y a un accroissement de l'activité géomagnétique du cycle solaire,[68] le taux le plus important de morts soudaines par crise cardiaque ayant lieu en l'espace d'un jour d'une tempête géomagnétique.[69]

---

65 V. M. Petro et al., « An Influence of Changes of Magnetic Field of the Earth on the Functionnal State of Humans in the Conditions of Space Mission », article présenté à l'International Symposium Computer Electro-Cardiograph on Boundary of Centuries, Moscou, Fédération russe, 27-30 avril, 1999.

66 Germaine Cornélissen et al., « Chronomes, Time Structures, for Chronobioengineering for a "Full Life" », *Biomedical Instrumentation and Technology* 33, n° 2 (1999) : 152-87.

67 V. N. Oraevskii et al., « Medico-Biological Effect of Natural Electromagnetic Variations », *Biofizika* 43, n° 5 (1998) : 844-48 ; V. N. Oraevskii et al., « An Influence of Geomagnetic Activity on the Functional Status of the Body », *Biofizika* 43, n° 5 (1998) : 819-26.

68 F. Halberg et al., « Cross-spectrally Coherent about 10-, 5- and 21-year Biological and Physical Cycles, Magnetic Storms and Myocardial Infarctions », *Neuroendrocrinilogy Letters* 21 (2000) : 233-58 ; I. Gurfinkel et al., « Assessment of the Effect of a Geomagnetic Storm on the Frequency of Appearance of Acute Cardiovascular Pathology », *Biofizika* 43, n° 4 (1998) : 654-58 ; J. Sitar, « The Causality of Lunar Changes on Cardiovascular Mortality », *Casopis Lekaru Ceskych* 129 (1990) : 1425-30.

69 M. N. Gnevyshev, « Essential Features of the 11-year Solar Cycle », *Solar Physics* 51 (1977) : 175-82.

Halberg a tracé la fréquence des crises cardiaques dans le Minnesota sur un certain nombre d'années et a découvert une augmentation de 5 % pendant un maximum d'activité solaire.[70] Le rythme cardiaque des êtres humains semble aussi être affecté par de grands changements dans le vent solaire ; il s'accélère surtout quand le vent solaire change de vitesse sur une période de sept jours.[71]

Comme si la Russie voulait se faire pardonner pour la persécution soviétique de Chizhevsky, les Russes ont été à la pointe de la recherche sur l'effet de l'activité géomagnétique solaire sur le corps, initialement pour déterminer les effets de la météorologie de l'espace sur les cosmonautes lorsqu'ils sont dans l'espace. Les scientifiques soviétiques ont découvert que le risque d'un arrêt cardiaque pour un cosmonaute est augmenté pendant une tempête magnétique.[72] Cornélissen a aussi trouvé que les rythmes cardiaques les plus sains (c'est-à-dire les plus variés) parmi leurs volontaires sur Terre avaient lieu pendant les moments où l'activité solaire est la moindre,[73] alors que certaines fréquences électriques étaient réduites et que la variabilité du rythme cardiaque diminuait pendant des tempêtes magnétiques.

En plus de son effet sur le cœur, le Soleil a un effet profond sur l'autre sens électrique du corps : le cerveau et le système nerveux. Les scientifiques de l'ancien bloc soviétique avaient découvert que même chez les volontaires en bonne santé, l'activité électrique du cerveau est grandement déstabilisée pendant les jours d'orage magnétique.[74]

---

70 G. Cornélissen et al., « Non–photic Solar Associations of Heart Rate Variability and Myocardial Infarction », *Journal of Atmospheric and Solar-terrestrial Physics* 64 (2002) : 707-20.

71 R. M. Baevsky et al., « Meta-analysed Heart Rate Variability, Exposure to Geomagnetic Storms and the Risk of Ischemic Heart Disease », *Scripta Medica* (Brno) 70, n° 4-5 (1997) : 201-6 ; G. Cornélissen et al., « From Various Kinds of Heart Rate Variability to Chronocardiology », *American Journal of Cardiology* 66 (1990) : 863-68.

72 Baevsky et al., « Meta-analysed Heart Rate Variability » ; Petro et al., « An Influence of Changes of Magnetic Field ».

73 Cornélissen et al., « Chronomes, Time Structures ».

74 A. R. Allahverdiyev et al., « Possible Space Weather Influence on Funtional Activity of the Human Brain », article présenté au Space Weather Workshop : Looking towards a European Space Weather programme, Noordwijk, Pays-Bas, 17-19 décembre 2001.

L'activité solaire perturbe aussi le signal lui-même à l'intérieur du système nerveux, si bien que certaines parties sont suractivées alors que d'autres ne se déclenchent pas.[75] Des scientifiques de l'Académie nationale des Sciences de l'Azerbaïdjan, à Bakou, ont démontré que les plus grandes perturbations dans l'activité géomagnétique semblent perturber l'équilibre du système de communication électrique du cerveau, en surexcitant certaines parties du système nerveux autonome et en diminuant l'activité des autres.[76]

Dans un certain sens, quand le Soleil explose, nous explosons aussi. L'activité géomagnétique dans l'espace perturbe notre équilibre énergétique, en affectant profondément notre stabilité mentale. Pendant une tempête magnétique, les personnes mentalement instables le deviennent encore davantage. Plus l'activité géomagnétique est élevée, plus les déséquilibres psychiatriques augmentent, ainsi que le nombre de patients hospitalisés pour problèmes nerveux et tentatives de suicide.[77] Un orthopédiste américain, Robert O. Becker, qui a effectué de nombreuses expériences sur les effets des champs magnétiques sur la santé, a trouvé un lien entre les tempêtes solaires violentes et les admissions dans les hôpitaux psychiatriques.[78]

Il y a plusieurs années, Halberg et Cornélissen ont collaboré avec

---

75 E. Babayev, « Some Results of Investigations on the Space Weather Influence on Functioning of Several Engineering-technical and Communication Systems and Human Health », *Astronomical and Astrophysical Transactions* 22, n° 6 (2003) : 861-67 ; G. Y. Mizun et P. G. Mizun, « Space and Health », *Znanie* (1984).

76 Allahverdiyev et al., « Possible Space Weather Influence » ; Babayev, « Some Results of Investigations » ; Mizun and Mizun, « Space and Health ».

77 Avi Raps et al., « Geophysical Variables and Behaviour : LXIX. Solar Activity and Admission of Psychiatric Inpatients », *Perceptual and Motor Skills* 74 (1992) : 449 ; H. Friedman et al., « Geomagnetic Parameters and Psychiatric Hospital Admissions », *Nature* 200 (1963) : 626-28 ; E. Stoupel, « Relationship Between Suicide and Myocardial Infarction with Regard to Changing Physical Environmental Conditions », *International Journal of Biometeorology* 38, n° 4 (1994) : 199-203 ; E. Stoupel et al., « Clinical Cosmobiology : The Lithuanian Study, 1990-1992 », *International Journal of Biometerology* 38 (1995) : 204-8 ; E. Stoupel et al., « Suicide-Homicide Temporal Interrelationship, Links with Other Fatalities and Environmental Physical Activity », *Crisis* 26 (2005) : 85-89.

78 R. Becker, *The Body Electric: Electromagnetism and the Foundation of Life*, Quill, 1985.

plusieurs neuroscientifiques pour déterminer si l'autisme pouvait être influencé par des facteurs géomagnétiques. Jusqu'à présent, aucune variation saisonnière n'avait été détectée chez les autistes ; il n'y avait pas plus d'enfants qui développaient l'autisme en hiver que, par exemple, au printemps. Pourtant, lorsque Halberg et ses collègues ont comparé l'incidence de l'autisme avec l'activité solaire, ils ont trouvé un lien distinct entre les cycles géomagnétiques de la durée de 1,9 année et l'incapacité des enfants à créer un rapport avec leur mère. Les influences solaires étaient si fortes qu'elles affectaient l'amour maternel.[79]

D'autres recherches, en particulier celles de l'université Laurentian au Canada, montrent que les crises d'épilepsie sont le résultat de perturbations géomagnétiques ou sont accrues par elles.[80] La mort soudaine par épilepsie et le syndrome de mort subite du nourrisson ont aussi été liés à de hauts niveaux d'activité géomagnétique.[81] Dans une autre étude, des chercheurs ont trouvé que l'activité géomagnétique qui affecte le champ magnétique de la Terre était définitivement plus forte les jours où les patients étaient en crise.[82]

---

79 F. Halberg, « Chronomics of Autism and Suicide », *Biomedicine and Pharmacotherapy* 59 (2005) : S100-S108.

80 M. Mikulecky, « Lunisolar Tidal Waves, Geomagnetic Activity and Epilepsy in the Light of Mulivariate Coherence », *Brazilian Journal of Medecine* 29, n° 8 (1996) : 1069-72 ; E . A. McGugan, « Sudden Unexpected Deaths in Epileptics ; A Literature Review », *Scottish Medical Journal* 44 , n° 5 (1999) : 137-39 ; Y. Bureau et M. Persinger, « Decreased Latencies for Limbic Seizures Induced in Rats by Lithium-Pilocarpine Occur When Daily Average Geomagnetic Activity Exceeds 20 Nanotesla », *Neuroscience Letters* 192 (1995): 142-44 ; A. Michon et M. Persinger, « Experimental Stimulation of the Effects of Increased Geomagnetic Activity upon Nocturnal Seizures in Epileptic Rats », *Neuroscience Letters* 224 (1997) : 53-56.

81 M. Persinger, « Sudden Unexpected Death in Epileptics Following Sudden, Intense Increases in Geomagnetic Activity: Prevalence of Effect and Potential Mechanisms », *International Journal of Biometeorology* 38 (1995) : 180-87 ; R. P. O'Connor et M. A. Persinger, « Geophysical Variables and Behavior LXXXII : A Strong Association between Sudden Infant Death Syndrome (SIDS) and Increments of Global Geomagnetic Activity. Possible Support for the Melatonin Hypothesis », *Perceptual and Motor Skills* 84 (1997) : 395-402.

82 T. Long et al., « Relationship of Daily Geomagnetic Activity to the Occurrence of Temporal Lobe Seizures in an Epilepsy Monitoring Unit, article présenté à l'American Epilepsy Society, mai 1996, publié dans *Epilepsia* 36 (S4) (1996) : 94.

La recherche spécifique de Cornélissen est l'observation des cycles non visibles, qui ont une relation avec le vent solaire et avec les changements de position du Soleil pendant un changement de saison tel que les équinoxes, quand le Soleil apparaît sur le même plan que l'équateur de la Terre et que les jours et les nuits sont approximativement égaux. Elle a trouvé un large éventail d'empreintes du cycle solaire chez les patients souffrant d'épilepsie ou de maladie mentale : l'épilepsie est plus prononcée pendant les équinoxes de printemps ; les suicides et la dépression suivent un cycle de 1,3 année, ce qui correspond au cycle du vent solaire et des champs magnétiques interplanétaires. Même le nombre d'accidents de la route augmente ou diminue régulièrement selon les saisons solaires.[83]

D'autres preuves ont renforcé ces conclusions. Une étude à l'université de Melbourne a comparé toutes les statistiques de suicides en Australie, de 1968 à 2002, avec l'index journalier de l'activité géomagnétique de ces années. Les chercheurs ont découvert une différence fascinante entre les sexes : il y a des fluctuations saisonnières prononcées correspondant à l'activité solaire pendant les périodes où les hommes sont plus enclins à se suicider ; en revanche, les femmes semblent avoir la plus grande connexion avec l'activité solaire et sont plus susceptibles de se suicider pendant les périodes de fortes éruptions solaires (qui ont lieu tous les cinq mois) ou de vent solaire.[84]

Même nos statistiques élémentaires à la naissance – le poids, la taille, les circonférences de la tête, de la poitrine et de l'abdomen – ont, selon Halberg, un lien avec le flux et le reflux des cycles solaires de Hale (le cycle complet du Soleil qui est à présent d'environ vingt-deux ans) : plus l'activité solaire est grande au moment de la naissance, plus l'enfant est grand.

En tant que physicien, le principal intérêt de Halberg pour la chronologie est médical. À ses yeux, notre impuissance face à un *Zeitgeber*

83 Cornélissen et al., « Chromosomes, Time Structures ».

84 M. Berk et al., « Do Ambient Electromagnetic Fields Affect Behavior? A Demonstration of the Relationship between Geomagnetic Storm Activity and Suicide », *Bioelectromagnetics* 27 (2006) : 151-55.

extérieur est une raison de plus pour rester optimiste. En effet, si ces schémas peuvent être prévisibles, nous pouvons créer un comportement compensatoire. Par exemple, nous savons que les infections à la suite d'une crise cardiaque augmentent lors de perturbations géomagnétiques ; par conséquent, pendant ces périodes, les patients à risque peuvent recevoir des antibiotiques comme mesure de prévention.[85]

Pour ce faire, Halberg et Cornélissen ont créé BIOCOS (*BIOsphere and COSmos*), un vaste projet multicentrique qui a pour tâche d'agir comme un système d'alarme et de prévention en analysant continuellement certaines variables physiologiques, chez les personnes susceptibles, dues au Soleil et aux planètes. Par exemple, le Phoenix Ambulatory Blood Pressure Monitor Project, dans les villes jumelles du Minnesota, doit permettre à des volontaires de contrôler leur pression sanguine en traquant les effets de l'activité solaire maximale sur leurs artères. Le programme est plus spécifiquement destiné à réduire la variabilité du rythme cardiaque ainsi qu'un phénomène appelé CHAT (Circadian Hyper-Amplitude Tension) qui occasionne des variations excessives de la pression sanguine pendant une partie de la journée. Pendant les périodes de forte activité géomagnétique, on recommande aux patients souffrant de problèmes cardiaques de ne pas faire d'effort physique soudain. De plus, le BIOCAS a pour but de rechercher des techniques qui nous protègeraient des perturbations géomagnétiques naturelles.

Bien que Halberg apprécie toutes ces avancées, il craint qu'il ne faille encore plusieurs années, bien au-delà de sa propre vie, avant que la médecine américaine n'accepte l'idée que la météorologie de l'espace a une énorme influence sur notre biologie. La Russie est l'un des rares pays à essayer sérieusement de faire ce genre de médecine préventive. Par exemple, à l'université technologique de Géorgie, trois bobines d'Helmholtz remplissent une pièce d'un champ magnétique puissant. Yuri Gunfinkel et ses collègues ont l'intention d'utiliser cet appareil

85 Entretien avec G. Cornélissen, 11 février 2010.

sur des patients souffrant de maladie cardio-vasculaire, en particulier sur ceux qui sont en unité de soins intensifs. Les bobines serviront de médecine préventive puissante, en offrant un bouclier compensatoire contre ce que Gurfinkel considère comme un tueur plus mortel que la nourriture, le style de vie ou même les gènes.[86] En créant ces systèmes d'alarme préventifs et ces boucliers géomagnétiques, ces scientifiques reconnaissent ouvertement que notre santé physique – même notre taille physique – dépend entièrement du caprice solaire. Mais tout ce qui ressort de ceci, c'est combien notre comportement dépend aussi de notre *lien* avec le Soleil.

Halberg consacre ses dernières années à déterminer s'il y a une quelconque vérité dans la déclaration de Chizhevsky qui affirmait que le Soleil avait une influence sur les caprices du cœur humain. Cornélissen et lui ont eu la chance de pouvoir utiliser les données mondiales des Témoins de Jéhovah couvrant les cinquante dernières années. C'était un relevé détaillé des heures pendant lesquelles chaque membre des 103 sites géographiques avait fait du recrutement pour son église. Comme chaque témoin de Jéhovah doit essayer de recruter de nouveaux membres, selon les directives de son église, un relevé de leur activité offrait à Halberg et Cornélissen une occasion unique pour évaluer si leurs efforts avaient une corrélation quelconque avec l'activité solaire.

Quand les deux chercheurs ont mis ces chiffres en graphique, ils ont trouvé des pics et des chutes dans les efforts de recrutement, sur une période de vingt-et-un ans, qui correspondaient directement avec les pics et les chutes du cycle solaire de Hale qui est de vingt-et-un ans. Quand ils ont examiné de plus près les données, en comparant l'activité des congrégations de l'église en différents endroits avec l'activité solaire dans les latitudes correspondantes, ils ont découvert

86 Entretien avec G. Cornélissen, 11 février 2010.

qu'elles aussi étaient associées avec les hauts et les bas de l'activité géomagnétique. Cette étude prouve sans aucun doute que l'activité géomagnétique affecte certaines zones du cerveau qui sont impliquées dans la motivation, tout comme elle affecte les fonctions physiques, tels les mesures du corps et le développement.[87]

Inspirés par l'exemple de Halberg, d'autres scientifiques ont cherché à savoir si la tendance d'une population à dépenser son argent ou à l'économiser était aussi affectée par le Soleil, comme Dewey l'avait prétendu pendant la Grande Dépression. Une recherche antérieure avait prouvé que les tempêtes géomagnétiques affectaient profondément l'humeur, ce qui a un rapport avec le jugement et les décisions prises concernant le risque. Naturellement, l'intérêt immédiat pour les banques est l'effet potentiel de l'activité solaire sur le marché boursier, car si une institution de prêts peut prévoir ce qui est essentiellement un jeu de hasard, elle peut faire un immense profit. Afin d'aller plus loin, la Federal Reserve Bank d'Atlanta s'est récemment associée avec le Boston College pour étudier les habitudes d'achat et de vente des Américains pendant des cycles géomagnétiques. Ils ont découvert que, pendant les tempêtes géomagnétiques, les gens étaient plus enclins à vendre leurs actions ; ils tendaient à mal interpréter leur propre réponse physique négative à l'activité solaire comme la preuve externe d'un climat économique négatif. Par conséquent, la demande pour des actifs sans risque augmentait énormément, de sorte que le prix des mouvements à risque dégringolait ou montait plus lentement que d'habitude.

Après avoir observé les cycles saisonniers du marché, ainsi que d'autres types de facteurs environnementaux et comportementaux connus pour avoir un effet sur le marché, l'équipe de recherches de la banque d'Atlanta a conclu que les tempêtes magnétiques ont un effet négatif sur la Bourse la semaine suivante, et ceci pour tous les indices

87 S. Starbuck et al., « Is Motivation Influenced by Geomagnetic Activity? », *Biomedicine and Pharmacotherapy* 56 (2002) : 289s-297s.

boursiers des États-Unis. Au contraire, les périodes de calme solaire montrent une hausse substantielle des gains.[88]

La Technical Security Analysts Association de San Francisco est allée plus loin pour déterminer si cette activité régissait les crises d'expansion et de récession financières, d'autant plus qu'il est bien connu que l'humeur d'une collectivité détermine si les gens sont susceptibles d'avoir une boulimie d'achat ou de vente. Les analystes ont découvert que les crises financières suivaient un cycle de 56 ans, qui lui-même suivait un cycle prévisible de la Lune et du Soleil, quand les angles (de 0 à 180 degrés) entre le Soleil et la Lune sont répétés à une différence d'un seul degré.[89]

Après les attaques du 11 septembre, Halberg et une équipe internationale de BIOCAS composée d'Américains et de Russes ont décidé d'observer l'incidence des actes de terrorisme, en comparant l'activité solaire avec le timing d'actes de terrorisme dans le monde pendant quarante ans, de 1968 à 2008. Ils ont découvert que les pics de terrorisme épousaient les cycles du vent solaire et l'index géomagnétique de la Terre.[90] Quatre-vingt-dix ans après que Chizhevsky a été envoyé au goulag pour ses théories farfelues, Halberg a travaillé avec les Russes pour prouver que Chizhevsky avait après tout trouvé quelque chose. Halberg et son équipe de collègues internationaux comprennent maintenant que la biologie et le comportement ne sont pas entièrement individuels, et que toutes les choses vivantes résonnent avec le cosmos.

---

88 A. Krivelyova et C. Robotti, « Playing the Field: Geomagnetic Storms and the Stock Market », Federal Reserve Bank of Atlanta Working Paper 2003-5b, octobre 2003.

89 TSAA Newsletter, avril 1996.

90 F. Halberg et al., « Substraction and Addition of Heliomagnetics and Human Violence: Time Course of Transyears in Terrorism Mimics their Cosmos », article présenté au premier International Workshop, Physiology of Adaptation and Quality of Life: Problems of Traditional Medicine and Innovation, People's Friendship University of Russia, Moscou, 14-16 mai 2008.

À l'aube du 29 juillet 1976, à New York, un jeune homme de 18 ans, trop gros, au visage enfantin, émerge de sa Ford Galaxy jaune, sort un revolver Charter Arms Bulldog de calibre 44 d'un sac en papier, s'accroupit et vise Donna Lauria et Jody Valenti, deux adolescentes assises dans la voiture garée de Valenti après une nuit passée en discothèque. Jody est blessée, mais Lauria meurt sur le coup.

La police de New York conclut qu'elle a affaire à un amoureux éconduit ou à une tentative d'assassinat avortée de voyous. Pourtant, après trois autres tueries dans le Queens en octobre, novembre et janvier suivants, avec des balles possédant les mêmes marques distinctives, la police se rend compte qu'elle a un tueur en série sur les bras.

La police de la ville et les médias commencent à trouver des ressemblances dans le mode opératoire de six crimes suivants, surtout après que le Fils de Sam, ainsi que les journaux appellent le tueur, a fourni des indices dans deux lettres, l'une laissée sur la scène du crime pour le capitaine de police Joseph Borrelli, et l'autre postée plus tard au journaliste du *New York Daily News* – des similitudes que l'on continue de réviser. Sam vise de jeunes couples dans des voitures garées. Sam n'agit que les week-ends, aux premières heures du matin. Le terrain de chasse de Sam couvre les allées des amoureux dans le Bronx et le Queens. Sam déteste l'engouement d'alors pour le disco, à la suite du récent et immense succès cinématographique de *La Fièvre du samedi soir*, et il vise les couples sortant des discothèques. Sam semble avoir un penchant pour les jeunes femmes brunes, ce qui provoque une ruée sur les coupes de cheveux et les perruques blondes – jusqu'à ce qu'il descende une blonde deux jours après le premier anniversaire du premier meurtre. Il semble désormais que les choix de Sam se font au hasard, incontrôlés. « PERSONNE N'EST À L'ABRI DE SAM » titre la première page du *New York Post* du 1er août. Pendant l'un des étés les plus chauds jamais enregistrés, les gens se terrent derrière leurs rideaux la nuit, et chacun évite les voitures garées.

Ce qui est resté inaperçu, c'est que le schéma de Sam était plus ou moins cohérent : cinq des huit agressions et tous les meurtres, sauf un, ont eu lieu pendant la pleine lune ou la nouvelle lune.

Quand le meurtrier, David Berkowitz, a été arrêté, puis a avoué ses crimes et a commencé à purger sa peine de six emprisonnements à vie, un certain nombre de policiers et d'écrivains comme Maury Terry, l'auteur de *The Ultimate Evil* (« le mal ultime »), étaient convaincus que Berkowitz suivait un culte qui avait choisi le moment des assassinats dans un but précis, comme faisant partie d'un rituel satanique.

Même si Berkowitz avait agi seul, la plupart des policiers n'auraient pas été surpris qu'il ait frappé pendant des périodes spécifiques du cycle lunaire. Comme tout policier le sait, une pleine lune ou une nouvelle lune fait ressortir le pire chez les individus. Les policiers se préparent à affronter un taux plus élevé de criminalité et des coups de fil plus agressifs que d'habitude, les hôpitaux psychiatriques s'attendent à un taux d'admission plus élevé, les hôpitaux à un nombre d'accidents plus élevé et les enseignants à des classes plus agitées.

La croyance commune est que la lune déstabilise les gens si bien qu'ils sont plus violents pendant certaines périodes du cycle lunaire. Les homicides, les accidents de la route, les empoisonnements accidentels, les suicides et les visites aux urgences sont plus nombreux, pense-t-on, pendant les pleines lunes et les nouvelles lunes. Dans une étude, Arnold Lieber, psychologue à Miami, a comparé le timing des homicides avec l'activité lunaire sur une période de quinze ans. Il a découvert que le nombre d'assassinats dans le Comté de Dade grimpe en tandem avec une pleine lune ou une nouvelle lune, et retombe de façon significative pendant les premiers et derniers quartiers.[91] On pense même que les animaux mordent plus souvent par pleine lune, selon les données d'un hôpital des urgences et des accidents d'une ville britannique de 1997 à 1999.[92]

---

91 A. Lieber, « Human Aggression and the Lunar Synodic Cycle », *Journal of Clinical Psychiatry* 39 n° 5 (1978) : 385-92 ; A. Lieber et C. R. Sherin, « Homicides and the Lunar Cycle: Toward a Theory of Lunar Influence on Human Behavior », *American Journal of Psychiatry* 129 (1972): 69-74.

92 C. Bhattacharjee, « Do Animals Bite More During a Full Moon? Retrospective Observational Analysis », *British Medical Journal* 321 (2000) : 1559-61.

Les effets psychiatriques sont censés suivre le flux et le reflux de la lune – ils sont plus hauts pendant une nouvelle lune et plus bas quand la lune est pleine. Dans une étude de onze ans, sur près de 19 000 patients d'un hôpital psychiatrique, la psychose des patients atteint un point culminant pendant une nouvelle lune et est à son point le plus bas pendant une pleine lune.[93] Les suicides suivent la même courbe : dans les appels d'urgence au centre de prévention du suicide enregistrés sur une période de deux ans, le plus haut chiffre pour les femmes a lieu pendant la nouvelle lune, et non à la pleine lune.[94] Le syndrome lunaire, comme on l'appelle, est même susceptible d'affecter l'absentéisme des travailleurs ; des études ont montré que beaucoup plus de personnes vont chez le médecin pendant la pleine lune qu'à tout autre moment.[95]

Toutes les études n'ont pas une association aussi nette, cependant, l'un des problèmes avec les données, c'est que les scientifiques cherchent une simple relation (telle que le seul effet de la pleine lune), alors que la vérité peut très bien être plus complexe.

Le consensus actuel, c'est que toute influence lunaire est due à l'effet gravitationnel du Soleil et de la Lune, comme c'est le cas avec les marées ; parce que nous sommes composés à 75 % d'eau, la lune nous affecte tout comme elle affecte les océans. Pourtant, les marées sont prévisibles, elles ont lieu toutes les douze heures, alors que les effets lunaires sont constatés seulement une ou deux fois par mois.

L'explication la plus plausible, selon Cornélissen, est celle d'un effet géomagnétique subtil, ou quelque influence de la Lune sur l'attraction géomagnétique bien établie du Soleil. Pendant une pleine lune,

93 D. Templer et D. Veleber, « The Moon and Madness: A Comprehensive Perspective », *Journal of Clinical Psychology*, 36, n° 4 (1980) : 865-68 ; C. E. Climent et R. Plutchik, « Lunar Madness: An Empirical Study », *Comprehensive Psychiatry* 18, n° 4 : 369-74.

94 N. Kollerstrom et B. Steffert, « Sex Difference in Response to Stress by Lunar Month: A Pilot Study of Four Years' Crisis-call Frequency », *BMC Psychiatry* 3 (2003) : 20.

95 R. D. Neal et M. Collegdge, « The Effect of the Full Moon on General Practice Consultation Rates », *Family Practice* 17, n° 6 (2000) : 472-4.

la Terre se tient entre la Lune et le Soleil, si bien que les deux astres entrent dans notre champ géomagnétique. Pendant une nouvelle lune, les positions sont inverses : la Lune se tient entre le Soleil et la Terre, au plus loin de notre champ magnétique. Il est probable que l'emplacement de la Lune amplifie ou atténue l'attraction géomagnétique du Soleil et le champ géomagnétique de la Terre. Il faut aussi se souvenir que le mois synodique lunaire (29,5 jours) a seulement quelques jours de plus que la période de la rotation complète du Soleil.

Tout ceci se comprend si vous considérez la Lune comme un aimant géant qui modifie l'influence géomagnétique solaire. En fait, la Lune peut physiquement être un aimant. Des études sur des échantillons lunaires ramenés par les vols d'Apollo apportent la preuve de champs magnétiques forts dans la roche.[96] Si la Lune a sa propre attraction magnétique forte, ceci peut occasionner un changement magnétique lorsqu'elle traverse la queue géomagnétique de la Terre, comme cela se produit à chaque nouvelle lune.

Le Soleil et la Lune ne sont pas les seuls corps célestes qui ont un effet sur notre activité physique et mentale. Il y a plusieurs années, Jerry Mitrovica, physicien à l'université de Toronto, et Alessandro Forte de l'Institut de Physique du Globe de Paris ont publié un article dans le prestigieux journal scientifique *Nature,* démontrant, par des simulations et des calculs mathématiques, une relation entre deux légers changements dans la forme de la Terre et la rotation axiale, et les effets gravitationnels d'autres planètes de notre système solaire, en particulier Jupiter et Saturne.[97]

L'article était plutôt technique, mais sous le jargon scientifique les physiciens faisaient des déclarations remarquables. « Pour la première fois, nous démontrons que les changements de la forme de la Terre, lorsqu'ils sont accompagnés par les effets gravitationnels d'autres pla-

96 C. T. Russell et al., « The permanent and Induced Magnetic Dipole Moment of the Moon », *Proceedings of the Fifth Lunar Conference* 3 (1974) : 2747-60.

97 A. M. Forte et J. X. Mitrovica, « A Resonance in the Earth's Obliquity and Precession Over the Past 20Myr Driven by Mantle Convection », *Nature* 390 (1997) : 676-80.

nètes, peuvent occasionner de grands changements dans le climat de la Terre » déclarait Mitrovica qui fait des recherches pour le Natural Sciences and Engineering Research Council et le Canadian Institute for Advanced Research (*Earth System Evolution*).[98]

Dans son modèle mathématique, Mitrovica a trouvé que l'orbite de la Terre est affectée par l'attraction gravitationnelle de Saturne et de Jupiter. À un moment donné, pendant les 20 millions d'années passées, la Terre a rencontré une « résonance » gravitationnelle avec les orbites de Jupiter et de Saturne, dit-il, qui ont fini par influencer l'angle d'inclinaison de la Terre sur son axe pendant cette période.

L'attraction gravitationnelle de toute planète est extraordinairement petite, et beaucoup de scientifiques ne pensent pas qu'elle puisse, à elle seule, avoir beaucoup d'effet sur le champ magnétique de la Terre. Cependant, Halberg, Cornélissen et leurs collègues pensent que l'attraction d'une planète peut créer des effets de « marée » pendant lesquelles les forces gravitationnelles des diverses planètes interagissent aussi avec les champs magnétiques du Soleil et de la Lune aussi bien qu'avec le vent solaire. Ceci, ayant un effet cumulatif sur la magnétosphère, peut finalement avoir des effets profonds à la fois sur le climat et la biologie. Des chercheurs slovaques ont étudié ces « vagues de fond lunisolaires » et ont prouvé que l'activité géomagnétique, tout comme l'activité solaire, a des corrélations avec l'incidence de maladies telles que l'épilepsie.[99]

Mais l'histoire des effets planétaires peut se révéler encore plus complexe : il se peut que toutes les planètes exercent des effets gravitationnels les unes sur les autres. Il en résulte probablement un effet non linéaire ou chaotique. Carl Murray, astronome au Queen Mary College, à l'université de Londres, a fait des recherches montrant que

98 J. Mitrovica, cité dans une déclaration à la presse de l'université de Toronto, « Other Planets Influence Earth's Climate, U of T Scientist Says », 17 décembre 1997.

99 M. Mikulecky et al., « Lunisolar Tidal waves, Geomagnetic Activity and Epilepsy in the Light of Multivariate Coherence », *Brazilian Journal of Medical and Biological Research* 8 (1996), 1069.

les orbites des planètes sont elliptiques et que les planètes tournent sur leur axe selon un degré d'inclinaison particulier à cause des effets gravitationnels.[100] Un effet de résonance peut aussi être établi entre deux corps célestes enfermés dans une relation mathématique régulière dans les périodes de rotation l'un autour de l'autre. Par exemple, la Lune met autant de temps à tourner autour de la Terre qu'elle n'en met à tourner autour de son axe. D'autres corps dans le système solaire tournent les uns autour des autres à intervalles réguliers, l'équivalent disons de deux ou trois fois le temps qu'il leur faut pour tourner autour de leur axe. Même si les relations entre les planètes ne peuvent ralentir ou accélérer une rotation que légèrement, même les plus subtils changements peuvent avoir un effet certain sur le temps et la vie biologique. Ces sortes d'effets gravitationnels sont accentuées quand un lot de planètes sont en alignement, comme ce qui se passe avec le Soleil, la Lune et la Terre pendant une éclipse.

En plus des effets chaotiques de la gravité, les champs électromagnétiques créés par chaque corps solaire peuvent interagir les uns avec les autres et affecter le Soleil, la Lune et, bien évidemment, la Terre. Du reste, certains scientifiques pensent que l'influence des champs planétaires de la Terre et d'autres planètes déclenche l'activité solaire telle que les taches solaires et non pas le contraire. Quand la Terre et le Soleil sont positionnés à un angle particulier par rapport à une planète majeure, telle que Saturne ou Jupiter, cela va aussi affecter la formation des taches solaires ou d'explosions de plasma solaire. On sait aussi que le champ magnétique interplanétaire entre la Terre et le Soleil, ainsi que l'enveloppe géomagnétique de la Terre, interagissent le plus pendant les équinoxes, principalement à cause de la rotation de la Terre sur son axe.

Depuis longtemps, les scientifiques savent que lorsque les planètes forment un angle majeur l'une avec l'autre par rapport au Soleil (à

100. C. D. Murray et S. F. Dermott, *Solar System Dynamics*, Cambridge University Press, 1999.

90 ou 182 degrés, par exemple), elles vont affecter la réception des signaux radio – le même genre d'effet, d'une façon moindre il est vrai, qui est causé par l'activité solaire géomagnétique instable. Ces relations subtiles pourraient toutes s'additionner pour avoir de grands effets sur la Terre. Tout ceci peut sembler extraordinairement difficile et complexe, et même un peu comme une version scientifique de l'astrologie, mais ce n'est pas difficile à comprendre si nous changeons la perception de ce que nous sommes : une partie d'un système planétaire plus vaste. « Pour comprendre le climat sur la Terre, il est évident que nous devons considérer la Terre comme ce système déformant dynamique, déclare Jerry Mitrovica. Mais il nous faut aussi comprendre, plus que nous pensions l'avoir fait, la place de la Terre dans le système solaire. »[101]

Nous devons développer une compréhension plus approfondie du fait que nous vivons à l'intérieur d'un *lien* cosmique d'interrelations complexes et de flux constant. Plutôt que des entités distinctes, les choses vivantes et la Terre elle-même font partie d'un système énergétique dépendant d'autres forces extérieures, gravitationnelles et géomagnétiques. Halberg décrit cet effet poétiquement. L'organisme vivant, dit-il, doit être considéré comme une « dynamo et un aimant, vivant sur la Terre, qui est un plus grand aimant, dans l'atmosphère du Soleil… avec des tempêtes magnétiques qui causent des black-out dans les villes et… dans les cœurs humains ».[102]

L'importance de la découverte de Chizhevsky et les preuves de Halberg ne peuvent pas être surestimées. Si nous sommes essentiellement à la merci du moindre mouvement du Soleil et de son activité, leurs travaux réfutent grandement cette croyance erronée que nous sommes les maîtres de l'univers, ou même de nous-mêmes. La Terre, ses habitants et toutes les autres planètes autour de nous existent dans

101 J. Mitrovica, cité dans « Other Planets Influence Earth's Climate ».

102 Halberg, « Cycles Tipping the Scale between Death and Survival ».

une sphère d'influence collective, en résonnant à l'unisson. Notre vrai *Zeitgeber,* c'est l'effet collectif de tout le système solaire.

Au final, il est difficile de considérer notre univers comme quelque chose d'autre qu'un tout unifié. Nous ne pouvons commencer à prendre en main notre propre destinée que lorsque nous considérons le *lien* dans son ensemble, comme un superorganisme, complètement interdépendant.

D'une certaine manière, nous le faisons déjà. C'est en fait par notre interdépendance que nous apprenons à saisir notre monde.

CHAPITRE 4

Circuits partagés

En 1991, Giacomo Rizzolatti, neurologue italien de l'université de Parme, s'est fait livrer dans son laboratoire un nouvel équipement assez coûteux qui n'était autre qu'un nouveau jouet pour ses singes. Son travail en cours l'obligeait à jouer souvent avec son petit lot de macaques à queue de cochon, et, à ses yeux, le principal défi de son équipe de chercheurs était de s'assurer que les singes se divertissent constamment. Sachant qu'un certain effet de surprise est un élément essentiel du jeu, Rizzolatti avait fait construire un appareil qui coûtait la bagatelle de 60 000 dollars. C'était une boîte noire contenant une roue mobile actionnée électriquement, et dont la plus grande partie était enfermée dans un revêtement sphérique. Une fois branchée, la roue se mettait à tourner au hasard jusqu'à ce que le singe découvre alors l'une des récompenses posées sur une petite étagère : un cube, une pyramide, une sphère. À cet instant-là, tout le mécanisme s'illuminait, comme s'il était accompagné par un roulement de tambour. On avait entraîné les singes à ne pas bouger jusqu'à ce qu'une lampe à LED devienne verte ; ils avaient alors le droit de saisir la récompense. Le gadget devait aussi capturer l'attention du singe afin de le distraire du véritable but de l'exercice. Une microélectrode, fixée à son crâne, était connectée à un oscilloscope – un tableau visuel montrant les ondes des signaux électroniques – et à un amplificateur, afin d'enregistrer toutes les décharges d'un seul neurone. Les deux types de dispositif enregistraient l'activité du neurone selon deux perspectives : comme tableau visuel et comme enregistrement du son. L'amplificateur était particulièrement utile ; en émettant un bruit à chaque fois que le neurone déchargeait, il permettait aux scientifiques de jouer avec les singes tout en comptabilisant toutes les fois où un seul neurone déchargeait.

Rizzolatti arbore une abondante chevelure rebelle qui lui donne un air bizarre d'Einstein à l'italienne. C'est un spécialiste du mouvement, donc du système moteur du corps et de son rôle dans la fonction cognitive. Lui-même, plus une équipe de post-doctorants – Vittorio Gallese, Leonardo Fogassi et Luciano Fadiga – ainsi que deux collègues de renom, le neurophysiologiste français Marc Jeannerod et Michael Arbib, biologiste britannique qui était alors professeur d'informatique aux États-Unis, se réunissaient périodiquement dans le laboratoire de Rizzolatti pour poursuivre un but qui semblait modeste : isoler la séquence exacte dans le cerveau par laquelle une chose vivante transforme une information visuelle en action. En travaillant avec les singes, l'équipe espérait découvrir quels neurones dans le cerveau sont responsables du contrôle de la séquence motrice des actions de la main à la bouche pendant le minuscule espace de temps entre voir un objet et avancer le bras pour l'attraper. Ils étudiaient la zone du cortex prémoteur ventral, la partie du cerveau qui est responsable de la formulation et de la réalisation des intentions. Ils avaient la certitude que le cerveau doit effectuer un planning préalable avant que le bras ne décide de se tendre pour attraper quelque chose. En dépit des apparences, c'était une opération laborieuse qui nécessitait pour l'équipe de relever chaque décharge du neurone chaque fois que le singe tendait le bras pour attraper la nourriture.

Le jour où ils devaient présenter la boîte noire, comme il l'avait baptisée, à l'un des macaques, un chercheur a tendu le bras pour mettre un objet dans le centre sphérique lorsque le signal de l'amplificateur a retenti, en indiquant que le neurone du singe assis sur la chaise en face de lui avait déchargé. Rizzolatti savait que le neurone en question n'est impliqué qu'avec le mouvement, mais comme on n'était pas encore à ce moment de l'expérience où le singe doit tendre le bras pour atteindre l'objet, le chercheur et ses collègues n'ont pas tenu compte de l'effet, en pensant que le singe devait avoir bougé la main ou le doigt. Pendant plusieurs mois, la sonnerie retentissait pendant la préparation de pratiquement toutes les expériences, et à chaque fois l'équipe de chercheurs pensait qu'il s'agissait soit d'un artefact – une erreur due à l'équipement lui-même – soit le signe que le singe était nerveux, et qu'il bougeait le bras d'impatience ou qu'il amorçait une tentative prématurée pour ramasser la récompense.

Après quelques mois, Rizzolatti ne pouvait plus ignorer cet étrange phénomène. Il semblait impossible que le singe puisse bouger presque à chaque fois avant qu'il n'ait une motivation quelconque pour le faire. Rizzolatti a entrepris de conduire d'autres tests pour vérifier si le corps du singe était réellement en train de bouger d'une façon quelconque. Son équipe a commencé par enregistrer toutes les décharges provenant du cortex moteur primaire du singe, ce qui identifierait définitivement le moindre mouvement ; de plus, les chercheurs ont utilisé l'électromyographie, qui enregistre toutes les impulsions électriques envoyées depuis les neurones moteurs vers des muscles spécifiques afin de causer une contraction. Aucun équipement n'a apporté la preuve d'un mouvement.

Rizzolati était perplexe quand finalement il a compris ce qui devait se passer : le *même neurone* dans le cerveau du singe, qui se déchargeait quand l'animal avait l'intention d'atteindre l'objet dans la boîte noire, se déchargeait aussi quand le singe *observait* les chercheurs en train de l'attraper.[103]

Rizzolatti a commencé à tester son hypothèse en examinant d'autres neurones impliqués dans le mouvement. Plus il cherchait ces étranges neurones imitateurs, plus il semblait en trouver. Plus des trois quarts des neurones utilisés pour une fonction spécifique de mouvement effectuaient une double tâche, quand le singe ne faisait qu'observer le même mouvement fait par un être humain.[104] Rizzo-

103 G. Di Pellegrino et al., « Understanding Motor Events: A Neurophysiological Study », *Experimental Brain Research* 91 (1992) : 176-80.

104 G. Rizzolatti et L. Craighero, « Mirror Neuron: A Neurological Approach to Empathy, in *Neurobiology of Human Values*, éd. J. P. Changeux et al., SpringerVerlag, 2005, 108-23.

latti était fasciné par le fait que le singe n'a pas besoin d'une image miroir pour intérioriser l'activité observée ; ses neurones déchargent aussi quand le singe observe une action faite par un être humain, donc d'une autre espèce.[105] Néanmoins, quand il s'agissait d'actions et d'intentions, Rizzolatti a compris, en faisant d'autres recherches, que ces imitateurs étaient hautement spécifiques. Un neurone particulier déchargeait quand un chercheur effectuait une action spécifique avec une intention claire et un but qui était compréhensible pour le singe comme, par exemple, chercher à attraper une pomme et la porter à la bouche, mais rien ne déchargeait quand le singe observait une action qu'il ne reconnaissait pas ou pour laquelle il ne se sentait pas concerné comme, par exemple, mettre la pomme dans une tasse.[106] Il semble que l'intention doive faire partie du propre répertoire de mouvements du singe. De plus, ces neurones semblaient être audiovisuels, activés non seulement par la vue du mouvement, mais aussi par le *son* du mouvement, en particulier quand le singe ne pouvait voir ce qui se passait.[107] Ce qui confirme que le but de ces neurones est d'aider à comprendre les intentions des autres pour que les singes puissent anticiper ce qui va probablement arriver par la suite.

Les effets ont lieu non seulement dans la partie plus basse des lobes frontaux, mais aussi dans le cortex pariétal postérieur du cerveau. Cette section du cerveau aide à la fois à comprendre l'information sensorielle disparate et à distinguer le *soi* du non-soi. Bien que le cerveau du singe comprenne que l'action observée est différente de l'action faite, il ne se comporte pas comme si c'était le cas.

Très vite, Rizzolatti a continué sur sa lancée et entrepris sa pre-

105 L. Fogassi et al., « Parietal Lobe : From Action Organization to Intention Understanding », *Science* 308 (2005) : 662-67.

106 Ibid.

107 S. V. Shepherd et al., « Latency of Social-cued Attention Signals in Macaque Area LIP », article présenté à Neuroscience 2007, le 37e congrès annuel de la Society for Neuroscience, San Diego, 2007 ; C. Keysers et I. Fadiga, « The Mirror Neuron System: New Frontiers », *Social Neuroscience* 3, n° 3-4 (2008) : 193-98.

mière recherche sur les êtres humains, de concert avec Scott Grafton, neurologue à l'université de Californie du Sud, dont le laboratoire avait à cette époque l'équipement le plus avancé pour l'imagerie du cerveau. Ils n'ont pas été capables de localiser les neurones miroirs individuels avec autant de précision qu'ils n'avaient pu le faire avec les singes, surtout parce que les comités de surveillance éthique n'ont pas autorisé les chercheurs à percer des trous dans les crânes humains – ce qui est nécessaire pour attacher des électrodes individuelles. Mais ils ont pu utiliser le meilleur second choix : une technique d'imagerie du cerveau montrant la partie générale du cerveau et le système de neurones qui étaient activés.

À l'époque de leurs premières expériences, la seule technique d'imagerie disponible pour les scientifiques était la tomographie par émission de positrons, qui montrait certaines régions de l'activité du cerveau, mais sans grande précision. Avec le temps, la technologie de l'imagerie du cerveau est devenue plus sophistiquée et Rizzolatti a pu utiliser la résonance magnétique fonctionnelle (IRM fonctionnelle), qui enregistre jusqu'à la plus petite décharge dans la circulation du sang du cerveau, ainsi que la stimulation magnétique transcranienne, qui mesure la quantité de décharges dans le cortex moteur et peut, par conséquent, indiquer plus précisément l'activité neuronale.

Mais même avec l'équipement le plus primitif, Rizzolatti a découvert chez les êtres humains le même phénomène qu'il avait observé chez les singes : un système d'activité cérébrale et neurospinale identique, hautement spécifique et finement orchestré, qui se produisait lorsque les cobayes humains faisaient une action ou l'observaient.[108]

Le phénomène imitateur soulevait un grand mystère. Rizzolatti pensait d'abord que ces neurones déchargeaient pour qu'une chose vivante puisse apprendre rapidement à faire quelque chose dans le but de survivre. Il pensait que cela faisait peut-être partie de « l'apprentis-

108 Keysers et Fadiga, « The Mirror Neuron System » ; C. Keysers et al., « Audiovisual Mirror Neurons and Action Recognition », *Experimental Brain Research* 153 (2003) : 628-36.

sage de Hebb », identifié par Donald Hebb, qui, en 1949, a suggéré que les neurones deviennent plus efficaces et opèrent en tant qu'unité quand ils sont stimulés ensemble. D'une façon répétée et persistante. *Les neurones qui se déchargent ensemble se lient ensemble.*

Rizzolatti se demandait aussi si l'activité pouvait être impliquée dans l'aide à l'apprentissage par imitation. Mais pourquoi un singe adulte aurait-il besoin de ces neurones comme outil d'apprentissage ? Toutes les preuves montrent que cette espèce n'a pas appris en copiant.[109] Les primatologues qu'il a interrogés ont rejeté cette idée : *les chimpanzés imitent ; les singes n'imitent pas.* Seule une minuscule fenêtre du temps s'ouvre pour permettre aux bébés macaques d'apprendre en copiant des gestes. De plus, et Rizzolatti le savait très bien, les nouveau-nés humains et les petits singes sont immédiatement capables de reproduire des actions faciales complexes sans enseignement ni pratique.[110] L'exemple le plus cité est celui où une mère tire la langue à son nouveau-né et le bébé copie le geste immédiatement, bien que ce soit une manœuvre complexe qui nécessite la coordination délicate d'un tas de séquences neuronales. Même les bébés macaques sont capables d'imiter ce geste de tirer la langue.

Rizzolatti a conclu que dans le cerveau des primates et des humains, il n'y a probablement pas de distinction entre l'observation et l'action. *Pour donner un sens à l'expérience désordonnée autour de nous, nous ne pouvons que l'imaginer en la faisant mentalement nous-mêmes.* Nous comprenons les actions des autres en simulant l'expérience entière à partir d'une position privilégiée, *comme si c'était à nous que cela arrivait.*

Rizzolatti s'est rendu compte qu'il avait découvert quelque chose de fondamental dans la neurobiologie de la compréhension. Il a commencé à nommer ce phénomène un « effet miroir », parce que les

---

109 G. Rizzolatti et L. Craighero, « The Mirror Neuron System », *Annual Review of Neuroscience* 27 (2004) : 169-92.

110 A. Meltzoff et W. Prinz, *The Imitative Mind: Development, Evolution, and Brain Bases*, Cambridge University Press, 2002.

neurones avaient deux buts : inciter les muscles à agir et observer l'action des autres.

Convaincus qu'ils avaient découvert un moyen important par lequel le cerveau se relie au monde extérieur, Rizzolatti et son équipe ont écrit un article modeste, exposant en détail une année de recherche, et l'ont envoyé au prestigieux journal scientifique *Nature* qui le refusa immédiatement sous prétexte qu'il n'était pas suffisamment intéressant pour des chercheurs travaillant en dehors de la neuroscience. Grâce à une relation personnelle, Rizzolatti a fini par publier l'article dans le *Journal of Experimental Brain Research.*[111] Cinq ans plus tard, alors que l'article avait été largement lu et discuté, ses implications comprises mondialement, *Brain*, le plus important magazine de neurologie, réclamait une version mise à jour de leur recherche originale et la publiait immédiatement.[112]

Parmi les post-doctorants de l'équipe de Rizzolatti se trouvait un jeune chercheur allemand, Christian Keysers, qui venait de l'université de Saint Andrews pour travailler dans le laboratoire italien. Comme Rizzolatti et Keysers l'ont découvert par la suite, les êtres humains utilisent les neurones miroirs pour détecter l'émotion aussi bien que l'action. Les mêmes régions de notre cerveau qui sont activées quand nous ressentons un éventail d'émotions, allant de la joie à la peine, réagissent aussi quand nous observons l'émotion chez un autre.[113] Il suffit d'observer l'expression faciale d'une personne ou le langage de son corps pour déclencher la cascade de neurones.[114] Quand vous

111 Di Pellegrino et al., « Understanding Motor Events ».

112 V. Gallese et al., « Action recognition in the Premotor Cortex », *Brain* 119, n° 2 (1996) : 593-609.

113 V. Gallese, « The "Shared Manifold" Hypothesis: From Mirror Neurons to Empathy », *Journal of Consciousness Studies* 8 (2001) : 33-50.

114 C. van der Gaag, « Facial Expressions: What the Mirror Neuron System Can and Cannot Tell Us », *Social Neuroscience* 2, n° 3-4 (2007) : 179-222 ; S. Pichon et al., « Emotional Modulation of Visual and Motor Areas by Dynamic Body Expressions of Anger », *Social Neuroscience* 3, n° 3-4 (2008) : 199-212.

voyez quelqu'un sourire ou faire la grimace, en ce qui concerne votre cerveau, c'est vous qui êtes heureux ou inquiet.[115]

Dans une étude qui maintenant porte son nom, Keysers a observé l'activité cérébrale d'un groupe de participants à qui il a fait sentir des odeurs désagréables ou agréables, puis ils ont regardé un film montrant des individus qui réagissaient à des odeurs semblables. Il a découvert que cette même partie du cerveau, l'insula antérieure, était activée chez les participants qu'ils respirent eux-mêmes les odeurs ou qu'ils se contentent d'observer l'expression faciale de quelqu'un d'autre qui réagit à l'odeur.[116]

Les neurones miroirs sont censés comprendre non seulement *ce que* quelqu'un est en train de faire et *comment* il le ressent, mais aussi *pourquoi* il le fait. Rizzolatti a découvert que les neurones ne se déchargent pas si le but de l'action n'est pas clair. Il a constaté que les neurones miroirs d'un observateur humain se réveillaient quand il observait les actions d'un robot, mais seulement quand le robot effectuait une tâche clairement définie,[117] et non quand le robot répétait la même tâche encore et encore.

À présent, la découverte de Rizzolatti est universellement reconnue comme étant une avancée remarquable dans notre compréhension sur la façon dont le cerveau traite les actions et les émotions des autres. Cependant, les conséquences de sa découverte sur la biologie de la perception et sur l'interaction sociale sont moins reconnues. Comme son travail l'indique clairement, percevoir le monde n'est pas une affaire individuelle, limitée par nos propres capacités mentales, mais un processus qui sous-tend un circuit neural partagé. À chaque moment, nous intériorisons l'expérience des autres, automatiquement et im-

115 M. Iacobani et al., « Cortical Mechanisms of Human Imitation », *Science* 286 (24 décembre 1999) : 2526-28.

116 B. Wicker et al., « Both of Us Disgusted in *My* Insula: The Common Neural Basis of Seeing and Feeling Disgust », *Neuron* 40 (2003) : 655-64.

117 V. Gazzola et al., « The Anthropormorphic Brain: The Mirror Neuron System Responds to Human and Robotic Actions », *NeuroImage* 35 (2007) :1674-84.

médiatement, sans effort conscient, en utilisant une formule neurale créée par notre propre expérience. Dans l'acte même de se connecter avec autrui, même au plan le plus superficiel, nous sommes impliqués dans une relation de la plus haute intimité. Notre compréhension des complexités de notre monde prend place à travers le mélange constant de l'observateur avec l'observé.

Keysers s'est rendu compte qu'il y a toujours deux points de vue privilégiés dans l'acte de la perception. « Dans la plupart des interactions sociales, il n'y a pas un seul agent et un seul observateur, a-t-il écrit. Les partenaires sont à la fois observateurs et agents, à la fois la source et la cible de la contagion sociale que le système de neurones miroirs implique ».[118] Observer quelqu'un, c'est immédiatement intérioriser son point de vue. Ce qui veut dire que l'acte même d'observer une autre personne nous engage dans un lien dans lequel nous, le sujet, fusionnons avec notre objet. Dans un certain sens, afin de comprendre une autre personne, nous devons temporairement fusionner avec elle.

En dépit de la grande capacité de notre cerveau pour tout autre domaine, notre façon d'absorber tout ce que nous voyons autour de nous, en particulier l'activité des autres choses vivantes, manque grandement d'imagination. Quand nous observons l'action d'une autre personne, afin de la comprendre, nous devons recréer l'expérience dans notre tête *comme si c'était nous-même qui la faisions*. Nous traduisons les actions, les sensations et même les émotions des autres dans le langage neural de notre propre corps, comme si c'était notre propre expérience.[119] Les mêmes neurones déchargent dans notre tête, que nous sentions le toucher de quelque chose sur nos jambes ou que nous observions quelque chose qui touche les jambes de quelqu'un d'autre, ou même quand nous observons un objet qui est touché. Tout type de

118 Keyers et Fadiga, « The Mirror Neuron System ».

119 C. Keysers et V. Gazzola, « Towards a Unifying Neural Theory of Social Cognition », in *Progress in Brain Research*, vol. 156, éd. S. Anders et al., Elsevier, 2006, 379-401.

toucher que nous voyons évoque les circuits neuraux impliqués dans notre propre expérience subjective du toucher.[120]

Comme dans le cas des singes, Rizzolatti a observé que pour qu'un neurone miroir humain soit activé, l'activité observée doit être dans le propre répertoire moteur de l'observateur et dériver de son expérience. Par exemple, nous pouvons immédiatement nous connecter avec un chien par nos neurones miroirs quand nous le voyons manger un morceau de viande appétissant, mais nous ne pouvons pas le faire quand il aboie sur un autre chien. Sans la capacité de « se sentir dans » l'expérience par des neurones miroirs, le cerveau humain ne peut créer qu'une expérience approximative en concoctant à la hâte une simulation grossière, comme le ferait un ordinateur, de ce qu'est l'acte d'aboyer.

En fait, nous filtrons toujours nos observations des activités d'une autre personne à travers notre expérience personnelle, même si elle diffère de celle de la personne que nous observons. Keysers a étudié l'activité cérébrale d'une personne née sans mains qui observait une autre personne s'apprêtant à prendre un verre. Dans cet exemple, les régions du cerveau et de la colonne vertébrale associées aux orteils et aux pieds étaient activées et non les régions associées aux mains. L'observateur sans mains comprenait l'action par le même processus qu'il utilisait pour prendre un verre : avec les pieds.[121] Ceci suggère que l'acte de voir établit un *lien*, un mélange complexe de vos actions et de vos émotions avec les miennes.

Si vous étiez capable de rentrer dans votre tête et d'observer votre cerveau et votre système nerveux dans l'acte d'entrer en relation avec quelqu'un d'autre, vous auriez du mal à comprendre quelles instructions dépendent de vous et quelles instructions appartiennent à l'autre

120 C. Keysers et al., « A Touching Sight: SII/VV Activation During the Observation and Experience of Touch », Neuron 42 (2004) : 33-46.

121 V. Gazzola et al., « Aplastics Born Without Hands Mirror the Goal of Hand Actions with Their Feet », *Current Biology* 17 (2007) : 1235-40.

personne. Vous pensez peut-être que vous êtes un observateur objectif, mais vous regardez toujours par les yeux de quelqu'un d'autre. Les frontières entre vous et autrui sont confuses parce qu'elles sont gouvernées par un mélange complexe de décharges neurales provenant de l'intérieur et de l'extérieur de votre tête. Sans effort conscient, vous recréez à l'intérieur les actions et les émotions des autres, à travers le filtre complexe de votre propre expérience. Si vous me parlez, vos émotions comment par s'activer, mais ensuite j'ajoute ma propre histoire au mélange.

Non seulement nous copions le programme moteur de l'action particulière, mais nous répliquons aussi tous les sentiments physiques et émotionnels qui y sont associés, selon nos propres expériences passées, comme, par exemple, une activité difficile qui tirait sur les muscles ou on contraire chatouillait la peau. Si nous regardons un athlète à l'entraînement et si nous détestions courir à l'école, nos anciennes émotions se déversent dans le mélange de notre observation. Nous ne comprenons l'expérience qu'à travers le lien avec notre propre histoire.

En fait, plus nous nous familiarisons avec les actions que nous observons, plus nos neurones miroirs déchargent. Par exemple, lorsqu'une danseuse professionnelle observe une autre danseuse, son circuit miroir concernant les mouvements de la danse est davantage activé que chez quelqu'un qui est moins habitué à cet art.[122] Chaque fois que nous regardons hors de nous, nous ramassons l'expérience du monde vivant et nous y ajoutons quelque chose comme le cuisinier qui rajoute ses propres ingrédients préférés à une nouvelle recette. Ceci donne une interprétation globale à ce que nous voyons, parce que, pendant un instant, nous observons le monde depuis une perspective plus haute – depuis des points de vue multiples et depuis tout le temps que nous avons été en vie.

---

122 C. Catmur et al., « Sensorimotor Learning Configures the Human Mirror System », *Current Biology* 17 (2007) : 1527-31.

Ce système de repérage automatique montre la merveilleuse économie du corps ; il traduit ce que les autres font et explore dans nos propres actions et sentiments pour nous permettre instantanément de comprendre l'expérience de quelqu'un d'autre. C'est probablement ainsi que nous avons l'intuition de la vie intérieure d'une personne et que nous éprouvons de l'empathie avec les acteurs d'un film ou d'une pièce de théâtre.[123] Regarder une tarentule ramper sur la poitrine de James Bond nous donne littéralement la chair de poule, parce que, dans un sens, nous faisons l'expérience des sensations physiques que procure une tarentule sur notre propre poitrine ainsi que toutes les émotions qui vont avec.[124] Notre cœur bat fort quand les méchants poursuivent notre héros, nous faisons la grimace si on lui tire dessus, nous exultons quand il gagne parce que, *dans un certain sens, tout ceci est en train de nous arriver à nous.*[125] Un groupe de scientifiques israéliens a été capable de reconstruire la séquence exacte des scènes violentes dans un film gore par la seule étude des résultats de l'imagerie du cerveau d'un groupe de participants qui l'avaient visionné.[126]

Quand nous disons à quelqu'un : « Je ressens ta peine », c'est en fait vrai. Les neurones miroirs associés à la peine déchargent quand nous voyons quelqu'un se blesser. Lors d'une étude, des participants dont on suivait les schémas cérébraux devaient imaginer qu'on les piquait avec une épingle, puis observer quelqu'un d'autre qu'on piquait avec une épingle. Les scientifiques ont découvert que les neurones déchargés par les participants lorsqu'ils s'imaginaient être piqués, ou lorsqu'ils observaient quelqu'un d'autre recevant la même blessure, étaient les mêmes.[127] Cependant, notre capacité à ressentir la peine de quelqu'un d'autre semble dépendre du contexte émotionnel de la pei-

123 Keysers et Gazzola, « Towards a Unifying Neural Theory ».

124 Keysers, « A Touching Sight ».

125 Ibid.

126 Entretien avec G. Rizzolatti, 8 février 2010.

127 W. D. Hutchinson et al., « Pain-related Neurons in the Human Cingulate Cortex », *Nature Neuroscience* 2 (1999) : 403-5.

ne.[128] Les neurones qui déchargent créent notre réaction à la douleur et non ses aspects physiques. Nous simulons l'expérience émotionnelle plutôt que la souffrance physique réelle.[129]

Même quand vous voyez un ennemi souffrir, quoique vous puissiez retirer une satisfaction perverse de la situation, votre toute première réponse est une pure connexion, car vous vous mettez vous-même dans le même état émotionnel.

« Initialement, vous devez comprendre que ce type souffre, dit Rizzolatti, et réagir en ressentant exactement la même souffrance émotionnelle que lui. »[130] L'acte de la perception est un moment de parfaite union – et cela avec qui que ce soit.

À présent, de nombreux psychologues et scientifiques pensent que les neurones miroirs représentent les premières lueurs de l'empathie – notre habilité à nous mettre à la place de quelqu'un d'autre – et ceci semble être un système de feed-back finement mis au point. Ceux qui se décrivent comme hautement empathiques montrent plus d'activité au niveau des neurones miroirs.[131] De même, au fur et à mesure que nous développons notre empathie, notre circuit de neurones miroirs devient plus complexe, ce qui suggère que le cœur de l'empathie est une simulation matérialisée dans le corps.

Mais l'inverse est aussi exact : plus les neurones miroirs d'une personne sont finement ajustés, plus elle est capable de montrer de l'empathie. Le neuroscientifique Antonio Damasio a utilisé l'imagerie cérébrale pour déterminer quelles régions du cerveau s'activent chez un groupe de participants quand on leur demande de penser à l'un de ces trois scénarios : une expérience émotionnelle de leur propre passé ;

---

128 S. Han et al., « Empathic Neural Responses to Others' Pain Are Modulated by Emotional Contexts », *Human Brain Mapping* 30 (2009), 3227-37.

129 T. Singer et al., « Empathy for Pain Involves the Affective but Not Sensory Components of Pain », *Science* 303, n° 5661 (2004) : 1157-62.

130 Entretien avec G. Rizzolatti, 8 février 2010.

131 M. Jabbi et al., « Empathy for Positive and Negative Emotions in the Gustatory Cortex », *NeuroImage* 34 (2007) : 1744-53 ; V. Gazzola et al., « Empathy and the Somatotopic Auditory Mirror System in Humans », *Current Biology* 16 (2006) : 1824-29.

l'expérience équivalente pour une autre personne, mais imaginée par les participants comme si elle était en train de leur arriver à eux ; ou une expérience sans émotion de leur propre passé. Quand un participant éprouvait une profonde empathie pour un autre, il produisait une activation du cerveau équivalente à ce qui se passerait si lui-même faisait l'expérience. Cependant, quand il ne pouvait pas éprouver de l'empathie avec l'histoire de l'autre personne, des régions de son cerveau sans rapport avec cette émotion s'activaient.[132]

Depuis l'instant même de sa naissance, le cerveau humain est un imitateur infatigable. La première impulsion de notre cerveau est de fusionner avec celui de notre mère. Le neurologue américain, Allan Shore, qui a fait un travail d'école sur la théorie de l'attachement, pense que le système neuronal d'un bébé apprend à partir du cerveau de sa mère, qui agit comme une sorte de modèle d'ondes cérébrales pour enseigner au bébé quand décharger et quand se connecter, tout comme elle lui enseigne à parler et à se servir d'une cuillère. « En fin de compte, déclare Schore, le cortex préfrontal de la mère devient le cortex préfrontal du bébé. »[133]

Des chercheurs de l'université de l'Arizona ont prouvé que les schémas du cerveau d'une mère, enregistrés sur un électroencéphalogramme (EEG), sont encodés dans les schémas EEG de son enfant.[134] Comme l'a découvert l'auteur scientifique Joseph Chilton Pearce, la mère et son bébé font normalement l'expérience d'une navigation des ondes cérébrales, au cours de laquelle les ondes électriques des deux cerveaux « résonnent » en montant et en baissant en même temps, quand ils sont ensemble. Quand l'un est séparé de l'autre, les zones cérébrales des deux deviennent discordantes et ne reviennent à la résonance que lorsqu'ils sont réunis.[135]

---

132 S. D. Peston et al., « The Neural Substrates of Cognitive Empathy », *Social Neuroscience* 2, n° 3-4 (2007) : 254-75.

133 A. Schore, *Affect Regulation and the Origin of Self*, Psychology Press, 1999.

134 G. Schwartz, « Energy Medicine and Bioenergy Feedback », présentation à la Future Health Conference, Palm Springs, 5-9 février 1998.

135 J. Chiltern Pierce, *Magical Child*, Bantam Books, 1980.

Pendant toute votre vie, votre cerveau trouve d'autres ondes de cerveau contagieuses. Ainsi que je l'ai relaté dans mon livre *The Intention Experiment* (« La science de l'intention »), il est amplement prouvé que dans plusieurs types de circonstances, en particulier quand deux personnes font des choses ensemble dans un même but, les signaux électriques dans leurs cerveaux se synchronisent rapidement.[136] Les fréquences, les amplitudes, les pointes et les chutes des ondes cérébrales commencent toutes à résonner en tandem.

Traditionnellement, la recherche dans ce domaine a utilisé un couple formé par expéditeur et destinataire, dans lequel tous les deux, isolés dans des chambres séparées, sont connectés à divers appareils de mesures physiologiques, tels que les machines EEG. L'un des partenaires qui est stimulé par quelque chose – une image, une lumière ou un léger choc électrique – essaie de transmettre l'image mentale du stimulus à son partenaire. Dans un grand nombre de cas, les ondes cérébrales du destinataire commencent à imiter celles de l'expéditeur quand il est en train d'être stimulé ; le cerveau du receveur détecte et copie l'expérience de son partenaire.[137] En fait, la réponse du receveur se trouve à un endroit du cerveau identique à celui de l'expéditeur.[138] Cette sorte de lien peut surgir instantanément, même entre inconnus. Être tout simplement associé avec quelqu'un d'autre met les deux cerveaux en synchronie.[139]

Cette sorte d'entraînement n'est pas limitée au cerveau. Dans une série d'études remarquable, des chercheurs de l'Institute of Noetic Sciences de Petaluma, en Californie, ont découvert que lorsqu'un membre d'un couple envoie des pensées et des intentions de guérison

136 L. Taggart, « The Love Study » in *The Intention Experiment*, Free Press, 2007.

137 Pour les détails de toutes ces études, voir McTaggart, *The Intention Experiment.*

138 L. Standish et al, « Electroencephalographic Evidence of Correlated Event-related Signals between the Brains of Spatially and Sensory Isolated Human Subjects », *Journal of Alternative and Complementary Medecine* 10, n° 2 (2004) : 307-14.

139 M. Kittenis et al., « Distant Psychophysiological Interaction Effects between Related and Unrelated Participants », Proceedings of the Parapsychological Association Convention, 2004, 67-76, cité dans D. Radin, *Entangled Minds*, Paraview, 2006 : 138-39.

à son partenaire atteint de cancer, un grand nombre de processus physiologiques – ondes cardiaques, ondes cérébrales, envois d'impulsions électriques aux bouts des doigts, circulation sanguine, respiration – commencent à s'imiter les uns les autres chez les deux partenaires. Avec une pensée d'amour, deux corps deviennent rapidement un corps.[140] Des recherches plus approfondies à IONS montrent que nous enregistrons aussi les états émotionnels d'autres personnes dans nos tripes.[141]

Des formes de correspondance corporelle semblent se produire même entre étrangers, sous certaines circonstances. Se connecter avec une autre personne d'une façon intime quelconque, comme le fait un guérisseur quand il envoie une énergie de guérison à son patient, déclenche la synchronie des deux cerveaux.[142] Même le geste de toucher quelqu'un avec un sentiment d'appréciation et de gentillesse peut accorder les ondes cérébrales de cette personne avec les vôtres.[143] La synchronie peut même arriver quand deux personnes ont un fort désir de faire du mal, comme on l'a démontré dans des études sur des maîtres de Qigong en situation d'impasse mentale et physique.[144] Quand nous tentons d'avoir une relation étroite avec quelqu'un d'autre, en bien ou en mal, la première impulsion de nos cerveaux est de se copier mutuellement.

---

140 Cette étude est expliquée en détails dans McTaggart, *The Intention Experiment*, chapitre 4.

141 D. I. Radin et M.J. Schlitz, « Gut Feelings, Intuition and Emotions: An Exploratory Study », *Journal of Alternative and Complementary Medicine* 11, n° 5 (2005) : 85-91.

142 D. I. Radin, « Event related EEG Correlations between Isolated Human Subjects », *Journal of Alternative and Complimentary Medecine* 10 (2004) : 315-24 ; M. Cade et N. Coxhead, *The Awakened Mind*, 2nd ed., Element, 1986 ; S. Fahrion et al., « EEG Amplitude, Brain Mapping and Synchrony in and between a Bioenergy Practionner and Client During Healing », *Subltle Energies and Energy Medicine* 3, n° 3 (1992) : 19-52.

143 Rollin McCraty et al., « The Electricity of Touch: Detection and Measurement of Cardiac Energy Exchange beween People », in *Brain and Values: Is a biological Science of Valiues Possible?*, éd. Karl H. Pribram, Lawrence Erlbaum Associates, 1998, 359-79.

144 M. Yamamoto et al., « An Experiment on Remote Action against Man in Sense Shielding Condition », *Journal of the International Society of Life Information Sciences* 14, n° 1 (1996) : 97-99.

En plus d'intérioriser l'expérience qui est en dehors de nous-mêmes, nous percevons aussi le monde à travers une conversation constante et invisible avec notre environnement. En 1970, alors qu'il cherchait un traitement pour le cancer, un physicien allemand, Fritz-Albert Popp, a découvert que tous les systèmes vivants, depuis les plantes unicellulaires jusqu'aux êtres humains, émettent un minuscule courant de photons, ou lumière, qu'il a appelé les « émissions biophoton ». Popp a tout de suite compris que tout organisme vivant utilise cette lumière ténue comme moyen de communication avec lui-même ainsi qu'avec le monde extérieur.

Popp et une quarantaine de scientifiques répartis dans le monde entier ont passé plus de trente ans de recherche sur les émissions biophoton. Tous affirment que cette faible radiation, plutôt que l'ADN ou la biochimie, est le véritable conducteur de tous les processus cellulaires du corps. Ils ont découvert que les émissions biophoton résident à l'intérieur de l'ADN, diffusant certaines fréquences à l'intérieur des molécules des cellules individuelles.[145] Quand ils ont pris ces mesures, au début de leurs recherches, Popp et ses collègues ont utilisé un équipement précis capable de compter les émissions de lumière, photon par photon, ce qui leur a permis de découvrir quelque chose de remarquable. Quand une pommade pour la peau était appliquée sur une partie du corps, un grand changement avait lieu dans le nombre d'émissions lumineuses, non seulement là où on avait appliqué la pommade, mais aussi dans des parties distantes du corps. De plus, le degré de changement correspondait dans chaque endroit. Popp a compris qu'il avait découvert le principal canal de communication à l'intérieur d'un organisme vivant qui utilise la lumière comme moyen de signalement global, instantané, ou « non localisé ».

Popp a aussi découvert que ces émissions lumineuses agissent comme un système de communication *entre* les systèmes vivants.

145 S. Cohen et F.-A. Popp, « Biophoton Emission of the Human Body », *Journal of Photochemisty and Photobiology* 40 (1997) : 18-89.

Dans ses expériences avec un certain nombre d'organismes, y compris des êtres humains, il a découvert que les choses vivantes absorbent la lumière émise l'une par l'autre et renvoient des schémas d'ondes d'interférence, comme s'ils avaient une conversation. Une fois que les ondes de lumière d'un organisme sont absorbées par un autre organisme, la lumière du premier organisme commence à échanger l'information en synchronie.[146] Les choses vivantes semblent aussi communiquer l'information avec leur environnement – les bactéries avec leur environnement nutritionnel, l'intérieur d'un œuf avec sa coquille. Ces « conversations » surviennent aussi entre différentes espèces, bien que les conversations les plus bruyantes, et les meilleures, soient réservées aux membres de la même espèce.[147]

Popp et son équipe de recherche ont été surpris de découvrir que les émissions d'un organisme ont des différences mesurables pendant la journée et le soir, et de plus, suivent des schémas hebdomadaires et mensuels qui reflètent l'activité solaire.[148] Il a confirmé indépendamment la thèse centrale de Franz Halberg : une chose vivante marque constamment le pas avec le Soleil.

Le travail de Popp prouve qu'avec ce minuscule courant d'émissions biophoton, nous créons un *lien* quantique avec notre monde. À chaque moment d'éveil, nous absorbons la lumière de quelqu'un d'autre.

Les travaux de ces scientifiques – Graham Fleming, Randy Jirtle, Franz Halberg, Giacomo Rizzolatti et Fritz-Albert Popp – qui semblent sans rapport entre eux, suggèrent ensemble une vue de la nature des choses vivantes qui est profonde et hérétique. Ils montrent aussi

---

146 F.-A. Popp et al, « Mechanism of Interaction between Electromagnetic Fields and Living Organisms », *Science in China* (Series C) 43, n° 5 (2000) : 507-18.

147 Entretien avec Popp, Neuss, Allemagne, 1er mars 2006.

148 K. Nakamura et M. Hiramatsu, « Ultra-weak Photon Emission from Human Hand: Influence of Temperature and Oxygen Concentration on Emission », *Journal of Photochemistry and Photobiology B : Biology 80*, n° 2 (2005) : 156-60.

que le concept que nous avons de nous-mêmes, comme une chose distincte des autres choses, est fallacieux.

Plus les scientifiques pénètrent au cœur de la matière, plus ils se rendent compte que les particules essentielles de l'univers n'ont pas une identité en soi distincte. En fait, dans la plupart des circonstances, deux ou davantage de particules sont inextricablement connectées les unes aux autres si bien qu'on ne peut les considérer que comme un collectif.

Au plan subatomique, nous échangeons constamment de la lumière et de l'énergie à un tel degré que nous ne sommes pas le même d'un moment à un autre. Nous sommes un système dynamique, pas simplement à cause de changements internes, mais parce que nous sommes constamment altérés par la relation toujours en changement entre nous et les choses hors de nous.

Cette impulsion à se connecter est copiée par la nature entière. Le corps physique, la chose à laquelle nous attribuons la plus grande partie de notre individualité, est créé à travers des interactions avec notre environnement qui sont si nombreuses et complexes que nous ne pouvons pas considérer que notre corps existe indépendamment. Depuis la découverte révolutionnaire de Jirtle, tout un champ de la biologie – l'épigénétique – s'est consacré à l'étude de la façon dont nous sommes modelés non pas de l'intérieur, mais largement par des agents en dehors de nous-mêmes. Les scientifiques ont commencé à se rendre compte que la biologie est un *lien* entre des forces extérieures et intérieures, largement formées de l'extérieur vers l'intérieur, et c'est ce *lien* – le mélange subtil des influences environnementales sur notre biologie – dont nous héritons. Ce qui conduit l'évolution, ce n'est pas le gène individuel, mais le *lien* que nous faisons avec notre monde. Tout organisme est la somme de sa connexion avec l'environnement dans une forme matérielle.

En dépit de la vision que nous avons de nous-mêmes, comme les entités les plus influentes de l'univers et le sommet de la chaîne des êtres, la nouvelle science de la chronobiologie montre que nous, et toutes les autres choses vivantes sur Terre, faisons partie d'un système énergétique vaste et complexe à la merci de l'activité géomagnétique planétaire de l'univers. C'est notre *lien* avec le *Zeitgeber* cosmique qui est largement responsable de notre santé, de notre stabilité physique et mentale, et probablement de ce que nous considérons comme notre seule motivation individuelle.

Les nouvelles découvertes en neurologie révèlent que notre impulsion constante est de fusionner ; un individu comprend une action hors de lui en la recréant à l'intérieur de lui, si bien que l'observateur fait l'expérience de l'observé.[149] Aussitôt que nous entrons dans le monde, même le plus antisocial et introverti d'entre nous crée une connexion involontaire et immédiate.

Ces découvertes sont perturbantes et amènent à se poser des questions fondamentales : si toute chose n'est essentiellement qu'un champ d'énergie impliqué dans un gigantesque échange, et ne cesse de changer de forme, pouvons-nous considérer toute chose ou toute personne comme une chose en soi ? Quand vous abordez vraiment le sujet, au niveau fondamental, est-ce que vous ou moi avons en fait un soi identifiable et immuable ? Si je suis constamment en train d'échanger des bouts ici et d'emprunter d'autres bouts là, où est-ce exactement que le monde commence et où est-ce que moi je commence ? Comment puis-je dire avec une finalité quelconque que ceci seulement est *moi* ?

Andy Gardner, biologiste à l'université d'Oxford, a examiné si une société quelconque pouvait être si avancée et fonctionner si harmonieusement qu'on puisse la qualifier de *superorganisme*, un organisme unique de plein droit. Jusqu'à présent, il a réussi à repérer deux types de communauté modèle : les fourmis et les abeilles. Ces animaux ont un tel esprit d'équipe que tout conflit a été éliminé. Au niveau individuel, les abeilles et les fourmis agissent constamment sans égoïsme et sont prêtes à se sacrifier, et même à mourir si nécessaire, pour protéger la colonie. Dans ce sens, la communauté entière est unie dans un but commun.

149 Hutchinson et al., « Pain-related Neurons ».

Gardner pense qu'un superorganisme possédant une organisation sociale aussi avancée que celle des abeilles et des fourmis est très rare. Il ne peut exister que lorsque le conflit interne dans un groupe social a été virtuellement éliminé. C'est pourquoi, remarque-t-il laconiquement, « nous ne pouvons pas utiliser cette terminologie, par exemple, pour décrire les sociétés humaines ».[150]

Néanmoins, que nous l'admettions ou non, les êtres humains, comme toutes les choses vivantes, font partie d'un superorganisme intergalactique immense. Toutes choses, depuis les particules subatomiques jusqu'aux organismes unicellulaires en passant par les étoiles les plus distantes dans la galaxie, font partie d'un *lien* indivisible.

Même notre conduite sociale ressemble plus à celle des fourmis que nous voulons bien l'admettre. En dépit de notre tendance à la compétition et à vouloir mieux faire que les autres, notre désir le plus élémentaire est toujours de nous connecter. Les êtres humains, comme les fourmis, sont nés pour désespérément former une équipe.

150 « Bees and Ants » "Operate in Teams" » BBC News web page, 23 mars 2009, http://news.bbc.co.uk/1/hi/scotland/7957834.stm

PARTIE II

L'ATTRAIT POUR LE TOUT

Avant de construire un mur, j'aimerais savoir
ce que je protège et ce que j'exclus.

Robert Frost, « Mending Wall »

CHAPITRE 5

Nés pour appartenir

L'architecte Howard Roark, incarné à l'écran par un Gary Cooper implacable, dans le film tiré du livre d'Ayn Rand, *La Source vive*, est l'un de nos plus grands héros modernes, le modèle même du loup solitaire, l'outsider irréductible. Il fait exploser son projet d'habitat plutôt que de le voir déformé par des « concessions ». Lors de son procès, armé seulement de ses paroles intransigeantes, il se défend contre des accusations de vandalisme en élevant un hymne à l'individualisme.

« Le créateur qui vit de son travail n'a pas besoin des autres hommes, annonce Roark en se tournant pour faire face au jury. Je ne reconnais à personne le droit à une seule minute de ma vie, pas plus qu'à une seule partie de mon énergie... Qu'importe qui le réclame, qu'importe le nombre de personnes qui le réclament, qu'importent leurs besoins... l'intégrité du travail créatif d'un homme est d'une importance plus grande que toute entreprise charitable. » [151]

À la fin du livre, Roark triomphe et parvient inexplicablement à éviter la prison en dépit du fait qu'il a fait exploser tout un îlot de la ville. Il arrive à construire son fameux bâtiment et il épouse aussi la belle. Dans la scène finale, à cheval sur une plate-forme en haut d'un gratte-ciel, sa silhouette domine la ligne des toits de New York, c'est un colosse, l'exemple même du surhomme de Nietzsche – le candidat idéal pour une crise cardiaque.

Bien que Rand ait défendu la suprématie de l'individu à travers Roark, qui a servi de porte-parole pour sa philosophie objectiviste,

151 Ayn Rand, *The Fountainhead*, Signet, 1996.

l'idéal libertaire – vivre pour soi par-dessus tout – est en fait un état hautement toxique. L'idée que quiconque puisse réussir sa vie en gardant le poing levé, *contra mundi*, est une chimère. Notre biologie est le produit de la fusion avec le monde autour de nous. Le *lien* que nous faisons avec le monde est automatique et intrinsèque. Nous sommes qui nous sommes seulement par notre connexion avec toute chose en dehors de nous.

Mais un *lien* similaire gouverne notre conduite sociale. Nous créons aussi un superorganisme dans nos relations. Quand nous établissons une relation avec une autre personne, ou un groupe de personnes, nous révélons l'impulsion automatique profonde de nous relier avec elles, et nous montrons constamment cette impulsion par nos actions, nos émotions, nos comportements et nos opinions. Pour satisfaire notre désir le plus profond, qui est de fusionner avec les autres, nous cherchons constamment la synchronie.

La plupart d'entre nous ont appris que l'impulsion la plus importante que nous possédions est de survivre à tout prix. Le philosophe allemand Friedrich Nietzsche a prétendu que la force qui propulse toute motivation humaine est la « volonté de puissance », qu'il considérait comme encore plus essentielle que la volonté de survivre.[152] Nietzsche croyait que la volonté de puissance était la force fondamentale qui, dans l'univers, retenait tout ensemble.

Pourtant, comme le montre la science récente, notre besoin d'entrer en relation avec autrui est encore plus fondamental. Plutôt qu'une volonté de puissance, l'impulsion essentielle de toute vie est une *volonté de se relier*. Notre instinct naturel est de fusionner avec l'autre, de nous détacher de l'atomisation de notre individualité pour aller vers l'holisme du groupe. La connexion profonde plutôt que la compétition est la qualité la plus importante de la nature humaine ; nous

152 F. Nietzsche, *Human, All Too Human: Beyond Good and Evil*, Wordsworth Editions, 2008 ; F. Nietzsche, *The Gay Science: With a Prelude in Rhymes and an Appendix of Songs*, Vintage, 1974.

n'avons jamais été conçus pour vivre seuls ou survire égoïstement. Les êtres humains ont essentiellement besoin de partenariat pour survivre ; nous subissons le plus grand stress et les maladies les plus graves quand nous sommes isolés des autres et que nous n'avons pas un sentiment de connexion.

Cette impulsion à rechercher la connexion a quatre empreintes, dans toute société donnée : le besoin d'appartenir, le besoin d'être d'accord, le besoin de donner et le besoin de prendre sa place chacun à tour de rôle. Ces impulsions sont les éléments essentiels de notre biologie de base, révélés par les connexions que nous faisons avec ceux qui nous sont proches et chers aussi bien qu'avec toute personne avec laquelle nous entrons en contact.

Le plus fondamental de ces besoins est le sentiment d'appartenance. L'humanité est profondément tribale ; nous nous sentons le plus à l'aise dans des petits groupes dans lesquels nous faisons partie du tout. En effet, le besoin d'appartenir est si primordial que l'ostracisme est l'une des situations les plus insupportables pour les êtres humains. Robert L. Beat, un ancien mennonite, a défini la pratique de l'excommunication chez les amish qui consiste à mettre « à l'écart » une personne comme « une torture infernale ».[153] Les adolescentes dans les pensionnaires britanniques exilent leurs amies qui sont devenues trop arrogantes « à Coventry » (personne ne leur parle pendant un trimestre). Ce qui est considéré la punition absolue pour les remettre au pas. Les aborigènes réservaient l'immense pouvoir de vie ou de mort de l'ostracisme pour des cas extrêmes, car il s'avérait souvent fatal. Ce désir des plus primordiaux de l'être humain – ne pas être mis à part, mais simplement faire partie, en particulier avec les gens de notre environnement immédiat – peut très bien être si nécessaire à notre existence que s'il n'est pas satisfait, ce peut-être une question de vie ou de mort.

---

153 Robert L. Bear, *Delivered unto Satan*, Bear, 1974.

À la fin du XIXe siècle, le sociologue français Émile Durkheim avait été frappé par une énigme singulière : pourquoi certains grands groupes sociaux avaient-ils un taux de suicide plus élevé que d'autres ? Durkheim a été l'un des premiers à utiliser une approche scientifique pour l'étude de la société. De confession juive, il cherchait à savoir si les sociétés pouvaient rester cohérentes et soudées face à leur diversité ethnique grandissante et au déclin général de la religion. C'est Durkheim qui le premier a utilisé l'expression « intégration sociale », car même en ces débuts de sociologie balbutiante, il comprenait que le tissu d'une société pouvait exercer une force puissante sur l'individu. Il était particulièrement intéressé par les désaccords entre la société et l'individu qui prédisposent une personne à se suicider. Son travail est devenu une étude classique sur le suicide.[154]

Même aujourd'hui, parmi bien des scientifiques, le suicide est souvent considéré comme une affaire personnelle ; on estime que les raisons pour lesquelles un individu se supprime n'ont rien à voir avec la société dans laquelle il vit, et du reste, la plupart des études sur le suicide, même après les découvertes de Durkheim, portent sur la motivation individuelle. Durkheim a découvert que les taux de suicide les plus élevés se rencontrent davantage chez les gens qui n'ont pas d'attaches – des personnes sans enfants, célibataires, veuves ou divorcées – que chez ceux qui sont mariés ou ont des enfants, ce qui n'est pas vraiment surprenant, car ceux qui ont des êtres chers sont censés avoir une raison de vivre.

Cependant, ce qui est étonnant, c'est la grande disparité dans les statistiques des suicides des catholiques et des juifs comparées à celles des protestants. De fait, les protestants se suicident beaucoup plus que les catholiques et les juifs. Ceci pourrait être expliqué en partie par la forte prohibition du suicide chez les catholiques où il est considéré comme un péché si impardonnable qu'il condamne pour toujours son auteur. Néanmoins, on doit rejeter en partie ce facteur, car un taux de

154 E. Durkheim, *Suicide*, 1897 ; réimprimé, Free Press, 1997.

suicide aussi faible existe chez les juifs. Durkheim a conclu que cela devait avoir un rapport avec un contrôle et un attachement social plus forts dans les sociétés catholiques et juives, car les pays catholiques et les communautés juives, dans l'ensemble, maintiennent des liens familiaux et sociétaux plus forts.

Pourtant, il y avait des exceptions à cet argument ; au Québec, province très catholique du Canada, le taux de suicide était extrêmement élevé, en particulier chez les jeunes, mais, selon Durkheim, ceci était lié au rejet de la religion de la communauté – ce qui, à nouveau, est un schéma essentiel de la fabrique sociétale.

Finalement, il a compris que le suicide est une réponse extrême à la coupure du contrat social ; puisque les êtres humains ont besoin d'être fortement attachés à leur groupe, ceux qui choisissent de se suicider le font parce qu'ils ont, pour une raison quelconque, échoué leur intégration dans la société. Les suicidaires souffrent, selon les termes de Durkheim, d'« individualisation excessive ». En d'autres termes, les gens se suicident parce qu'ils se sentent exclus et ne pas s'intégrer est la seule chose qu'ils ne peuvent pas supporter. Au moment de passer à l'acte, le suicidaire pense essentiellement à *quitter ce monde cruel*.

Même dans cette première recherche grossière, Durkheim a reconnu que la solution pour prévenir le suicide individuel consiste à fixer la relation de l'individu à la société, et non pas l'individu lui-même. L'intuition de Durkheim a été validée en 2009, quand Mary Daly et Daniel Wilson, de la Federal Reserve Bank de San Francisco, se sont associés avec Norman Johnson du Census Bureau, pour étudier les morts par suicide aux États-Unis, pour voir si elles avaient un rapport avec le revenu des personnes. Leur hypothèse de départ était qu'ils trouveraient des groupes de suicidés parmi les classes de revenu les plus basses, dans n'importe quel endroit des États-Unis.

À première vue, il semblerait que plus le revenu d'une personne est faible, plus elle sera susceptible de se suicider. Cependant, une analyse plus fine a montré que cette conclusion était prématurée. C'est vrai que les individus qui appartenaient au niveau de revenu le plus bas, dont le revenu familial était en dessous de 20 000 $ en 1990 (l'équivalent d'environ 31 000 $ en 2006), étaient plus enclins, et de manière significative, à se suicider que ceux dont le revenu dépassait 60 000 $. Mais pour tous ceux qui avaient plus de 20 000 $, le revenu n'avait aucun effet significatif sur les risques de suicide. La seule fois où le revenu individuel avait une importance quelconque était lorsque l'individu le comparait avec le niveau de revenu dans son propre pays.

En fait, les régions d'Amérique les plus riches avaient le plus grand risque de suicide.

Daly, Wilson et Johnson ont aussi examiné si cette association avec quelque chose à voir avec le coût de la vie élevé, le coût d'un habitat élevé, la différence entre le fait d'être locataire ou propriétaire, le coût de la vie dans tout le pays, le parti-pris des journaux sur les suicides ou même l'accès difficile aux urgences. Aucun de ces facteurs n'apparaissait avoir une connexion quelconque avec le risque de suicide. L'unique facteur qui finalement semblait avoir un rapport avec le désir de se supprimer était la comparaison entre votre propre revenu et celle des autres autour de vous. Et plus les gens autour de vous étaient riches, plus vous aviez de chance d'être malheureux.[155]

En termes crus, pour chaque tranche de 10 % que votre voisin gagne en plus par rapport à vous, les probabilités que vous vous suicidiez augmentent de 7,5 %.

Le simple désir de vivre sur le même train de vie que vos voisins, concluait l'équipe de recherches, était la raison la plus probable pour attenter à vos jours. Et plus le point de référence était haut, plus le voisinage était affluent : bref, plus les enjeux étaient élevés, plus les habitants risquaient de manquer d'argent et donc de se suicider.

Être envieux du revenu d'autrui est un sentiment qui existe aussi en Europe. Les économistes Andrew Clark et Claudia Senik de l'École d'Économie de Paris ont montré que les Européens aussi se

155 M. Daley et al., « Relative Status and Well-being: Evidence from U.S. Suicide Deaths », Federal Reserve Bank of San Francisco Working Paper Series, mai 2008, n° 2007-12.

jugent selon la place qu'ils occupent sur l'échelle économique en se comparant avec tous ceux qui les entourent. Dans un sondage social européen, qui concernait 34 000 personnes de 23 pays, Clark et Senik ont remarqué que les trois quarts des participants pensaient qu'il était important de comparer leurs revenus à celui des autres.[156]

Néanmoins, plus ils le faisaient, plus ils étaient malheureux.

Les chercheurs ont évalué les niveaux de bonheur selon les réponses des participants aux questions leur demandant s'ils pensaient qu'ils vivaient à l'aise, s'ils se sentaient optimistes, s'ils avaient été récemment déprimés, s'ils se sentaient satisfaits de leur vie jusque-là. Clark et Senik ont fait une autre découverte remarquable : il existait dans l'esprit des participants un classement sur les diverses catégories de gens avec qui on les comparait et sur les comparaisons qui les affectaient le plus.

Le moins dommageable pour le bonheur en général était les comparaisons faites avec des collègues, alors que l'envie des revenus des membres de la famille semblait être plus corrosive. Cependant, les plus toxiques des comparaisons étaient celles avec les amis les plus proches, considérées deux fois plus nuisibles que les comparaisons avec les collègues de travail.

L'aspect le plus fascinant de l'étude de Daly et du sondage européen, c'est qu'ils ont scientifiquement validé ce truisme que l'argent – même une amélioration collective des finances – ne fait pas le bonheur. Une augmentation générale du standard de vie n'a apparemment rien à voir avec un état de contentement. Par la même occasion, le bonheur autodéclaré n'a pas non plus de relation avec un quelconque point de référence objectif, telle une augmentation du revenu par habitant d'une région, ou même avec des références personnelles, avec vos attentes sur ce que vous *devriez* recevoir – seulement avec les références établies par votre communauté. C'est ce qu'on appelle, en science

156 A. Clark et C. Senik, « Who compares to Whom? The Anatomy of Income Comparisons in Europe », IZA Discussion Papers 4414, Institute for the Study of Labor, IZA, 2009.

psychologique, le *paradoxe d'Easterlin* ; cela signifie qu'il n'y a aucune mesure objective du succès, seules comptent les mesures individuelles formées par nos aspirations et nos attentes ainsi que celles de nos proches. Le succès dans la société occidentale moderne étant défini par les accomplissements visibles de l'individu, la référence – que sont les possessions des voisins – est toujours là pour mesurer notre fortune, notre statut et même leurs enfants aux nôtres.

Ce qui suggérerait que notre besoin le plus profond est d'appartenir à une communauté, et dans les termes actuels, cela se traduit par éviter de devenir à tout prix un paria financier. Notre désir de connexion est si puissant que la qualité de ce *lien* que nous faisons avec un groupe est la clé la plus importante pour la santé.

En 1955, Len Syme, alors jeune chercheur en sociologie à Yale, a pris ce qui semblait alors une décision naïve et téméraire. Il a décidé d'étudier quelque chose dont on n'avait virtuellement jamais entendu parler en sociologie ou en médecine : la sociologie de la santé. Syme soupçonnait que les facteurs sociaux entraient en compte dans certaines maladies telles que les problèmes cardiaques, le cancer et l'arthrite, qu'à cette époque on attribuait surtout au mode de vie d'un individu, avec une genèse alimentaire ou environnementale. Ses conseillers de thèse lui ont recommandé de changer de sujet de recherche : il n'y avait aucun écrit sur la question, pas plus en sociologie qu'en médecine, et il n'y en aurait probablement jamais. Néanmoins, avec une obstination persistante et une détermination tranquille devant l'autorité, Syme est resté sur ses positions pour finalement devenir le premier sociologue à obtenir un poste à l'U.S. Department of Health, Education and Welfare, un poste du reste considéré si étrange que ses supérieurs ne savaient pas comment l'appeler.

Après une première tentative en grande partie sans succès pour rechercher pourquoi les taux de maladies cardiaques variaient dans de nombreux États, Syme a abandonné les outils statistiques qu'il avait appris à l'université et il a commencé à « aller à la pêche », une expression assez méprisante pour désigner une recherche scientifique tous azimuts. Il a épluché les données afin de trouver une hypothèse – dans cet exemple, il recherchait toute condition sociale qui pouvait varier entre ceux qui avaient eu une crise cardiaque et ceux qui n'en avaient pas eu.

Syme a trouvé que les individus « culturellement mobiles », comme il a commencé à les désigner – ceux qui géographiquement se déplacent d'une culture sociétale vers quelque chose de tout à fait différent, en particulier ceux qui viennent de la campagne pour trouver un travail de bureau – finissent par développer des maladies cardiaques. Ce rapport prévalait même quand il éliminait d'autres facteurs, tels que le tabagisme, l'hypertension et tous les autres facteurs de risque supposés des maladies cardio-vasculaires.[157]

La mobilité sociale – le fait de sortir de votre propre groupe et ne plus appartenir – vous rendait malade.

Syme a présenté ses découvertes à une assemblée d'épidémiologistes cardiovasculaires des plus éminents, qui les ont immédiatement rejetées. Après un passage aux National Institutes of Health, où il a établi le premier groupe d'observation épidémiologique pour financer ce type de recherche, Syme a obtenu une chaire d'épidémiologie à la School of Public Health de Berkeley, le premier sociologue à détenir une telle position. Faisant équipe avec Reuell Stallones, lui aussi professeur à Berkeley, il a testé son hypothèse de migration sur une population adéquate : les Japonais qui avaient émigré à Hawaï et en Californie.

En tant que peuple, les Japonais fascinent les étudiants en épidémiologie parce qu'ils sont un véritable paradoxe apparent : ils ont le taux de maladies cardiaques le plus bas au monde en dépit du fait que le tabagisme, l'un des risques le plus fort, est une pratique virtuellement

157 S. L. Syme et al., « Some Social and Cultural Factors Associated with the Occurrence of Coronary Heart Disease », *Journal of Chronic Diseases* 17 (1964) : 277-89 ; S. L. Syme et al., « Cultural Mobility and the Occurrence of Coronary Heart Disease », *Journal of Health and Human Behavior* 6 (1965) : 178-89.

universelle chez les hommes. Les statistiques de longévité des Japonais vont à l'encontre de tout ce qu'il faut faire pour vivre longtemps et en bonne santé. Le pays produit le plus grand nombre de centenaires au monde ; à présent, on estime à 40 000 le nombre d'individus ayant atteint cent ans et qui sont pour la plupart des fumeurs.

Pour les épidémiologistes, l'étude des sociétés transplantées est particulièrement instructive, car elle offre l'opportunité d'examiner comment une communauté particulière se comporte quand elle est confrontée à un profond bouleversement social, culturel et alimentaire. Syme et Stallones ont étudié le risque de maladies cardiaques, plus les facteurs alimentaires, et tout changement social, sur un échantillon de 12 000 hommes, divisé entre ceux qui étaient restés au Japon et ceux qui avaient émigré à Hawaï ou en Californie du Nord.

Stallones en particulier voulait savoir si le faible taux de maladies cardiaques des Japonais était dû à un régime pauvre en graisses, et si le taux montait lorsqu'ils adoptaient un régime américain typique de Burger-frites. Pour sa part, Syme restait fasciné par le facteur social : est-ce que changer de pays et de culture est si déstabilisant que cela peut déclencher des maladies cardiaques ?

Les résultats ont déçu leurs attentes. Le taux de maladies cardiaques chez les hommes qui avaient émigré en Californie était certes cinq fois plus élevé que chez ceux qui étaient restés au Japon, mais la moyenne chez les individus qui avaient émigré à Hawaï était à mi-chemin entre les deux. Ceci indiquait que l'immigration n'est pas automatiquement la cause des maladies cardiaques. Cependant, les résultats semblaient complètement indépendants de tout risque de facteurs de maladies cardiaques supposés jusqu'ici, tels que le tabagisme, l'hypertension, le régime ou le taux de cholestérol ; en fait, la population japonaise étudiée comprenait le plus grand nombre de fumeurs et le plus bas niveau de maladies cardiaques.

Ce qui est surprenant, c'est que les résultats semblaient aussi indépendants de tout changement alimentaire. Quelle que soit la nourriture des Japonais – que se soit du tofu, du sushi, ou un Big Mac –, cela n'amenait aucune propension à une maladie cardio-vasculaire.

Afin de comprendre ces résultats, Syme a demandé à Michael Marmot, l'un de ses étudiants en doctorat, d'analyser ces données de plus près. Marmot a découvert, et en a fait sa thèse, un fait qui confirmait et développait l'hypothèse de Syme : même si les changements dans les habitudes alimentaires n'avaient aucune incidence sur le risque de maladies cardio-vasculaires, le genre de société que les immigrants se créaient faisait toute la différence. Syme et Marmot ont classé la population transplantée selon le degré de liens qu'ils gardaient avec leur culture japonaise traditionnelle, y compris les liens sociaux. Les Japonais qui avaient adopté un style de vie américain voyaient leurs risques de maladies cardiaques augmenter, alors que ceux qui avaient gardé leur culture traditionnelle avaient le niveau le plus bas.

Le groupe de Japonais américains le plus traditionnel avait un taux de maladies cardiaques aussi bas que celui des Japonais restés au pays, alors que ceux qui avaient adopté le style de vie ambitieux des Occidentaux accroissaient les risques de maladie cardio-vasculaire de deux ou trois fois. Ces différences ne pouvaient pas être attribuées à un quelconque facteur de risque habituel tel que le régime alimentaire.[158] Ceux qui avaient un réseau social et un soutien social étaient protégés contre les maladies cardio-vasculaires en dépit du fait que certains fumaient ou souffraient d'hypertension.[159]

Syme a été si intrigué par ces résultats qu'il a décidé de se rendre au Japon à la recherche du facteur X manquant pour cette santé inattaquable. Il a interviewé un grand nombre de Japonais pour trouver ce qui distinguait le tissu social de l'Amérique de celui du Japon. Entretien après entretien, les personnes interviewées lui ont répété que les Américains étaient seuls. *Tout le monde pouvait constater cela. Même*

158 M. G. Marmot et S. L. Syme, « Acculturation and Coronary Heart Disease in Japanese-Americans », *American Journal of Epidemiology* 104, n° 3 (1976) : 225-47 : S. L. Syme et al., « Epidemiologic Studies of Coronary Heart Disease and Stroke in Japanese Men Living in Japan, Hawaii and California : Introduction », *American Journal of Epidemiology* 102, n° 6 (1975) : 477-80.

159 D. Reed et al., « Social Networks and Coronary Heart Disease Among Japanese Men in Hawaii », *American Journal of Epidemiology* 117 (1983) : 384-96.

dans la rue, les Américains marchent seuls. Les Japonais, surtout au sud du Japon, appartiennent à des groupes sociaux très soudés où ils se soutiennent mutuellement, même en affaires. Jusqu'à la récession économique sévère du Japon des années 90, un employé entrait dans une entreprise un peu comme il entrait dans une famille – en créant une relation pour la vie.[160]

De retour en Californie, Syme a enrôlé une autre de ses étudiantes, Lisa Berkman, pour entreprendre une étude sur l'importance des réseaux sociaux et du soutien social et examiner s'ils protégeaient des risques cardio-vasculaires. Berkman a recueilli les statistiques de santé de la plupart des habitants du comté d'Alameda en épluchant les statistiques sur neuf ans du Human Population Laboratory. Finalement, elle a pu démontrer que les individus qui se sentaient seuls, et qui étaient socialement isolés, avaient deux ou trois fois plus de chances de mourir d'une maladie cardiaque et d'autres causes que ceux qui se sentaient reliés aux autres. Ces résultats étaient indépendants de facteurs de risque connus tels que le taux élevé de cholestérol, l'hypertension, le tabagisme et l'histoire familiale.[161] Berkman a été fascinée d'apprendre que nos réponses biologiques au stress, les mécanismes « d'attaque ou de fuite » de nos systèmes nerveux autonomes et endocriniens, sont étouffées quand un compagnon est présent, ou quand nous croyions qu'un soutien est à portée de main. Même le lien avec un animal protège. Les personnes âgées qui ont des animaux favoris ont une pression sanguine plus basse que ceux qui n'en ont pas.[162]

Le premier travail de Syme a été suivi par de nombreuses études de population sur le long terme, y compris l'étude classique sur l'effet

160 Y.S. Matsumoto « Social Stress and Coronary Heart Disease in Japan: A Hypothesis », *Milbank Memorial Fund Quarterly* 48 (1970) : 9-36, cité dans S. Wolf et J. G. Bruhn, *The Power of Clan*, Transaction Publishers, 1993, 92-93.

161 I. Berkman et al., « Social Networks, Host Resistance, and Mortality: A Nine-year Follow-up Study of Alameda County Residents », *American Journal of Epidemiology* 109 (1979) : 186-204 ; *American Journal of Epidemiology* 128 (1988) : 370- 80.

162 J. K. Vormbrock et J. M. Grossberg, « Cardiovascular effects of human-pet dog interactions », *Journal of Behavioral Medicine* 11 (1988) : 509-17.

de la solidarité sur la santé, faite sur les résidents de Roseto, en Pennsylvanie. Stewart Wolf avait entendu par hasard un collègue médecin déclarer que les habitants de Roseto n'avaient virtuellement aucune maladie cardiaque. Syme et son collègue John G. Bruhn ont donc entrepris un travail d'enquête sur trente ans, comparant les conditions sociales et les habitudes alimentaires de la population de la ville avec celles des villes voisines.

Comme Wolf et Bruhn l'ont découvert, le taux de crise cardiaque des habitants de Roseto était deux fois moins élevé que celui des municipalités voisines, mais à première vue il n'y avait pas de raison médicale valable pour leur bonne santé. Les habitants de Roseto sont des personnes originaires de la même ville italienne. Quand quelque deux mille d'entre eux ont émigré ensemble aux États-Unis, provenant tous de Roseto en Italie, la plupart ne parlaient pas anglais. Ils n'ont même pas eu d'église catholique pendant des années. Au travail, ils subissaient la discrimination des citoyens américains établis d'origine galloise et ils devaient travailler aux explosifs dans les carrières, un travail difficile et dangereux, alors qu'ils étaient payés beaucoup moins que les personnes qui n'étaient pas italiennes. En considérant les facteurs de risque standard pour les maladies de cœur, les natifs de Roseta auraient dû tomber comme des mouches. La plupart des hommes fumaient, étaient en surpoids et mangeaient une cuisine au saindoux.

Wolf se rendait compte que cette petite ville était un creuset extraordinaire où les résidents avaient un sens hautement cohésif de la communauté culturelle presque unique en Amérique. Avec l'arrivée d'un prêtre britannique dans la région, le père Pasquale de Nisco, la ville était devenue florissante. Grâce à ses encouragements constants, les gens de Roseto avaient fleuri la ville, fondé l'orchestre de Roseto et créé un groupement d'organisations sociales dynamiques, depuis des groupes religieux de tous âges jusqu'à d'innombrables clubs séculaires.

Une génération plus tard, la cohésion de la ville s'effondrait, les jeunes ayant perdu le sens communautaire. Et bientôt la ville commençait à ressembler à une ville américaine typique : un groupement d'individus isolés qui cherchaient à donner le change à leurs voisins. Dans les années 60, les premiers arrivants recevaient une aide sociale. Alors que ces changements sociaux devenaient la norme, le taux de crise cardiaque s'accélérait rapidement pour égaler celui de la moyenne nationale. Comme l'un des bénéficiaires de l'aide sociale de la ville l'avouait à Wolf : « Vous ne comprenez pas, Docteur ; les choses ont changé. Les gens s'en moquent. »[163]

Wolf et Bruhn ont trouvé une situation semblable quand ils ont examiné une étude comparant les statistiques des crises cardiaques dans le Nevada avec celles de l'Utah. Ce sont des États voisins, leur mixité ethnique est semblable, tous deux ont des statistiques d'éducation supérieure semblables. Néanmoins, les statistiques de ces États sur leurs taux de mortalité par crise cardiaque sont chacun à l'opposé du spectre. Le Nevada a l'un des taux de mortalité les plus élevés du pays, l'Utah l'un des plus bas. À première vue, cela n'a aucun sens ; selon toute apparence, le Nevada aurait dû être l'État où les résidents sont en meilleure santé, car c'est l'État le plus affluent, avec un revenu des ménages 10 à 20 % supérieur en moyenne à celui de l'Utah. Quand Wolf et Bruhn ont observé les choses de plus près, ils ont découvert que la plus grande différence entre les deux États se trouvait être dans la stabilité de la structure sociale – l'Utah est peuplé par une majorité de mormons qui forment des unités familiales très soudées, comparées au grand nombre de familles séparées et dysfonctionnelles du Nevada. L'affaiblissement du tissu social était la cause du taux plus élevé de mortalité au Nevada.[164]

Syme en a conclu que la qualité de la connexion d'un individu à son entourage géographique immédiat est l'un des indices les plus importants pour la bonne santé ou la maladie. Même en face d'une

163 Wolf et Bruhn, *The Power of Clan.*

164 V. Fuchs, *Who Shall Live*, Basic Books, 1975, cité in ibid.

adversité dévastatrice, un *lien* cohésif au groupe peut protéger contre virtuellement tout facteur de risque : contre la migration, le déplacement, la pauvreté, une mauvaise alimentation et même l'alcoolisme. Des études sur les cultures indigènes ont aussi montré qu'une attache sociale agit comme un butoir contre d'autres facteurs supposés de haut risque, tels qu'une nourriture étrangère ou même une pratique religieuse étrangère. Par exemple, un groupe de chercheurs qui étudiaient les populations indigènes des îles Salomon ont trouvé qu'ils n'avaient ni maladies cardio-vasculaires ni hypertension en dépit du fait qu'ils aient adopté un régime occidental et des pratiques religieuses occidentales. Ceci a longtemps intrigué les chercheurs jusqu'à ce qu'ils découvrent le seul facteur qui restait constant : les attaches sociales et les rôles à l'intérieur de la famille.[165]

Paul Whelton et une équipe de chercheurs de la Johns Hopkins University ont trouvé un phénomène semblable lorsqu'ils ont étudié le peuple chinois indigène, les Yi. Ces cultivateurs de mince corpulence, qui consomment principalement du riz, des graines complètes et des légumes, ont très peu de maladies de cœur et un taux de cholestérol faible, comparativement aux Han, une tribu urbaine. Cependant, quand les Yi migrent vers les zones urbaines, ils souffrent d'une augmentation significative de leur taux d'hypertension qui commence à ressembler à celui des Han.

La découverte la plus intéressante concernant le changement de la vie rurale à la vie urbaine est l'impact de la consommation d'alcool. Les Yi aiment boire, et, dans leur campagne, la consommation d'alcool n'a pas d'impact significatif sur leur santé. Mais une fois qu'ils migrent en ville, ils se sentent déconnectés de leur support social et les cas d'hypertension liés à la consommation d'alcool augmentent rapidement. Il est clair que même si les Yi gardent le même régime quand ils vivent en

165 L. B. Page et al., « Antecedents of Cardiovascular Disease in Solomon Island Societies », *Circulation* 49 (1974) ; 1132-46.

ville, les changements de style de vie et leur déplacement de leur communauté sociale rurale ont un effet dévastateur sur leur santé.[166]

Les autorités médicales d'avant-garde se rendent compte que la genèse de la plupart des maladies est le stress – non pas le stress causé par les événements éphémères de la vie tels que l'état de nos finances ou de nos relations, mais le stress engendré par notre réponse globale envers la vie, par la façon dont nous percevons notre place dans le monde, en particulier dans notre environnement immédiat. Toutes ces recherches suggèrent que notre besoin d'appartenance est si intrinsèque que la qualité de notre lien social est fondamentale à notre survie. Un immense corpus de recherches révèle que la racine du stress, et finalement de la maladie, est un sentiment d'isolement et, ce qui est encore plus toxique, notre tendance actuelle à nous mesurer les uns aux autres.

Cette attitude du chacun pour soi encouragée en Occident, en particulier dans la société américaine, peut se révéler mortelle pour nous, en particulier pour notre cœur. De nombreuses études montrent que les gens qui ressemblent à Roark – égocentriques, cyniques et hostiles au monde – sont plus susceptibles de mourir d'une crise cardiaque. Le cardiologue Dean Ornish a découvert une statistique extraordinaire : tous les facteurs de risque habituels pour les maladies cardiaques – le tabagisme, l'obésité, une vie sédentaire et une alimentation riche en matières grasses – n'expliquent que la moitié de toutes les maladies cardiaques. Tous ces soi-disant facteurs de style de vie auxquels le corps médical attribue les maladies cardio-vasculaires ont moins à voir avec un individu ayant une crise cardiaque que le simple

166 M. J. Klag, « The Contribution of Urinary Cations to the Blood Pressure Differences Associated With Migration », *American Journal of Epidemiology* 142, n° 3 (1995) : 295-303 ; J. He, « Effect of Migration and Related Environmental Changes on Serum Lipid Levels in Southwestern Chinese Men », *American Journal of Epidemiology* 144, n° 9 (1996) : 839-48 ; J. He, « Dietary Macronutrients and Blood Pressure in Southwestern China », *Journal of Hypertension* 13, n° 11 (1995) : 1267-74 ; J. He, « Body Mass and Blood pressure in a Lean Population in Southwestern China », *American Journal of Epidemiology* 139, n° 4 (1994) : 380-389.

isolement – des autres gens, de nos propres sentiments et d'un pouvoir supérieur.[167] En ce sens, la maladie cardiaque peut être envisagée principalement comme une maladie de l'aliénation émotionnelle. Les adultes en bonne santé qui ont de bons réseaux de soutien ont des taux de cholestérol plus bas et des niveaux de fonction immunitaire plus élevés que ceux qui sont sans soutien émotionnel.[168]

Une étude récente, menée par des chercheurs de la Columbia University et portant sur 655 patients victimes d'une attaque, a constaté que ceux qui étaient isolés socialement avaient deux fois plus de chance d'avoir une autre crise dans les cinq années suivantes que ceux qui avaient des relations sociales fortes. L'isolement était le facteur de risque le plus grand, plus grand qu'avoir une maladie corono-artérielle ou qu'être physiquement inactif. En fait, le risque pour la santé de l'isolement social était comparable à celui d'un fumeur en hypertension et en très grand surpoids.[169]

Un groupe de chercheurs de la Brigham Young University a été si intrigué par ces statistiques qu'ils ont recueilli et analysé des données provenant de 148 études comparant l'interaction humaine avec la santé sur une moyenne de sept ans. Leur conclusion est saisissante : *les relations de toutes sortes, bonnes ou mauvaises, améliorent nos chances de survie de 50 %.* L'isolement équivalait à fumer quinze cigarettes par jour ou à être alcoolique et était deux fois plus dangereux que l'obésité.[170] Et le niveau de l'avantage de survie peut être une sous-estimation du bénéfice de relations saines pour les participants. « Les

---

167 L. E. Berkman et S. L. Syme, « Social Networks, Host Resistance, and Mortality: A Nine-Year Follow-up Study of Alameda County Residents », *American Journal of Epidemiology* 109 n° 2 (1979) : 186-204 ; G. A. Kaplan et al., « Social Connections and Mortality from All Causes and from Cardiovascular Disease: Prospective Evidence from Eastern Finland », *American Journal of Epidemiology* 128, n° 2 (1988) : 370-80.

168 Ibid.

169 B. Boden-Albala et al., « Social Isolation and Outcomes Post Stroke », *Neurology* 64 n° 11 (2005) : 1888-92.

170 J. Holt-Lunstad et al., « Social Relationships and Mortality Risk: A Meta-analytic Review », *PLoS Medicine* 7, n° 7 (2010) : e1000316.

données montrent simplement s'ils étaient ou non intégrés dans un réseau social, a déclaré Julianne Holt-Lunstad, la principale responsable de l'étude. Ce qui signifie que les effets des relations négatives sont mis dans le même panier que les positives. »

Une individuation forte, une préoccupation du soi à la manière d'Howard Roark, sont extrêmement mauvaises pour votre santé. Il existe même des recherches montrant que plus vous utilisez les formes pronominales « je », « moi » et « le mien » dans une conversation ordinaire, plus vous multipliez vos risques de mourir d'une maladie cardiaque. Une étude a prouvé que parmi ceux qui avaient souffert de crises cardiaques, la fréquence de leurs références à eux-mêmes était l'indice le plus fort de mortalité – davantage même que la pression sanguine ou le taux de cholestérol.[171]

Le *lien* social nous protège, même dans les temps difficiles. Un échantillon d'Américains dans la tranche de revenus inférieurs ne souffraient virtuellement d'aucune dépression liée à leurs circonstances financières, du moment qu'ils avaient le soutien de leur congrégation en allant régulièrement à l'église.[172] Même s'ils devaient lutter quotidiennement pour survivre, ils pouvaient y faire face car ils ne le faisaient pas seuls. Une autre recherche montre que lorsque des hommes perdent leur travail après des licenciements de leur entreprise, l'un des plus grands facteurs de leur capacité à supporter le stress du chômage est d'avoir des relations étroites. En fait, une structure familiale étroite et un soutien communautaire fort pendant l'enfance se révèlent être une protection pour toute la vie contre des maladies cardiaques futures et d'autres maladies.[173]

---

171 L. Scherwitz et al., « Self-involvement and Coronary Heart Disease Incidence in the Multiple Risk Factor Intervention Trial », *Psychosomatic Medecine* 48 (1986) : 187-99.

172 M. P. Aranda, « Relationship Between Religious Involvement and Psychological Well-being: A Social Justice Perspective », *Health & Social Work* 33, n° 1 (2008) : 9-21.

173 C. B. Thomas et D. C. Ross, « Precursors of Hypertension and Coronary Disease among Healthy Medical Students: Discriminant Function Analysis V. Family Attitudes », *Johns Hopkins Medical Journal* 123 (1968) : 283-96.

Des psychologues sociaux à l'université britannique d'Exeter ont montré que l'adhésion à des groupes sociaux de toutes variétés est un fortifiant extraordinaire – c'est l'une des meilleures médecines de la nature. Leur recherche novatrice montre que l'indice de santé le plus important – même plus important que le régime alimentaire et l'exercice – est le nombre de groupes auxquels vous appartenez, en particulier si vous avez de fortes relations à l'intérieur de ces groupes.[174] Plus vous participez aux activités d'organisations sociales volontaires telles que des groupes religieux ou des associations, plus votre risque de mortalité est bas, et ceci pour toute maladie.[175]

Il semble même que succomber à une maladie contagieuse est moins la conséquence d'une exposition aux microbes que l'état de votre vie sociale. Être isolé socialement vous rend plus susceptible aux infections, grandes ou petites. Dans une étude entreprise par le département de psychologie de la Carnegie Mellon University à Pittsbourg, on a trouvé que les individus qui ont le plus grand nombre de rôles sociaux variés sont bien plus immunisés contre le rhume que ceux qui sont moins sociables qui, eux, ont deux fois plus de chances de s'enrhumer.[176]

Comme l'écrit le politologue de Harvard, Robert D. Putnam dans *Bowling Alone* (« Jouer seul au bowling ») : « Grosso modo, si vous n'appartenez à aucun groupe, mais adhérez à l'un d'eux, vous diminuez de moitié votre risque de mourir l'année prochaine. »[177]

La télé-réalité, telles les émissions *Pop Idol* et *The X Factor*, se nourrit de notre désir d'appartenir à un réseau social. « Le sentiment

174 A. Hawton « The Impact of Social Isolation on the Health Status and Health-related Quality of Life of Older People », *Quality of Life Research*, juillet 2010, online : DOI.

175 I. Kawachi et al., « Social Capital, Income Inequality, and Mortality », *American Journal of Public Health* 87, n° 9 (1997) : 1491-98.

176 S. Cohen et al., « Social Ties and Susceptibility to the Common Cold », *Journal of the American Medical Association* 277, n° 24 (1997) : 1940-44.

177 R. D. Putnam, *Bowling Alone: The Collapse and Revival of American Community*, Simon & Schuster, 2000 ; R. D. Putnam, « Social Capital: Measurements and Consequences », *ISUMA: Canadian Journal of Policy Research* 2, n° 1 (2001) : 41-51.

d'appartenance fait partie de l'attrait de ce genre de spectacle, a déclaré Beverley Skeggs, professeur de sociologie à la Goldsmith's University de Londres. Les gens communiquent avec d'autres gens qui ont les mêmes valeurs, qui se comportent de la même façon. »[178] Nous avons une telle envie de relation que nous sommes prêts à en avoir une, même si c'est seulement avec des gens sur le petit écran.

Notre sentiment d'appartenance est si puissant qu'il peut même nous protéger contre la discrimination. L'une des études les plus célèbres sur la relation de l'individu à la dynamique du groupe, dans un environnement autoritaire, est l'expérience conduite, en 1971, à la prison de Stanford. Philip Zimbardo, professeur de psychologie à Stanford, a créé une prison factice dans laquelle un lot de jeunes gens de classe moyenne, choisis parmi un groupe de volontaires pour être psychologiquement stables, avaient reçu au hasard les rôles de gardiens ou de prisonniers, Zimbardo prenant le rôle de directeur de la prison.

L'expérience a rapidement dérapé. Les « prisonniers » vêtus d'uniformes de prison n'étaient appelés que par un numéro, devaient obéir à des ordres arbitraires et recevaient des punitions également arbitraires, afin d'imiter les aspects de déshumanisation de la prison. Les « gardiens » sont devenus de plus en plus exigeants et de plus en plus agressifs en créant et en renforçant des règles. Ils ont fini par soumettre les prisonniers à des tâches dégradantes, voire pornographiques, tandis que les prisonniers acceptaient leur traitement humiliant même s'ils savaient qu'ils pouvaient à tout moment partir pendant l'expérience. Zimbardo lui-même a été tellement pris par son rôle de directeur de prison que c'est une personne extérieure – une étudiante venue observer l'expérience – qui l'a prévenu de la dégradation de la situation, après quoi il a arrêté prématurément l'expérience. Par la suite, celle qui lui avait dit la vérité est devenue sa femme.[179]

178 E. Day, « Why Reality TV Works », *The Observer*, Sunday, 21 novembre 2010.

179 P. G. Zimbardo, *The Lucifer Effect: Understanding How Good People Turn Evil*, Random House, 2007.

Cette étude cruciale est souvent citée depuis dans les classes de psychologie comme preuve positive que les groupes ont un effet automatique semblable à celui exposé dans *Sa Majesté des mouches*. Ils entraînent les gens à abandonner leur jugement moral, même leur humanité. Cette expérience a aussi démontré comment les membres d'un groupe, privés de leur autonomie, perdent rapidement le sens de leur identité individuelle.

En 2002, deux psychologues sociaux britanniques, Alexander Haslam à Exeter et Stephen Reicher à l'université de St Andrews, en Écosse, ont voulu revoir ces idées en recréant l'expérience de l'université de Stanford. Financée par la BBC (et diffusée à la télévision sous le titre *The Experiment* (« L'expérience »), les deux psychologues ont créé une prison sophistiquée et, comme Zimbardo, ont donné au hasard des rôles de prisonniers et de gardiens à un groupe d'hommes.

Pendant les huit jours de l'expérience, les psychologues ont été témoins de développements surprenants. Bien que les prisonniers aient été initialement démoralisés, la dynamique du groupe a changé avec le temps. Alors que les prisonniers commençaient à développer un sentiment d'identité partagée, ils ont commencé à fonctionner comme un groupe efficace tandis que leur moral et leur bien-être mental s'amélioraient. Cette identité partagée a aussi amélioré les profils de santé ; le cortisol, l'hormone utilisée par le corps en temps de stress, diminuait chez les prisonniers.

Au fur et à mesure de l'expérience, les prisonniers sont devenus plus forts, plus heureux et plus investis. Les gardiens, au contraire, qui n'étaient pas liés en tant que groupe, sont devenus de plus en plus déprimés et démunis, avec des niveaux élevés de cortisol. Finalement, les prisonniers ont monté une évasion et l'autorité des gardiens s'est effondrée.

Même en tant que groupe privé de liberté, les prisonniers sont restés fortement immunisés contre le traitement des gardiens – du moment qu'ils pouvaient se relier aux autres et rester dans le même bateau. En fait, plus ils étaient opprimés en tant que groupe, plus ils devenaient forts.

Le besoin d'aller au-delà de nos propres limites, en tant qu'individu, et de forger un lien avec un groupe, est si primordial et nécessaire aux êtres humains, qu'il reste l'élément qui détermine si nous allons rester en bonne santé ou tomber malades. Il est plus vital pour nous que tout régime alimentaire ou tout programme d'activité physique ; il nous protège contre les pires toxines et la plus grande adversité. Le *lien* que nous forgeons avec un groupe est le besoin le plus fondamental que nous ayons, car il génère notre état d'être le plus authentique.

Notre besoin de lien, à un niveau individuel, est aussi vécu dans nos relations. De toutes les façons, avec toutes les parties de notre corps, notre besoin de lien se manifeste aussi d'une autre façon : un besoin d'être d'accord.

CHAPITRE 6

Nés pour s'accorder

Le 23 septembre 1954, en début de soirée, l'inspecteur Alex Deeprose, du département de police de Glasgow, a reçu un coup de fil lui signalant un incident à la Southern Necropolis, le cimetière centenaire de Glasgow qui occupe une superficie de huit hectares. Il y a découvert des centaines d'enfants de moins de quatorze ans, certains avaient seulement quatre ans, armés de couteaux de cuisine et d'un assortiment de bâtons taillés, qui fouillaient dans un but bien précis parmi les 250 000 tombes. Ils ont dit au policier qu'ils cherchaient un vampire qui avait kidnappé et mangé deux enfants de la ville. Les parents avaient non seulement approuvé ce groupe d'autodéfense, mais étaient sortis en force eux aussi.

Personne ne savait d'où venait cette histoire, ni comment elle avait commencé, mais en quelques heures, elle s'était répandue dans deux écoles primaires. Dès 3 heures de l'après-midi, à la sortie de l'école, pratiquement tous les élèves des quartiers de Gorbals et de Hutchesontown s'étaient dirigés vers la grande arche gothique qui forme l'entrée de la nécropole. Pendant plusieurs heures, des groupes d'enfants avaient avancé furtivement entre les pierres tombales délabrées, en examinant toutes les silhouettes sinistres qui se profilaient sur un fond de fumée et de lueurs rouges qui montaient de l'aciérie adjacente au cimetière. Ce soir-là, Edward Cusick, le directeur de l'école primaire Saint Bonaventure, est allé au-devant des parents inquiets pour les rassurer et confirmer qu'on n'avait signalé aucune disparition d'enfant à Glasgow. Néanmoins, nuit après nuit, les « sentinelles » sont revenues après le coucher du soleil pour continuer leurs recherches.

Des instituteurs inquiets, des éditeurs de journaux et quelques-uns des habitants presbytériens, s'interrogeant sur la source de ce mythe urbain, étaient prêts à accuser le niveau lamentable des films, en dépit du fait que le cinéma du coin n'avait en fait jamais passé un film de vampire. Finalement, on a découvert le véritable coupable : la bande dessinée américaine. Le syndicat des enseignants de l'Écosse s'est cru obligé de monter une exposition d'un genre particulièrement horrible, comme *Les Contes de la crypte* et *Le Caveau de la terreur,* afin de montrer que c'étaient eux les responsables puisqu'ils avaient enflammé l'imagination de la jeunesse écossaise. Sur ce, le gouvernement britannique a fait passer un décret sur la protection des enfants et des jeunes : *The Children and Young Persons (Harmful Publications) Bill,* interdisant l'importation de magazines ou de bandes dessinées qui montraient « des incidents de nature répugnante ou horrible » à des mineurs, une loi qui existe encore aujourd'hui, mais qui n'a jamais été appliquée.

Tam Smith, qui avait huit ans à l'époque, racontera plus tard que la majorité des enfants du quartier populaire de Gorbals n'avaient pas de télévision chez eux, pas plus que l'argent ou les moyens de s'acheter ces publications étrangères.[180] En fait, la plupart des enfants de Glasgow n'avaient aucune idée de ce qu'était un vampire. La description qu'ils en ont donnée à l'inspecteur Deeprose était celle d'une créature de deux mètres de haut arborant d'immenses dents de fer. Pour Tam, le seul monstre correspondant à cette description était dans le livre de Daniel 7:7, c'est-à-dire dans la Bible. Un monstre répondant à la même description sortait aussi d'un poème qu'on lui avait lu à l'école.

L'incident du vampire de Gorbals est l'un des nombreux exemples de *maladie psychogénique* ou hystérie collective. Le terme « hystérie » a été inventé par Hippocrate, en l'an 400 av. J-C., pour décrire une contagion d'émotion et de comportement de masse qui est inexplicable. L'un des premiers cas connus s'est déroulé à Strasbourg : par une chaude journée de juillet 1518, une certaine Frau Troffea s'est mise

180 Stuart Nicolson, « Child Vampire Hunters Sparked Comic Crackdown », BBC News online, 22 mars 2010.

à danser dans la rue, une semaine plus tard, une centaine de personnes l'avaient rejointe et, au bout d'un mois, le groupe était monté à 400 personnes. Inquiètes, les autorités alsaciennes, convaincues que l'on doit guérir le mal par le mal, avaient fait venir des musiciens pour jouer de la flute et du tambour et embauché des danseurs professionnels pour fatiguer ceux de la ville. À la fin de l'été, après des dizaines de morts par crise cardiaque, insolation et épuisement, les autorités avaient expédié les survivants vers un lieu de pèlerinage.

La contagion collective explique l'affaire des sorcières de Salem. En 1692, Betty Parris, une fillette de neuf ans, et sa cousine, Abigail Williams, ont commencé à se plaindre de convulsions inexplicables. Le mal s'est rapidement propagé chez les jeunes filles de Salem, dans le Massachusetts, pour finalement se terminer par la pendaison et l'exécution de dix-neuf résidents de la ville, accusés de sorcellerie. La maladie psychogénique explique aussi un incident que les psychiatres ont appelé le *June Bug* (l'« insecte de juin ») au cours duquel cinquante-neuf employées d'un atelier de confection, en Amérique, ont prétendu qu'elles avaient été attaquées par un essaim d'insectes ; elles souffraient de rougeurs, de nausées et d'étourdissements, et certaines s'étaient même évanouies.[181] Plus récemment, en mai 2006, quelque trois cents adolescentes, réparties dans quatorze écoles du Portugal, se sont plaintes de démangeaisons, d'étourdissements, de difficultés respiratoires, ce qui a obligé les écoles à fermer. On n'a trouvé aucune trace de virus, mais tous ces symptômes avaient été ceux de l'un des personnages d'un épisode récent de *Morangos com Acucar* (« Les fraises au sucre »), une émission de télévision très suivie par les adolescents portugais.[182] À présent, la contagion sociale peut même s'attraper par les feuilletons télévisés.

Quel que soit l'incident, les symptômes de la maladie psychogénique sont les mêmes : un comportement ou un symptôme physique

181 D. Ellis et D. Anderson, *Conflict Resolution: An Introductory Text*, Emond Montgomery, 2005.

182 « Teenagers Hit by Soap Opera Virus », Reuters, 19 mai 2006.

se propage inexplicablement d'une personne à une autre, comme un virus. Les psychiatres considèrent que ces incidents sont définitivement d'origine mentale et officiellement ils les classent sous les termes de « névrose hystérique, hystérie de conversion » générée par les préoccupations sociales du moment. Cependant, l'hystérie collective est tout simplement une version extrême de l'autre face de notre *lien* social : le besoin de consensus. Notre impulsion naturelle à fusionner s'accompagne d'un besoin profond d'être identique à l'autre, mentalement et physiquement.

Nos relations représentent un mouvement partant de l'atomisation du soi vers la connexion avec le tout. L'une de nos impulsions les plus primitives, dans toute relation sociale, qu'elle soit individuelle ou collective, est d'être en accord les uns avec les autres. Même si nous sommes de nature rebelle, nous cherchons constamment un équilibre physique et psychique avec les personnes avec qui nous sommes en contact, même si cela signifie imiter le désir de quelqu'un d'autre de chasser les vampires. Ce besoin se manifeste par une impulsion automatique à se synchroniser, physiquement, psychologiquement et émotionnellement – à se mettre dans le même état que la personne que l'on rencontre. Notre besoin profond d'être en accord ne s'appuie sur aucune position morale ; la montée rapide du nazisme en Allemagne est un exemple de la contagion d'un système de croyances et du désir d'un pourcentage important de la population de mettre de côté les valeurs humaines universelles pour s'y conformer. Dans son ouvrage *Talking to the Enemy* (« Parler à l'ennemi »), l'anthropologue Scott Atran explique de façon convaincante que les kamikazes se sacrifient pour le besoin très profond d'être acceptés par leur groupe et non pour des raisons religieuses en soi. Ils s'approprient le « coût de l'engagement », d'acceptation, qui dépend de l'énormité du sacrifice qu'ils sont prêts à faire.[183] « Les gens ne tuent pas et ne meurent pas

183 B. Appleyard, « Why They killed Themselves », Sunday Times, 7 novembre 2010.

simplement pour une cause, écrit Atran. Ils tuent et ils meurent les uns pour les autres. »[184]

Selon une recherche entreprise par la psychologue Elaine Hatfield et ses collègues à l'université d'Hawaï, quand des individus interagissent, leur corps fait automatiquement et involontairement preuve d'un comportement mimétique et synchrone. Celui qui écoute adopte les expressions du visage et la posture de la personne qui parle. Il finit même par copier son rythme de parole, la longueur de ses phrases et ses pauses respiratoires. En fait, selon Hartfield et ses collègues, pour qu'une relation marche bien, même les voix des deux interlocuteurs doivent se mettre en harmonie.[185] Dans chaque rencontre sociale, nous devenons expert en imitation dans un but plus grand : la recherche, toujours présente en nous, du *lien*.

William Condon, psychologue au Boston College, a passé plus de trente ans à examiner patiemment des vidéos au ralenti, image par image, afin de comprendre ce qui se passe dans le corps des individus quand ils se parlent. Comme Condon l'a découvert, chacun de nos mouvements est associé précisément avec nos schémas linguistiques ; nos mains, nos bras, nos épaules et notre tête battent continuellement la mesure avec notre discours, et même nos yeux clignotent en synchronie. Ces mouvements peuvent changer en quelques secondes, avec chaque nouvelle consonne et chaque nouvelle voyelle que nous émettons, et ils sont entièrement involontaires. « Vous ne pouvez pas y échapper, quoi qu'il arrive », note Condon.[186]

Mais le plus surprenant sur les vidéos de Condon, c'est la réaction de celui qui écoute une conversation : son corps commence à se synchroniser avec les schémas linguistiques de celui qui parle après

184 S. Atran, *Talking to the Enemy: Violent Extremism, Sacred Values and What It Means to Be Human*, Allen Lane, 2010.

185 E. Hatfield et al., « Primitive Emotional Contagion: Recent Research », in *The Social Neuroscience of Empathy*, éd. J. Decety and W. Ickes, MIT Press, 2011.

186 www.edu-cyberg.com/Literacy/whatresearchCondon.asp

seulement un très petit laps de temps (quarante-deux millisecondes, l'équivalent d'une image dans un film qui défile au rythme de vingt-quatre images par seconde).[187] Les mouvements du doigt, du bras, de l'œil et de la tête sont tous parfaitement coordonnés avec la voix de celui qui parle, avec son accentuation, sa tonalité et son volume : les deux corps bougent et se balancent ensemble comme s'ils étaient chorégraphiés dans une danse complexe. Les grands moulinets de tout le bras suivront toute une phrase, alors que les gestes plus discrets, jusqu'au mouvement d'un simple doigt, vont ponctuer un mot ou un son pour les accentuer.

« Nous sommes pratiquement en contact auditif, affirme Condon. Quand je vous parle, mes pensées sont traduites en mouvements musculaires, puis en voies aériennes qui frappent votre oreille, et votre tympan commence à osciller en une synchronie absolue avec ma voix. En fait, il n'y a pas de vide entre nous – il suffit de quelques millisecondes pour qu'un son s'enregistre dans la tige du cerveau, quatorze millisecondes pour qu'il atteigne l'hémisphère gauche. »

Condon attribue cette impulsion à un réflexe auditif moteur dans le système nerveux central, qui « permet aux mouvements de l'auditeur, et les *force* même, à se synchroniser avec la voix de celui qui parle beaucoup plus rapidement que tout temps de réaction consciente » (c'est nous qui soulignons). Il est même possible, dit-il, que nous puissions *anticiper* le discours précognitivement, avant même que l'interlocuteur n'ouvre la bouche.

La capacité de celui qui écoute à copier le corps de celui qui parle est innée ; vingt minutes après sa naissance, le nouveau-né a la capacité d'un adulte à traquer les sons du discours.[188] Cela se passe avec

---

187 W. S. Condon, « Cultural Microrhythms », in *Interaction Rhythms: Periodicity in Communicative Behavior*, éd. M. Davis, Human Science Press, 1982, 53-76 ; Wiliam S. Condon, « Method of Micro-analysis of Sound Films of Behavior », *Behavior Research Methods, Instruments and Computers* 2, n° 2 (1970) : 51-54.

188 W. S. Condon et L. W. Sander, « Synchrony Demonstrated between Movements of the Neonate and Adult Speech », *Child Development* 45 (1974) : 456-62 ; W. S. Condon et L. W. Sander, « Neonate Movement Is Synchronised with Adult Speech : Interactional Participation and Language Acquisition », *Science* 183 (1974) : 99-101.

n'importe quelle sorte de parole, même avec des langues étrangères aux parents. Ce n'est que plus tard dans leur développement que les bébés s'habituent au son de leur propre langue.

Afin de découvrir la source de cette connexion invisible, Condon a pratiqué une électro-encéphalographie sur deux individus pour enregistrer leurs ondes cérébrales quand ils étaient plongés dans une grande conversation. À cette époque, l'équipement utilisé était semblable à ces vieux détecteurs de mensonges où les crayons enregistreurs traçaient l'activité des ondes cérébrales sur un rouleau de papier. À chaque fois, Condon a découvert que lorsque deux personnes se parlent, les crayons enregistreurs des deux machines se déplacent en synchronie comme s'ils sortaient d'un même cerveau. La seule chose qui interrompait ce duo parfaitement orchestré était l'arrivée d'une troisième personne ; les personnes qui écoutaient suivaient alors un nouveau tempo, qui se synchronisait avec celui de l'intrus.[189] Finalement, Condon s'est rendu compte que les structures du cerveau, à des niveaux multiples du système nerveux, négocient cette sorte de microsynchronie. Tout simplement, un système nerveux commence à diriger l'autre.[190]

Après avoir passé des années à étudier ses films au ralenti, Condon en a conclu que les êtres humains ne sont pas des « entités isolées qui envoient des messages discrets » dans un mouvement de va-et-vient, mais qu'ils font partie d'une forme organisationnelle partagée, telle qu'elle est exprimée par le langage et le mouvement.[191] Edward T. Hall, le célèbre anthropologue américain, le dit d'une autre façon : « Fondamentalement, les gens impliqués dans leurs interactions se déplacent ensemble dans une sorte de danse… sans musique ou orchestration consciente. »[192]

189 W. S. Condon, « Method of micro-analysis of sound films of behavior », *Behavior Reserch Methods, Instruments & Computers* 2, n° 2 (1970): 51-54.

190 W. S. Condon et L. W. Sanders, « Neonate Movement Is Synchronised with Adult Speech ».

191 Cité dans E. T. Hall, *Beyond Culture*, Anchor Books, 1989, 74.

192 Ibid, 71.

Hall, qui lui-même a fait des recherches similaires, a découvert une synchronie profonde dans les groupes et il a encouragé ses étudiants à l'observer en filmant des groupes en action. Dans un exemple particulier, l'un de ses étudiants impliqué dans un projet novateur s'est caché dans une voiture abandonnée pour photographier un groupe d'enfants qui dansaient et sautaient à la corde dans une cour de récréation. Au début, leur jeu semblait complètement dû au hasard, chaque enfant semblant jouer seul, bien qu'une fillette occupait plus d'espace dans la cour de récréation que ses camarades. De retour à l'université, l'étudiant a visionné le film au ralenti puis à des vitesses différentes, comme Hall le lui avait appris. Finalement, il a vu que les enfants se déplaçaient en synchronie, sur un rythme défini. « L'enfant la plus active, celle qui se déplaçait le plus, était le directeur, l'orchestrateur du rythme de la cour de récréation ! » a écrit Hall.[193]

Ce qui fascinait aussi Hall, c'était que le rythme sur lequel les enfants jouaient semblait familier. Il a demandé à un ami expert en musique rock de trouver un air dont le tempo suivrait le rythme des mouvements des enfants. Quand on a trouvé un morceau de musique synchronisé avec leur jeu, Hall a remarqué que les enfants suivaient parfaitement le rythme de la musique pendant toute la durée des quatre minutes et demie de leur jeu. Du reste, quand les chercheurs ont visionné le film, ils ont cru que les enfants avaient de fait écouté la musique dans la cour de récréation. « Le courant inconscient d'un mouvement synchronisé était ce qui liait le groupe, a écrit Hall. Sans le savoir, ils bougeaient tous sur un rythme qu'ils généraient eux-mêmes. (...) Ils avaient même un chef d'orchestre qui battait continuellement la mesure. »[194]

Notre besoin de copier les autres se manifeste dans pratiquement chacun de nos comportements. Nous savons maintenant que la contagion du bâillement a lieu chez toute une espèce et même entre les

193 Ibid.

194 Hall, *Beyond Culture*, 76-77.

espèces ; le primatologue Frans de Waal a assisté à une conférence où un film montrait des chevaux, des lions, des singes en train de bâiller ; en peu de temps, tous les spectateurs bâillaient en harmonie.[195] On a aussi prouvé que même le rire est contagieux. Une recherche à l'University College de Londres a révélé qu'une variété de sons, depuis le rire et les cris d'encouragement jusqu'au hurlement et au haut-le-cœur, déclenchait des réponses dans la région prémotrice corticale du cerveau, qui prépare les muscles du visage à se comporter en accord avec le son. Étonnamment, les sons agréables produisent une réponse dans le cortex moteur deux fois plus importante que les sons désagréables, ce qui suggère que les sons positifs, tels que le rire, sont plus contagieux que les sons négatifs. Le déclic dans le cerveau pour copier le rire est automatique, nous avons du mal à contrôler l'impulsion de sourire ou de rire quand nous entendons un rire.[196]

Lorsqu'ils sont engagés dans une activité partagée, les membres de pratiquement toutes les espèces vont commencer à se déplacer en synchronicité. Les chevaux de somme, qui peut-être commencent à avancer individuellement, vont très bientôt adopter une allure rythmée sur ceux des autres et traverser des obstacles comme s'ils étaient devenus un seul organisme, écrit de Waal. Il raconte l'histoire d'Isobel, une chienne de traîneau qui était devenue aveugle, mais qui avait tellement l'habitude de se synchroniser avec l'attelage qu'elle était capable de garder le rythme parfait avec les autres chiens lorsqu'ils tiraient un traîneau.[197]

Le but de l'imitation est d'ouvrir la voie pour une connexion émotionnelle profonde. « Quand les gens imitent automatiquement les expressions de l'émotion sur le visage, dans la voix et la posture, ils commencent souvent à ressentir une "pâle réflexion" de l'émotion réelle de leurs compagnons, écrit de Waal. En prêtant attention à ce

195 F. de Waal, *The Age of Empathy*, Random House, 2009, 48-49.

196 J. E. Warren et al., « Positive Emotions Preferentially Engage an Auditory-motor Miror System », *Journal of Neuroscience* 26, n° 50 (2006) : 13067-75.

197 De Waal, *The Age of Empathy*, 50-51.

flot de réactions minuscules, moment après moment, les gens sont capables de "se sentir" dans la vie émotionnelle des autres. »[198] Ceci est en soi hautement contagieux.

Sigal Barsade, une jeune femme de Californie, est arrivée un matin au travail et a remarqué que l'humeur générale au bureau, habituellement si énervée et maussade avait complètement changé, pourtant elle ne comprenait pas très bien ce qu'il y avait de différent. Il n'y avait pas de nouveaux employés, pas de changement dans la direction et l'agencement du bureau n'avait pas bougé, mais tous ceux qui auparavant la saluaient à peine maintenant levaient les yeux de leur travail et souriaient. Les employés qui normalement passaient la journée entière collés à leur écran d'ordinateur prenaient des pauses pour bavarder autour de la machine à café. Pendant toute cette semaine bénie, ses collègues étaient plus détendus et plus sociables qu'elle ne les avait jamais vus.

La semaine suivante, l'humeur collective était revenue à la normale : tendue, irritable et maussade. À nouveau, en surface rien ne semblait différent, et pourtant, une fois de plus, tout le bureau avait été profondément affecté. La seule variable à laquelle Barsade pouvait attribuer ce changement était le retour de vacances d'une collègue particulièrement irritable. Alors que cette femme ne travaillait pas étroitement avec Barsade, son tempérament ronchon et hargneux avait contaminé tous ceux qui travaillaient près d'elle. Les gens sont peut-être des « inducteurs d'humeur » ambulants a pensé Barsade, et ils transmettent leurs humeurs à tous ceux qu'ils rencontrent, qui à leur tour les passent à d'autres, dans une chaîne sans fin.[199]

L'expérience a profondément affecté Barsade et a grandement contribué à sa décision d'entreprendre un doctorat pour étudier le comportement des organisations à la Berkeley's Haas School of Bu-

---

198 Hatfield, et al., « Primitive Emotional Contagion ».

199 M. Karkovsky, « When Feelings Go to Work », *Wharton Alumni Magazine*, printemps 2006.

siness, à l'université de Californie. Ce qui l'avait le plus fascinée dans son expérience avec sa collègue désagréable, c'était combien la contagion de l'humeur parmi des employés pouvait influencer des relations, la prise de décision et même les profits. Après avoir obtenu son doctorat, elle a accepté un poste de professeur associé à la Yale School of Management, où elle a décidé de tester ce qu'elle avait commencé à appeler « l'effet de vague » de l'émotion en élaborant une expérience ingénieuse.

Parmi les quatre-vingt-quatorze étudiants de l'école de commerce qui participaient à l'expérience, elle a extrait au hasard des petits groupes de deux ou quatre et a demandé à chacun de ces derniers de jouer le rôle de directeurs servant dans un comité sur les salaires. Ils devaient négocier comment diviser au mieux des sommes limitées pour payer des bonus à leurs employés. Chaque directeur devait agir comme un avocat qui essaie d'obtenir la plus grande somme possible pour un candidat de son équipe, sélectionné comme étant particulièrement méritant. Tous les bonus étaient entièrement dépendants de l'accord de chaque membre pendant le temps imparti.

Les étudiants ne savaient pas que Barsade avait enfermé le loup dans la bergerie : un étudiant en art dramatique avait été spécialement entraîné pour agir selon une humeur différente, avec un niveau d'énergie différent, dans chaque groupe. « Rick » qui devait toujours représenter le même employé dans chaque groupe, devait aussi prendre toujours la parole en premier afin que son humeur détermine le ton émotionnel de la rencontre.

Les résultats, que Barsade a filmés en vidéo, ont été très surprenants. Rick faisait des requêtes identiques pour défendre son candidat, mais l'humeur de chaque groupe différait selon son humeur. L'humeur collective et le rôle de Rick dans sa création avaient aussi une influence significative sur le ton et l'issue des négociations. Quand Rick projetait pessimisme et négativité, les membres du groupe étaient moins enclins à coopérer entre eux. Quand il était calme et de bonne humeur, les participants étaient plus enclins à se lier et à travailler de façon productive. L'humeur collective et le rôle de Rick dans sa création avaient ainsi une influence significative sur l'issue des négociations : plus un groupe était coopératif, plus les divisions du bonus étaient élevées.

L'effet n'était pas seulement insidieux, mais aussi complètement inconscient. Aucun des participants ne soupçonnait que son humeur était manipulée artificiellement. Dans les questionnaires au sujet de leur ressenti avant et après l'expérience que Barsade avait demandé aux participants de remplir, tous ont attribué leur efficacité ou leur inefficacité dans le groupe à d'autres facteurs, jamais à l'humeur collective.

Barsade a fait une autre découverte fascinante sur laquelle elle n'avait pas compté : l'émotion positive est aussi contagieuse que l'émotion négative. Ceci l'a particulièrement surprise parce que des recherches antérieures suggéraient que l'émotion négative est la plus contagieuse. Il semblait aussi y avoir peu de différence dans l'humeur d'un groupe, que Rick agisse avec une énergie haute ou basse, à une exception près. Quand Rick était subtilement joyeux, son humeur était socialement plus contagieuse que pendant ses subtiles mauvaises humeurs de « basse énergie ». En fait, il était plus persuasif pendant ses états positifs de « basse énergie » ; du reste, le groupe lui donnait alors *davantage* d'argent qu'il n'avait demandé. L'effet extraordinaire de Rick sur l'humeur collective de chaque groupe s'étendait à toutes les rencontres qu'il avait avec les membres des groupes sur le campus dans les mois suivants. Ceux avec qui il avait agi positivement le saluaient chaleureusement ; ceux qui avaient été dans les groupes où il avait été pessimiste continuaient de le saluer avec hostilité ou dans un silence glacial.

Barsade en a conclu que les deux sortes d'émotions, positives et négatives, sont hautement contagieuses, mais que les émotions positives stimulent un groupe à être coopératif et à faire des choix plus positifs dans leur prise de décision, alors que l'inverse est vrai pour l'émotion négative.[200] Sans émotion collective joyeuse, les gens sont

200 S. G. Barsade, « The Ripple Effetct: Emotional Contagion and Its Influence on Group Behavior », *Administrative Science Quaterly* 47 (2002): 644-75.

de mauvais négociateurs et prennent de mauvaises décisions.

Les résultats de l'expérience de Barsade ont bousculé le monde des affaires et sa recherche est souvent citée, si bien qu'elle a obtenu une chaire à la Wharton School of Business à l'université de Pennsylvanie. Dans cette expérience inspirée, elle avait réussi à prouver clairement que les émotions sont comme des virus, qui se transmettent non seulement d'une personne à une autre dans un cercle de contagion sans fin et inconscient, mais qui affectent aussi profondément l'issue de rencontres et de négociations commerciales. Une entreprise où régnerait la bonne humeur pourrait faire davantage d'argent, ce qui contaminerait constamment tout son personnel dans un cercle vertueux. Une décision majeure peut être à la merci des humeurs de n'importe lequel des participants ce jour-là. Certaines entreprises ont commencé à appliquer les leçons inhérentes à l'étude. Des organisations de marketing à niveaux multiples, telles que Mary Kat Cosmetics et Neways, utilisent désormais des chansons, des dîners « récompenses » et des réunions nationales pour instiller des émotions positives parmi leur personnel.

Comme Barsade l'a découvert par la suite, la contagion émotionnelle a lieu même lors de rencontres superficielles. Le simple fait de partager avec une autre personne, de n'importe quelle façon, crée un équilibre de l'humeur, ce que Barsade a commencé à appeler un « savoir émotionnel collectif » entre les gens. « Quand nous interagissons avec les gens, nous échangeons notre humeur dans un va-et-vient constant » dit-elle, et cet échange d'humeurs et d'actions entre les individus, entre les groupes et entre des organisations entières est « constant, subtil et continu ».[201]

Notre besoin de nous connecter avec les autres est si puissant que nous adoptons volontiers leurs humeurs, positives ou négatives. Par exemple, lors d'une étude, trois groupes de participants ont écouté un discours lu par un acteur qui utilisait une inflexion heureuse, mal-

201 Karkovsky, « When Feelings Go to Work ».

heureuse ou neutre. Quand les participants ont évalué par la suite leurs propres émotions, leurs humeurs s'accordaient identiquement avec celles de l'acteur lorsqu'il lisait le discours. De plus, quand on leur a demandé leur opinion sur le lecteur, ceux qui avaient écouté le ton malheureux étaient le moins attirés par lui.[202]

Non seulement nous imitons les émotions des autres, mais nous ressentons aussi ces émotions profondément dans notre corps. Nous sommes si accordés au paysage émotionnel qui nous entoure qu'un environnement positif ou négatif affecte notre corps dans sa capacité à fonctionner. Les cellules K naturelles – le système immunitaire en première ligne de défense contre le cancer et beaucoup de virus – sont profondément réactives au stress de nos vies, en particulier aux stresseurs sociaux.[203] Des baisses importantes dans le nombre et l'activité de ces cellules ont été observées pendant des disputes ou même des conflits mineurs.[204]

De même, on a trouvé que le stress social affecte le fonctionnement de l'axe hypothalamo-pituitaire-adrénal, l'un des principaux régulateurs de la capacité du corps à combattre une maladie. Le psychologue David Spiegel et ses collègues ont trouvé un lien entre les disputes conjugales et les effets négatifs sur les rythmes de cortisol du corps, qui sont désormais considérés un facteur de risque pour une mortalité précoce par cancer.[205]

Le point ultime pour toute rencontre sociale est de créer une fusion de nous avec une autre personne. Nos imitations instantanées et

---

202 R. Neumann et F. Strack, « "Mood Contagion": The Automatic Transfer of Mood between Persons », *Journal of Personality and Social Psychology* 79 (2000): 211-23.

203 M. Schedlowski et al., « Psychophysiological Neuroendocrine and Cellular Immune Reactions Under Psychological Stress », *Neuropsychobiology* 28 (1993): 87-90 ; J. M. Scanlan et al., « CD4 and CD8 Counts Are Associated with Interactions of Gender and Psychosocial Stress », *Psychosomatic Medicine* 60, n° 5 (1998) : 644-53.

204 J. K. Kiecolt-Glaser et al., « Negative Behavior During Marital Conflict is Associated with Interactions of Immunological Down-regulation », *Psychosomatic Medicine* 55 (1993) : 395-409.

205 S. E. Sephton et al., « Diurnal Cortisol Rhythm as a Predictor of Breast Cancer Survival », *Journal of the National Cancer Institute* 92, n° 2 (2000) : 994-1000.

automatiques des mouvements, des manières de parler et des émotions, sont toutes faites pour renforcer le *lien* entre nous. Que nous le voulions ou non, nous sommes constamment accordés au paysage émotionnel autour de nous. Ce qui veut dire, cependant, que toute pensée ou tout geste n'est peut-être pas entièrement et exclusivement à nous, mais dérive de cette connexion avec les autres. En fait, il se peut que nous soyons contaminés de loin et par des gens que nous ne connaissons même pas.

En 1948, pour essayer de découvrir les causes communes des maladies cardio-vasculaires, un groupe de scientifiques de l'université de Boston a eu l'idée de suivre le développement dans le temps d'un grand groupe de participants – dans cet exemple, virtuellement d'une ville entière. Trois générations d'une grande portion de la population de Framingham, dans le Massachusetts, ont à ce jour été suivies par la Framingham Heart Study pendant plus de 60 ans. Ses participants ont été examinés de toutes les manières concevables pour que virtuellement chaque aspect de leur santé, de leur mode de vie et de leur capital social soit exposé. Les données de l'étude de Framingham offrent une mine d'informations sur la santé et les habitudes de toute une population locale. Elles ont aussi été épluchées par beaucoup d'autres chercheurs pour trouver des indices sur la façon dont le style de vie influence la santé et les schémas psychologiques, et ce qui se passe pour la santé des gens quand ils vivent seuls ou en groupes.

Pour Nicholas Christakis, professeur de sociologie et de médecine à Harward, et James Fowler, professeur de sciences politiques et de génétique médicale à l'université de Californie à Davis, la population de Framingham représentait une occasion extraordinaire d'étudier leur passion commune : la façon dont une personne est affectée par son réseau social. Dans un travail précédent, Fowler avait examiné comment le choix d'un vote électoral se propageait chez les gens ; Christakis, quant à lui, avait découvert que la santé d'un conjoint affecte normalement la santé de l'autre, mais il voulait à présent voir si ceci s'avérait exact non seulement entre partenaires, mais aussi entre amis.

En tant que sociologue, Christakis étudie comment et pourquoi des « nœuds » – des êtres humains dans leur dimension individuelle – se groupent, et comment des individus sont affectés quand ils forment ces groupes. Les sociologues adorent faire des cartes représentant ces interrelations denses, puis étudier si des nœuds individuels obtiennent plus de valeur des autres membres de leur réseau.

Dans l'analyse du réseau social, le comportement de l'individu n'est pas premier ; le sociologue cherche *l'effet de la relation du groupe* sur l'individu.[206] C'est l'étendue ou la qualité des liens, plutôt que le comportement d'un individu, qui l'intéresse le plus.

Le diagramme d'un réseau social est quelque chose d'extraordinaire : un réseau complexe de lignes entre des nœuds individuels, un peu comme la carte de vols d'une ligne aérienne, quoiqu'un vaste réseau vraiment complet comme celui de l'étude de Framingham puisse ressembler à tous les vols qui vont de chaque aéroport du monde à tous les autres. Dans ces diagrammes, les sociologues cherchent *l'homophilie*, la tendance des gens à choisir et à entrer en relation avec ceux qui sont le plus comme eux. Ils trouvent aussi les *composants* d'un réseau, des petits groupes ou groupuscules dans lesquels chaque membre a au moins une connexion avec une autre personne dans le groupe. Les scientifiques sont continuellement témoins de l'aspect du « qui se ressemble s'assemble » d'un réseau social : la ressemblance engendre la connexion. Dans chaque connexion sociale, de toute forme ou de toute taille – la personne que nous épousons, les amis que nous cherchons, les associations dont nous devenons membres, l'information, l'avis ou les groupes de soutien que nous cherchons –, nous tendons à choisir des réseaux qui contiennent déjà des personnes avec des données démographiques, des comportements et des caractéristiques personnelles semblables. Les connexions les plus proches (et

206 M. E. J. Newman, « The Structure and Function of Complex Networks », The Society for Industrial and Applied Mathematics, *SIAM review* 45 (2003) : 167-256.

aussi les plus grandes divisions) transcendent les frontières de la race et de l'ethnie, après quoi nous sommes unis ou divisés selon la langue, la religion, l'éducation, l'occupation, le genre, grosso modo dans cet ordre. De plus, les groupes constitués de membres qui ne se ressemblent pas se dissolvent beaucoup plus rapidement que les groupes où les gens se ressemblent.[207]

Un autre aspect de l'étude sociologique est ce qu'on appelle la *distance géodésique*, ou les degrés de séparation. Ceci fait référence à la distance entre vous et les autres dans le groupe, chaque strate étant représentée par un « degré ». Il y a un degré de séparation entre vous et vos amis, deux degrés entre vous et les amis de vos amis, et trois degrés entre vous et les amis des amis de vos amis.

Christakis et Fowler ont choisi 5 124 personnes de la seconde génération de Framinghamiens qui avaient été enrôlés dans l'étude depuis 1973, plus chaque personne qui avait une relation avec ces individus (y compris les amis, les frères et sœurs, les conjoints et les enfants). Quand ils ont eu fini, ils avaient établi la carte de plus de 12 000 personnes qui étaient d'une façon ou d'une autre interconnectées inextricablement.

Leur première enquête a porté sur l'obésité. Ils avaient des informations sur la masse corporelle de toute la cohorte de Framingham, ainsi que sur les liens sociaux et la façon dont ils évoluaient dans le temps. Ceci a permis aux scientifiques d'examiner si le gain de poids d'une personne était de quelque façon que ce soit influencé par le gain de poids des amis de cette personne, de ses frères et sœurs, de ses voisins ou de son conjoint. La question centrale qui les préoccupait était de savoir si les gros recherchent d'autres gros en tant qu'amis ou si leurs mauvaises habitudes alimentaires affectent leurs amis.

Christakis et Fowler ont découvert que le surpoids se rencontrait dans de curieux groupements sur une période de trente-deux ans. Les personnes obèses ont tendance à avoir des réseaux d'amis gros sur trois

---

207 M. McPherson et al., « Birds of a Feather: Homophily in Social Networks », *Annual Review of Sociology* 27 (2001): 415-44.

degrés de séparation (les amis des amis de leurs amis) et vice versa.

Les groupements ne se formaient pas uniquement par choix, mais plutôt par la sélection positive de liens sociaux entre personnes obèses. En fait, l'obésité était *contagieuse*. La possibilité que vous deveniez obèse augmentait de 57 % si vous aviez un ami qui était devenu obèse dans toute période de temps donné, et la plus grande influence provenait de vos amis du même sexe. La contagion de l'obésité était même plus forte si elle venait d'un ami que d'un membre de la famille ou d'un conjoint ; si votre frère ou votre sœur devenait gros, cela augmentait votre tendance à devenir gros de seulement 40 %, et si votre conjoint prenait du poids, vos chances de suivre étaient augmentées de seulement 37 %.

Christakis et Fowler ont aussi été surpris par le manque d'effet géographique. L'obésité n'avait rien à voir avec la proximité, avec le fait d'être près d'autres gros. En fait, les chercheurs ont trouvé qu'il n'y avait pas un tel effet entre les voisins. Ils ont pu aussi rejeter l'effet de la façon de vivre individuelle ou les changements de comportement, tels que l'arrêt de la cigarette.[208]

Christakis a alors décidé d'appliquer ce même modèle à l'émotion, en particulier au bonheur. Le bonheur a été étudié de manière exhaustive et est désormais identifié par l'Organisation mondiale de la santé comme un élément clé de la bonne santé. Jusqu'à présent, les données suggèrent que le bonheur est causé par un large éventail de facteurs : le niveau de revenus, le statut socio-économique, un travail satisfaisant, notre mariage, notre santé, nos gènes et même par le sentiment que nous éprouvons pour l'occupant actuel à la présidence ou si nous n'avons jamais gagné au loto. Mais jusqu'à présent aucune étude n'avait examiné si le bonheur avait quelque chose à voir avec le bonheur des autres dans notre sphère sociale.

---

208 N. A. Christakis et al., « The Spread of Obesity in a Large Social Network over 32 Years », *New England Journal of Medicine* 357 (2007) : 370-79.

La question centrale, selon eux, était de savoir si les individus sont heureux ou malheureux de façon innée, ou si les circonstances de leur vie, qui sont *largement mises en mouvement par le contexte social*, affectent leurs niveaux de bonheur au cours du temps. Si le bonheur suivait le chemin des autres aspects de la sociologie, des individus seraient influencés par leur place dans un réseau social et par le bonheur général de ceux qui sont les plus proches dans le réseau.

Christakis et Fowler se sont penchés à nouveau sur les données de Framingham pour découvrir si le bonheur est contagieux et s'il y a des sortes de « niches » de bonheur à l'intérieur des réseaux sociaux. Comme pour l'obésité, ils ont trouvé que la relation entre les gens heureux et leurs amis qui étaient heureux s'étendaient jusqu'à trois degrés de séparation.

Leur analyse des données montre que le bonheur est définitivement contagieux, et non pas autosélectif ; des groupes de bonheur résultaient en partie de *l'expansion naturelle du bonheur*, et pas seulement de la tendance d'une personne heureuse à côtoyer d'autres gens heureux. Les gens qui étaient entourés par beaucoup de gens heureux et qui étaient au centre du réseau étaient plus enclins à être heureux à l'avenir. Le bonheur, comme l'obésité, était socialement contagieux.

Christakis et Fowler ont fait une autre trouvaille remarquable : contrairement à la propagation de l'obésité, dans le cas du bonheur, la géographie entrait en ligne de compte. Les effets les plus forts se produisaient parmi les gens dans votre environnement immédiat, et les effets diminuaient avec la distance et la séparation. Un ami qui vit à un kilomètre de chez vous et qui est heureux accroît la probabilité que vous soyez heureux de 25 % ; un voisin de palier heureux augmente votre probabilité de bonheur de 34 %.

Les amis ont plus d'importance vis-à-vis du bonheur individuel que les conjoints ou les connaissances. Un conjoint heureux augmente vos chances d'être heureux de seulement 8 %, un frère ou une sœur de seulement 14 %. Vos collègues de travail eux non plus n'ont pas beaucoup d'effet sur votre bonheur comparé à vos amis et voisins proches.

Christakis et son équipe ont conclu que le bonheur est un « phénomène collectif », qui est grandement affecté par la proximité.[209] Ces gens dont vous vous entourez, avec qui vous avez des contacts physiques réguliers, en résumé *les amis dans votre voisinage psychique*, sont les gens qui aident à déterminer le niveau de votre bonheur.

Le même phénomène se rencontre à l'opposé du bonheur : la solitude. Les gens solitaires sont plus enclins à répandre la solitude et, au final, à dissoudre le réseau. Christakis, Fowler et d'autres chercheurs ont continué à examiner tout un éventail de comportements et ont trouvé que beaucoup étaient contagieux : des retraits bancaires massifs incitaient d'autres gens à se précipiter pour retirer leur argent ; chez les jeunes, les suicides provoquaient une contagion suicidaire ; les tricheurs à un examen engendraient tout un lot d'autres tricheurs.[210]

L'évidence sociologique de la contagion du bonheur et de la tristesse suggère quelque chose de tout à fait remarquable : de toutes vos relations, de tous les gens capables de vous rendre le plus heureux ou de vous irriter le plus, ceux qui ont le plus grand effet sur votre humeur et même sur l'état de votre santé sont ceux qui sont les plus près de vous. Tout comme nous sommes contaminés par les individus autour de nous, nous sommes aussi largement une création des réseaux dont nous faisons partie. Les personnalités collectives de ces réseaux déteignent sur nous, nous définissent, finalement aident à déterminer notre bonheur ou notre malheur, notre comportement et même l'état de notre santé.

Notre paysage psychologique est un mélange complexe de circonstances intérieures et extérieures. Nos états intérieurs peuvent être vus entièrement comme le résultat de circonstances extérieures, et même

---

209 J. H. Fowler et N. A. Christakis, « Dynamic Spread of Happiness in a Large Social Network: Longitudinal Analysis over 20 Years in the Framingham Heart Study », *British Medical Journal* 337 (2008) : a2338.

210 N. Christakis et J. Fowler, *Connected: The Amazing Power of Social Networks and How They Shape Our Lives*, Harper Press, 2010.

nos états extérieurs sont façonnés et influencés par l'interaction entre nous et le monde. Ce mélange complexe de copiage faisant le va-et-vient forme le récit de notre personnalité.

Tout cet échange d'habitudes et d'émotions tend à rendre les choses un peu fouillis. Si mon expérience est si mélangée à la vôtre, cela devient de plus en plus difficile de séparer ce qui vient de moi de ce qui vient de vous. Même l'émotion est virtuellement impossible à révéler et à identifier comme étant uniquement la nôtre. Jusqu'ici, nous avons considéré l'émotion comme étant totalement individuelle, mais on comprend désormais que c'est un jeu complexe d'influences entre nous-mêmes et tous ceux avec qui nous sommes en contact. La nature *n'*a façonné la vie *qu'*en relation et quand nous ne reconnaissons pas ceci, nous agissons contre notre propre constitution fondamentale. Ce que nous considérons comme notre personnalité immuable et distincte est en fait une relation, notre *lien* avec le monde.

CHAPITRE 7

Nés pour donner

Toute sa vie, Samuel Oliner a été taraudé par une seule question : pourquoi a-t-il été le seul de tous les habitants de son village à avoir survécu à un pogrom nazi ? Pendant une soixantaine d'années, il a cherché à comprendre pourquoi une personne est prête à tout sacrifier – sa propre vie et celle de tous les membres de sa famille – pour sauver quelqu'un qu'elle connaît à peine.

Né en 1942, il n'avait que douze ans lorsque les siens, comme beaucoup d'autres familles juives, ont été forcés de quitter leur maison de Bielanka, pour aller s'entasser dans le ghetto de Bobowa, une petite ville du sud de la Pologne. Aux premières heures d'un matin d'août, les *Einsatzgruppen*, un convoi de camions, s'est garé sur la place du ghetto dans un vrombissement infernal. Des soldats armés, des Allemands et des Ukrainiens au service des nazis, se sont rués vers les maisons, en tambourinant à chaque porte et en hurlant aux habitants d'ouvrir. Obéissant à sa belle-mère qui le suppliait de se sauver, le garçon s'est caché dans le toit pentu. Par un petit interstice, il a vu des atrocités inimaginables – une petite fille jetée d'une fenêtre comme on se débarrasse d'un détritus, un bébé qui pleurait tué par balle par un soldat qui venait de violer sa mère – puis les nazis ont fait monter les survivants dans les camions, y compris la famille d'Oliner, et les cris et les hurlements ont fait place à un terrible silence.

Après le départ des *Einsatzgruppen*, Oliner s'est enfui dans la campagne, courant pieds nus à travers champ, dormant la nuit en plein air pour ne pas se faire repérer par ses compatriotes qui recevaient une récompense s'ils dénonçaient les juifs en fuite à la Gestapo. Au bout de quelques jours, il a finalement appris, par hasard, ce qui était arrivé à sa famille. En compagnie d'un millier de personnes, elle avait été conduite dans la forêt de Garbacz. Là, des soldats ordonnaient à tout le monde de se mettre nu, puis poussaient les gens sur une planche et les descendaient systématiquement à la mitrailleuse, si bien que les corps tombaient dans une immense fosse commune creusée sous la planche. Il avait fallu dix-huit heures pour exterminer tous ces gens. Ceux qui n'étaient que blessés tombaient avec les autres – ils étouffaient sous les cadavres, enterrés vivants.

Après avoir atteint Bystra, un autre village, Oliner est allé frapper à la porte de Jacek et Balwina Piecuch, une famille chrétienne qu'il connaissait à peine. Balwina était allée à la même école que son père quand elle était jeune. Elle avait entendu parler de l'extermination massive à Garbacz et aussitôt qu'elle a ouvert la porte et reconnu Oliner, elle l'a pris dans ses bras et l'a faire entrer.

Pendant les trois années suivantes, Balwina a tout fait pour qu'Oliner échappe aux nazis. Elle lui a donné un nouveau nom, lui a appris à se conduire comme un chrétien, lui a trouvé un travail chez l'un des fermiers polonais, tandis qu'elle le rassurait et le consolait quand il était prêt du désespoir. Oliner a survécu, il a émigré en Amérique, s'est marié et est devenu un sociologue de renom. Mais pendant des années, il s'est posé constamment la même question : *pourquoi Balwina s'était-elle conduite ainsi ?* Prendre la décision de l'aider avait exposé sa famille à de grands dangers, car sa maison était entourée de dénonciateurs sans nombre qui recevaient une belle récompense des nazis quand ils dénonçaient les juifs. Qu'est-ce qui lui a fait tout risquer – sa vie, celle de son mari et de ses deux enfants – pour quelqu'un qu'elle connaissait à peine ?[211]

Cette question le préoccupait tellement, et depuis si longtemps, que lorsqu'il entendait parler d'une personne qui avait fait un acte altruiste allant jusqu'à l'héroïsme, il ressentait le besoin de l'interroger. Oliner a entrepris une recherche, qui a duré toute sa vie, sur ce qui pousse des gens ordinaires à faire des choses extraordinaires. Ces gens

211 S. Oliner, *Do unto Others: Extraordinary Acts of Ordinary People*, Westview Press, 2003, 13.

qui entrent dans des bâtiments en feu, qui plongent dans l'eau glacée pour sauver d'autres vies. *Pourquoi font-ils cela ?* Qu'est-ce qui les pousse à risquer leur vie pour une autre personne, quelquefois même pour un étranger ? Les actions telles que celle de Balwina formaient un contraste absolu avec celles de ses voisins ; en fait, elles défiaient tout ce qu'il avait appris sur l'essence de l'humanité – qui n'est censée opérer qu'à partir d'un solide fond d'égoïsme.

On nous a toujours raconté que si nous étions laissés à nous-mêmes, sans l'influence de la religion ou d'un contrat social qui nous dompte, nous agirions selon notre vraie nature : qui est sans pitié et entièrement mue par notre intérêt personnel. « Essayons d'enseigner la générosité et l'altruisme, déclare Richard Dawkins, parce que nous sommes nés égoïstes. »[212]

De ce point de vue, des actions telles que celle de Balwina semblent refléter une conduite déviante ou une erreur de jugement. Après tout, agir sans égoïsme dans l'intérêt des autres, quelles qu'en soient les conséquences personnelles, peut être destructif pour le moi et même réduire la possibilité de survie. L'altruisme n'a pas de sens logique, car c'est potentiellement un acte d'autodestruction décidé. Dans un jeu à somme nulle, cela signifie choisir délibérément la courte paille.

Des biologistes évolutionnistes, tels que Robert Trivers de la Rutgers University, pensent que l'altruisme représente une erreur neurale – la réponse erronée du cerveau à quelque chose d'inhabituel. « Nos cerveaux se détraquent devant une situation pour laquelle nous n'avons pas encore créé de réponse », remarque-t-il.[213]

Les cas d'altruisme sont en contradiction avec les idées classiques sur la survie des plus aptes. Par conséquent, des scientifiques ont essayé d'expliquer l'altruisme par une théorie biologique courante qui réduit le manque d'égoïsme chez les animaux et les humains à un

212 R. Dawkins, *The Selfish Gene*, Oxford University Press, 1989.

213 Robert Trivers, *Natural Selection and Social Theory: Selected Papers of Robert Trivers,* Evolution and Cognition Series, Oxford University Press, 2002.

impératif génétique : faire le sacrifice de soi n'est possible qu'en raison d'un favoritisme génétique. De nombreux biologistes modernes représentent l'altruisme comme une équation, et mesurent son coût ou son bénéfice en termes de conséquences sur le nombre de descendants d'un organisme, ou « potentiel reproductif ». L'altruisme accroît l'aptitude reproductive d'un autre être au détriment de la descendance ou des gènes de l'altruiste.

Un scientifique américain hors-norme, George Price, était obsédé par le fait que les origines de la gentillesse ne concordaient pas avec la théorie évolutionniste telle qu'on la comprenait à l'époque. À la recherche de la source de la gentillesse, Price, pas très gentiment du reste, a quitté femme et enfant pour aller à Londres, dans les années 1960, rencontrer le biologiste évolutionniste W. D. Hamilton. Ils ont tous deux formulé une équation mathématique pour l'altruisme, en se servant de la théorie économique pour évaluer comment l'altruisme favorise l'évolution.

Leur théorie de la sélection de parentèle ou « valeur sélective inclusive » avance que la conduite altruiste est un moyen de perpétuer la lignée familiale. Un animal qui offre son aide accroît ses chances de survie et celle de sa future reproduction ou assure la survivance de la famille.[214] Les oiseaux nourrissent les petits des autres membres de la famille, car cette conduite accroît le nombre de leurs gènes partagés dans les générations futures.[215]

Une autre variante de la sélection de parentèle est la sélection du groupe, ou adaptation du groupe, la théorie selon laquelle les actions individuelles opèrent au bénéfice du patrimoine génétique du groupe. On pense que cela a lieu parce que la plupart des membres du groupe en question ont finalement une affiliation familiale. Dawkins propose aussi une équation coût/bénéfice qui calcule le moment où il devient

214 Oren Solomon Harman, *The Price of Altruism: George Price and the Search for the Origins of Kindness*, W.W. Norton &Company, 2010.

215 Ibid.

génétiquement avantageux pour un animal de se montrer altruiste. Le gène qui déclenche le désir d'aider d'autres membres de la même famille favorise sa propre duplication, ce qui aide à répandre les individus qui portent des copies de ce gène.

La théorie du gène égoïste prétend que les animaux, y compris les humains, ne sont que des « robots de survie » façonnés par le besoin impératif de survie de leurs gènes. Et c'est cette impulsion primaire, la propagation à tout prix, qui finalement explique la caractéristique humaine de l'égocentrisme. « Cet égoïsme du gène aboutira normalement à l'égoïsme du comportement individuel », déclare Dawkins.[216]

Le problème que pose la théorie du gène égoïste, et que posent toutes les théories pour rationaliser l'altruisme du point de vue de la survie, c'est le grand nombre d'exceptions à la règle. Des recherches de divers types montrent des exemples où les animaux font preuve de ce qu'on pourrait appeler des « actes de gentillesse spontanés » : un sacrifice de soi extraordinaire, de la compassion, du courage et de la générosité envers les membres de sa propre espèce, envers les membres d'autres espèces, et même envers les humains, souvent à leur propre détriment. À l'époque de Darwin, les scientifiques russes rejetaient l'aspect de la théorie darwinienne sur la compétition chez les espèces en l'attribuant au penchant anglais pour l'individualisme. Des biologistes, tel Petr Alekseevich Kropotkin, ont formulé une théorie alternative appelée « entraide », postulant que la lutte primaire pour l'existence a surtout lieu devant les éléments hostiles à l'environnement, tels que des températures extrêmes, mais les animaux s'associent et coopèrent dans cette lutte. La sélection naturelle favorise la coopération et non pas la compétition, affirmait Kropotkin dans son essai *L'Entraide : un facteur de l'évolution*.[217]

Une pulsion élémentaire pour la coopération et le partenariat, même pour le sacrifice, plutôt que l'égoïsme et la survie pure, semble

---

216 Dawkins, *The Selfish Gene*.

217 P. A. Kropotkin, *L'Entraide : un facteur d'évolution*, Sextant, janvier 2010.

intrinsèque à la composition biologique de toutes les choses vivantes. Chez des animaux de tous genres, on constate très souvent des actes qui n'ont pas d'autres raisons d'être que d'aider ceux qui sont moins bien lotis et ces actes aident à conserver la cohésion sociale.

Les animaux entrent souvent en partenariat avec les membres d'une autre espèce ; des blaireaux et des coyotes se mettent fréquemment ensemble pour chasser.[218] Dans un même groupe, les animaux forment une sorte de système de compagnonnage, dans lequel le chasseur le plus doué aide celui qui a moins de chance. Dans la nature, les chauves-souris vampires, qui se sont bien régalées sur le bétail, régurgitent le sang qu'elles donneront à leurs congénères qui ont eu moins de chance.[219] Beaucoup d'espèces animales utilisent des systèmes d'alarme et d'information pour signaler danger et nourriture, même quand cela les met en péril. Les singes Vervet poussent des cris d'alarme pour prévenir les autres singes de l'imminence d'une attaque, alors même que le fait de donner l'alerte peut les faire repérer.[220]

Les exemples extrêmes d'altruisme concernent des animaux qui ont adopté des individus qui ne sont pas de leur groupe.[221] On a même des exemples d'un animal d'une certaine espèce qui adopte des animaux d'une autre espèce.[222]

Souvent, c'est presque une routine pour les animaux d'oublier leur pulsion la plus fondamentale : le besoin de manger. Ils partagent leur nourriture ou s'assurent que les individus les plus faibles du groupe ou

218 V. H. Cahalane, « Badger-Coyote "Partnerships" », *Journal of Mammalogy* 31 (1950) : 354-55

219 G. S. Wilkerson, « Reciprocity and Sharing in the Vampire Bat », *Nature* 308 (1984) :181-84.

220 D. L. Cheney et R. M. Seyfarth, *How Monkeys See the World: Inside the Mind of Another Species*, University of Chicago Press, 1990.

221 H. Kummer, *Social Organization of Hamadryas Baboons: A Field Study*, University of Chicago Press, 1968.

222 B. P. Wiesner et N. M. Sheard, *Maternal Behaviour in the Rat*, Oliver & Boyd, 1933.

du troupeau sont nourris, même si cela signifie qu'ils doivent renoncer à leur part.[223]

Selon la vision de Darwin sur l'univers, l'altruisme est impossible chez les animaux qui n'ont pas de lien de parenté proche, car cela va à l'encontre de la survie. Pourtant, une étude de terrain récente germano-américaine des primatologues du Kibale National Park en Ouganda, qui ont examiné les relations sociales de toute une colonie de chimpanzés, a prouvé qu'alors que les chimpanzés passent plus de temps avec les membres de leur famille, ils sont aussi très coopératifs avec ceux avec lesquels ils n'ont pourtant aucun rapport de parenté génétique. Kevin Langergraber et ses collègues ont conclu que, dans la majorité des affiliations proches et coopératives entre les chimpanzés mâles, les animaux n'avaient pas de liens de parenté ou seulement des liens éloignés. Les gènes n'entraient pas en ligne de compte.[224]

L'altruisme a même été constaté chez des animaux en laboratoire. On a fait une expérience sur deux rats. Ils ne se connaissaient pas et ont été mis ensemble dans une cage, mais l'un d'eux a été suspendu en l'air par un harnais. Alors que l'animal criait à l'aide, l'autre a montré des signes de détresse et a semblé vouloir aider son congénère. Il a fini par découvrir qu'en poussant sur une barre, il pouvait faire descendre l'autre rat jusqu'au sol. Bien que celui-ci ne soit ni un membre de sa famille ni un compagnon, et qu'il n'y avait certainement pas d'avantages de survie à aider l'autre, le rat ne se calmait pas avant d'avoir soulagé la souffrance de l'autre.[225] Des études semblables sur les singes ont montré qu'ils choisissaient de se passer de nourriture pendant des jours si cela évitait à d'autres singes de recevoir une décharge électri-

223 M. Bekoff et J. Pierce, *Wild Justice: The Moral Lives of Animals*, University of Chicago Press, 2009, 56, 59-60, 125.

224 K. E. Langergraber et al., « The Limited Impact of Kinship on Cooperation in Wild Chimpanzees », *Proceedings of the National Academy of Sciences*, USA 104 (2007) ; 7786-90.

225 G. E. Rice et P. Gainer, « "Altruism" in the Albino Rat », *Journal of Comparative and Physiological Psychology* 55 (1962) : 123-25.

que.[226] Même les rats ne mangent pas s'ils se rendent compte que cela donne un choc électrique à un congénère.[227]

L'une des preuves fondamentales de notre instinct naturel au *lien* avec autrui est *la volonté de donner*. Plutôt que la domination, notre besoin élémentaire est de tendre vers l'autre, même à nos dépens. Donner à autrui – la pulsion de comprendre ce que ressent l'autre, de compatir et d'aider autrui de façon altruiste – n'est pas l'exception, mais notre état d'être naturel. Notre impulsion à nous relier les uns aux autres a développé un désir automatique d'agir pour autrui, même si cela nous coûte. L'altruisme nous vient naturellement. C'est l'égoïsme qui est conditionné culturellement et qui est un signe de pathologie.

En 2006, Félix Warneken, du Max Planck Institute pour l'anthropologie évolutionniste, et ses collègues ont décidé de tester si le besoin de donner était ancré dans notre constitution biologique élémentaire et dans celle de notre proche parenté, en élaborant une étude avec des bébés chimpanzés et des bébés humains de dix-huit mois, qui n'avaient pas encore appris le comportement social ou la dynamique de groupe. L'étude s'est déroulée dans un sanctuaire pour singes en Ouganda où les chimpanzés passaient la journée dans l'herbe luxuriante et la nuit dans un enclos. Warneken a demandé à un chercheur, que ni les chimpanzés ni les bébés ne connaissaient, de mettre dans l'enclos un bout de bois ou un crayon hors de sa portée, mais facilement accessible pour les chimpanzés ou pour les bambins. Quelquefois, l'étranger ne faisait que passer le bras à travers les barreaux pour essayer de saisir le bâton, mais sans y parvenir ; à d'autres moments, il ne faisait que le regarder. Parfois, l'étranger offrait une récompense : une banane (pour les chimpanzés) ou un jouet (pour les petits enfants) quand ils l'aidaient à attraper l'objet en question.

226 J. H. Wechkin et al., « Altruistic Behavior in Rhesus Monkeys », *American Journal of Psychiatry* 121 (1964) : 584-85.

227 R. M. Church, « Emotional Reactions of Rats to the Pain of Others », *Journal of Comparative Physiological Psychology* 52 (1959) 132-34.

Warneken a pensé que si les enfants et les chimpanzés réagissaient aux intentions de l'étranger (attraper le bâton), ils seraient plus enclins à lui donner le bâton quand il essayait de l'attraper que lorsqu'il ne faisait que le regarder. D'autre part, s'ils s'intéressaient principalement à leur propre bénéfice dans cette situation, il est probable qu'ils l'aideraient à attraper le bâton quand ils savaient qu'ils allaient recevoir une récompense.

La théorie du gène égoïste sous-tend qu'un nourrisson ou un chimpanzé n'aide que s'il en retire certains bénéfices personnels, mais les résultats de l'expérience ont démoli cette théorie. Douze des dix-huit chimpanzés et seize des dix-huit enfants ont attrapé le bâton et l'ont donné à l'étranger quand il essayait de l'atteindre – qu'ils soient ou non récompensés. En fait, la récompense ne semblait avoir aucune incidence sur le taux de l'aide : les chimpanzés et les bébés cherchaient automatiquement à aider.[228]

Warneken et ses collègues ont alors fait monter les enchères en plaçant le bâton dans un endroit plus difficile à atteindre. Pour le ramasser, les participants devaient entreprendre des tâches herculéennes : les chimpanzés devaient grimper sur une rampe suspendue et les enfants devaient escalader une barrière. Même lorsque la tâche occasionnait inconfort ou effort extrêmes, les deux groupes faisaient preuve d'un désir altruiste d'aider. Mais il est possible que les deux lots de bébés aient voulu tout simplement faire plaisir à un individu plus dominant (un humain adulte). Les scientifiques allemands ont alors décidé de voir si les chimpanzés feraient un effort pour d'autres chimpanzés.

Tout d'abord, ils ont retiré toute possibilité de récompense personnelle en mettant la nourriture dans une pièce dont la porte était fermée par une chaîne. Les chimpanzés pouvaient voir la nourriture à travers les barreaux, et ils pouvaient voir aussi un chimpanzé inconnu

228 F. Warkenen et M. Tomasello, « Altruistic Helping in Human Infants and Young Chimpanzees », *Science* 311 (2006) : 1301-303 ; F. Warneken et al., « Spontaneous Altruism by Chimpanzees and Young Children », *PLoS Biology* 5, n° 7 (2007) : 1414-1420.

essayer sans succès d'ouvrir la porte. La seule façon dont le chimpanzé inconnu pouvait atteindre la nourriture était d'enlever la chaîne, mais seuls les chimpanzés testés pouvaient le faire.

Étonnamment, 89 % du temps, les chimpanzés testés enlevaient la tige de la chaîne pour aider les inconnus, même si eux-mêmes n'en tiraient aucun avantage.[229] Ces résultats sont d'autant plus remarquables que les chimpanzés sont connus pour leur agressivité et leur besoin de domination en général.

La pulsion automatique d'aider semble avoir sa genèse dans notre programmation interne à protéger nos petits, ainsi que Joshua Green et Jonathan Cohen, deux psychologues de l'université de Princeton, l'ont découvert en étudiant le signal cérébral d'individus qui pensent au mal fait à d'autres individus. Le réseau de neurones dans le cerveau qui s'activent pendant le processus d'observer une autre personne à qui l'on fait du mal est relié à la zone stimulée quand on prend soin de l'autre, les mêmes neurones qui s'activent quand les mères regardent des photos de leurs bébés.[230] Le circuit cérébral que chacun de nous possède pour nous occuper de nos enfants est le même que celui qui est déclenché pour répondre à la souffrance des autres. S'occuper des autres, même des étrangers, est automatique et essentiel à notre biologie.

En fait, le désir d'aider nous est si nécessaire que nous le ressentons comme l'une de nos principales activités de plaisir. Une équipe de neuroscientifiques des National Institutes of Health et du LABS-D'Or Hospital à Rio de Janeiro a découvert que recevoir une grande somme d'argent en récompense et faire une importante donation à une œuvre de charité activent tous deux la même portion du cerveau : le circuit mésolimbique de la récompense, un système primitif

229 Ibid.

230 J. Greene et al., « An fMRI Investigation of Emotional Engagement in Moral Judgment », *Science* 293, n° 5537 (2001) : 2105-8. Je remercie Dacher Keltner, « The Compassionate Instinct », *Greater Good*, printemps 2004, 6-9, pour ses recherches dans les études de la base biologique du soin à autrui.

qui s'active lorsque nous mangeons ou avons une relation sexuelle. Recevoir quelque chose ou donner quelque chose sont des activités qui procurent énormément de plaisir, mais c'est une autre zone du cerveau, l'aire septale, associée avec le lien et l'attachement social, qui se déclenche aussi quand nous faisons une donation à une bonne œuvre.[231] Ce qui suggérerait que l'impulsion à faire quelque chose d'altruiste est inhérente à notre besoin de connexion.

Nous avons désormais la preuve que l'altruisme n'est pas causé par la société, mais qu'il est profondément ancré en nous, conçu pour être aussi essentiel et agréable que manger ou faire l'amour. Nous sommes faits pour nous sentir bien quand nous faisons le bien, et faire le bien semble venir de notre instinct à établir un lien.

James Rilling, professeur d'anthropologie, et Gregory Berns, professeur des sciences du comportement, tous deux de l'Emory University, ont observé le comportement du cerveau en temps réel durant un acte altruiste en utilisant des scanners d'IRMf (imagerie par résonance magnétique fonctionnelle) pour enregistrer l'activité cérébrale d'un groupe de femmes qui jouaient un jeu appelé le « dilemme du prisonnier ».

Le dilemme du prisonnier est un jeu psychologique classique qui évalue le niveau de coopération entre deux personnes. Dans la version la plus typique, les deux participants font semblant d'avoir été arrêtés pour avoir dévalisé une banque. Ils sont retenus dans des cellules séparées et ne peuvent communiquer entre eux. À ce point de l'enquête, la police n'a pas encore suffisamment de preuves pour accuser l'un ou l'autre des suspects, le procureur se rend donc dans chaque cellule et propose le même marché à chacun d'eux. Le suspect peut dénoncer l'autre (ce qu'on appelle dans le jeu « moucharder ») ou se taire (« coopérer » avec l'autre). Si seulement l'un des deux dénonce l'autre, alors que son complice ne dit rien, l'informateur sera libéré tandis que

231 J. Moll et al., « Human Fronto-mesolimbic Networks Guide Decisions about Charitable Donation », *Proceedings of the National Academy of Sciences of the United States of America* 103 (2006) : 15623-28.

celui qui n'a rien dit sera condamné à la sentence maximum de dix ans d'emprisonnement. Si tous deux dénoncent l'autre et avouent, ils seront tous les deux condamnés à cinq ans de prison. Si tous les deux ne disent rien, les accusations ne porteront que sur la possession d'armes à feu et tous les deux seront relâchés après seulement six mois de prison.

Le dilemme, c'est que bien que chacun s'en tire mieux en avouant plutôt qu'en étant l'objet de la dénonciation de l'autre, l'issue est pire que si les deux restent silencieux et coopèrent l'un avec l'autre.

Dans ces circonstances, la meilleure réponse possible, c'est que chacun des deux partenaires dénonce toujours l'autre, même s'ils auront une plus longue peine qu'ils n'auraient eue s'ils avaient tous deux coopéré, car le mouchard s'en tire mieux, quelle que soit l'action de l'autre. C'est la meilleure réponse possible à toute action du partenaire.

Sous sa forme répétée, le jeu du dilemme du prisonnier est joué plusieurs fois de suite par les mêmes joueurs. Cette version va vraiment mettre à l'épreuve la coopération et l'altruisme, car les deux prisonniers vont probablement mieux s'en sortir s'ils travaillent ensemble plutôt que s'ils poursuivent leur propre intérêt.

Dans la version du jeu d'Emory University, on a demandé indépendamment aux deux joueurs de choisir de coopérer avec leur partenaire ou de le dénoncer ; chaque prisonnier recevrait ensuite une somme d'argent selon les choix que les deux prisonniers avaient faits pour ce coup-là. Une fois de plus, l'option la plus sûre, celle qui assurerait la plus haute récompense, quoi que fasse le partenaire, c'était de choisir l'option égoïste et de moucharder.

Rilling et Berns ont été troublés de découvrir que la coopération mutuelle – les deux joueurs choisissent de ne pas parler – était le choix le plus commun, même si moucharder avait été le choix le plus sûr.

De plus, quand les partenaires coopéraient, on pouvait voir dans les deux cerveaux une activation dans le noyau caudé et dans le cortex cingulaire antérieur, les mêmes zones du cerveau qui sont activées quand les gens reçoivent une récompense ou vivent une expérience agréable.[232] Travailler de façon coopérative avec quelqu'un d'autre possède littéralement sa propre récompense. Comme mesure de contrôle, Rilling et Berns ont aussi examiné l'activité du cerveau de participants qui avaient comme partenaire de jeu un ordinateur. Dans ce cas-là, les zones de plaisir du cerveau ne s'activaient pas.

« Notre étude montre, pour la première fois, que la coopération sociale est intrinsèquement satisfaisante pour le cerveau humain, même confronté à des pressions contraires. Ceci suggère que la pulsion altruiste à coopérer est biologiquement implantée », a conclu Berns.[233]

Rilling pense que notre système inné de récompense renforce notre décision d'aider – plus nous aidons, plus nous nous sentons mieux –, ce qui nous incite à le faire davantage. Cette réponse du cerveau – se sentir bien lorsque l'on donne – représente la « genèse d'un lien social », écrit Clint Kilts, professeur associé de psychiatrie à Emory qui a participé à la recherche.[234] *Un besoin automatique de donner* commence notre processus de recherche de connexion. Être sans égoïsme est finalement l'option qui sert le soi davantage parce qu'on se sent bien quand on donne.

D'autres parties de notre corps sont profondément programmées pour nous faire sentir bien pendant des actes de gentillesse et de compassion, comme Dacher Keltner, professeur de psychologie à l'université de Californie, à Berkeley, l'a découvert. Notre rythme cardiaque ralentit, notre système nerveux autonome se détend, nous produisons davantage d'ocytocine, « l'hormone de l'amour » qui est libérée par la mère après l'accouchement ou pendant l'allaitement. Dans ses propres expériences, Keltner a découvert que nous comprenons le langage de la compassion pas nos moyens de communication

---

232 J. Rilling et al., « A Neural Basis for Social Cooperation », *Neuron* 35(2) (2002) : 395-405.

233 « Emory Brain Imaging Studies Reveal Biological Basis For Human Cooperation », *Science Daily*, 18 juillet 2002, online.

234 Ibid.

les plus élémentaires : le toucher et certaines expressions faciales, ce qui suggère à nouveau que la compassion et l'altruisme ont une base évolutionniste.[235] Nous avons de nombreux exemples prouvant qu'aider non seulement procure une certaine satisfaction, mais est aussi bon pour la santé et même pour la longévité.[236] Donner peut même être un composant essentiel d'une vie satisfaisante.

À la fin des années 1930, Arlie Bock, directeur des services de santé à l'université de Harvard, a eu l'idée de prendre un échantillon des plus brillants éléments de Harvard et de les suivre au cours des années pour déterminer quelles qualités déclenchent un bonheur durable chez un individu. En plus de satisfaire sa propre curiosité, Bock avait de grandes ambitions pour ses données avec lesquelles il promettait d'élaborer un modèle pour « réduire la dysharmonie dans le monde ».[237]

Soutenu par le magnat de grands magasins W.T. Grant, Bock a réuni une équipe impressionnante d'experts en diverses disciplines – médecine, anthropologie, psychologie, psychiatrie, physiologie et sociologie - qui a sélectionné 268 jeunes gens de Harvard considérés comme les plus prometteurs, les plus équilibrés et les plus à même de réussir. L'idée était de suivre leur progrès sur plusieurs années afin de déterminer exactement comment les vies de ce brillant fleuron allaient se jouer. Pendant soixante-dix ans, ces hommes, à qui on avait dit qu'ils faisaient partie d'une élite, ont été examinés sous tous les angles, chaque partie de leur corps mesurée et observée depuis l'épaisseur des lèvres jusqu'à la taille du scrotum. Les changements biologiques pendant l'activité physique ont été laborieusement répertoriés. Les psychiatres ont soumis les jeunes gens à une batterie de tests psychologiques tels que ceux de Rorschach et d'autres qui étaient en vogue à

235 Keltner, « The Compassionate Instinct ».

236 S. G. Post, « Altruism, Happiness and Health; It's Good to Be Good », *International Journal of Behavioral Medicine* 12, n° 2 (2005) : 66-77.

237 Tous les détails de cette étude sont tirés de la publication de Joshua Wolf Shenk, « What Makes Us Happy? », *The Atlantic*, juin 2009.

l'époque. Des travailleurs sociaux ont interviewé les familles des jeunes gens pour découvrir le plus intime détail de comportement, par exemple à quel âge les sujets n'avaient plus fait pipi au lit.

En 1967, le psychiatre George Vaillant a pris la responsabilité de l'étude et a surveillé l'évolution de ce que chacun s'attendait à être une série d'histoires de réussites humaines. En fait, plusieurs d'entre elles ressemblaient plutôt à une tragédie de Shakespeare. Bien que certains membres du groupe aient remporté des succès extraordinaires – on comptait parmi les participants le président John F. Kennedy, un membre du cabinet présidentiel, un rédacteur en chef, un auteur de best-sellers et quatre membres du Sénat américain –, à l'âge de cinquante ans, un tiers des hommes souffraient de maladies mentales cliniquement reconnues. Un bon pourcentage d'entre eux était devenu alcoolique.

Beaucoup parmi ceux qui étaient considérés comme les plus doués ont finalement vécu des vies catastrophiques ou inutiles. Un jeune homme, fils d'un riche médecin et d'une mère artiste, avait été repéré comme étant exceptionnellement chanceux. « Peut-être davantage que tout autre garçon qui a participé à l'étude de Grant, avait écrit l'un des chercheurs au début de l'étude, le participant suivant exemplifie les qualités d'une personnalité supérieure : la stabilité, l'intelligence, le jugement sûr, une bonne santé, un idéal élevé et de grands espoirs. »

À l'âge de trente et un ans, le jeune homme a commencé à éprouver de l'hostilité envers ses parents, et finalement envers le monde entier. Bien que les chercheurs aient perdu toute trace de lui pendant un temps, Vaillant et ses collègues l'ont finalement retrouvé : il avait vécu comme un nomade, sortait avec une jeune fille psychotique, fumait pas mal de drogues, et racontait à la compagnie qui lui offrait à dîner des histoires drôles sur son passé. Finalement, il est mort jeune.

Un autre élément, considéré comme l'un des plus exubérants et extravertis du groupe, a fait une série de petits boulots, s'est marié et a divorcé plusieurs fois avant de finalement déclarer qu'il était homosexuel et de devenir un leader du mouvement des droits pour les gays.

En dépit de cette nouvelle honnêteté envers lui-même, il est devenu un buveur invétéré et à l'âge de 64 ans, il est mort en dégringolant les escaliers de son appartement en état d'ivresse.

Bock a été choqué de voir comment se comportaient les meilleurs et les plus brillants. « Ils étaient normaux quand je les ai choisis, a-t-il déclaré à Vaillant quand il l'a rencontré dans les années 1960, c'est sans doute les psychiatres qui les ont détraqués. »

Toutes les prédictions habituelles sur la vie des gens sont contredites par cet échantillon, ainsi que par une autre étude dirigée par Vaillant, appelée la cohorte Glueck. Cette étude contient l'envers de la cohorte de Harvard : il s'agit d'un groupe de garçons du centre de Boston, les descendants de parents pour la plupart d'origine étrangère, qui ont aussi été suivis pendant soixante-dix ans.

Bien que Vaillant fasse très attention à ne pas généraliser ce qu'il a observé, il remarque les mêmes thèmes dans les deux groupes, riches ou pauvres. L'argent ou même un bon départ dans la vie ne garantit ni le bonheur ni la réussite. La chance ne garantit pas le bonheur. Un certain type de personnalité ne garantit pas le bonheur. Ce qui semble être le facteur le plus important, ce n'est pas la quantité de difficultés auxquelles vous devez faire face dans votre vie, mais votre réponse à ces difficultés.

En tant que psychiatre, Vaillant est particulièrement intéressé par les « adaptations » ou mécanismes de défense : comment une personne répond inconsciemment au stress, qu'il provienne de la douleur physique, de conflits de toutes sortes ou même de l'inconnu. Avec le temps, les éléments de sa cohorte qui réussissaient le mieux avaient développé des adaptations matures, un sens de l'humour et la capacité à résoudre un conflit de façon constructive. Cependant, parmi ceux qui ont vécu le plus longtemps, l'une des principales qualités d'adaptation qui assure une vie longue et heureuse est l'altruisme.

Un jeune, socialement inadapté, dépressif, a trouvé, alors qu'il était déjà au milieu de sa vie, que le but de son existence était de devenir psychiatre, inspiré par la gentillesse d'un soignant pendant l'un de ses séjours à l'hôpital. Un minuscule acte d'altruisme lui a ouvert le chemin, et il a passé le reste d'une vie très réussie à aider les autres.

Le mardi 2 août 2005, un Airbus d'Air France, qui tentait d'atterrir à l'aéroport international Pearson à Toronto, sous une pluie battante, a raté la piste d'atterrissage et s'est écrasé. Apprenant que la plupart des passagers avaient péri, le gouverneur général canadien a commencé à envoyer ses condoléances aux familles des 309 passagers qui étaient à bord. Une fois que la fumée et la pluie ont cessé, il est devenu évident que bien que quarante personnes aient été blessées, en fait, tous les passagers avaient survécu. L'avion s'était écrasé près de la Highway 401, l'autoroute principale de l'Ontario. Des centaines d'automobilistes s'étaient arrêtés, avaient couru jusqu'à l'avion, pénétré dans la carlingue et commencé à sortir les survivants. Deux des huit sorties de secours étaient dangereuses et les ouvertures de secours n'avaient pas fonctionné, mais les étrangers ont facilement coordonné leurs efforts de telle façon que tout monde est sorti en quelques minutes, avant que l'avion n'explose. De nombreux passagers ont été recueillis par d'autres chauffeurs et conduits au terminal d'Air France.

Des cas comme celui du crash de l'avion d'Air France vont à l'encontre de la vision sur la mentalité des spectateurs qui était courante en 1964, quand, lors d'une brutale agression qui a duré plus d'une heure, une jeune fille de 28 ans, Kitty Genovese, a été poignardée à plusieurs reprises alors que trente-huit de ses voisins du Queens, qui ont été témoins de l'agression ou qui ont entendu ses cris, n'ont paraît-il rien fait pour l'aider.[238] Le meurtre de Kitty Genovese et l'indifférence de ses voisins ont donné lieu à des titres de journaux indignés et ont été l'objet de nombreuses recherches psychologiques sociales sur ce que l'on a appelé « l'effet témoin » : pourquoi est-ce que les gens restent

238 Par la suite, des enquêtes ont mis en doute les faits rapportés sur le cas Genovese, selon Jim Rasenberger, « Nightmare on Austin Street », *American Heritage*, 5 octobre 2006 online ; R. Manning et al., « The Kitty Genovese Murder and the Social Psychology of Helping: the Parable of the 38 Witnesses », *American Psychology* 62 (2007) : 555-62.

là et ne font rien quand une autre personne est en danger ?

À cette époque, la recherche a conclu que si les gens sont rassemblés ensemble dans n'importe quel groupe, il y a un phénomène de « dissolution de la responsabilité ». Ils sont moins enclins à aider alors qu'ils le feraient s'ils étaient seuls parce que chacun attend que quelqu'un d'autre fasse le premier pas. Par la suite, les témoins sont même enclins à ridiculiser la victime pour apaiser leurs remords de ne pas avoir prêté main-forte.[239]

Les événements qui se sont déroulés immédiatement après le crash d'Air France défient ces hypothèses. Des centaines d'inconnus ont changé leur routine habituelle et risqué leur vie pour pénétrer dans un avion accidenté afin de secourir un groupe d'inconnus qu'ils ne reverraient plus jamais. Plusieurs d'entre eux ont même proposé de les conduire à l'aéroport alors que n'importe lequel de ces passagers aurait pu être un terroriste ayant délibérément causé le crash.[240]

Le désir inné des gens d'aider des inconnus a été mis à l'épreuve par un groupe d'étudiants de la Columbia University. Pendant plus de deux mois, quatre équipes d'étudiants sont montées à bord du train bondé qui va de la 59e Street Station à New York jusqu'à Harlem et le Bronx entre 11 heures du matin et 3 heures de l'après-midi. Ils ont délibérément choisi cette route parce qu'il n'y a pas d'arrêt entre la 59e et la 125e avenue, ce qui signifie que pendant sept minutes et demie une partie des environ 4 450 hommes et femmes qui voyagent dans le train pendant cette tranche horaire peuvent devenir des témoins captifs dans une situation d'urgence.

Chaque équipe était composée de deux étudiants acteurs, une « victime » et un « modèle », qui viendrait au secours de la victime si aucun des spectateurs ne le faisait, ajouté à cela des étudiants qui enregistraient les données aussi discrètement que possible. La victime

---

239 Études listées dans I. M. Piliavin, « Good Samaritanism: An Underground Phenomenom? » *Journal of Personality and Social Psychology* 13, n° 4 (1969) : 289-99.

240 Mario Beauregard et Denyse O'Leary, *The Spiritual Brain: A Neuroscientist's Case for the Existence of the Soul*, Harper One , 2007, 10.

apparaissait sous deux déguisements : soit comme un invalide avec une canne, soit comme un ivrogne qui puait l'alcool et portait une bouteille dans un sac en papier. Une minute après le démarrage, la victime titubait et tombait par terre. Le modèle devait attendre un certain temps avant d'intervenir si aucun des passagers ne le faisait.

Dans la plupart des cas, le modèle n'avait pas besoin d'intervenir : l'aide était immédiate et spontanée pour les deux types de victimes. La victime avec la canne recevait de l'aide 95 % du temps, et même si certaines personnes étaient rebutées à la vue de l'ivrogne, il recevait néanmoins de l'aide une fois sur deux. La race de la victime ne semblait pas entrer en compte : une victime de race noire recevait de l'aide aussi souvent que les victimes de race blanche. Le nombre de passagers dans le métro ne semblait pas non plus intervenir quant à la volonté des spectateurs d'agir ; dans presque les deux tiers des essais, deux, trois ou même davantage de bons Samaritains se précipitaient pour aider.

La conclusion était inévitable et changeait nos idées sur le syndrome de Genovese (qui depuis a été discrédité comme étant un cas de mauvais compte-rendu). « En fait, les gens aident vraiment à un taux de fréquence très élevé », ont conclu les auteurs de l'étude de la Columbia University.[241] Même dans ce symbole pur et dur de l'indifférence urbaine : un métro new-yorkais bondé, les gens s'entraident la vaste majorité du temps, quelle que soit leur race. L'étude des bons Samaritains du métro et des cas de la vie réelle comme l'incident d'Air France prouvent que lorsqu'ils voient quelqu'un en danger, la plupart des gens vont instinctivement venir en aide à la personne. Chez beaucoup d'entre nous, le désir du *lien* est si fort que nous entrons dans un avion en feu sans réfléchir.

Samuel Oliner a continué d'étudier ces genres d'individus et leurs contraires pour comprendre ce qui distingue les « intervenants », c'est-à-dire les altruistes, des « témoins ». Il a interrogé 1 074 héros

241 I. M. Piliavin, « Good Samaritanism: An Underground Phenomenon? »

de toutes sortes – des chrétiens qui ont caché des juifs poursuivis par les nazis, des pompiers qui ont grimpé les escaliers des tours jumelles le 11 septembre, les médaillés du *Carnegie hero* et les exemples d'actes moraux – afin de préciser les qualités les plus essentielles à la personnalité altruiste. Bien que les humains soient généreux et désintéressés de façon innée, il a découvert que montrer ou ne pas montrer ces qualités avaient beaucoup à voir avec la façon dont on nous avait appris à voir le monde. Notre programmation est renforcée quand nous nous voyons comme faisant un avec l'humanité et quand nous voyons le monde comme une série d'interactions qui ont un sens.[242] L'altruisme semble aussi être l'extension naturelle d'une enfance équilibrée où l'on a été aimé, dans une communauté étroitement liée. Ceux qui ont été élevés avec un sentiment du *lien* avec les autres le montrent par leur attitude envers leur prochain.

Dans les études d'Oliner, nous trouvons plusieurs découvertes-clés. Notre culture et notre éducation soit nous privent de notre droit de naissance soit le cultivent. La capacité que nous avons à nous mettre à la place d'un autre est plus développée chez les enfants qui grandissent avec ce qu'Oliner et d'autres appellent la « perspective altruiste » : *un sentiment fort du contrat social.* On les encourage à devenir membres d'une communauté et à suivre son code social strict, à remplir leur obligation à partager, à garder une bonne réputation, à défendre l'amitié et à éviter la désapprobation sociale. Ils apprennent comment prendre leur place dans une communauté même s'il ne s'agit que de leur famille. En grandissant, ils apprennent alors à aider leur société et à ne pas violer ses règles ou ses attentes.

Les altruistes sont aussi capables de considérer la société comme quelque chose qui *inclut tout le monde* et même d'aller au-delà des grandes différences telles que l'ethnicité et la religion. Que ce soit un non-juif qui aide les juifs en Europe pendant la Seconde Guerre mondiale ou que ce soit un pompier qui grimpe les tours pendant les attaques du 11 septembre, les sauveteurs dans l'étude d'Oliner

242 Oliner, *Do Unto Others.*

ont souvent parlé des *obligations éthiques et morales envers toute l'humanité* : ils voyaient l'humanité entière comme faisant partie d'un *lien* indivisible. Ils avaient aussi appris qu'aider autrui devait se faire sans l'espoir d'une récompense. Les secouristes ressentaient beaucoup d'empathie envers la peine des autres et avaient tendance à se considérer et à considérer les autres en termes de *similitudes*, en faisant fi des différences religieuses, ethniques, économiques où sexuelles.[243] Les altruistes ont *des amis parmi des groupes divers*. Ils sont capables d'avoir une vision globale, au-delà des similarités où des différences entre les gens, jusqu'au *lien* commun.

Svetlana Broz a découvert des qualités similaires pendant la guerre en Yougoslavie dans les années 1990, après avoir recueilli les récits de 90 survivants, qui racontaient les diverses façons dont des inconnus étaient devenus des « intervenants » ayant le courage de se dresser contre les crimes commis à l'encontre d'innocents. « Ils étaient, écrit-elle, les exemples vrais de la bonté, de la compassion, de l'humanité et du courage civique qui continuent d'exister pendant les périodes de mal ».[244]

Nancy Briton et Jennifer Leaning, chercheuses à l'université de Harvard, ont passé des milliers d'heures à interviewer des personnes vivant dans douze des majeurs théâtres de guerre sur Terre comme, par exemple, en Bosnie, en Afghanistan et au Cambodge. Elles ont découvert que les intervenants possédaient quatre vertus primaires qui les mettaient à part, mais le plus important, c'est qu'ils se sentaient un *lien commun avec les gens qui étaient différents*. Ils se débrouillaient pour trouver, selon les mots de Briton, un « fil de similarité » avec les autres, aussi mince soit-il. Ces intervenants avaient aussi à cœur de suivre la règle d'or : « Ne faites pas à autrui ce que vous ne voulez pas qu'on vous fasse. » Ils traitaient leurs ennemis de la façon qu'ils auraient voulu être traités.[245]

243 Ibid., 45.

244 Svetlana Broz, « Courage Under Fire », *Greater Good* 3 (automne/hiver 2006-7) : 10-13.

245 Ibid. ; Jason Marsh, « The Making of an Upstander », *Greater Good* 3 (automne/hiver 2006-7) : 10-13.

Comme Oliner et les autres chercheurs l'ont découvert, la majorité des altruistes viennent d'un milieu le plus sain et le plus cohésif, dans lequel l'idée de l'holisme et de la connexion avec toute l'humanité joue un rôle important. Les témoins et ceux qui font délibérément du mal aux autres ont eu une éducation qui renforce, sur une échelle quelconque, l'impulsion opposée à l'atomisation sociale : l'égoïsme, les préjugés, le racisme et la malhonnêteté. Dans la plupart des cas, ils n'ont pas eu une vie de famille affectueuse. Quand ils étaient enfants, beaucoup ont été négligés, privés d'amour ou abusés d'une certaine façon. L'égoïsme était le résultat naturel d'une éducation pathologique ou tout au moins anormale à cause d'une individuation excessive.

Bien qu'une bonne éducation puisse renforcer notre programmation altruiste, pourquoi nous sentons-nous bien lorsque nous faisons le bien ? Est-ce que notre motivation est réellement désintéressée, ou y a-t-il quelque égoïsme au cœur de tout cela ? La plupart des biologistes avancent que, d'habitude, agir pour les autres sert éventuellement notre propre égoïsme ; c'est ce qu'on appelle *la théorie de l'échange social.* Cette dernière prétend que les gens se conduisent les uns envers les autres de façon désintéressée seulement si les bénéfices de cette action dépassent les risques. Comme le philosophe anglais Thomas Hobbes l'a fait remarquer, quiconque semble agir sans égoïsme le fait tout simplement « pour délivrer son esprit de la peine de la compassion ». Selon cet état d'esprit, nous faisons le bien, fondamentalement par remords ou par peur de représailles de la part de nos amis. Le biologiste évolutionniste Michael Ghiselin l'a écrit d'une manière moins sentimentale : « Grattez un altruiste et regardez couler le sang d'un hypocrite. »[246]

Daniel Batson, un ancien psychologue de l'université du Kansas qui a un doctorat en théologie et un autre en psychologie, a conduit plusieurs expériences dans le but d'examiner le cœur humain pour

246 M. T. Ghiselin, *The Economy of Nature and the Evolution of Sex*, University of California Press, 1974, 247, cité dans H. Gintis et al., « Explaining Altruistic Behavior in Humans », *Evolution and Human Behavior* 24 (2003) : 153-72.

déterminer exactement pourquoi nous faisons des actes désintéressés. Est-ce que j'aide autrui simplement pour aider mon frère, ou est-ce que je l'aide pour être content de moi ? Ou est-ce parce que je veux avoir l'air d'un type bien aux yeux des autres ? Batson s'est assuré de contrôler strictement les conditions expérimentales si bien qu'il a pu distinguer l'aide véritablement orientée vers l'autre de toutes autres raisons alternatives, telles qu'aider autrui afin d'être approuvé, ou pour rehausser l'image de soi ou pour éviter l'autoflagellation. Dans certaines de ses études, il a mis ses participants dans des conditions où il était soit facile soit difficile d'éviter d'aider quelqu'un afin de trouver ce qui les motivait vraiment.

Batson s'est arrangé pour défendre son hypothèse de l'empathie-altruisme en face de plusieurs challenges. Dans quelque vingt-cinq études, il a démontré que l'altruisme ne surgit pas à cause de préoccupations sociales telles que le remords, la tristesse ou la honte.[247] Mais c'est plutôt la preuve de ce qu'il appelle l'« hypothèse de l'empathie-altruisme » : les gens aideront s'ils peuvent se mettre à la place de quelqu'un d'autre.

Au cours d'une étude, Batson et plusieurs collègues ont utilisé l'IRMf pour observer l'activité cérébrale de personnes qui regardaient une vidéo montrant des patients qui subissaient des procédures médicales douloureuses. Quand les observateurs se projetaient dans la situation et s'imaginaient qu'ils étaient eux-mêmes en train de souffrir, leur propre détresse s'accentuait, et les zones du cerveau qui sont associées à la douleur s'activaient. Mais quand ils pouvaient concentrer leurs sentiments sur l'état interne du patient et ses sentiments probables, leurs propres niveaux de détresse diminuaient et leur sollicitude empathique pour les malades augmentait.[248]

247 C. D. Batson et al., « Five Studies Testing Two New Egoistic Alternatives to the Empathy-Altruism Hypothesis », *Journal of Personality and Social Psychology* 55 (1988) : 52-77.

248 C. Lamm et al., « The Neural Substrate of Human Empathy: Effects of Perspective-taking and Cognitive Appraisal », *Journal of Cognitive Neuroscience* 19 (2007) : 42-58.

Batson a obtenu des résultats semblables quand il a demandé aux participants de son étude de choisir un point de vue parmi trois lorsqu'ils écoutaient une histoire relatant la vie difficile de « Kathy », une jeune étudiante qui venait de perdre ses deux parents. Ceux qui s'imaginaient dans la même situation augmentaient leur niveau personnel de stress et bloquaient leur capacité à aider. Ceux qui étaient les plus efficaces dans leur empathie étaient capables de sortir de leurs propres émotions pour se concentrer sur les sentiments probables de Kathy.

Le travail de Batson révèle quelque chose d'important sur la nature de la pulsion altruiste. Nous ne sommes pas enclins à aider les autres quand nous nous imaginons dans leur situation. Nous agissons plutôt grâce à notre compassion naturelle quand nous pouvons nous accorder sur les sentiments d'une autre personne, quand nous pouvons *nous détacher du sentiment du moi, et adopter le point de vue de l'autre.*[249] Quand les gens ressentent véritablement de la peine pour la douleur d'une autre personne, plutôt qu'imaginer tout simplement leur propre peine dans les mêmes circonstances, ils sont enclins à agir de façon altruiste. Le travail de Batson suggère que l'altruisme demande une capacité à sortir complètement de son propre état d'esprit pour entrer dans celui d'un autre.

Oliner a trouvé la réponse à la question qui hantait sa vie. Quand les gens sont capables de sortir de leur propre sentiment de différence, ils sont capables du bien le plus extraordinaire. Cette impulsion existe depuis la naissance, mais elle se réalise davantage chez certaines personnes que chez d'autres. Batson appelle cette impulsion « l'empathie », mais Robert Cialdini, ancien psychologue de l'université de l'Arizona et auteur de *Influence : the Psychology of Persuasion* (« L'influence : la psychologie de la persuasion »), offre une explication plus globale : *nous aidons quand nous avons perdu notre sens de l'individualité et quand*

249 C. D. Batson et al., « Perspective Taking: Imagining How Another Feels versus Imagining How You Would Feel », *Personality and Social Personality Bulletin* 23 (1997) : 751-58.

nous pénétrons temporairement dans l'espace où nous sommes un.[250] L'altruisme est l'extension naturelle de ce qui se passe quand vous quittez votre petit sentiment de vous-même et votre propre individualité et entrez dans l'espace entre.

250 R. B. Cialdini et al., « Reinterpreting the Empathy-Altruism Relationship: When One into One Equals Oneness », *Journal of Personality and Social Psychology* 73, n° 93 (1997) : 481-94.

CHAPITRE 8

Chacun son tour

Dans le film *Un Homme d'exception*, le physicien John Nash, interprété par Russell Crowe, est accoudé à un bar avec des copains étudiants, vers 1948, sur un air de musique sortant d'un juke-box.

« Je ne vais pas vous payer une bière, messieurs », dit Nash d'un air préoccupé, en gribouillant sur un tas de papier en désordre. « Oh, nous ne sommes pas venus pour la bière », réplique l'un d'eux tandis qu'une belle blonde entre avec ses amies qui, elles, sont toutes des brunettes. Les cinq jeunes gens sont attirés par la blonde, mais immédiatement se trouvent devant un dilemme : lequel d'entre eux aura ses chances ? L'un des camarades de Nash cite Adam Smith : « En compétition, l'ambition individuelle est au service du bien commun. » Dans cette optique, remarque l'un des hommes, la meilleure stratégie est essentiellement celle du *chacun pour soi.*

« Adam Smith a besoin d'une remise à niveau, dit Nash en levant finalement les yeux. Si on drague tous la blonde et si nous nous bloquons les uns les autres, pas un seul d'entre nous ne va l'avoir. Alors, draguons ses amies, mais elles vont toutes nous snober parce que personne n'aime être le lot de consolation. Mais si aucun d'entre nous n'aborde la blonde, on ne se tirera pas dans les pattes et on n'insultera par les autres filles. C'est la seule façon de gagner. C'est la seule façon pour nous de sortir ce soir. Selon Adam Smith, on obtient le meilleur résultat quand un membre du groupe fait ce qu'il y a de mieux pour lui. C'est incomplet. Le meilleur résultat, c'est que chaque personne du groupe fasse ce qui est mieux pour elle… et pour le groupe. »

Sur ce, Nash se lève, sort en vitesse du bar, manque de renverser la blonde, s'arrête brièvement pour la remercier de lui avoir inspiré une nouvelle idée, monte dans sa chambre pour mettre sur papier la théorie qui portera son nom et lui apportera un jour le prix Nobel. Cette scène du film sert à décrire l'un des moments les plus importants de l'économie du XXe siècle. Bien qu'on lui ait donné beaucoup de licence poétique, la version simpliste du film explique la genèse de ce qui est devenu « l'équilibre de Nash » qui illustre un principe fondamental de la théorie des jeux. La théorie des jeux est une branche des mathématiques utilisée pour modéliser et prédire la conduite et les stratégies des individus, ou des groupes d'individus, dans des circonstances stressantes spécifiques. Comme son nom le suggère, la théorie des jeux est utilisée dans des jeux élaborés qui requièrent que tous ceux qui participent prennent certaines décisions. Mettez quelqu'un dans une situation difficile et regardez comment il réagit naturellement. La théorie est utilisée pour modéliser les interactions stratégiques – ce qu'un individu fait en réponse aux actions des autres quand on lui donne un nombre de choix et d'issues strictement limité. De plus, la plupart des jeux truquent la donne en rendant plus facile de choisir l'option égoïste. En mettant les individus devant certains dilemmes sociaux, la théorie des jeux mesure essentiellement la capacité humaine pour la dignité.

L'équilibre de Nash est conçu pour être utilisé dans un *jeu non coopératif,* dans lequel chaque joueur prend sa décision indépendamment des autres. Cependant, l'utilité de l'équilibre de Nash, c'est que les choix que vous faites devraient dépendre de ce que fait chacun des autres joueurs. Vous choisissez *la meilleure position possible* pour vous, selon ce que fait chacune des autres personnes, et ainsi vous atteigniez tous un équilibre dans lequel personne ne peut améliorer sa position étant donné les choix que chacun d'autre a fait. Dans la version cinématographique de Nash, le moment crucial n'est pas tout à fait correct, parce que si tous vos amis ont choisi les brunes, le meilleur choix que vous auriez pu faire (en assumant que les blondes soient le meilleur choix) était de draguer la blonde. De plus, dans la version cinématographique, une personne perd, en fait la blonde elle-même.

Pour un étudiant de l'évolution, la vie est essentiellement un jeu. Bien que la théorie des jeux ait d'abord été utilisée pour prédire une stratégie pendant la Guerre froide et ensuite pour décrire le comportement économique, le biologiste évolutionniste britannique John Maynard Smith s'est rendu compte de son utilité, en 1972, en prédisant quelles stratégies de compétition aidaient les populations animales à se propager et à survivre. La théorie des jeux est désormais utilisée pour modéliser dans toutes les sciences sociales et en biologie évolutionniste. Les biologistes l'utilisent pour déterminer comment les animaux réagissent dans certaines situations sociales complexes.

Les jeux réduisent la grande complexité du comportement animal à ses stratégies minimales. Les biologistes ont élaboré une pléthore de jeux aux titres exotiques – Faucon/Colombe, Bataille des sexes, Bourgeois, Travesti, Furtif, Chapardeur – et les utilisent pour démontrer quelle stratégie amène à des positions évolutionnistes stables.

Étudiante de psychologie à l'université britannique de Leicester, Lindsay Browning avait été fascinée par un jeu appelé Faucon/Colombe, dénommé ainsi d'après des positions polaires dans une guerre, qui démontraient le besoin d'une coopération stable entre les individus agressifs et les pacifistes de toute population animale lorsqu'elle était en compétition pour les ressources. Dans ce jeu, les stratégies opposées sont soit l'agression (Faucon) soit la soumission (Colombe) : les Faucons combattent toujours leurs adversaires jusqu'à la mort ; et les Colombes répliquent simplement lors de toute attaque. Dans tout environnement naturel, une population constituée seulement de Faucons ou de Colombes ne survivrait pas ; les Faucons se livreraient à un massacre et détruiraient la population tout entière, tandis que les Colombes resteraient si passives que n'importe quel Faucon qui trouverait moyen d'entrer dans l'arène s'en donnerait à cœur joie et serait rapidement maître du terrain. Le jeu Faucon/Colombe montre que l'état le plus stable, d'un point de vue évolutionniste, est celui d'une population mixte de Faucons et de Colombes. Mais une question continuait de préoccuper Lindsay Browning : à quel moment est-ce que les Faucons ont appris à coopérer avec les Colombes ? Elle se demandait comment résoudre la question plus vaste de comment la coopération évolue dans tout le règne animal. Si les plus forts survivent toujours, pourquoi toute chose vivante accepte-t-elle de coopérer ? Un animal coopératif aiderait un autre, parfois au péril de sa vie, mais cette main offerte ouvrirait la porte à une exploitation constante par les animaux égoïstes. Et la sélection naturelle, se demandait Browning, est-elle censée favoriser les égoïstes ? C'était un peu comme la contradiction de sa propre vie : comment concilier sa profonde foi chrétienne avec ses croyances sur l'évolution ?

Browning a eu la chance de travailler avec Andrew Colman, professeur de psychologie et l'un des experts reconnus de Grande-Bretagne sur la théorie des jeux. Colman l'avait remarquée à cause de ses connaissances en programmation informatique que lui avait enseignées son père qui était programmeur – une corde inhabituelle à l'arc d'une étudiante en psychologie. La thèse de Browning avait conclu que la coopération s'était avérée la stratégie évolutionniste la plus forte, mais elle voulait aller plus loin dans ses recherches. Après l'université de Leicester, puis un doctorat d'Oxford, elle s'était mariée et avait eu son premier enfant. Puis elle a obtenu une bourse modeste pour revenir à Leicester terminer ce qu'elle et Colman avaient commencé.

Browning réfléchissait à la possibilité de créer un programme informatique qui analyserait l'évolution de la coopération par la théorie des jeux. Elle était inspirée par le travail mémorable de Robert Axelrod, politologue à l'université du Michigan, qui avait entrepris un tournoi informatique mondial pour résoudre la plus grande question qui restait sans réponse sur la théorie des jeux : la stratégie optimum pour les jeux répétés du dilemme du prisonnier. Ce jeu était le véhicule parfait pour étudier la nature de la coopération, car il était axé sur la question de travailler ensemble *vs* travailler seul. Les deux criminels devaient-ils coopérer ou se dénoncer l'un l'autre ? Et, quand vous essayez de gagner, avec le plus haut score, pourquoi est-ce que vous coopéreriez puisque cela signifierait probablement un score plus bas ?

Axelrod a invité les stratèges de la théorie des jeux du monde entier à participer. Ils ont donc soumis des programmes informatiques qui pouvaient jouer les 200 parties du dilemme du prisonnier contre des adversaires. Le gagnant a été Anatol Rapoport, professeur de psychologie mathématique à l'université de Toronto, d'origine russe, qui s'intéressait plus particulièrement à la psychologie de la guerre, de la paix et du désarmement nucléaire. Rapoport a gagné grâce à une stratégie ingénieuse, résumée en quatre lignes de code informatique, qu'il a appelées *Tit for Tat* (« donnant donnant »).

Au premier coup, le joueur coopère avec son adversaire. Pour tous les coups suivants, le joueur copie simplement les coups de son adversaire dans le jeu précédent – mais seulement pour un seul coup. Si l'autre côté abandonne, le premier joueur abandonne au prochain coup ; si l'autre côté coopère, le premier joueur continue de coopérer jusqu'à ce que son adversaire change de tactique, à ce moment-là, lui aussi change la sienne. Cette stratégie n'est pas seulement bienveillante : la coopération produit toujours le score le plus élevé.

Axelrod a étudié et publié ces premiers résultats, puis il a élaboré un second tournoi offrant de nombreux challenges au « donnant donnant ». Néanmoins, la stratégie de Rapoport s'est montrée imbattable.

Axelrod a essayé son tournoi une troisième fois, mais cette fois-ci il a voulu lui donner la validité de la vie réelle en demandant aux programmeurs de faire en sorte que le succès de leurs joueurs engendre une plus grande chance de survie : les stratégies les plus gagnantes en un seul coup seraient plus dominantes dans le suivant, comme un groupe d'enfants que l'on protège et dont on s'occupe mieux si bien que l'on finit par avoir plus d'enfants que les adversaires dont la progéniture est moins bien protégée et moins bien nourrie.

Le résultat final du troisième tournoi était surprenant, en particulier pour les scientifiques évolutionnistes : la bienveillance, la coopération, aboutissaient toujours à dépasser l'égoïsme.

Les politologues et les chefs religieux, émerveillés par ces résultats plus compliqués qu'il n'y paraît, ont proposé d'enseigner la stratégie « donnant donnant » à toute l'humanité. Metta Spencer, éditeur de *Peace Magazine*, l'a décrite comme une « sanction d'une efficacité exceptionnelle, qui montre rapidement à l'autre côté les avantages de la coopération ». La stratégie de Rapoport n'offrait rien moins qu'un « principe exploitable qui peut s'utiliser dans les interactions de la vie réelle ».[251]

L'issue du tournoi a complètement changé les idées d'Axelrod sur la coopération. Il a exposé son nouveau point de vue dans une série d'ouvrages.[252] Le joueur de Rapoport avait adopté la philosophie « œil pour œil, dent pour dent », en punissant ou récompensant l'autre joueur seulement en réponse à la propre conduite de celui-ci. Axelrod a résumé la leçon à retenir par ces simples conseils : commencez toujours par être coopératif, répondez à une défection par une défection et répondez à une coopération par une coopération. Néanmoins, soyez magnanime et juste, et ne continuez pas à punir votre partenaire après qu'il ait fait preuve d'égoïsme.

Même si la stratégie du « donnant donnant » est fort ingénieuse dans sa grande simplicité, Lindsay Browning restait interpellée par ces résultats. Dans un certain sens, le programme de Rapoport avait été codé pour avoir une certaine éthique : il fallait toujours être gentil ou juste. Elle se demandait s'il existait même une pulsion pour la coopération qui serait plus fondamentale. De concert avec Colman, elle a décidé de tester cette théorie en créant un programme avec un grand nombre de joueurs qui joueraient l'un contre l'autre sur un nombre prévu de coups, après quoi ils se « reproduiraient ». À ce moment-là, le code binaire des joueurs possédant le plus haut score du programme serait divisé en deux. La première moitié d'un « parent » et la seconde moitié de l'autre « parent » seraient attachées ensemble pour faire un

---

251 M. Spencer, « Rapoport at Ninety », *Connection* 24, n° 3 (2002) : 104-107.

252 Le plus connu est R. Axelrod, *The Evolution of Cooperation*, Basic Books, 1984.

« enfant ». L'issue de chaque joueur rapporterait un score à chaque joueur, et ceux qui auraient les plus hauts scores auraient le droit de reproduire plus d'enfants que les perdants. Les vingt enfants issus des parents ayant le plus haut score joueraient ensuite les uns contre les autres. De cette façon, les programmes agiraient comme une approximation grossière de la sélection naturelle ; les plus aptes – c'est-à-dire, les meilleurs gagnants – survivraient.

Colman a suggéré à Browing de s'arranger pour que les joueurs jouent un jeu appelé la « bataille des sexes ». Dans ce jeu, les joueurs se comportent comme un couple marié qui voudrait sortir ce soir-là. La femme suggère d'aller voir un ballet, mais le mari veut aller à un match de boxe. Tous les deux voudraient aller à leur spectacle préféré plutôt qu'à celui choisi par leur partenaire, mais tous les deux préféreraient sortir ensemble plutôt que seuls à des spectacles séparés. Il y a quatre scénarios possibles : ils peuvent aller tous les deux au combat de boxe ; ils peuvent aller tous les deux au ballet ; ils peuvent chacun aller au spectacle préféré de leur partenaire seul ; ou chacun peut aller à son spectacle préféré seul. Browning a programmé le jeu pour que l'option préférée, c'est-à-dire pour que tous les deux aillent ensemble à l'un ou l'autre spectacle, procure le plus haut score pour le partenaire dont le spectacle a été choisi. Comme il est possible de le faire dans une simulation informatique, qui peut se dérouler très rapidement, Browning a programmé le jeu pour qu'il soit joué par 10 000 générations tardivement chaque soir, après que leur bébé Joséphine se soit endormi.

Une nuit, Browning encore en train d'analyser les résultats à une heure du matin a remarqué quelque chose d'étrange. *Les joueurs semblaient gagner chacun leur tour*, elle a donc fait part de son étonnement dans un e-mail envoyé à Colman. Ceux qui avaient les plus hauts scores avaient fini par se donner la victoire chacun à tour de rôle, ils arrivaient à leurs fins, mais ensuite ils adoptaient l'option préférée de leur partenaire. Quelquefois, un joueur laissait un autre joueur gagner pendant un, deux ou trois coups, et alors le partenaire renvoyait l'ascenseur – et pour le même nombre de coups. Aussitôt qu'une paire commençait par hasard à jouer à tour de rôle, les joueurs développaient rapidement un effort parfaitement coordonné et, finalement, se mettaient dans un échange stable l'un avec l'autre.[253]

Tout d'abord cela semblait impossible. Elle n'avait pas programmé que les joueurs prennent chacun leur tour ou suivent une éthique quelconque pour prendre leurs décisions. Tout ce qu'elle avait fait, c'était les amener à tirer avantage de la meilleure stratégie. La tactique consistant à prendre chacun son tour s'était développée spontanément.

Browning a repassé le programme toute la nuit, puis l'a essayé pour d'autres jeux. Chaque tour et chaque jeu produisaient la même réponse.

Le lendemain, Colman a entrepris de lire tout ce qu'il a pu trouver sur la coopération, les recherches confirmaient ce qu'il avait soupçonné : personne n'avait jamais prouvé que la coopération puisse avoir évolué en gagnant chacun son tour. Jouer à tour de rôle avait évolué spontanément comme un équilibre de Nash : c'était non seulement la meilleure stratégie pour le groupe, mais aussi la meilleure stratégie pour chaque individu. Les chercheurs ont alors élaboré un programme informatique pour imiter parfaitement la survie du plus apte dans la nature, et pourtant les survivants étaient ceux qui étaient les plus coopératifs. Ceci devait être une impulsion innée dans la nature. Browning a pensé qu'il s'agissait donc d'une pulsion élémentaire de la vie elle-même. Gagner chacun son tour n'était pas seulement la clé de la coopération et le ciment primaire de la société, mais c'était aussi la stratégie évolutionniste la plus stable. Chacun bénéficiait du fait de jouer à tour de rôle.

Ceci s'accordait avec les convictions chrétiennes de Browning : « Faites aux autres ce que vous voudriez qu'ils vous fassent. » Quand les gens veulent réussir, ils n'ont pas besoin de décrocher la timbale à

---

253 A. M. Colman et L. Browning, « Evolution of Cooperative Turn-taking », *Evolutionary Ecology Research* 11 (2009) : 949-63.

chaque fois. La stratégie la plus performante, la meilleure réponse que vous puissiez faire pour vous-même, c'est tout simplement d'attendre votre tour.

Ainsi, par le hasard d'une programmation informatique, Lindsay Browning est tombée sur une autre pulsion élémentaire de notre *lien* social : l'âme de toute société performante est de jouer à tour de rôle, dans la *réciprocité*, avec un sentiment de fair-play. À partir du moment où les individus commencent à vivre dans un groupe plus grand que la famille nucléaire, il semble évoluer un fort sentiment inné de justice. Mais, comme Browning l'a prouvé, la coopération ne peut être maintenue que dans la mesure où les individus sont justes les uns envers les autres. Notre survie dépend de notre habileté à nous donner chacun notre tour, et l'étendue avec laquelle toute société commence à s'effriter a un rapport avec la détérioration de la justice et de la réciprocité élémentaire. Le tournoi d'Axelrod et l'expérience de Browning révèlent même quelque chose de plus profond : la compréhension, profondément ancrée en nous, qu'il vaut beaucoup mieux pour nous, et de maintes façons, avoir une vue plus large et plus complète de ce qui constitue notre propre intérêt.

Il est étonnant combien le nom définit souvent la personne. L'économiste suisse Ernst Fehr (prononcé *Fair* : juste – en anglais), de l'université de Zurich et professeur affilié à l'Institut de technologie du Massachusetts, a consacré sa vie à l'étude de l'économie de la justice. Fehr, dans sa propre contradiction personnelle, est un ancien champion de lutte fasciné par ce qui déclenche la coopération entre les gens. Il a entrepris des études de pointe montrant que, partout dans le monde, les gens sont non seulement naturellement généreux, mais détestent aussi l'injustice – ce qu'il appelle l'« aversion de l'iniquité ».

Fehr a testé sa théorie de manière exhaustive avec le jeu de l'ultimatum. Dans ce jeu, les volontaires sont mis deux par deux, au hasard, et on ne leur permet jamais de se rencontrer. Chaque couple est ensuite divisé entre « offrant » et « répondeur ». On donne une somme d'argent à l'offrant, disons dix dollars, il peut proposer à son partenaire toute somme entre un et dix dollars, comme il l'entend. Le travail du répondeur consiste seulement à accepter ou à refuser l'offre. S'il l'accepte, il recevra la somme offerte et l'offrant gardera le reste. Cependant, si le répondeur rejette l'offre, tous les deux partiront les mains vides. Cette offre n'arrive qu'une fois et les deux partenaires le savent ; d'où le nom « ultimatum ». Il n'y a pas la possibilité d'espérer une meilleure affaire. De plus, comme le jeu n'est joué qu'une fois, les deux joueurs savent qu'il n'y aura jamais de représailles.

Si les êtres humains étaient égoïstes de façon innée, cela tomberait sous le sens que l'offrant propose toujours la somme la plus dérisoire pour garder la part du lion, alors que le répondeur accepte toujours car n'importe quoi vaut toujours mieux que rien du tout. Il n'y a aucune pression sociale quant à la générosité du jeu, car les identités sont gardées secrètes et les joueurs ne se retrouveront plus jamais.

En pratique, ce scénario se passe rarement dans la société réelle. On a joué ce jeu dans le monde entier et dans différentes cultures dans des conditions expérimentales scientifiques et le résultat est extraordinairement uniforme.[254] « Si vous prenez deux inconnus engagés dans un échange anonyme, il y a une forte probabilité pour que la conduite altruiste émerge spontanément », déclare Fehr. L'offre la plus fréquente est au-dessus de 50 %, et les moyennes oscillent entre 43 et 48 %.[255] Même si cela signifie qu'ils peuvent y perdre individuellement, la plupart des gens partagent volontiers de façon égale avec d'autres personnes qu'ils n'ont jamais rencontrées et qu'ils ne rencontreront jamais.

Encore plus intéressant, les gens ont tendance à punir ceux qui dépassent les limites de la justice. Ceux qui jouent le jeu de l'ulti-

254 H. Gintis et al., « Explaining Altruistic Behavior in Humans », *Evolution and Human Behavior* 24 (2003): 153-72.

255 J. Henrich et al., « Overview and Synthesis », in *Foundations of Human Sociality*, éd. J. Henrich et al., Oxford University Press, 2004, cité in R. Wilkinson et Kate Pickett, *The Spirit Level: Why More Equal Societies Almost Aways Do Better* (Allen Lane/Penguin, 2009), 199.

matum refusent généralement toute offre au-dessous de 20 %, donc, s'ils jouent avec dix dollars, ils rejettent toute offre de deux dollars ou moins.[256] Les scientifiques appellent cette impulsion la « punition altruiste », notre désir de punir l'injustice, même à nos dépens. Ceci suggère que dans notre *lien* social les uns avec les autres nous avons un sentiment très aigu de fair-play, ce que Fehr et ses collègues appellent une « forte réciprocité » : l'impulsion de coopérer avec les autres si nous sommes traités justement et de punir ceux qui violent le contrat social de la coopération. Cette impulsion est si forte que nous acceptons de scier la branche sur laquelle nous sommes assis en refusant notre propre récompense afin de punir les transgresseurs qui ont pris plus que leur part. Nous préférons partir les mains vides plutôt que de permettre à quelqu'un d'autre d'emporter plus que son dû.

La recherche sur le jeu de l'ultimatum s'est déroulée la plupart du temps dans un environnement universitaire, les joueurs étant des étudiants. Afin de voir si ce sens de la justice se retrouvait dans toutes les sociétés, Fehr s'est associé avec un anthropologue américain, Joseph Henrich, du département de psychologie de l'université de la Colombie-Britannique, et ils se sont rendus en divers points perdus de la planète. Les deux scientifiques et leur équipe d'anthropologues ont commencé à tester le jeu de l'ultimatum dans une quinzaine de petites sociétés : des chasseurs-cueilleurs comme les Hadza d'Afrique de l'Est ; des horticulteurs sur brulis comme les Aché qui vivent dans les forêts équatoriales de l'Amérique du Sud ; des éleveurs de troupeaux nomades et deux petites sociétés agricoles.[257] Dans de nombreux cas, les scientifiques ont dû remplacer l'argent par un autre mode d'échange tel que le tabac.

Quelle que soit la manière dont la société était construite, presque aucun individu ne faisait preuve d'un comportement égoïste inhérent, à la Adam Smith ; cependant, certaines cultures faisaient preuve de

256 Ibid.

257 J. Henrich et al., « Cooperation, Reciprocity and Punishment in Fifteen Smallscale Societies », *American Economic Review* 91 (2001) : 73-78.

plus de justice que d'autres. Contrairement aux étudiants à l'université, dont l'offre la plus fréquente était un simple 50/50, les offres les plus courantes dans ces cultures traditionnelles allaient de 15 à 20 %, selon la manière dont la réciprocité était visible dans cette culture.

Virtuellement, tous les groupes qui avaient développé une société quelconque jouaient le jeu de l'ultimatum avec un sens de réciprocité. Des exceptions à la règle se trouvaient dans les cultures qui ne s'étaient pas développées au-delà de la famille nucléaire individuelle. Par exemple, l'offre la plus courante chez les Machiguenga, une population indigène au sud-est du Pérou, était 15 % et les offrants gardaient la plus grande partie de l'argent pour eux-mêmes, mais quand ils faisaient ces offres inférieures, elles étaient presque toutes acceptées de suite, aussi dérisoires soient-elles. Cette peuplade n'est pas groupée en une société proprement dite et pratique peu la coopération ou le partage au-delà de l'unité familiale. Les Machiguenga ont une définition très restreinte du mot « nous » et ne comprennent la réciprocité qu'à l'intérieur de la famille. Ils ne semblent pas concernés par ce que l'on pense d'eux et on ne leur fait pas honte s'ils offrent moins, d'autant plus qu'il s'agit d'un échange anonyme. Les Hadza ont tendance à faire les offres les plus basses, mais avec un taux élevé de refus ; dans la vie réelle, ces chasseurs-cueilleurs à petite échelle partagent la viande, mais les chasseurs cachent souvent leur proie aux yeux des autres familles et les conflits sont fréquents. Si leur vie était une partie de la bataille des sexes, les Hadza n'auraient pas progressé au-delà du premier stade égoïste du jeu.

Les offres individuelles tendent à refléter certains modes sociétaux. Les membres des tribus Au et Gnau de Papua Nouvelle-Guinée offraient le plus souvent plus que 50 %, mais cette offre était généralement rejetée. Dans ces cultures, donner et recevoir confère un certain statut à celui qui donne, et, en acceptant un présent important, celui qui reçoit se sent inférieur.

Les Lamalera, chasseurs de baleines en Indonésie, se sont avérés les plus justes, même plus justes que nous, les Occidentaux. Deux tiers des joueurs ont offert 50/50 et le reste plus de 50 %. Cette société s'organise pour attraper ses énormes captures, ce qui n'est possible que grâce à la coopération de nombreuses familles. Ensuite, ils répartissent méticuleusement des morceaux de baleine désignés à l'avance dans la communauté. Pour les Lamalera, le partage signifie la survie. Des sociétés telles que la leur, qui jouent avec le plus de justice le jeu de l'ultimatum, sont celles qui dépendent le plus de la coopération pour leur propre vie.

Les scientifiques ont prétendu que l'attirance humaine pour la justice est une question de morale, elle s'est développée seulement dans la société humaine comme stratégie pour la « contre-dominance », pour « encourager » – ce qui pour eux signifie « forcer » – la coopération. Néanmoins, il apparaît que, dans toute société, un sentiment de justice évolue spontanément comme un *lien* fondamental de la société, tout comme il le faisait avec les joueurs de jeux informatiques de Lindsay Browing. Dans les tests du jeu de l'ultimatum, joué par des cultures indigènes, plus une société opère en interdépendance, plus les individus agissent équitablement les uns envers les autres. Un sentiment de justice dans un groupe semble évoluer automatiquement comme une partie inhérente du travail ensemble, en dehors de nos familles immédiates. Les racines de cette impulsion semblent aller très profondément et sont primordiales dans beaucoup de choses vivantes, même chez les singes, comme Frans de Waal et son étudiante Sarah Brosnan l'ont découvert.

Brosnan, chercheuse au Yerkes National Primate Research Center and Living Links Center à l'université Emory, a élaboré une étude ingénieuse sur les singes capucins, espèce bien connue pour son comportement coopératif et ses liens sociaux forts. Les capucins femelles ont été choisis pour l'étude, car elles ont tendance à veiller à ce que les autres soient traitées avec justice.

Dans cette variation du jeu de l'ultimatum, Brosnan a mis les singes deux par deux et a entraîné l'un des singes du couple à donner un petit caillou en échange d'un morceau de concombre. Ceci était une concession très valable, car les animaux généralement répugnent à donner quelque chose. Aussitôt que l'échange a été fait, les chercheurs ont donné au partenaire un morceau identique de concombre, s'il ne prenait aucune part, ou un raisin, ce qui pour un capucin est une récompense bien supérieure à celle qu'il aurait reçue s'il avait joué avec son partenaire.

Les singes qui avaient fait l'échange original et ceux qui regardaient, en voyant le traitement injuste, sont devenus dingues. Ils ont refusé d'avoir un échange quelconque avec les humains, ils ont refusé de manger les concombres ou le raisin dont on les avait récompensés, et, dans certains cas, ils ont jeté la nourriture à la tête des chercheurs.[258]

Cette étude, qui a été publiée dans le magazine *Nature*, suggère qu'un sentiment de justice est une part intrinsèque du lien social avec nos parents les plus proches. Fehr pense que le fait que même des singes rejettent un paiement inégal prouve qu'un sentiment de justice est un « comportement très profondément ancré ».[259]

Brosnan pense que son étude offre des indices fondamentaux sur la façon dont la justice a évolué parmi les humains.[260] En fait, les dernières recherches démontrent qu'il existe un endroit pour « ce n'est pas juste » dans le cerveau humain. Des psychologues de la Rutgers University ont enrôlé quarante étudiants de sexe masculin, les ont associés deux par deux et ont donné à l'un des membres du couple trente dollars. Ensuite, chaque partenaire a tiré une balle d'un chapeau, sur laquelle il était écrit soit « riche » soit « pauvre ». Le participant « riche » a aussi reçu un bonus de cinquante dollars, alors que son partenaire « pauvre » n'a rien reçu. Les chercheurs ont demandé ensuite

258 S. Brosnam et B. M. De Waal, « Animal Behaviour : Fair Refusal by Capuchin Monkeys », *Nature* 428 (2004) :140.

259 S. Markey, « Monkeys Show Sense of Fairness, Study Says », *National Geographic News*, 17 septembre 2003, http://news.nationalgeographic.com/news/2003/09/0917_030917_monkeyfairness.html.

260 See also K. Jensen, « Chimpanzees Are Rational Maximizers in an Ultimatum Game », *Science* 318, n° 5847 (2007) : 107-9.

à chaque participant, l'un après l'autre, comment il se sentirait si l'on transférait encore de l'argent soit à lui ou à son partenaire, tout en suivant l'activité dans le striatum du participant et le cortex préfontal, des régions du cerveau que l'on pense être impliquées dans la façon dont nous évaluons les récompenses.

Des IRM fonctionnelles ont révélé que l'activité du cerveau était plus grande chez les participants « riches » quand ils pensaient à l'argent transféré à leurs partenaires, mais l'activité était plus grande chez les partenaires « pauvres » quand ils pensaient recevoir un bonus eux-mêmes. Dans chaque exemple, les joueurs étaient moins intéressés à faire de l'argent pour eux-mêmes qu'à rectifier une inégalité financière ; en fait, quand les propres récompenses financières d'un individu augmentent, cette activité neurale s'apaise. Chaque partenaire cherchait principalement à réduire la différence monétaire entre lui-même et son partenaire.[261]

Tout comme les singes, les gens sont si résistants à l'iniquité, qu'ils sont prêts à renoncer à leur propre récompense matérielle si cela aboutit à une issue plus équitable pour tous. Dans nos cœurs, nous sommes d'accord pour recevoir un plus petit morceau du gâteau du moment que nous savons que cela signifie que tous les autres vont recevoir une tranche. Fehr a lui-même découvert cette impulsion naturelle des êtres humains quand il a observé comment des groupes de gens se comportent quand ils discutent de contrats d'emploi. Dans l'une de ses études, il a rassemblé un groupe d'étudiants et les a divisés en un plus petit groupe d'« employeurs » et un groupe plus important d'« employés ». Il était convenu que les employeurs passeraient un contrat avec leurs employés en leur demandant de fournir un effort pour lequel ils seraient payés une somme fixe. Cependant, les employés recevraient leur salaire, quel que soit l'effort fourni, si bien qu'un employé ne serait pas pénalisé s'il ne remplissait pas le contrat. De plus, chaque employé ne pouvait jouer le jeu avec l'employeur

261 E. Tricomi et al., « Neural Evidence for Inequality-averse Social Preferences », *Nature* 463 (2010) : 1089-91.

qu'une seule fois ; toutes les identités étaient secrètes, si bien que l'employé ne serait pas stigmatisé s'il revenait sur sa parole.

Si l'une ou l'autre partie était entièrement égoïste, on s'attendrait à ce que les employeurs offrent le salaire minimum et que les employés répondent en faisant le moindre effort. En pratique, ceci n'arrive pratiquement jamais. Les deux camps sont généralement généreux, et plus les employeurs sont généreux, plus les employés travaillent dur. En fait, les employeurs partent généralement du principe que leurs employés travailleront et ils sont par conséquent généreux dans leurs offres salariales. Néanmoins, seuls 26 % des employés font l'effort qu'ils ont promis.

Au prochain coup, les employeurs avaient le droit de récompenser l'effort de leurs employés en leur donnant plus que la somme promise lorsqu'ils avaient fourni un plus grand effort et de diminuer la somme s'ils avaient fourni un effort moindre. Dans ce cas, les employeurs affichaient un sens raffiné de la justice. Dans plus des deux tiers des coups, ils récompensaient les employés qui avaient fait plus d'effort que leur contrat le demandait, et près de la moitié d'entre eux récompensaient leurs employés qui avaient seulement rempli le contrat. Cette fois-ci, quand les contrats n'étaient pas remplis, les deux tiers des employeurs donnaient une « punition ».

Du côté des employés, maintenant qu'une récompense pour l'effort fourni était en place, la plupart faisaient *plus* qu'il ne fallait. Les contrats qui n'étaient pas honorés correctement sont tombés de 83 à 26 %, et les contrats pour lesquels ils travaillaient plus que convenu se sont multipliés par dix. Ce qui est encore plus significatif : permettre aux patrons de récompenser ou de punir le travailleur selon l'effort fourni augmentait l'avantage final, à la fois pour les patrons et les ouvriers, de 40 % en moyenne. Cette étude renforce l'idée que, à cause de notre besoin de nous relier, nous avons développé et intériorisé un très fort sentiment de justice et nous réagissons en fonction de lui.[262]

262 E. Fehr et al., « Reciprocity as a Contract Enforcement Device: Experimental Evidence », *Econometrica* 65 (1997) : 437-59.

L'un des aspects particulièrement intéressants de l'étude de Fehr a été d'examiner comment diverses hormones affectent la façon dont nous jouons ces jeux. Il a demandé à ses joueurs de respirer des doses supplémentaires soit d'ocytocine, « l'hormone de l'amour », qui semble mise en œuvre lors des soins parentaux, dans les couples et dans les liens sociaux, soit des doses de testostérone, l'hormone qui est associée à l'égoïsme et la cupidité. Fehr a ensuite fait des IRMf pour trouver quelles régions du cerveau sont activées au moment où les joueurs sont absorbés par les jeux qui impliquent la confiance. Il a mélangé un peu le tout en donnant de l'ocytocine à des hommes et de la testostérone à des femmes. Bien que les femmes produisent de la testostérone aussi bien que de l'œstrogène et d'autres hormones femelles, leur niveau de testostérone ne varie pas autant que leur niveau d'œstrogènes ou d'autres hormones.

Les études qui utilisaient l'ocytocine ont donné un résultat prévisible. Les hommes qui avaient reçu des doses d'ocytocine développaient une plus grande confiance dans les autres et tendaient davantage à prendre des risques. En fait, ils se comportaient comme s'ils savaient implicitement qu'ils pouvaient faire confiance à leurs partenaires. Même quand les joueurs qui avaient pris de l'ocytocine étaient trahis par leurs partenaires, ils montraient encore des preuves de confiance totale.[263]

Dans l'étude de la testostérone, les résultats de Fehr ont ébranlé nos préconceptions sur la façon dont la testostérone nous affecte. Il a donné à certaines de ses joueuses davantage de testostérone alors que d'autres recevaient un placebo ; bien que personne ne sût qui avait en fait reçu la véritable hormone, Fehr a enregistré leur opinion, à savoir si elles pensaient qu'elles avaient reçu de la testostérone. Puis il a engagé les deux groupes dans le jeu de l'ultimatum. Les femmes qui avaient reçu davantage de testostérone ont en fait joué avec plus de

263 T. Baumgartner, « Oxytocin Shapes the Neural Circuitry of Trust and Trust Adaptation in Humans », *Neuron* 58 (2008) : 639-50.

justice que leurs partenaires et ont fait des offres plus généreuses, alors que les femmes qui pensaient qu'elles avaient reçu de la testostérone se comportaient de façon plus égoïste et plus injuste.[264] Les femmes qui avaient reçu le placebo se comportaient de façon antisociale à cause de leurs propres « suppositions négatives » sur la testostérone, et non pas à cause de l'hormone elle-même, a conclu Fehr.

Fehr a publié une analyse intéressante de ses résultats. Selon lui, la testostérone accroît la conscience que nous avons de notre statut, et l'une des marques du statut dans une situation sociale est la générosité. *Nous pensons que nous serons mieux considérés par nos pairs quand nous faisons un geste généreux.* Ces deux études prouvent une fois de plus que nos corps sont programmés pour maintenir l'accord, la générosité et la confiance.

Gagner à tour de rôle repose entièrement sur l'hypothèse que cette impulsion existe aussi chez la personne qui fait l'objet de notre générosité, et qu'elle nous rendra automatiquement la pareille. Nous répondons immédiatement, comme l'ont fait les joueurs programmés par Rapoport, à toute circonstance dans laquelle nous sommes d'une certaine façon trahis. La plupart d'entre nous possèdent une carte de scores interne qui déteste les parasites, ainsi qu'un besoin correspondant de punir ceux qui prennent plus que leur dû. Notre aversion de l'injustice est évidente dans le fait que nous sommes prêts à punir les transgresseurs du contrat social, même si nous devons en payer le prix.

Dans la théorie des jeux, on a aussi découvert, avec un jeu appelé « les biens publics », un autre standard de l'économie expérimentale. Il évalue comment les gens se comportent quand on leur demande de contribuer à quelque chose qui bénéficierait à toute la communauté, mais avec un coût pour eux. C'est un peu comme si l'on demandait à des habitants de San Francisco de payer volontairement une somme

---

264 C. Eisenegger et al., « Prejudice and Truth about the Effect of Testosterone on Human Bargaining Behaviour », *Nature* 463 (2010) : 356-59.

de leur propre choix en impôts pour l'entretien des parcs de toute la Californie.

Dans ce scénario, on donne des jetons à un certain nombre de participants, que l'on peut à la fin échanger contre de l'argent. Ils ont le droit de décider secrètement combien de jetons ils vont garder et combien ils vont mettre dans le pot commun. Les expérimentateurs distribuent alors un pourcentage de la somme qui est dans le pot, disons 40 %, à tous ceux qui jouent. Si chacun des quatre joueurs joue avec vingt jetons, et si tous les quatre mettent tous leurs jetons dans le jeu, les expérimentateurs distribueront à chacun 40 % de quatre-vingts, soit trente-deux jetons. Bien que chaque joueur abandonne tous ses jetons, chacun finit, sur le long terme, par tirer des avantages financiers en mettant tout son argent dans le pot commun.

L'ironie du jeu, c'est que chacun reçoit davantage d'argent quand il renonce à tous ses jetons, puisque les expérimentateurs récompensent davantage les plus grosses sommes du pot. Cependant, la version de l'*équilibre* de Nash du jeu – le mieux que vous puissiez faire *dans n'importe quelle circonstance, en réponse à ce que chacun des autres fait* – prédit que la meilleure réponse est de ne rien mettre dans le pot, mais de garder tous vos jetons pour vous, sinon vous devenez victime des parasites. Cependant, ceci n'est presque jamais arrivé au cours des nombreuses expériences que Fehr et d'autres psychologues sociaux ont effectuées avec le jeu des biens publics ; la plupart des gens mettent quelque chose dans le pot, et, en moyenne, renoncent à la moitié de leurs jetons pour le bien public.[265]

Ce jeu, tout comme le jeu de l'ultimatum, peut se jouer soit en un seul coup, soit sur une répétition d'une série allant jusqu'à dix coups. Cependant, un scénario très différent apparaît pendant une répétition du jeu des biens publics. Dans ce cas, comme Fehr l'a découvert, le besoin de donner est initialement énorme – normalement, les gens commencent à jouer en renonçant à 40 ou 60 % de leurs jetons –,

265 Entretien avec E. Fehr, 15 février 2010.

mais ces impulsions généreuses diminuent rapidement si bien qu'arrivés aux derniers coups, près des trois quarts de tous les joueurs ne contribuent plus, et le reste contribue très peu.[266]

Bien qu'il semble, à première vue, que les gens défendent simplement leur propre intérêt, ceci n'est pas l'explication donnée par les joueurs. Quand on les interroge plus tard, ces participants qui avaient été au début généreux sont devenus de plus en plus mécontents des parasites, qui, soit ne contribuaient pas, soit contribuaient moins que les autres. Les joueurs généreux ont réagi avec la seule arme mise à leur disposition : ils ont arrêté de contribuer au fonds public. Dans d'autres versions du jeu, quand les joueurs ont le droit de donner une amende au parasite, même si cela leur coûte, ils sont plus satisfaits de le faire, même si c'est plus avantageux pour eux individuellement de continuer à contribuer au pot.

Fehr a continué ce jeu des biens publics de deux façons – avec ou sans la possibilité de punir le parasite – et il a découvert que lorsque les gens ont le droit de punir ceux qui ne sont là que pour resquiller, la coopération dans le jeu est maintenue. De plus, les plus gros contributeurs se révèlent être les plus gros punisseurs. La capacité de punir marche encore mieux quand les membres du groupe restent ensemble pendant tous les jeux, plutôt que de passer à un autre groupe après chaque tour.

Pourtant, quand il n'y a aucune possibilité de punition, la coopération se détériore rapidement, et en fait le jeu se désintègre. Nous sommes prêts à nous punir pour empêcher les autres de violer notre attente à donner pour le bien commun. C'est un peu comme le contribuable, mécontent de la charge que représentent ceux qui reçoivent de l'aide sociale, qui refuse de payer ses impôts. Non seulement nous avons besoin de punir les transgresseurs – mais en fait cela *nous fait du bien.*

---

266 E. Fehr et K. M. Schmidt, « A Theory of Fairness, Competition and Cooperation », *Quaterly Journal of Economics*, 114 (1999) ; 817-68.

Tania Singer, de l'University College à Londres, qui étudie les situations amenant les gens à se comporter de manière altruiste ou de manière égoïste, a découvert que notre besoin de gagner chacun notre tour dans les relations est si enraciné que certains d'entre nous sont capables de ressentir de l'empathie quand quelqu'un d'autre nous exploite. Singer a testé cette idée fascinante en examinant l'activité neurale de trente-deux volontaires après qu'ils aient participé à une version du dilemme du prisonnier, dans laquelle des couples de joueurs donnaient des points à leur partenaire – à tour de rôle, à la fin du jeu les points étaient échangés contre de l'argent. Les joueurs équitables répondaient par des nombres importants, alors que les joueurs malhonnêtes rendaient des quantités plus petites afin de recevoir le plus important remboursement individuel. Mais les participants ne savaient pas que Singer avait demandé à deux acteurs de jouer contre les volontaires de l'étude. Les acteurs devaient offrir des chiffres extrêmement élevés ou extrêmement bas, donc l'un jouait le jeu d'un Machiguenga égoïste et l'autre était un Lamalera ultra coopératif.

Après le jeu, les participants ont été mis dans un IRMf tandis qu'ils regardaient leurs partenaires de jeu, c'est-à-dire les acteurs, souffrir en recevant une décharge électrique par des électrodes attachées à leurs mains. Les hommes aussi bien que les femmes ont montré des signes neuraux d'empathie envers les bons joueurs, mais quand les hommes ont vu les tricheurs recevoir les décharges, ils ont non seulement fait preuve de moins d'empathie, mais les scientifiques ont constaté l'augmentation de l'activation dans la région du cerveau connectée avec les récompenses : en fait, les hommes prenaient *plaisir* à ressentir la vengeance et à voir la punition physique infligée à ceux qui les avaient exploités.[267] Ceci suggère que notre capacité à ressentir de l'empathie envers autrui dépend de si oui ou non l'objet de notre attention a satisfait notre sentiment inhérent de justice.

267 T. Singer et al., « Empathic Neural Responses Are Modulated by the Perceived Fairness of Others », *Nature* 439 (2006) : 466-69.

Les parasites apparaissent sous divers déguisements. L'un des meilleurs exemples récents du sentiment de forte réciprocité dans une société est apparu pendant la grève des mineurs britanniques, en 1985. Quand le gouvernement de Mme Thatcher a annoncé son intention de fermer une vingtaine de puits de mines de charbon, ce qui signifiait la perte de vingt millions d'emplois, les mineurs de tout le pays, en particulier ceux qui vivaient dans les zones menacées de fermeture, se sont mis en grève. Comme la grève s'est enlisée pendant des mois, beaucoup de mineurs, dont les caisses syndicales s'étaient vidées, ont vécu dans une extrême pauvreté, sans salaire pendant une année entière, en ne subsistant que grâce à des soupes populaires et en vivant dans des maisons sans chauffage. Pour comble d'ironie, trois enfants adolescents de mineurs sont morts cet hiver-là en fouillant dans des tas de détritus de charbon pour trouver quelques morceaux afin de chauffer la maison de leurs parents.

Cependant, tous les membres du syndicat national des mineurs ne soutenaient pas le piquet de grève. Beaucoup avaient recommencé le travail après quelques mois ; les ouvriers du Nottinghamshire, dont les puits avaient encore un bon rendement, avaient voté contre la grève et finalement avaient créé leur propre syndicat, l'Union of Democratic Mineworkers.

Les jaunes, comme on appelle les briseurs de grève, étaient considérés comme les parasites ultimes, qui sapaient la grève. En acceptant de travailler, ils ont pris plus que leur part, et pendant des années bien des mineurs ont voulu les punir de leur défection. Bien qu'une vingtaine d'années se soient passées, Neil Greatex, le président de l'UDR, est l'un des nombreux mineurs qui continuent à subir l'animosité de ceux qui étaient restés en grève. Son père a refusé de lui parler pendant six ans ; sa femme et ses enfants ont été constamment menacés. Son voisin, un policier, s'est cru obligé de mettre une annonce à sa fenêtre : « Greatex habite la porte à côté », fatigué d'avoir à remplacer ses carreaux cassés par des briques. La haine des briseurs de grève a atteint son apothéose à l'automne 1984, quand un chauffeur de taxi,

David Wilkie, qui avait conduit à son travail un mineur qui n'était pas en grève, a été écrasé dans sa voiture par un poteau en béton que deux mineurs du piquet de grève avaient délibérément jeté sur la route depuis un pont.

Le pouvoir d'une forte réciprocité à maintenir ensemble une société ou à la conduire à sa désintégration a été évident dans l'étude de la prison de la BBC : *The Experiment* (« L'expérience »). Dans cette expérience, les prisonniers se sont finalement échappés et l'autorité des gardes a complètement disparu. Après le coup, tout le monde, gardes et prisonniers, s'est spontanément mis d'accord pour former un système basé sur une égalité plus grande, sur ce qu'ils ont appelé une « communion autogouvernée et autodisciplinée ».

L'harmonie n'a pas duré. Quand le groupe a commencé à douter de sa capacité à mettre en place la commune, et que de nombreux individus n'ont pas établi de sanctions pour ceux qui brisaient les règles, l'organisation du groupe a commencé à se désintégrer. Certains membres ont commencé à planifier un nouveau soulèvement pour prendre la prison, redéfinir la frontière entre des prisonniers et les gardes, et établir un ordre plus autoritaire. Ils ont même réclamé des bérets noirs et des lunettes de soleil pour renforcer leur image de l'autorité pure et dure. Ceux qui étaient dans la commune n'ont pas riposté et étaient dans un tel désarroi qu'eux aussi ont été d'accord pour accepter à nouveau un système de tyrannie. À ce moment-là, ayant peur que les résultats de l'expérience de la prison de Stanford ne se répètent, Haslem et Reicher ont arrêté leur expérience.

Le vrai problème avec l'idéal utopique de la BBC, c'est qu'il ne créait pas une culture d'interdépendance définie par une forte réciprocité. Il a suffi de quelques parasites et de manquements à la règle pour que toute la communauté s'effondre, car elle ne pouvait pas être maintenue seulement par la force.

Agir contre notre nature profonde en poursuivant un paradigme d'égoïsme et en ignorant notre besoin élémentaire de lien a de sérieuses conséquences. Deux épidémiologistes britanniques, Richard Wilkinson et Kate Pickett, ont passé plus de trente ans à examiner laborieusement pourquoi certaines sociétés humaines vivaient plus longtemps et plus sainement que d'autres. Les résultats sont contenus dans leur remarquable ouvrage *The Spirit Level : Why More equal Societies Almost Always do Better* (« Le niveau de l'esprit : pourquoi les sociétés plus égales fonctionnent toujours mieux »).[268] Après avoir croisé les conditions sociales de virtuellement toutes les sociétés des pays occidentaux, Wilkinson et Pickett ont découvert une statistique étonnante que l'on retrouvait dans chaque pays : plus une société est injuste – ce qui veut dire plus inégale économiquement et plus hiérarchisée –, plus cela nuit *à chaque membre* du corps social, qu'il soit riche ou pauvre, en termes de virtuellement tout problème social. Dans des pays avec une énorme disparité de revenus entre les très riches et les très pauvres, les plus aisés et les plus pauvres souffrent tous deux d'un plus haut niveau de maladies, de crimes, de maladies mentales, de problèmes environnementaux et de violence.[269]

Les pays occidentaux pour la plupart sont les plus inégaux historiquement, car notre sentiment de prendre et de donner a été remplacé par rafler tout ce que vous pouvez pour vous et les vôtres. Le Royaume-Uni, les États-Unis et beaucoup de pays en Europe, avec leurs énormes différences entre les riches et les pauvres, sont parmi les pires pour virtuellement chaque indicateur social, comparativement à des pays comme le Japon et la Suède qui ont le moins de disparités de richesse dans la population. Bien que l'un des pays les plus riches du monde, possédant la moitié de ses milliardaires, l'Amérique a de loin le plus haut niveau de tous les problèmes sociaux – criminalité, manque d'éducation, maladies mentales, suicides, maladies de toutes sortes – de vingt pays, et le Royaume-Uni est au troisième rang. Bien qu'un Américain sur trente-neuf soit mil-

268 R. Wilkinson et Kate Pickett, *The Spirit Level.*

269 Ibid.

lionnaire, un Américain sur sept, soit 39,1 millions, vit sous le seuil de pauvreté.[270]

Une maladie mentale a été diagnostiquée à un quart de tous les habitants des États-Unis – le chiffre le plus élevé parmi les sociétés les plus avancées – comparé à moins d'un sur dix en Allemagne, au Japon et en Espagne. Bien que les États-Unis déboursent près de la moitié du total mondial des dépenses de santé, pour seulement 5 % de la population mondiale, le fait est qu'un bébé né aux États-Unis a 40 % de risques en plus de mourir pendant sa première année qu'un bébé né en Grèce, l'un des pays les plus pauvres d'Europe, où la population gagne en moyenne la moitié de la population des États-Unis et où le gouvernement dépense deux fois moins sur la santé. De plus, ce bébé grec a une espérance de vie de 1,2 année de plus que le bébé américain. La justice, tout comme l'appartenance, semble être nécessaire à notre survie.

Les indicateurs de justice n'ont rien à voir avec la quantité d'argent que le gouvernement donne pour redistribuer la richesse et égaliser la société. Par exemple, l'État des États-Unis où les problèmes sociaux sont les plus bas est le New Hampshire, mais c'est aussi l'État où les dépenses publiques sont les plus basses. Le New Hampshire n'a tout simplement pas une énorme disparité entre les revenus de ses habitants les plus riches et les plus pauvres.

Notre réaction à l'iniquité n'a rien à voir avec un besoin d'uniformité – avec un style socialiste, l'égalité pour tous. Au cours de l'histoire, le fait qu'il y ait un groupe d'individus riches au sommet d'une société n'a pas automatiquement déclenché de révolution. Mais des niveaux sociaux plus bas sont enclins normalement à se rebeller seulement quand les conditions sont manifestement injustes comme, par exemple, quand la nourriture est délibérément rare. Dans le sillage de la crise financière mondiale de 2008, la colère que la plupart des ci-

270 R. McCarthy et G. Kiser, « Number of U. S. Millionaires Soared in 2009: Spectum Group », Huffington Post, 9 mai 2010.

toyens ordinaires ont ressentie envers les banques et les traders n'avait rien à voir avec le ressentiment contre la richesse, mais tout à voir avec un sentiment irrésistible et profond d'injustice du fait que des maisons d'investissements comme Goldman Sachs continuaient à payer des bonus records après la récession qu'ils avaient aidée à créer et qui avait causé le licenciement de tant de gens. En Grande-Bretagne, Sir Fred Goodwin, « le Broyeur », ancien directeur en chef de la Royal Bank of Scotland, s'est versé sans état d'âme une retraite de 700 000 livres en dépit du fait que, sous sa direction, la banque avait subi la plus grande perte de son histoire, en obligeant le gouvernement à la renflouer de 24 milliards de livres. Peu de temps après, des citoyens en colère ont attaqué sa villa à Édimbourg et démoli sa Mercedes S600. Une déclaration envoyée au journal a expliqué : « Nous sommes révoltés par le fait que les riches comme lui s'offrent d'immenses sommes d'argent et vivent dans le luxe, alors que des gens ordinaires sont licenciés, sans argent et sans abri. »[271]

Notre sens de l'injustice apparaît lorsque nos besoins les plus fondamentaux – appartenir, fusionner en corps et un esprit, donner généreusement de soi, gagner chacun son tour – ne sont pas remplis, quand les promesses que nous nous faisons les uns aux autres d'attendre chacun notre tour, de recevoir notre dû, sont brisées. Dans la plupart des sociétés développées actuelles, c'est chacun pour soi, qu'il s'agisse d'un homme, d'une femme ou d'un enfant.

Après avoir publié son livre révolutionnaire, *Bowling Alone* (« Jouer seul au bowling »), qui dénonçait la fin de la vie communautaire en Amérique, le politologue Robert Putnam a fait une enquête fouillée sur 30 000 personnes pour voir l'effet de la diversité ethnique sur la confiance et l'engagement civique dans l'Amérique moderne. Il a été bouleversé de constater que plus une zone est diverse d'un point de vue ethnique, moins les citoyens ont de relations les uns avec les autres

271 Stephen Wright, « Fat Cats in Terror After Anti-capitalists Attack Fred the Shred's Home », Daily Mail online, 26 mars 2009, http://www.dailymail.co.uk/news/article-1164691/Fat-cats-terror-anti-capitalist-attack-Fred-Shreds-home.html#ixzz18xksOrmr.

et même avec les membres de leur propre communauté ethnique. Qui plus est, il a découvert des statistiques semblables dans d'autres pays, où plus une communauté est ethniquement diverse, plus la confiance sociétale est faible.[272] En fait, plus les gens sont ethniquement différents, plus ils sont enclins à tricher dans le dilemme du prisonnier et dans le jeu de l'ultimatum.

Ceci suggère que la confiance demande un sentiment d'holisme, une définition plus large du « nous » ; aussitôt que nous désignons quelqu'un comme étant « l'autre », nous renforçons notre sentiment de séparation et nous ne ressentons plus la nécessité de jouer selon les règles. Eric Uslaner, politologue à l'université de Maryland, a étudié la confiance dans des sociétés du monde entier pour son livre *The Moral Foundations of Trust* (« Les fondations morales de la confiance »).[273] Il a découvert que plus une société est inégale, moins les citoyens se font confiance. « La confiance ne peut pas vivre dans un monde inégal. » Dans un sens, la compétition tue le *lien*.[274]

Nous vivons à présent avec le sentiment de malaise que quelque chose de profond dans nos vies manque, un mal que nous ne pouvons complètement définir. Nous vivons un désengagement de notre droit de naissance, de notre besoin de vivre en holisme. Nous restons avec quelque chose de bien pire qu'un simple cas d'injustice, nous avons le sentiment vague qu'une connexion importante a été brisée : l'évidence, partout où nous regardons, d'une humanité sans retour.[275]

---

272 R. Putnam et al., « The Social Capital Community Benchmark Survey », http://www.hks.harvard.edu/sagauro/communitysurvey/results_pr.html.

273 Eric Uslaner, *The Moral Foundation of Trust*, Cambridge University Press, 2002.

274 J. Lanzetta et Basil Englis, « Expectations of Cooperation and Competition and Their Effects on Observer's Vicarious Emotional Responses », *Journal of Personality and Social Psychology* 56, n° 4 (1989) : 543-54.

275 Mes remerciements à E. L. Doctorow à qui je dois cette phrase tirée d'une critique de l'ouvrage de J. Johnson, *Bad Connections*, Pocket, 1979.

PARTIE III

RETROUVER LE LIEN

La musique est l'espace entre les notes.

Claude Debussy

CHAPITRE 9

Voir le Tout

Quand les trois vagues de vingt-quatre mètres de haut du tsunami de décembre 2004 ont frappé la baie de Bon Yai, au sud de l'île de Surin, la tribu Moken, une petite communauté nomade de pêcheurs, a été témoin de l'anéantissement de son village et de la mort instantanée de 24 000 villageois qui s'étaient réfugiés sur l'une des plus hautes collines de l'île. Les anciens avaient prévenu toute la tribu des Moken, c'est-à-dire 200 personnes, et tous, à part un garçon handicapé, ont réussi à se sauver bien avant que les vagues n'arrivent. Quand le tsunami a balayé le nord, en atteignant les îles d'Andaman, de Nicobar et le sud de l'Inde, les 250 membres de la vieille tribu Jarawa, seuls occupants de l'île de Jirkatang, ont tous fui dans la forêt de Balughat. Ils ont vécu pendant dix jours de noix de coco et s'en sont sortis.

Tous les membres des quatre autres tribus indigènes de l'archipel indien des îles Andaman et Nicobar – les Onges, les Grands Andamanais, les Sentinelles et les Shompen – ont eux aussi eu la prémonition du tsunami, alors que d'ordinaire ils auraient dû être en mer en train de pêcher. Quand un hélicoptère indien a survolé l'île, pour chercher des survivants, une Sentinelle nue, offensé par cette intrusion sans raison d'être, a brandi son arc et lancé une flèche vers l'engin.

Quand on leur a demandé comment ils savaient que le tsunami arrivait, un ancien de la tribu a haussé les épaules. C'était évident. L'un des petits garçons de la tribu avait été pris de vertiges. Le niveau du ruisseau près de leur village avait soudain baissé. L'un des membres de la tribu avait remarqué des petites différences entre la façon dont une vague grossissait par rapport à une autre. Ils avaient remarqué une agitation inhabituelle chez les plus petits mammifères qui griffaient davantage, une légère altération dans les figures de nage des poissons.

Quand il était enfant, on avait appris à l'ancien à faire attention à ces signaux subtils. Ils annonçaient des secousses de la terre et de la mer qui allaient se déchaîner avec rage. L'ancien avait compris que les signes étaient là, que la mer et que la Terre étaient « en colère » et que son peuple devait se réfugier sur les plus hautes Terres.[276]

L'une des régions les plus affectées par le tsunami comprenait le Yala National Park, la réserve de vie sauvage la plus grande du Sri Lanka, où les raz-de-marée ont inondé jusqu'à 3 km à l'intérieur des terres. Pourtant, selon Ravi Corea, président de la Sri Lanka Wildlife Conservation Society, parmi toutes les centaines d'animaux de la réserve, seulement deux buffles d'eau sont morts. Des centaines d'éléphants, de léopards, de tigres, de crocodiles et de petits mammifères se sont cachés dans leurs repaires ou se sont sauvés pour se mettre à l'abri.

La survie remarquable des animaux sauvages et des peuples indigènes a été attribuée à un sens très aigu de l'ouïe, à un don « sismique » qui leur permet de sentir les vibrations d'un tremblement de terre, ou à une compréhension ancestrale des changements subtils dans le vent et dans l'eau. « Ils peuvent sentir le vent », déclare Ashish Roy, avocat et activiste environnemental, en parlant des indigènes. « Ils peuvent jauger de la profondeur de la mer rien qu'avec le son de leurs rames. Ils ont un sixième sens que nous ne possédons pas. »

Mais il y a une autre possibilité qui est quelque chose d'encore plus extraordinaire : une différence énorme entre la façon dont ils voient le monde et la façon dont nous le voyons. Un an avant le tsunami, Anna Gislén, biologiste ophtalmologue à la Lund University en Suède, a été intriguée quand un collègue lui a raconté que les gitans de la mer – c'est ainsi que les étrangers appellent les Moken – avaient la capacité extraordinaire de ramasser de la nourriture peu visible sur les fonds marins. Ils pouvaient même distinguer les petits coquillages bruns des pierres brunes sous l'eau sans utiliser d'aides visuelles. Une telle

276 Neelesh Misra, « Stone Age Culture Survive Tsunami Waves », Associated Press, 4 janvier 2005.

performance n'est pas possible d'habitude, même avec des lunettes sous-marines, car les êtres humains sont mal adaptés pour voir sous l'eau. Quand nous sommes à l'air, les deux tiers du pouvoir de réfraction des yeux sont dus à la courbure de la surface de la cornée, un avantage que nous perdons quand nous nageons sous l'eau.

Gislén s'est rendue aux îles Surin en Thaïlande pour commencer à faire des tests sous l'eau avec des enfants moken, en comparant leur capacité visuelle avec celle d'enfants européens qui étaient en vacances dans la région. Ce qu'elle a découvert a confondu la plupart des idées sur la biologie humaine. Normalement, quand nous sommes immergés dans un environnement flou tel que l'eau, nos yeux n'essayent pas de se fixer, ce qui est exactement ce que Gislén a observé chez les enfants européens. Sous l'eau, l'acuité des enfants moken était deux fois supérieure à celle des Européens.

Un enfant moken apprend à nager avant d'apprendre à marcher. On lui apprend à ralentir son rythme cardiaque quand il est sous l'eau pour pouvoir y rester plus longtemps. Les enfants moken habituent leurs yeux à contrôler la « réponse adaptative » à l'environnement flou de l'eau en réduisant leurs pupilles jusqu'à un diamètre qui est 0,7 mm plus petit que celui des Européens afin d'améliorer la perception de la profondeur – « c'est le même processus qui corrige la profondeur focale si on utilise un appareil photo avec une ouverture plus petite », a remarqué Gislén.[277] Cette adaptation mineure améliore la vision à tel point qu'ils sont capables de localiser de petits coquillages et des concombres de mer même à une profondeur de trois ou quatre mètres sous l'eau.

À tous les égards, les Moken ont appris à voir avec de meilleurs yeux. Ils ont transformé leurs yeux en appareil photo, en changeant d'ouverture à volonté. Leurs yeux sont capables de voir des détails et des connexions que la plupart d'entre nous ne peuvent plus voir.

---

277 A. Gislén, « Superior Underwater Vision in a Human Population of Sea Gypsies », *Current Biology* 13, n° 10 (2003) : 833-36.

Ils voient dans l'espace entre les choses.

Nous avons perdu notre sens du *lien*, mais notre perte n'est pas irrévocable. Nous pouvons remettre l'intégralité dans nos vies et retrouver le sentiment de la connexion entre les choses, mais cela nécessite de suivre une série de règles très différentes de celles avec lesquelles nous vivons à présent. Vivre le *lien*, c'est s'abandonner à la poussée de la nature vers l'intégralité et reconnaître le tout dans chaque aspect de notre vie quotidienne. Nous devons nous poser certaines questions fondamentales : comment pourrions-nous voir le monde comme autre chose qu'un lieu qui existe seulement pour nous ? Comment pourrions-nous avoir des relations les uns avec les autres qui ne soient pas basées sur la compétition ? Comment pourrions-nous nous organiser dans notre voisinage – la tribu immédiate autour de nous et notre plus petit groupe en dehors de la famille – pour nous soutenir mutuellement plutôt qu'entrer en compétition ?

Nous avons besoin de percevoir différemment le monde, de communiquer différemment avec les autres, de nous organiser – d'organiser nos amitiés, notre voisinage, nos villes et nos cités différemment. Si nous ne voulons pas être séparés, mais toujours attachés et engagés, nous devons changer notre but fondamental sur Terre en quelque chose de plus grand que celui qui est fondé sur la lutte et la domination. Nous devons voir nos vies à partir de perspectives complètement différentes, d'un point de vue plus large afin que nous puissions voir finalement l'interconnexion. Nous devons changer la façon même de voir le monde, afin de voir comme voient les Moken, non pas pour prévenir les tsunamis, mais pour remarquer les connexions qui nous lient tous ensemble.

Dans les pays développés, la plupart d'entre nous vivent selon une vision atomisée du monde et il nous manque la capacité de percevoir la connexion subtile entre les choses. Nous avons acquis une forme particulière de vison étroite qui observe seulement la chose individuelle. Cette chose est généralement un objet, ou peut-être nous-mêmes, mais cela peut aussi être le principal protagoniste ou même le point essentiel de l'histoire. Nous nous sommes entraînés à percevoir le monde comme un amoncellement d'objets individuels et séparés, de catégories d'objets ou d'idées séparées. S'occuper de l'objet séparé sous-tend de voir le monde entièrement du point de vue particulier de l'objet : de le catégoriser, de lui appliquer des règles, et d'établir des liens de causalité seulement en termes de l'objet lui-même. Nous cherchons l'élément central du drame, l'objet central, comme s'il était séparé de son milieu, et nous dirigeons toute notre attention sur lui. Nous ne pouvons pas voir la forêt, car les arbres la cachent.

Nous avons oublié comment regarder. Nous ratons la connexion subtile, l'idée périphérique, le moindre changement dans le vent qui nous amènerait à la conclusion inéluctable qu'un tsunami se prépare. Même les Moken qui étaient sur leurs bateaux avant que le tsunami ne frappe ont su aller vers les eaux plus profondes et s'éloigner du bord, contrairement à leurs voisins, les pêcheurs birmans, qui ont péri. Un Moken a accueilli la nouvelle de leur mort d'un hochement de tête : « Ils pêchaient des sèches. Ils n'ont rien vu venir. Ils ne savent pas comment regarder. »[278]

Nous avons vu que notre besoin le plus fondamental est de toujours chercher un lien et une unité, et d'aller au-delà de l'individualité. Pourtant, quand nous regardons notre monde, nous ne voyons que des choses individuelles, séparées et sans rapport. Nos impulsions les plus basiques sur nous-mêmes vont à l'encontre de la façon actuelle dont nous voyons et interprétons notre monde. En apprenant à voir comme un Moken, à voir l'espace entre les choses, nous pouvons apprendre à reconnaître les connexions qui ont toujours été présentes, mais qui sont restées invisibles à l'œil occidental : les connexions qui nous lient ensemble. Nous commencerons à reconnaître ce qui est le plus invisible : l'impact de nous-mêmes sur les autres et sur ce qui nous entoure. Nous remarquerons l'effet de vague de chaque action

278 « The Sea Gypsies », *60 Minutes*, 20 mars 2005.

sur toute une chaîne d'êtres : les choses vivantes, le monde naturel, les amis sur l'internet, les membres de notre communauté, les gens d'autres pays que nous aidons ou à qui nous faisons du mal en agissant comme nous le faisons. Tout comme un Moken voit une réaction en chaîne d'évènements à partir du vol d'un oiseau ou de la nage d'un poisson, nous aussi nous pouvons voir dans l'espace où la différence s'évanouit et où nous trouvons notre base commune.

La leçon que nous pouvons tirer des Moken va bien plus loin qu'apprendre à ramasser des coquillages ou à survivre à un tsunami. Elle nous montre que lorsque des êtres humains regardent le monde, ils ne voient pas tous la même chose. Notre culture individuelle nous apprend comment regarder et quoi voir. En acceptant cela, nous pouvons commencer à acquérir une vision plus large et plus globale.

Imaginons deux étudiants faisant des études à l'étranger, l'un vient du Japon et l'autre des États-Unis. Ils sont au Louvre. Ayant pu se frayer un passage à travers la foule, ils arrivent devant le tableau de la Joconde abrité dans une cage de verre contre les balles et la température. On leur a demandé de le décrire. Immédiatement, l'Américain se concentre sur la femme et sur le fameux mystère de son identité ; nous pensons qu'elle s'appelait Mona Lisa Gherardini, qu'elle était la troisième femme d'un riche négociant en soie, Francesco di Bartolommeo di Zanobi del Giocondo, et l'étudiant s'interroge sur la source de son sourire énigmatique. Il est attiré vers l'épicentre de la peinture : le triangle formé par les yeux et les lèvres de la femme. Il remarque l'effet de sfumato, les ombres au coin des yeux, qui sont délibérément placées pour obscurcir l'émotion du modèle, et l'étrange sourire qui joue sur le côté gauche de la bouche. Toute autre partie du tableau semble avoir été ajoutée comme une arrière-pensée et pourrait tout aussi bien disparaître. Même si l'étudiant américain contemple un long moment le tableau, il ne peut pas prendre en compte la forêt – le reste du tableau – à cause d'un seul arbre, le visage au premier plan.

Cependant, pour l'étudiant japonais, la peinture représente une affirmation métaphysique sur le cosmos : la connexion entre l'humanité et la nature. Ses yeux vont et viennent entre le visage et le paysage à l'arrière-plan, en remarquant des détails tels que la fine couture du voile noir de la femme ou ses courbes qui font écho au paysage extraordinairement élaboré, les sentiers et les rivières qui serpentent et un aperçu du pont de Buriano. Il se demande pourquoi la femme ne porte absolument aucun bijou, ce qui n'est pas caractéristique de l'époque. Il contemple la peinture pendant une bonne demi-heure, à travers ses doigts, sous des angles différents, il se sert du dépliant du musée comme d'une règle pour calculer et comprendre les violations de la perspective et la variation de la taille des mains de la Joconde.[279] À travers sa vison, les traits de la femme disparaissent entièrement dans ce qui l'entoure. Pour lui, c'est comme s'il n'y avait personne au premier plan, car elle ressort à peine. La Joconde ne peut pas être libérée de son contexte. L'étudiant japonais ne peut littéralement pas voir l'arbre à cause de la forêt.

La différence entre ce que ces deux étudiants voient a donné matière aux recherches de Richard Nisbett, professeur de psychologie sociale à l'université du Michigan et auteur de *The geopraphy of Thought : How Asians and Westerners See Things Differently and Why* (« La géographie de la pensée : comment les Asiatiques et les Occidentaux voient différemment les choses et pourquoi »). Nisbett a toute sa vie étudié les influences culturelles sur les méthodes de pensée.[280] Selon lui, le processus de pensée, et la perception elle-même, ne sont pas universels, mais un phénomène culturel. Les gens ne perçoivent pas le monde de la même façon dans les diverses parties du monde ; ils ne voient pas la même chose. L'important travail de Nisbett dans ce domaine, qu'il appelle la « géographie de la pensée », montre très clairement que des cultures différentes développent des styles de pensée très différents. Cela commence avec la façon même dont on nous enseigne à voir.

---

279 Amelia Gentleman, « Smile Please », *The Guardian*, 19 octobre 2004.

280 Richard Nisbett, *The Geography of Thought: How Asians and Westerners See Things Differently and Why*, Free Press, 2003.

Pour la plupart des Américains de plus de cinquante ans, *Dick and Jane* est leur premier livre de lecture ; il met en scène une utopie américaine parfaite, décrivant les aventures d'un duo d'enfants aux joues rouges, frère et sœur, de leur petite sœur, Sally, et de leur épagneul noir et blanc, Spot. Ils habitent dans un monde *Leave It to Beaver* (« Les aventures de Beaver » – une série télévisée américaine pour enfants) avec un père qui porte un costume même le week-end, une mère en jolie robe pastel, même dans sa cuisine. La narration se concentre toujours sur l'action de l'un des enfants : « Look Jane. See Dick. See Dick Run » (« Regarde Jane. Regarde Dick. Regarde Dick courir »), alors que Dick traverse la pelouse à toutes jambes.

Selon Nisbett, des livres comme *Fun with Dick and Jane* (« Amusons-nous avec Dick et Jane »), et leur contrepartie britannique, *Janet and John*, n'enseignent pas seulement à lire aux enfants, mais aussi comment *voir le monde*. Dans le monde de Dick et Jane, et finalement dans le monde occidental, un enfant apprend à se concentrer sur l'individu. Ce que nous faisons par nous-mêmes – ce que nous avons l'intention de faire, comment nous nous sentons, ce que nous réussissons à faire par nous-mêmes – est essentiel, c'est le cœur même de notre existence. Nos parents et nos enseignants mettent en avant l'excellence individuelle par-dessus toute autre chose. Nous apprenons que nous sommes le sujet et que toute autre chose est l'objet. Nous voyons le reste du monde entièrement par la façon dont il se relie à nous. On nous enseigne – on nous encourage – à nous séparer. Nous sommes l'élément essentiel de l'histoire.

Dès l'instant où il naît, on enseigne à un enfant occidental à aller vers l'indépendance. Depuis le berceau, on nous enseigne comment penser, mais aussi, dans un sens, comment *être*. Nous apprenons que l'autonomie est très importante. Comme le remarque Nisbett, on encourage les bébés occidentaux à dormir seuls et à aller le plus rapidement possible vers l'indépendance dans leur façon de penser et leurs choix. Les mères présentent le monde en termes d'objets à étiqueter et de choix à faire : jambon ou œufs ? Le crayon rouge ou le crayon bleu ? Telle ou telle émission télé ? L'anthropologue, feu Edward T. Hall, a appelé cette sorte de pensée le résultat d'une société à « contexte bas », ce qui signifie que notre identité est indépendante de notre contexte. Nous nous considérons comme un agent libre, sans entraves ; sortez-vous ou sortez-moi de notre société, mettez-nous quelque part ailleurs, et nous serons encore la même personne. Ces idées prédominantes, atomistiques – selon lesquelles notre identité est autonome, que nous sommes maître de notre univers –, informe sur la façon dont nous interprétons et dont nous nous relions à la masse de stimuli et de sensations qui nous arrive à chaque moment.

Les enfants d'Extrême-Orient apprennent à lire avec des idées très différentes. Dans l'un de leurs premiers livres de lecture, un petit garçon est perché sur les épaules d'un plus grand garçon : « Le grand frère s'occupe du petit frère. Le grand frère aime son petit frère. Le petit frère aime le grand frère. »[281] En Extrême-Orient, un individu ne se comprend que dans sa relation au tout, que ce tout soit représenté par sa famille, son voisinage, sa culture, le Tao ou même le sentiment de sa conscience.[282] Quand ils sont enfants, les Asiatiques (mais aussi beaucoup d'indigènes, comme les Moken) sont élevés avec un sentiment si fort de connexion avec les autres qu'ils ne peuvent voir le soi (et les objets) qu'en relation avec leur contexte. Parce que ces peuples définissent leur monde si différemment, ils apprennent à le voir avec des yeux différents. En Extrême-Orient, un enfant apprend la relation et la primauté de cette relation – il sait que lui et l'autre sont une seule unité, un *lien* indivisible.

Par conséquent, selon Nisbett, les cultures orientales ont une façon de penser différente de la nôtre. Traditionnellement, les Chinois (dont la culture a été influencée par beaucoup d'autres cultures de l'Orient)

281 Ibid., 50.

282 D. Monro, ed., *Individualism and Holism : Studies in Confucian and Taoist Values*, Center for Chinese Studies, University of Michigan, Ann Arbor, 1985, 1-34, cité dans R. Nisbett et T. Masuda, « Culture and Point of View », *Proceedings of the National Academy of Sciences of the United States of America* 100, n° 19 (2003) : 11163-70.

ont appris à comprendre les choses seulement par rapport à d'autres choses. Ils voient la vie en relation avec un champ de forces et comprennent la matière dans l'univers non pas comme un ensemble d'objets discrets, mais comme mutuels, continus, qui se pénètrent les uns les autres. Pour un Oriental et pour les indigènes, le monde, dans son flux toujours mutable, est toujours dans le processus du devenir. Les esprits des peuples de l'Orient et des peuples indigènes ont appris à voir le monde de façon beaucoup plus holistique à partir du moment où ils sont devenus conscients.

Les peuples indigènes, tels que les Indiens d'Amérique, apprennent aussi à intégrer la totalité du paysage physique et émotionnel. « Voir, sous-tend de faire l'expérience mentalement de la relation entre les choses, tangibles et non tangibles, du monde et de l'univers », affirme Donald Fixico, un Seminole et Muscogee Creek, qui a étudié les différences entre la « pensée linéaire » des Indiens et des Occidentaux.[283] Pour un Occidental, « penser indien », comme il le décrit, c'est un peu comme être au milieu d'une expérience hallucinogène. Cela signifie mélanger le visible et l'invisible, le présent et le passé, le rêveur et ce qui l'entoure. Toutes ces relations, passées et présentes, colorient ce que voit un Indien.

Les histoires que nous nous racontons sur la façon dont le monde marche déterminent finalement ce que nous percevons. Après un certain temps, nous voyons seulement ce que l'on nous a appris à voir. Ceci étant en partie dû à un mécanisme dans le cerveau que l'on appelle « embrasement », découvert par un neuroscientifique, Graham Goddard, qui a trouvé le phénomène par hasard, en 1967, après les résultats surprenants d'une expérience avec des rats de laboratoire. Goddard était fasciné par la neurobiologie concernée par l'apprentissage et se demandait si l'électrostimulation pouvait accélérer le processus. Dans son expérience, il a stimulé électriquement les cerveaux d'un groupe de rats, chaque jour, suffisamment pour provo-

283 D. K . Fixico, *The American Indian Mind in a Linear World*, Routledge, 2003, 3.

quer une crise épileptique, pour voir si cela avait un effet quelconque sur leur capacité à apprendre. Après quelques jours, il a remarqué quelque chose de complètement inattendu : les rats commençaient à avoir des crises même quand le courant électrique et la décharge appliqués à leur cerveau étaient bien trop faibles pour provoquer une crise. D'une certaine façon, ils avaient entraîné leur cerveau à devenir épileptique.[284] Suite au travail de Goddard, les neuroscientifiques actuels pensent que, tout comme un feu de charbon brûle plus facilement quand on le démarre avec de petites brindilles de bois, les chemins dans le système nerveux deviennent sensibles à certaines connexions s'ils sont renforcés plus tôt dans la vie, après quoi ils commencent à survenir plus facilement et avec une plus grande fréquence.

Le principe d'embrasement a été employé pour soigner le trouble bipolaire et des maladies dépressives ; on croit maintenant que plus une personne a été déprimée dans le passé, plus elle sera facilement déprimée à l'avenir. D'après notre compréhension de la plasticité du cerveau, nous nous rendons compte aussi que l'embrasement est un aspect de la perception.[285] Avec le temps, le pessimiste ne peut voir que l'aspect négatif dans toute situation donnée, et l'optimiste ne peut voir que le positif. Pour nous, en Occident, qui sommes habitués à remarquer les choses individuelles dans notre monde, le centre de l'image est désormais tout ce que nous voyons. Nous cherchons toujours la star du spectacle.

Dans une série d'études fascinantes, Nisbett et son équipe du département de psychologie à l'université du Michigan ont découvert

---

284 G. V. Goddard, « Development of Epileptic Seizures through Brain Stimulation at Low Intensity », *Nature* 214 (1967) : 1020.

285 R. M. Post, « Transduction of Psychosocial Stress into the Neurobiology of Recurrent Affective Disorder », *American Journal of Psychiatry* 149 (1992) : 999-1010 ; J. Ormel et al., « Vulnerability before, during, and after a Major Depressive Episode: a 3-Wave Population-Based Study », *Archives of General Psychiatry* 61 (2004) : 990-96 ; K. P. Bailey, « Electrophysiological Kindling and Behavioral Sensitization as Models for Bipolar Illness: Implications for Nursing Practice », *Journal of the American Psychiatric Nurses Association* 5 (1999) : 62-66.

des différences marquées entre la façon dont les Occidentaux et les Orientaux perçoivent le monde. En travaillant avec un collègue à l'université d'Hokkaido, au Japon, Nisbett a réuni deux groupes d'étudiants des deux universités et leur a passé des vidéos de vingt secondes montrant des scènes sous l'eau. Après avoir vu le film deux fois, on a demandé à chaque participant de rapporter ce qu'il avait vu.

Invariablement, les Américains ont commencé à décrire la scène avec les objets au centre : les poissons. Pour les Japonais, le contexte était des plus importants, ils ont vu le champ lui-même : la couleur de l'eau, les plantes, le fond de l'océan.[286] Ils étaient même sensibles à la vie interne des poissons et plus enclins que les Américains à décrire ce qu'ils interprétaient comme étant les émotions des poissons.[287]

Quand Nisbett a fait quelques changements aux vidéos, puis les a montrées à nouveau aux groupes d'étudiants, les Américains avaient tendance à détecter les changements s'ils avaient un rapport avec l'objet central, et les Japonais étaient plus enclins à voir les changements s'ils concernaient l'environnement.[288]

Nisbett a même découvert que les Occidentaux et les Orientaux avaient développé différentes façons de se servir de leurs yeux pour saisir leur environnement. Quand il a suivi les mouvements oculaires d'un groupe de participants américains et chinois alors qu'ils observaient des photos, chacune avec un seul objet, un tigre au premier plan par exemple, sur un arrière-plan complexe, les yeux des Américains se fixaient rapidement sur le tigre, alors que les yeux des Chinois allaient d'un point à un autre à l'arrière-plan. Les Chinois avaient des mouvements oculaires intermittents beaucoup plus rapides que les Américains, mais il leur fallait beaucoup plus de temps pour absorber l'image entière. Leur éducation leur avait appris à s'occuper du tout

286 Nisbett et Masuda, « Culture and Point of View ».

287 T. Masuda et R. E. Nisbett, « Attending Holisticallly vs. Analytically : Comparing the Context Sensitivity of Japanese and Americans », *Journal of Personality and Social Psychology* 81 (2001) : 922-34.

288 Nisbett et Masuda, « Culture and Point of View ».

bien plus que les Occidentaux. Quand ils revoyaient la même scène, les deux cultures voyaient en fait quelque chose de très différent.[289]

Nisbett a ensuite demandé à des groupes de Japonais et d'Américains de se photographier les uns les autres. Les Japonais photographiaient toujours toute la scène, avec la personne en entier, relativement petite devant l'arrière-plan, alors que les Américains photographiaient la personne en close-up.

Tout ce que ceci signifie, c'est que notre philosophie du monde, et la façon dont nous nous voyons en relation avec lui, gouvernent ce que nous voyons. En Occident, nous sommes si occupés à séparer ce que nous voyons, à chercher la chose individuelle plutôt que le *lien*, que souvent nous ratons la connexion qui est juste en face de nous.

Deren Brown, l'illusionniste britannique, exécute un tour qu'il affectionne particulièrement. Un plan de la ville de Londres à la main, il s'approche d'un étranger et lui demande le chemin pour se rendre à la cathédrale Saint-Paul. Au milieu de la conversation, des acteurs, déguisés en ouvriers, passent entre lui et l'étranger, en portant une énorme pancarte qui empêche les deux personnes de se voir un court instant. Pendant cette diversion, Brown fait un tour de passe-passe, il disparaît et est remplacé par un autre acteur qui lui aussi a un plan et qui continue d'écouter les explications comme s'il était Brown. Au début, Brown faisait l'échange seulement avec quelqu'un qui lui ressemblait : un jeune homme proche de la quarantaine, grand, brun et mince. Au fil du temps, avec d'autres passants, Brown est devenu de plus en plus audacieux : il se fait remplacer par un homme grisonnant, par un chauve, par un Noir et même par une femme. Quelle que soit la personne avec laquelle il fait l'échange, au moins la moitié des gens qu'il aborde ne le remarque pas. En fait, ils ne reconnaissent même pas Brown, une personnalité pourtant bien connue de la télévision, et ne

289 H. F. Chua et al., « Cultural Variation in Eye Movements during Scene Perception », *Proceedings of the National Academy of Science of the United States of America* 102, n° 35 (2005) : 12629-33.

se rendent pas compte non plus que la pancarte qui interrompt leur conversation montre en fait un immense portrait de lui. Brown aurait pu être n'importe qui. Bien que les gens le regardent, il n'a pas été enregistré sur leur paysage psychique.[290] En fait, ils ne font pas vraiment attention. Ils souffrent de ce que les psychologues préfèrent appeler la « cécité inattentionnelle ».

Afin de traiter la profusion de sensations et d'informations autour de nous, nous devons porter une attention sélective aux choses. Nous avons appris à nous concentrer de façon si précise que nous voyons beaucoup moins du monde que nous le pensons. Quand notre attention est détournée ou se concentre sur un objet ou une tâche, nous échouons souvent à voir ce qui se passe juste sous nos yeux. Bien que nous puissions percevoir tout ce qui est dans notre champ de vision, nous ne traiterons que ce sur quoi nous portons notre attention, et nous, Occidentaux, avons appris à limiter strictement ce champ de focalisation. Nous pouvons nous comparer à un appareil photo, qui absorbe tout ce qu'il voit, mais même des événements extraordinaires ne capturent pas nécessairement notre attention si nous sommes absorbés dans quelque chose d'autre.

Christophe Wickens, psychologue de l'aviation à l'université de l'Illinois à Urbana-Champaign, a étudié comment les pilotes en simulation de vol se comportent quand la bande-annonce qui déroule des informations importantes sur le vol, telles que la vitesse et l'altitude, apparaît en surimpression sur le pare-brise. Ces pilotes sont souvent si absorbés par les informations sur le vol que souvent ils ne voient pas ce qui est inattendu – y compris un avion sur la piste – même s'il est directement dans leur champ de vision, et ils atterrissent carrément dessus. Les pilotes novices, qui n'ont pas l'habitude des atterrissages,

---

290 Daniel J. Simons, psychologue à l'université de l'Illinois à Urbana-Champaign, a d'abord entrepris cette étude, que Brown a développée. Voir J. Simons et D. T. Levin, « Failure to Detect Changes to People During a Real-world Interaction », *Psychonomic Bulletin and Review* 5 (1998) : 644-49. Derren Brown Person Swap, disponible sur l'internet sous le titre « Mind Control », S01E02, « Trick of the Mind », S03E04.

ne souffrent pas de ces périodes d'inattention ; ils voient les obstacles à chaque fois. Parce que tout cela est tout nouveau pour eux, ils sont complètement et totalement absorbés par la scène entière.[291]

La vision sélective arrive si fréquemment chez les maîtres-nageurs qu'on a vu sortir quantité de manuels pour leur apprendre à combattre un problème courant : ils observent la piscine anxieusement et prennent en compte tous les nageurs autour, mais souvent ils ne voient pas les corps au fond de la piscine, surtout si le corps est directement sous les nageurs.[292]

Deux psychologues, Arien Mack, de la New School for Social Research de New York, et Irvin Rock, de l'université de Californie à Berkeley, ont inventé le terme « cécité inattentionnelle » après avoir observé les participants d'une étude qui étaient si absorbés par un élément visuel qu'on leur avait dit de regarder qu'ils ne remarquaient pas un rectangle rouge vif, même lorsque celui-ci apparaissait juste au centre de leur champ de vision.[293] Mack pense que bien que nous n'ayons aucune perception consciente des événements autour de nous auxquels nous ne prêtons pas attention, le cerveau continue néanmoins de remarquer et d'enregistrer cette information brute, en particulier si elle a quelque sens pour nous. Mack et Rock ont constaté que même lorsque les participants de l'étude ne semblaient pas enregistrer une certaine information, ils s'étaient débrouillés pour la remarquer et l'enregistrer, car ils étaient capables de l'utiliser plus tard dans le test. Bien que ne soyons pas forcément conscients des choses qui arrivent si nous n'y prêtions pas attention, elles sont néanmoins filtrées à travers notre perception. Nous voyons toute la forêt autour de nous, même si on ne nous a appris qu'à prêter attention à l'arbre le plus grand.

Pendant très longtemps, les scientifiques ont cru que notre processus de blocage inconscient, appelé « inhibition latente », du flot

291 T. Grandin, *Animals in Translation*, Scribner, 2005.

292 www.aquaticsintl.com/2004/nov/0411_rm.html.

293 A. Mack et I. Rock, « Inattentional Blindness: An Overview », *Current Directions in Psychological Science* 12, n° 5 (2003) : 180-84.

constant des sensations et des stimuli auxquels nous somment exposés chaque jour est fait pour empêcher une surcharge sensorielle. On supposait donc que de faibles niveaux d'inhibition latente amenaient à des maladies psychotiques : les schizophrènes n'étaient pas vraiment fous ; ce n'était que des gens qui avaient été exposés à trop de choses tout d'un coup.[294] Cependant, les scientifiques ont révisé leur position et pensent qu'une pauvre capacité à bloquer les stimuli pour qu'ils n'atteignent pas la pensée consciente, est en fait un signe de génie et indique une capacité supérieure pour la pensée créative. La psychologue de Harvard, Shelley Carson, et ses collègues ont découvert que les gens qui toute leur vie avaient été des créateurs avaient des scores d'inhibition latente nettement plus bas que les autres. Les penseurs créatifs les plus éminents étaient sept fois plus enclins que les autres à avoir une faible capacité à bloquer les stimuli.[295]

Carson a même découvert que les individus hautement créatifs présentent des similitudes neurobiologiques avec les schizophrènes, dans la façon dont ils pensent et accèdent à davantage de stimuli non filtrés. Selon Carson, ce qui distingue le fou du poète, c'est l'intelligence créative. Une incapacité à se protéger d'une surcharge sensorielle vous rend fou à moins que vous ne soyez hautement intelligent ; dans ce cas, vous pouvez utiliser cette information à bon escient. La différence, c'est que la personne hautement créative n'est pas surchargée, mais utilise l'information pour assembler des idées d'une façon nouvelle et intéressante. Par le mot « créatif », elle entend quelqu'un qui possède une ouverture naturelle vers de nouvelles expériences et un désir conscient d'éviter de baisser le volume de ce qui semble hors de propos. Un penseur créatif, tout comme un indigène, s'exerce à voir le *lien*.

294 I. Baruch et al., « Latent Inhibition and "Psychotic Pronenesss" in Normal Subjects », *Personality and Individual Differences* 9 (1988) : 777-83.

295 S. Carson, « Decreased Latent Inhibition Is Associated with Increased Creative Achievement in High- Functioning Individuals », *Journal of Personality and Social Psychology* 85, n° 3 (2003) : 499-506.

Même si notre culture moderne, qui est si obsédée par les choses individuelles, nous a enseigné à voir d'une façon fragmentée et hautement dirigée, chacun d'entre nous a la possibilité de retrouver cette capacité à voir la subtilité des relations qui constituent notre monde. La vraie leçon des Moken, c'est que la façon dont nous voyons le monde n'est pas inhérente, mais c'est une attitude apprise. Anna Gislén est retournée sur l'île de Surin trois ans plus tard pour entreprendre une seconde étude avec les enfants moken. Cette fois-ci pourtant, elle a créé un programme d'entraînement pour les enfants européens qui était semblable à la façon dont les Moken apprenaient à leurs propres enfants à voir sous l'eau. Après seulement un mois d'entraînement, les enfants européens avaient appris à remarquer des détails sous l'eau avec la même acuité visuelle que les gitans de la mer.[296]

Nous pouvons changer notre perception des choses en apprenant à voir la connexion holistique entre les choses. Les populations indigènes de Micronésie ont appris à naviguer en haute mer sur plusieurs centaines de miles le long des côtes des petites îles Caroline et des atolls du Pacifique Sud sans avoir un instrument quelconque ou même sans savoir écrire. T. Ward Goodenough, anthropologue à l'université de Pennsylvanie, a vécu avec les marins indigènes pendant plusieurs mois et a réussi à décoder un système oral de cartes schématiques qui leur permet de naviguer avec beaucoup de savoir-faire.

Les marins créent une sorte de système de boussole complexe qui les oriente et oriente les diverses îles sur le lever et le coucher de toutes les étoiles visibles par rapport à la terre. Après avoir mémorisé tous les points de la terre visibles, ils utilisent diverses îles comme des points de repère par rapport aux étoiles pour évaluer la distance faite. Ils étudient des « marqueurs de mer » vivants, telle une espèce de raie avec un point rouge derrière les yeux qui est associée à certains lieux, et ils créent ainsi des cartes mentales schématiques des îles, en les imaginant

296 A. Gislén et al., « Visual Training Improves Underwater Vision in Children », *Vision Research* 46, n° 20 (2006) : 3443-50.

dans leur tête comme des objets, comme des « poissons-gâchettes ». Des signes subtils dans la mer et dans le ciel leur permettent de faire des prédictions justes sur le temps. Si une certaine étoile apparaît à l'est, juste avant l'aube, il est probable qu'elle apportera des orages pendant cinq jours après que la prochaine nouvelle lune apparaîtra à l'ouest, au coucher du soleil. Les formes des nuages, la couleur du ciel au lever et au coucher du soleil, les vagues de l'océan et leur direction par rapport aux étoiles, même la forme des vagues, guident un navigateur expérimenté le long de la direction du courant.[297] Le seul aide-mémoire d'un marin indigène, c'est un champ tonal, avec lequel il se remémore constamment les schémas de ces relations.

Afin de remarquer toutes les relations entre les choses, le marin du Pacifique Sud divise ce qu'il voit en petits bouts et les mémorise en relation les uns avec les autres. Temple Grandin, spécialiste en zootechnie et autiste aussi, pense que les indigènes comme ces marins traitent les pensées de la même façon que le font les savants autistes.[298] Un autiste perçoit son monde en petits bouts de détails incroyables, en remarquant des connexions cachées, si bien que le monde devient une unité de petits bouts qui s'emboîtent.

La plupart d'entre nous « neurotypiques » traitons de choses spécifiques – disons toutes les données sensorielles sur un bâtiment – dans un tout généralisé, et nous sommes, comme le dit Grandin, des « rassembleurs ». Nous remarquons une portion de quelque chose et « mettons » les détails conceptuels pour produire un tout. Donc, quand nous voyons une scène familière ou quand nous nous concentrons sur quelque chose, nous devenons aveugles à ses détails.

Comme les Moken, les autistes perçoivent leur monde directement, de très près et dans les moindres détails. Ils ne créent par un concept unifié d'un objet, mais perçoivent des morceaux d'information ; ils sont, comme l'écrit Grandin, des « diviseurs ». Plutôt que

297 W. H. Goodenough and S. D. Thomas, « Traditional Navigation in the Western Pacific: A Search for Patterns », *Expedition* 29, n° 3 (1987) : 3-14.

298 Grandin, *Animals in translation.*

de voir un objet entier, les autistes voient ce que Grandin appelle un « diaporama » de l'objet, avec un « accès privilégié à de faibles niveaux d'information brute ».[299]

Tout comme les autistes, les animaux prêtent attention à chaque petit bout séparé de son, de vue et d'odeur. Ils ne traitent pas ces données brutes dans un tout. Ce type d'hyperspécificité développe une perception extrême ; c'est pourquoi certains enfants autistes sont capables de faire preuve d'une mémoire formidable et d'un talent extraordinaire pour découvrir des « figures cachées » ou des motifs, tels que des formes, dans une image compliquée. À chaque moment de leur vie, ils volent comme un pilote novice.

Pour commencer à voir les vraies connexions qui existent dans l'espace entre les choses, nous devons aussi apprendre à voler comme le fait un novice. Cela nécessite, dans un sens, de baisser nos processus cognitifs et de regarder le monde simplement avec nos sens. L'utilité de ceci a été démontrée dans le laboratoire de psychologie d'Allan Snyder à l'université de Sydney. Dans une recherche antérieure, il avait prouvé que les gens qui ont naturellement des lobes frontaux plus petits, comme les animaux, ou un lobe frontal qui a été endommagé, développent une perception très spécifique et un plus grand accès conscient aux données brutes contenues dans le cerveau. Quand il a envoyé des champs magnétiques sur les lobes frontaux de sujets normaux, ils ont commencé à faire des dessins beaucoup plus détaillés qu'ils ne l'avaient fait avant l'expérience et ils sont devenus meilleurs pour vérifier et corriger des textes – comme s'ils étaient soudain plus conscients des parties détaillées et de la périphérie que du tout résumé.[300]

Pour apprendre à voir les connexions entre les choses, nous avons besoin d'abandonner notre néocortex très analytique et de soutenir notre habilité innée pour devenir conscients de ce flot de données

---

299 Ibid.

300 A. W. Snyder et al., « Savant-like Skills Exposed in Normal People by Suppressing the Left Fronto-temporal Lobe », *Journal of Integrative Neuroscience* 2, n° 2 (2003) : 149-58.

brutes. L'un des exercices principaux qui créent les « rassembleurs » est de penser en mots. Des études montrent que le langage humain inhibe souvent la mémoire visuelle, en occasionnant un « ombrage verbal ». Les cultures indigènes voient plus que nous probablement parce qu'elles ramassent souvent l'information et la traitent d'une manière qui n'utilise pas le langage.

Même si nous ne pouvons pas éliminer nos processus de pensée bien imprégnés, nous pouvons apprendre à remarquer davantage en agissant comme si nous faisions l'expérience de tout ce que nous voyons et tout ce que nous faisons dans nos vies comme si c'était la toute première fois. Ironiquement, pour voir les connexions entre les choses, nous devons remarquer davantage les détails, et la meilleure façon de faire cela, c'est d'agir comme un chien qui se prépare à aller faire sa promenade.

Notre chien, Ollie, est un épagneul cavalier King Charles au poil tricolore. Fier représentant de la race engendrée par décret royal, il est né avec un sens particulier de lui-même qui lui donne le droit de réclamer un traitement royal et d'arborer en permanence un air dédaigneux. Ollie serait très bien dans la bande dessinée de Snoopy – le chien revêche dont les bulles des pensées, comme celles de Snoopy, indiquent son agacement continuel pour ses paumés de propriétaires. Ollie ne vient jamais vous accueillir à la porte. Il ne veut presque jamais jouer. Il refuse de manger, sauf à des moments qui dérangent tout le monde. Lorsqu'il nous arrive de faire la grasse matinée, ce qui est rare, il reste cogner à la porte de la cuisine, en demandant l'accès au reste de la maison. Pratiquement tout le temps qu'il passe à la maison, on le trouve affalé sur la dernière marche des escaliers, refusant de bouger, même quand on l'appelle. Néanmoins, il suffit de se diriger vers le tiroir où l'on range le collier d'Ollie, pour qu'il se réveille et fasse un immense bond de joie. L'idée même d'aller se promener l'anime soudain d'une joie au-delà de toute description. Ce n'est même pas la promenade qui est bien. C'est la pure anticipation. C'est si bon qu'il peut la goûter.

Selon Jaak Pankseep, psychobiologiste à la Bowling Green State University, l'animation soudaine d'Ollie est reliée au mode « quête » de son cerveau : le « seeking system ». Pankseep a identifié cinq émotions primaires fondamentales que les humains partagent avec plusieurs membres du royaume animal, comprenant la quête, ou curiosité.[301] Quand ils sont en quête, en « seeking mode », les animaux cherchent des choses ou explorent leur environnement. Cette impulsion est propulsée par tous les besoins fondamentaux – pour la nourriture, l'eau, l'abri, le sexe – qu'un animal a besoin pour rester en vie. Néanmoins, dans la quête, la partie la plus intéressante émotionnellement n'a rien à voir avec le but lui-même, mais avec le voyage. Les « seeking circuits » sont tous enclenchés chez les animaux et les êtres humains quand nous anticipons les choses, ou quand nous sommes intensément plongés dans une activité, ou quand nous devenons insatiablement curieux de quelque chose de nouveau.

Panksepp a été surpris de découvrir que lorsque les animaux ou les humains sont curieux, ils produisent le neurotransmetteur du bien-être : la dopamine. La recherche chez les animaux a aussi trouvé que le « seeking » met les animaux dans un état équivalent à un état méditatif.[302] Nous sommes programmés pour nous sentir bien quand nous reniflons quelque chose de nouveau, mais seulement lorsque nous sommes en mode « seeking ». La partie du cerveau « seeking » arrête de s'activer une fois que l'animal a trouvé ce qu'il cherchait. Ces animaux ont été faits pour prendre plaisir à fouiller et à chasser afin qu'ils continuent à le faire jusqu'à ce qu'ils obtiennent ce qu'ils ont besoin pour survivre. Ils trouvent physiquement agréable d'être curieux, donc ils persistent à chercher, même quand cela devient difficile.

Dans l'ensemble, les animaux sauvages ont une activation du circuit « seeking » plus importante que les animaux domestiques or-

301 J. Panksepp, « The Anatomy of Emotions », in *Emotion: Theory, Research and Experience, Vol. 3: Biological Foundations of Emotions*, ed. R. Plutchik, Academic Press, 1986, 91-124.

302 Ibid.

dinaires. Ceci est probablement dû au fait que les animaux sauvages doivent garder leur sang-froid et maintenir un niveau de curiosité élevé pour la chasse et la fouille afin de rester en vie, alors que les animaux domestiques comme Ollie ne creusent et ne fouillent que pour le plaisir. Néanmoins, même lorsque la survie n'est pas menacée, tous les animaux maintiennent une fascination pour la nouveauté.

Désormais, nos propres instincts de chasse et de cueillette ne sont plus importants pour la survie, mais nous avons gardé notre amour pour la chasse, que nous soyons en train de résoudre un mystère, que nous furetions dans un magasin, que nous étudiions de nouvelles idées ou de nouveaux projets, ou même que nous résolvions un problème. Il est probable que cette impulsion soit derrière notre obsession pour les romans policiers. En fait, la curiosité peut être un élément essentiel pour vivre longtemps et être en bonne santé. Dans une étude sur des hommes et des femmes de plus de soixante-dix ans, on a constaté que la curiosité est le facteur de survie le plus significatif, quel que soit le régime ou le style de vie.[303] Une fascination perpétuelle pour la nouveauté semble être le pilier pour rester en bonne santé pendant la vieillesse.[304]

Dans l'acte de « seeking », nous faisons feu de toutes parts ; c'est le moment où nous sommes complètement présents et impliqués dans la vie.[305] En fait, plus le niveau de dopamine ou d'autres neurotransmetteurs est élevé, plus le niveau d'inhibition latente est bas. Ceci suggère que lorsque vous êtes dans un état d'intense curiosité pour quelque chose, vous voyez dans l'espace entre les choses. Ceci semble être la façon dont nous sommes censés voir, parce que la nature nous a

303 G. E. Swan et D. Carmelli, « Curiosity and Mortality in Aging Adults: A 5-year Follow-Up of the Western Collaborative Group Study », *Psychology and Aging* 11 (1996) : 449-53.

304 W. Woodward, « New Surprises in Very Old Places: Civil War Nurse Leaders and Longevity », *Nursing Forum* 26, n° 1 (1991) : 9-16.

305 J. Panksepp, « The Neurobiology of Emotions: Of Animal Brains and Human Feelings », in *Handbook of Psychophysiology*, ed. T. Manstead et H. Wagner, John Wiley & Sons, 1989, 5-26.

façonnés pour nous sentir si bien quand nous le faisons. Chercher fait ressortir notre tendance naturelle à rester éveillé et à voir le tout.

L'une des découvertes importantes de Panksepp est la localisation du mode « seeking » dans l'hypothalamus. On a appelé l'hypothalamus le « cerveau du cerveau » : le centre des activités régulatrices autonomes du corps, mais aussi le centre de la connexion « esprit-corps », qui aide à intégrer les sensations en une réponse cohésive. Il travaille en harmonie avec la glande pinéale et il fait partie du système limbique, et il se peut qu'il soit impliqué dans ce que nous avons l'habitude d'appeler notre « instinct ». Ceci suggère que « seeking » n'implique pas que l'on opère sur un seul niveau, mais que l'on utilise aussi les émotions et l'intuition. Quand nous faisons feu de toutes parts, nous observons le monde depuis plusieurs niveaux.

Beaucoup d'émotions qui forment notre instinct pourraient résulter de deux types de passage de l'information, de ce que Joseph LeDoux, neuroscientifique à l'université de New York, appelle l'information inconsciente par la « voie courte » jusqu'à l'amygdale et l'information cognitive consciente par la « voie haute » jusqu'au néocortex. Selon LeDoux, la peur voyage jusqu'à la partie consciente du cerveau lentement, mais elle atteint la partie inconsciente (l'amygdale plus primitive) en quelques millisecondes. Ceci a un avantage de survie évident. Vous vous sauvez en courant devant quelque chose de potentiellement dangereux avant de prendre le temps de traiter dans vos lobes frontaux si cette chose est véritablement une menace. Une autre façon d'apprendre à voir le *lien* est de pratiquer l'art ancestral de la pleine conscience, adopté aussi loin que 500 ans av. J-C. par le bouddha Shakyamuni, le fondateur du bouddhisme. Dans cette discipline, vous maintenez la conscience, un moment après l'autre, de ce qui se passe à l'intérieur et à l'extérieur de vous sans colorer votre interprétation avec vos émotions ou sans vous distraire avec d'autres pensées.

La pleine conscience nécessite que vous mainteniez votre concentration dans le présent. Avec la pratique, vous devenez capable de faire taire la conversation interne constante de votre esprit et vous méditez sur votre point de concentration, quelle que soit la chose que vous fassiez : que vous mangiez vos Corn Flakes, respiriez une fleur ou que vous vous baissiez pour rattacher vos lacets de chaussure. *Mindfulness* ou la pleine conscience a été définie comme une méthode ancienne d'entraînement à la sensibilité de votre propre vie. Vous apprenez à écouter avec toute votre attention, vous voyez ce qui est réellement là, vous utilisez vos cinq sens, et vous enlevez vos attitudes, vos jugements, et les concepts qui colorient votre perception de l'expérience de chaque jour. Quand vous êtes en pleine conscience, vous découvrez ce que vous pensez et ce que vous ressentez sans être absorbés par vos pensées et sans en être l'esclave.

Les anciens textes bouddhistes prétendaient que la pratique quotidienne de la pleine conscience changerait de manière significative la perception, et la science le prouve par des recherches qui montrent que notre cerveau opère à des fréquences différentes pendant la pleine conscience. Lors d'une étude, les relevés EEG de personnes qui pratiquaient la pleine conscience ont montré que la méditation produisait différentes fréquences électriques dans le cerveau en augmentant certaines bandes de fréquences.[306]

Une autre étude a évalué la sensibilité visuelle des participants avant et après une retraite de trois mois pendant laquelle ils ont pratiqué la pleine conscience pendant la plupart du temps ; les employés qui ne méditaient pas ont été utilisés comme groupe témoin. Les chercheurs ont vérifié si les participants pouvaient détecter la durée des flashs lumineux et l'intervalle entre des flashs successifs. Pour ceux qui ne pratiquaient pas la pleine conscience, les flashs apparaissaient comme une lumière continue.

Après leur retraite, les pratiquants pouvaient détecter les flashs plus courts d'une seule lumière, et ils pouvaient aussi différencier correcte-

306 B.R. Dunn et al., « Concentration and Mindfulness Meditations: Unique Forms of Consciousness? » *Applied Psychophysiology and Biofeedback* 24, n° 3 (1999) : 147-65.

ment entre des flashes successifs. Ces résultats montrent que la pleine conscience permet à ses pratiquants de prendre conscience des processus pré-attentifs impliqués dans l'acuité visuelle et d'augmenter sur le long terme la sensibilité de la perception.[307] Ils commencent à voir comme un nageur moken.

Avec le temps, la pleine conscience opère des changements durables dans le fonctionnement mental, si bien que vous *pouvez maintenir la simple conscience du tout* devant le flot de stimuli, sans jugement ou limitation de la concentration. Vous restez *conscient de la nuance et du détail*, en particulier de ce qui est inattendu et semble contradictoire, et vous risquez moins de vous fixer sur une seule image ou une seule idée.[308]

Après seulement trois mois de pratique intensive de la pleine conscience, les participants d'une autre étude ont amélioré leur capacité à absorber des sensations et des événements devant eux. Au lieu de se concentrer sur des cibles particulières, ils ont perçu un flot rapide de distractions mineures qu'ils auraient normalement ignorées.[309] La pleine conscience réduit aussi les jugements sans fin (« Est-ce que j'aime ça ou non ? », « Est-ce que c'est bien ou mal ? ») qui accompagnent normalement la perception.[310] Quand vous devenez complètement présent, vous vous engagez à voir le tout de votre vie, pas simplement ce que vous préférez voir.

Avec la pratique, la pleine conscience vous ouvre aussi à des formes intuitives d'information, à la communication entre les gens qui existe au-delà du langage et des sens. Vous êtes sensibilisé au courant

307 D. Brown et al., « Visual Sensitivity and Mindfulness Meditation », *Perceptual and Motor Skills* 58, n° 3 (1984) : 727-33, 775-84.

308 A. Lutz et al., « Attention Regulation and Monitoring in Meditation », *Trends in Cognitive Science* 12, n° 4 (2008) : 163-69.

309 H. A. Slagter et al., « Mental Training Affects Distribution of Limited Brain Resources », *PLoS Biology* 5, n° 6 (2007): e138.

310 Lutz et al., « Attention Regulation ».

émotionnel sous-jacent des relations et vous augmentez votre propre capacité à l'empathie.[311]

Don Beck est convaincu que s'il avait vécu en 1860 et avait eu une conversation avec Abraham Lincoln, il aurait pu empêcher la Guerre civile. Ancien professeur de psychologie sociale à l'université du North Texas, ce Texan florissant de soixante-dix ans est connu pour un système qu'il a développé, appelé la « spirale dynamique », qui identifie les graduations fines des systèmes de croyance et leur niveau de complexité dans une société donnée. Il considère son travail comme une suite à sa thèse de doctorat, qui examinait la polarisation des Américains juste avant la Guerre. Beck a découvert pas moins de huit positions politiques sur l'esclavage, depuis ceux qui favorisaient la servitude non rémunérée jusqu'à ceux qui désiraient l'abolition totale. Quand la position modérée a disparu de chaque côté, le pays s'est polarisé et la guerre a commencé. « Si nous avions fait certaines choses en 1860, nous n'aurions pas perdu 700 000 personnes, et nous ne serions pas encore en train de nous faire la Guerre civile », déclare-t-il.[312]

En tant que consultant politique et médiateur dans les conflits sociétaux, Beck se décrit comme un « missile à tête chercheuse aux infra rouges », attiré par les points chauds de la planète : l'Afrique du Sud, la Palestine, l'Afghanistan et Israël. Son travail actuel tente de détruire la pensée qui alimente le préjugé : nous-versus-eux, en montrant aux gens que ceux de l'autre côté ne sont pas tous les mêmes. Selon l'expérience de Beck, ce qui nous polarise souvent ou démolit les sociétés est un simple manque d'appréciation des différentes croyances qui existent dans les cultures en dehors de la nôtre. « Nous n'avons pas

311 J. Reiman, « The Impact of Meditative Attentional Training on Measures of Select Attentional Parameters and on Measures of Client-Perceived Counsellor Empathy », *Dissertation Abstracts International* 46, n° 6A (1985) : 1569. Voir aussi S. Donavan et al., *The Physical and Psychological Effects of Meditation*, chapitre 3, Institute of Noetic Sciences, 1997.

312 Pour cette citation et d'autres de Don Beck, voir Entretien avec Beck, 19 octobre 2010.

le langage de la différence, alors nous avons tendance à stéréotyper » affirme-t-il.

Durant ses soixante-trois visites en Afrique du Sud, dans les années 1980, Beck s'est fait connaître comme un bâtisseur de pont entre les populations noires et blanches du pays ; en conséquence, il a joué un rôle dans les coulisses en aidant à la transition du pays de l'apartheid à la démocratie. Dans ses contacts avec le monde des affaires, il s'est vite rendu compte que de nombreux Afrikaners pro-apartheid, le groupe dominant blanc, étaient incapables de faire la différence entre les diverses tribus noires, alors que les membres de l'African National Congres, le parti mené par Nelson Mandela, avaient aussi des difficultés à distinguer les différents types d'Afrikaners. Beck a commencé à donner des conférences, dans toute l'Afrique du Sud, pour éduquer les Blancs et les Noirs à distinguer finement les différents groupes noirs et blancs. « J'ai pu briser, dit-il, les systèmes de définition qui alimentaient les préjugés. »

Vous pouvez développer cette sorte de « vision aérienne » dans votre propre vie en affinant votre capacité à remarquer les détails sur les gens et les cultures qui sont différents des vôtres, ce qui finalement vous empêche d'être piégé dans des pensées du genre « nous » et « eux ». Vous apprenez à douter de vos hypothèses automatiques sur les voisins que vous ne connaissez pas, sur les personnes de conviction religieuse et d'ethnie différentes, sur les pays et les gens qui vivent au-delà de vos frontières.

La vision aérienne vous permet aussi d'entretenir des idées opposées dans votre tête sans pour cela juger, parce que vous reconnaissez le tout qui lie chaque chose ensemble. Vous vous détachez de votre point de vue et de vos propres préjugés afin *d'entretenir divers points de vue et d'arrêter de prendre parti pour votre propre côté*. En tant que médiateur des dirigeants auprès du Congrès américain et des Nations unies, Marc Gerzon a déjà travaillé avec le New Israel Fund, une organisation dont les membres, comprenant à la fois des Israéliens et des Palestiniens, collectent des fonds pour un certain nombre de causes communes. Quand il a demandé au comité comment ils pouvaient travailler ensemble de façon si efficace, l'un des membres a répondu : « Nous sommes capables de vivre avec des paradoxes. »[313]

Pour illustrer leur point de vue, un Palestinien et un Israélien ont chacun écrit leur propre version abrégée de la fondation de l'État d'Israël. Le récit du Palestinien, intitulé « Le Désastre », décrit l'établissement d'Israël comme « une grande tragédie : des villages entiers ont été détruits, les terres et les propriétés ont été confisquées tandis que des centaines de milliers de Palestiniens devenaient des réfugiés. En une nuit, les Palestiniens sont devenus une minorité dans leur propre pays ».

Quant au récit de l'Israélien, intitulé « Indépendance », il célébrait l'accomplissement du « droit historique » des Juifs à établir un État en terre promise. Néanmoins, en dépit du plan de partage des Nations unies qui faisait d'Israël un État, depuis « l'aube de sa fondation », les Juifs ont été assiégés de tous les côtés. « Les nations arabes ont attaqué la nation juive, mais les Juifs se sont courageusement libérés du mandat britannique, et depuis, la nation juive combat pour sa simple existence… »

La tragédie – la raison de ce conflit qui dure –, c'est que les deux histoires sont pour l'essentiel vraies.[314] Quand vous remarquez le tout, vous permettez et respectez plus d'une version de la réalité.

La vision aérienne nous permet aussi de transcender notre tendance à toujours regarder de notre point de vue pour trouver des solutions aux problèmes. En Irak, par exemple, des soldats américains bien intentionnés ont fait naître un énorme ressentiment parmi la population, quand ils ont démoli plusieurs terrains de football que les habitants de Bagdad fréquentaient et affectionnaient afin de construire le Tigris River Park qui leur a coûté un million et demi de

313 M. Gerzon, *Global Citizens*, Harvard Business School Press, 2006, 180.

314 Ibid.

dollars et qu'ils ont offert comme un « cadeau de bonne volonté ».[315]

Récemment, Don Beck est allé à Bethléem, à un congrès sur les investissements, où un certain nombre de multinationales occidentales conseillaient les investissements de haute technologie, en Palestine. À leur grand étonnement, Beck a insisté pour qu'ils investissent dans une usine de ciment. Les investisseurs potentiels étaient inquiets à l'idée d'investir dans une technologie de l'âge industriel jusqu'à ce que Beck les convainque de voir par les yeux des Palestiniens. Les réfugiés ne vivaient pas dans des maisons définitives ; ce dont ils avaient le plus besoin n'était ni des ordinateurs ni des téléphones portables, mais d'un travail de bureau sans surprise, d'une industrie avec un marché constant et d'une source de matériaux de construction à l'intérieur de leurs frontières.

Une fois que nous commençons à voir le tout, nous pouvons voir au-delà de nos propres suppositions et au-delà des différences de notre humanité commune – et jusqu'à l'espace qui nous unit tous.

315 Ibid, 33.

CHAPITRE 10

S'abandonner au Tout

Orland Bishop semble embarqué dans une mission impossible : éduquer de jeunes Noirs, membres de gangs, à l'art de la communication. L'endroit que Bishop a choisi pour officier est Watts, un district du sud de Los Angeles que l'on considère si dépourvu de toute possibilité de rédemption, après des dizaines d'années de pauvreté et de violence enracinées, qu'il est désormais connu pour exemplifier une succession d'échecs. Au milieu des années 1990, les gangs de rue de Watts formaient l'épicentre du trafic américain de crack et de cocaïne. La rivalité entre les principaux gangs, les Crips et les Bloods, était telle que leurs guerres et leurs ramifications ont fait cinq fois plus de morts que toutes les années de troubles en Irlande du Nord. La solution du gouvernement blanc : la création de la division spéciale CRASH (Community Resources against Street Hoodlums) de la police de Los Angeles, qui a entrepris une sérieuse investigation interne pour découvrir le plus grand exemple de corruption policière de l'histoire des États-Unis – fusillades et bastonnades sans provocation, coups montés contre des suspects, fabrication de preuves, trafic de drogue et cambriolage de banques.

Le nom même du district est devenu synonyme de la face extrême de discrimination raciale en Amérique. Pendant les émeutes de 1965, déclenchées par l'arrestation d'un jeune Noir et de sa famille sur une accusation complètement fabriquée de conduite en état d'ivresse, les résidents noirs ont brûlé et pillé presque mille commerces tenus par des Blancs pour la plupart. Quelque 15 000 membres des National Guardsmen et de l'Armored Cavalry ont été appelés, ce qui représentait le plus grand nombre d'hommes jamais déployés sur le sol de la nation, prétendument pour empêcher Watts de s'autodétruire complètement. « Des singes au zoo », selon l'expression du chef de la police de Los Angeles, William Parker, qui résumait ainsi la situation en public et déclenchait un autre épisode de pillages et d'incendies qui n'ont été contrôlés que lorsque les gardes ont coupé tout le quartier du reste de Los Angeles tout comme pour une épidémie nécessitant une quarantaine.

Trente ans plus tard, en 1992, Watts s'est fait encore connaître comme le symbole de l'inégalité de la justice américaine après qu'un touriste ait pris en vidéo des policiers en train de battre brutalement un chauffeur noir, Rodney King, et que les policiers impliqués aient été innocentés de toutes des charges. La décision de la cour a déclenché six jours d'incendies, d'attaques et de meurtres, laissant 53 morts, des milliers de blessés et plus d'un milliard de dollars de dégâts.

Bien que le taux de meurtres ait baissé à Watts depuis le milieu des années 1990, la plupart des tentatives pour assainir la ville échouent ou s'étiolent. L'émeute qui a suivi l'acquittement des policiers, dirigée cette fois-ci contre les Latino-Américains et les Asiatiques dont l'ascension sociale est supérieure à celle des Noirs, a eu lieu un jour après que les principaux gangs noirs aient signé un traité de paix. Le seul lieu de divertissement de l'endroit, la 109th Street Pool, une piscine municipale, requiert une présence policière constante après que son directeur a été attaqué par des jeunes, en 2005. Dans le dialogue continu entre les races en Amérique, Watts est l'endroit où personne n'écoute vraiment.

Néanmoins, c'est ici, dans ce No Man's Land, que nous pouvons apprendre à retrouver le *lien* dans nos relations. Le travail d'Orland Bishop consiste à enseigner à des membres de bandes rivales comment interagir les uns avec les autres. S'il nous offrait une instruction similaire, elle ne ferait jamais que différer en degré, mais pas dans le fond. Se tirer dessus, c'est tout simplement la version extrême du genre de relation que vous et moi entretenons quand nous agissons contre nature et communiquons d'un point de vue égoïste et compétitif.

Bishop, un homme de 44 ans, visage angulaire et port élégant, doué d'une remarquable éloquence, personnifie sa propre contradiction.

Né en Amérique du Sud, mais devenu majeur à Brooklyn, travaille sur la tension entre ces deux mondes. Il a été élevé en Guyane, où il a développé un lien profond avec tout ce qui l'entourait : sa famille de neuf personnes dans une maison de deux pièces, le monde de la nature où il passait ses étés à vadrouiller dans la forêt tropicale ; et même son tout jeune pays. En 1966, la nouvelle indépendance de la Guyane gagnée sur l'Angleterre a suscité une nouvelle vision collective. Bishop et ses amis appréciaient leurs longues marches et leurs pratiques ancestrales de « conversations d'âme à âme ». Tout était là pour être partagé.

Bishop a été brutalement séparé de cette connexion en 1982, quand ses parents et toute la famille sont partis vivre aux Etats-Unis chez une tante, à Brooklyn. Alors que le système éducatif britannique en Guyane avait deux ans d'avance sur celui de New York, Bishop a été placé dans une classe deux ans en arrière, car il venait d'un pays du Tiers-monde. À ses yeux, c'était Brooklyn, au temps de sa plus haute criminalité liée au trafic de drogues, qui était l'endroit non civilisé, et non pas les petits pays des Caraïbes. Après le lycée, il est allé à l'université pour étudier la médecine, en comprenant instinctivement que le moyen d'établir un lien avec son nouvel environnement consistait à guérir ce dont il était témoin.

Pendant ses études de médecine, un ami artiste de talent lui a demandé de l'aider à combattre sa dépendance à la drogue. Quand le problème de son ami s'est révélé être le SIDA, Bishop a été le premier à le soigner.

« Il m'a invité à me joindre à une conversation à laquelle je participe encore, explique Bishop. Quelques jours avant sa mort, il s'est tourné vers moi avec la plus irrésistible force de volonté humaine que j'aie jamais pu voir, et il m'a dit : "Tu ferais mieux de faire ce que tu es venu faire ici. Si tu ne le fais pas, tu le regretteras." »[316] Bishop s'est rendu compte que la guérison qu'il était destiné à faire allait au-delà

316 Pour cette citation et toutes citations et informations sur Orland Bishop, entretiens, 16 avril et 16 octobre 2010.

du corps physique, elle avait quelque chose à voir avec la coupure à l'intérieur de la société américaine. Il a quitté l'école de médecine et a créé la Shade Tree Foundation qui enseigne à des membres de gangs et à la jeunesse noire à risques qu'il est possible d'avoir des relations sans agression ni violence.

Bishop pense qu'un gang est simplement une manifestation du besoin humain d'appartenance qui a été frustré. « Ils ont l'instinct vers l'unité, c'est pourquoi ils forment des gangs » explique Nelsa Libertad Curbelo Cora, un partisan de la paix qui travaille avec des jeunes membres de gangs à Guayaguil, en Équateur, dans une fondation identique à celle de Watts. Le travail de Bishop consiste à enseigner à des jeunes membres de gangs à aller au-delà des mots « je » et « tu » ou, plus communément, « nous » et « eux ». C'est un travail révolutionnaire, précisément car il reconnaît que, pour retrouver le *lien*, nous devons réduire le « je » dans notre propre histoire.

Dans son ouvrage novateur *Je et Tu*, Martin Buber prétend que, globalement, nous échangeons avec d'autres sur le mode « Je-Cela », comme objets complètement séparés de – et donc subordonnés à – nous-mêmes.[317] Tout ceci parce que, globalement, dans toute situation ou dans toute relation, nous considérons le « je » comme séparé et primaire. Comme Richard Nisbett l'a découvert dans ses études sur les différences dans la façon dont les Orientaux et les Occidentaux pensent, nos relations individuelles ont beaucoup à voir avec la façon dont nous nous voyons en relation avec le reste du monde. Quand on leur demande de se décrire, les Nord-Américains et les Européens tendent à mettre en avant leurs traits de caractère individuels, à exagérer leur singularité et à se concentrer sur ce qu'ils considèrent comme ce qu'il y a de plus distinctif quant à eux-mêmes et à leurs possessions, alors que les Asiatiques mettent en avant leurs relations avec tous les groupes

317 M. Buber, *I and You*, Continuum, 2004.

sociaux.[318] Prêter attention à l'objet séparé signifie voir le monde – le catégoriser, faire appliquer des règles et entretenir des relations de tous les jours – entièrement du point de vue privilégié de l'objet. En tant qu'Occidentaux, lorsque nous descendons une rue, les maisons sont naturellement à *notre* gauche, les voitures et la rue à *notre* droite. Tout est orienté par rapport à notre relation aux choses, comme si nous étions le Soleil et le reste de l'univers nos planètes.

Dans l'une de ses études, Nisbett a offert comme cadeau à des étudiants américains et coréens le choix entre différents stylos de couleurs différentes. Les Américains ont choisi des couleurs originales, alors que les Coréens choisissaient les plus communes. Les uns cherchaient à être la personne la plus originale de la salle ; alors que les autres voulaient simplement s'intégrer.[319] Dans le monde occidental, notre impulsion à être séparé et unique dans une relation se traduit souvent par un besoin de pouvoir. Dans la plupart de nos rencontres, nous sommes contraints de prouver que c'est nous qui avons le plus beau stylo.

Mais même lorsque nous cherchons à nous relier plutôt qu'à entrer en compétition, nous continuons généralement à nous concentrer sur le « je » de l'histoire. Si je vous demandais de décrire la première rencontre avec la plupart de vos amis, vous raconteriez probablement les points communs que vous avez trouvés : le même niveau économique, les mêmes hobbies, les mêmes croyances spirituelles, la même structure familiale ou les mêmes goûts. Il est plus que probable que vous avez choisi d'entrer en rapport exclusivement avec des gens qui ont quelque

318 S. D. Cousins, « Culture and self-perception in Japan and the United-States », *Journal of Personality and Social Psychology* 56 (1989) : 124-31 ; C. Kanagawa et al., « "Who Am I?" The Cultural Psychology of the Conceptual "Self" », *Personality and Social Psychology Bulletin* 27 (2001) :90-103, cité dans Nisbet et T. Masuda, « Culture and Point of View », *Proceedings of the National Academy of Sciences of the United States of America* 100, n° 19 (2003) : 11163-70.

319 H. Kim et H. R. Markus, « Deviance or uniqueness, harmony or conformity?: A cultural analysis », *Journal of Personality and Social Psychology* 77 (1999): 785-800, cité dans R. E. Nisbett et T. Masuda, « Culture and Point of View ».

chose de vous en eux. Nous pensons que cette connexion superficielle nous procure un sentiment d'identité partagée.[320] Nous aimons les gens qui sont juste comme nous, qui partagent nos valeurs, nos attitudes, notre personnalité et même notre disposition émotionnelle,[321] et nous avons tendance à entrer en conflit surtout avec les gens qui ne sont pas comme nous. Tous les groupes auxquels nous nous joignons, du Rotary Club à l'Association des parents d'élèves, sont fondés sur une passion commune, que ce soit une communauté, un jeu, Dieu ou des enfants. Notre idée de la connexion est de chercher constamment la ressemblance. Ceci signifie bien sûr que l'aune par laquelle nous jugeons tous les autres est nous-même.

Cette tendance à nous grouper avec des gens qui nous ressemblent le plus ne sert qu'à nous séparer des autres en renforçant notre individualité, le sentiment que notre voie est la meilleure. Nous cherchons toujours à nous recréer dans un autre, car, à la base, nous voulons renforcer la conviction que *nous sommes bien*. Ceci va aussi à l'encontre de notre expérience biologique plus profonde des relations. Comme nous l'avons vu, à partir du moment où nous quittons notre solitude, nous partons temporairement de nous et entrons automatiquement dans l'autre – quelles que soient nos différences – et il entre aussi en nous. Nous sommes affectés par les sentiments, les actions et les pensées de tous les autres, et eux à leur tour sont affectés par nous, même si nous n'avons rien en commun. Pour le meilleur ou pour le pire, que nous le voulions ou non, nous fusionnons avec tous ceux avec lesquels nous entrons en contact. La tribu indienne américaine des Lakota décrit la relation par le mot *tiyospaye*, que l'on peut plus ou moins traduire par « là où nous vivons est à part, mais pas complètement séparé ». Même distants ou désagréables, dans toute interaction, à un certain niveau, nous ressentons le *lien*.

---

320 M. McPherson et al., « Birds of a Feather: Homophily in Social Networks », *Annual Review of Sociology* 27 (2001) : 415-44.

321 S. G. Barsade et D.E. Gibson, « Group Emotion: A View from Top and Bottom », *Research on Managing Groups and Teams 1* (1998) : 81-102.

Nous sommes constamment branchés sur tous les autres êtres humains, et nous pouvons en devenir conscients si nous nous arrêtons suffisamment longtemps pour écouter. Mais ceci nécessite d'aller plus loin que le simple rassemblement avec ceux qui nous ressemblent pour trouver la connexion plus profonde qui est toujours présente dans toute relation. Quand nous ressentons le *lien*, nous réduisons notre sentiment de sujet et d'objet et nous nous entraînons à voir le « je » seulement en relation avec l'autre. Ceci réclame que nous déplacions notre attention de la petitesse du moi jusqu'à l'expansion de l'espace entre.

Après la disparition de son ami mort du SIDA, Bishop a beaucoup voyagé en Afrique de l'Ouest et du Sud, où il a rencontré des anciens des tribus zouloues, en particulier Credo Mutwa, le dernier des anciens Sanusi. De retour en Amérique, il a ramené avec lui une technique pour avoir des rapports avec les autres : le rituel de bienvenue zoulou *Sawubona*. Bien que traduit d'habitude par « Je te vois » (et rendu célèbre par le N'avi dans le film *Avatar*), *Sawubona* signifie littéralement « *Nous* te voyons » et la réponse correcte est « Oui, *nous* te voyons aussi ».

« Ce n'est pas une seule personne, un seul "je" » dit Bishop. Dans la culture africaine, on pense qu'une personne est connectée à toutes les choses vivantes et à toute la conscience, passée et présente ; entrer en relation n'est donc jamais vu comme un acte solitaire. La notion plurielle aussi est importante parce que, comme l'explique Bishop, « voir est un dialogue », un acte qui témoigne et une obligation à participer. Vous portez témoignage de quelque chose qui inclut votre propre présence et celle de l'autre. Ce que Bishop veut faire passer, c'est l'essence du *lien* : pendant chaque instant où nous sommes en relation avec un autre être humain, dans un sens, nous passons un contrat – nous entrons dans l'espace entre, l'espace de pure connexion – quelles que soient les différences superficielles. Selon Bishop : « C'est une invitation à participer dans la vie de l'un et de l'autre, à explorer notre potentiel mutuel pour la vie. Cela oblige aussi à soutenir l'autre – à nous donner ce qui est nécessaire pour que ce moment-là de la vie soit mis en valeur. » Ceci ressemble à quelque chose que l'on trouve dans le concept africain d'*ubuntu*, qui, dans son sens littéral signifie : « Je suis parce que tu es », signifiant que nous sommes des cocréateurs l'un de l'autre, à la fois observateur et observé, que nous avons l'engagement de fournir à l'autre ce dont il a besoin à ce moment-là, que ce soit de la nourriture, de l'eau ou le niveau de soutien le plus profond.

Nouer un rapport avec autrui, de quelque façon que ce soit, nous oblige à partager le moment de notre mieux, à offrir exactement ce qui est nécessaire pour aider l'autre à s'épanouir. Sentir le *lien* change la nature de la transaction entre vous et quelqu'un d'autre, en passant d'un but égoïste à un objectif plus large, dont le seul motif est la connexion entre vous deux. Bishop dit à ses jeunes de considérer chaque rencontre avec quelqu'un d'autre comme un challenge personnel : « Comment dois-je être pour que cette personne soit libre – soit celle qu'elle est ? Dans quelles formes de connaissance est-ce que je dois m'engager pour lui permettre de se sentir suffisamment libre dans cette relation ? » Dans cette définition de la relation, le « je » et le « tu » deviennent quelque chose de beaucoup plus grand : le moment du *lien* où la différence n'a pas d'importance. Vous offrir comme véhicule au service de la pure expérience de la connexion peut avoir lieu avec n'importe qui, simplement par le fait que, en tant qu'êtres humains, vous inspirez tous deux le souffle. « Par le *Sawubona*, nous sommes capables de faire l'expérience de la qualité d'un autre, sans jugement ni préjugé façonnés par nos pensées. *Sawubona* est une ouverture vers ce qu'il y a de meilleur dans une personne. »

Quand nous nous voyons comme faisant partie d'un plus grand tout, nous commençons à agir différemment envers autrui. En abandonnant un but égoïste dans la relation, nous ne luttons plus contre notre nature et nous nous abandonnons à notre impulsion naturelle vers l'holisme. Nous pouvons facilement englober la différence dans cette définition plus vaste de la connexion.

Bishop parle beaucoup d'espace : l'espace physique où nous habitons, l'espace psychique que nous offrons à quelqu'un quand nous avons une relation correcte avec lui ; l'espace où nous nous rencontrons à un niveau plus profond. Il considère l'« espace » comme synonyme de « sanctuaire » et « sanctuaire » comme synonyme d'une connexion parfaite. Il explique que *Sawubona* « nous amène dans un espace relationnel – un espace partagé – avec un autre et dans la communauté ».

Comme la plupart des gangs de Los Angeles se battent pour leur territoire, Watts est leur espace commun, qui pour eux a un contexte économique, normalement sous forme de ventes de drogue. Bishop neutralise ce contexte de territoire en enlevant la possibilité de propriété exclusive, si bien que ce territoire peut être considéré comme un sanctuaire plutôt que comme une source de revenus, où il est possible de partager à la fois l'espace physique et l'identité. La relation devrait aussi offrir ce sanctuaire psychique temporaire, afin que les deux parties se sentent entendues et comprises. On passe d'un échange de services à une recherche de la similitude, à un partage des aspects les plus profonds de chacun. Bishop invite les jeunes à pratiquer l'*indaba*, que l'on peut traduire par une « conversation d'âme à âme », dépassant la superficialité pour aller jusqu'à la vérité la plus profonde de qui vous êtes et de ce à quoi vous rêvez.

« Pour que les gens soient d'accord, ils doivent avoir une perception plus profonde des pouvoirs de leur propre humanité, explique Bishop. Quand vous partagez cela profondément, vous vous abandonnez à votre impulsion naturelle de fusionner l'un avec l'autre et vous trouvez le terrain d'entente de l'espace entre vous – l'endroit de votre humanité commune. Un sens partagé permet à des perceptions différentes – ou à des réalités différentes – d'exister ensemble. »

Bishop organise des retraites résidentielles de cinq jours en Caroline du Nord, en arrachant délibérément des jeunes des deux gangs de leur territoire familier pour les sortir de leurs schémas comportementaux habituels en participant à des cérémonies et des rituels. Lors de discussions informelles, il pose des questions provocatrices au groupe – « Quand avez-vous senti que vous n'auriez aucune chance d'être parmi ceux avec qui vous vouliez vraiment être ? » – afin d'inciter les jeunes à partager leur histoire personnelle. La plupart de ces histoires sont choquantes, et les jeunes sont encore des écorchés vifs. « C'est souvent une blessure qui conduit un jeune à entrer dans un gang, explique Bishop. Ils pensent qu'ils ont besoin d'un ennemi pour être eux-mêmes. »

Bishop initie les jeunes à l'art de *parler et d'écouter profondément et à partir du cœur*, sans critique et sans jugement. Pendant cette sorte de profond partage, l'attirance de l'unité construit la confiance et relâche les attachements aux positions inébranlables. L'intensité même de l'expérience amène à de nouvelles alliances et à une vision plus large de l'avenir. « Ils commencent à comprendre que s'ils s'unissent dans la créativité, ils grandissent », dit-il.

Une connexion profonde telle que celle-ci peut être une guérison remarquable. « Une fois que cette relation se consacre au bien de tous, elle peut contenir l'espace qui lui permettra de continuer à se former, quelle que soit la réalité présente », explique Bishop.

À Watts, les Crips et les Bloods ont fait une trêve de douze ans ; à présent, elle est en train d'être renégociée. Depuis huit ans, Bishop continue à aider les jeunes à construire un avenir qu'ils peuvent tous partager. Dans le réseau étendu de Shade Tree, on voit des jeunes, autrefois dans des bandes rivales, qui désormais travaillent ensemble.

De la même façon, à Guayaguil, Nelsa Cora a enseigné aux jeunes des gangs de rue à transformer ce besoin de connexion en « puissance de service, de vie et d'amour », pour une communauté en difficulté. Les membres des gangs ont appris à canaliser leur créativité et leur besoin de reconnaissance en s'éloignant de la violence et en créant de petites entreprises : imprimeries, studios d'enregistrement et pizzerias. Le *barrio*, le quartier, s'appelle maintenant Barrio de Paz, le quartier de la paix. S'abandonner à l'espace « entre » est si puissant que même les membres les plus durs des gangs ont rendu les armes.

Indaba ressemble à l'art du dialogue tout d'abord proposé par David Bohm, un art de la communication avec lequel un groupe explore ses sentiments et ses idées de façon non structurée pour créer une plus grande compréhension, une connexion plus profonde et une nouvelle synergie d'idées. Bohm, un physicien britannique qui croyait en l'unité invisible de toute matière, était convaincu que nos pensées faisaient aussi partie d'un champ unifié et que les crises auxquelles l'humanité devait faire face étaient dues à une « incohérence envahissante » dans la façon dont l'homme moderne pense.

Ce que nous considérons comme nos pensées privées sont en fait un phénomène collectif, le résultat d'une convergence de masse d'influences culturelles. Notre version de la réalité est tout simplement une construction colorée par nos propres concepts et nos propres mémoires, qui sont eux-mêmes influencés par la langue, la culture et nos propres histoires. « Néanmoins, écrit Bohn, chacun de nous croit que la façon dont il interprète le monde est la seule façon intelligente avec laquelle il peut être interprété. »[322] Par conséquent, quand nous tentons de parler de sujets qui sont très importants pour la plupart d'entre nous, nous parlons du point de vue de notre propre version de la vérité et, invariablement, nous finissons par ne pas être d'accord avec quiconque a une version légèrement différente de la nôtre.

Bohm a proposé une méthode de discours qui ralentirait le processus des pensées pour que les présuppositions individuelles et collectives puissent être explorées et que les idées, les croyances et les sentiments derrière elles soient mis au grand jour. En aidant les individus à comprendre les processus qui interfèrent avec la communication réelle, cette sorte d'échange établirait une version commune de la réalité. Bohn a comparé le dialogue à une rivière qui coule autour et à travers les participants, en renforçant le *lien* entre eux et en créant une « culture cohérente de sens partagé ».[323]

322 D. Bohm et al., « Dialogue: A Proposal ». Disponible sur www.muc.de/~heuvel/dialogue/dialogue_proposal.html.

323 Ibid.

Les règles du dialogue sont simples. Les parties concernées sont d'accord pour que le but de la conversation *ne soit pas d'arriver à une décision ou d'avoir un débat.* Tous sont d'accord pour parler *chacun à leur tour* et pour ne pas monopoliser la conversation. Les participants sont d'accord aussi pour avoir *conscience de leurs propres réactions* au moment où elles ont lieu. Le dialogue utilise le pouvoir de *dire une profonde vérité* ; des individus s'accordent pour être honnêtes et transparents sur des sujets de grande importance pour eux, même si leur position prête à controverse ou à discussion, et ne jamais utiliser leur opinion pour prouver que quelqu'un à tort.

Tous sont d'accord *pour être réellement présents et pour écouter respectueusement avec le cœur et l'esprit, sans se juger les uns les autres.* Lors des conversations, chaque membre essaie de construire sur les idées des autres et de traiter les différences de façon créative afin de produire une compréhension, une connexion et une possibilité partagées plus grandes. Vous commencez à communiquer en utilisant des voies qui permettent de relier directement votre âme à l'âme de ceux du groupe afin de trouver l'humanité et la connexion communes sous les différences superficielles. Dans l'échange libre des idées, un « pool de compréhension commune » se déploie. « Une nouvelle sorte d'esprit, a remarqué Bohm, naît. »[324]

En décembre 1989, Laura Chasin, thérapeute familiale à Cambridge, dans le Massachusetts, regardait un débat houleux entre des partisans et des adversaires de l'avortement. La discussion lui a rappelé le même genre de comportement qu'elle voyait régulièrement dans son travail avec les familles dysfonctionnelles. Elle s'est demandé si certaines des techniques qui avaient prouvé leur efficacité en thérapie pouvaient aussi être pratiquées par des individus dont les vues politiques ou sociales étaient polarisées.

Chasin a créé le Public Conservation Project en enrôlant ses amies

324 Ibid.

et connaissances féminines des deux côtés du débat sur l'avortement pour approfondir leur compréhension les unes des autres en changeant la façon dont elles communiquaient. Elle a commencé à organiser des rencontres, déjeuners et dîners où les femmes pouvaient faire connaissance avant de révéler de quel côté de la barrière elles étaient.

Lors des rencontres suivantes, les femmes, assises en cercle, prenaient part au dialogue chacune à leur tour, en révélant leur histoire personnelle sur l'avortement, les événements dans leur vie qui avaient contribué à façonner leurs croyances, les aspects et les problèmes avec lesquels elles se battaient toujours. Au total, Chasin a organisé dix-huit rencontres avec plus d'une centaine de femmes différentes.

Le 30 décembre 1994, quand l'avocat contre l'avortement, John Salvi, a abattu deux personnes et en a blessé cinq autres, à la Planned Parenthood, une clinique de Brookline, dans le Massachusetts, puis au Preterm Health Services, six personnes influentes du mouvement contre l'avortement de l'État, dont la directrice du Pro-Life Office de l'archidiocèse et Nicki Nichols Gamble, directrice de la Plannned Parenthood League du Massachusetts, ont décidé qu'il était vital que les deux côtés continuent le dialogue. Les six femmes ont donc continué à se rencontrer, en secret, pendant presque six ans.

Avec le temps, elles ont appris à arrêter d'utiliser un langage incendiaire tel que « meurtre » et ont appris à « parler avec amour, à parler avec respect et à parler en paix », quelle que soit l'importance de leurs différences.[325] Lors d'un service pour honorer la mémoire des deux personnes qui avaient été tuées par Salvi, Gamble a exprimé sa gratitude pour les « prières de ceux qui sont d'accord avec nous et de ceux qui ne sont pas d'accord ». Les deux côtés se sont réunis pour faire une déclaration commune annonçant que le chef du mouvement Pro-Life de Virginie, qui avait jugé l'action de Salvi comme un « acte juste », n'était pas le bienvenu dans le Massachusetts. De plus, les leaders anti-

325 « Public Conversations Project, "Talking with the Enemy" », *Boston Globe*, 28 janvier 2001.

avortement ont créé un système d'urgence pour avertir les partisans de l'avortement lorsqu'ils pensaient qu'il y avait une possibilité de violence ou de danger physique pour eux.

Au bout des six ans, le groupe a tenu une conférence de presse au cours de laquelle les journalistes ont demandé qui avait « gagné » le débat. Chacune des six femmes a annoncé que le processus du dialogue les avait aidées à renforcer leur propre conviction sur l'avortement.

« C'est donc un échec alors ? » a demandé un journaliste.

« Oh, non » a répliqué l'une des femmes. Bien qu'elles aient lutté avec de profondes différences philosophiques pendant des années, elles avaient trouvé le *lien* entre elles et découvert comment se traiter les unes les autres avec dignité et respect. « Maintenant voyez-vous, nous faisons des fêtes ensemble. Nous regardons grandir les enfants des unes et des autres. Nous nous aimons. »[326]

Bishop et les dialogues de Cambridge se concentrent tous deux sur la communication qui révèle *le récit le plus profond* dans la vie de chaque personne – comment nous en sommes arrivés à croire ce que nous croyions et qui nous sommes réellement – et *la connexion qui existe toujours à ce niveau d'être le plus profond.* Les femmes de Cambridge ont délibérément évité de s'asseoir face à face, de manière agressive, comme c'est normalement le cas lorsque l'on négocie ou prend une décision, mais elles ont préféré s'asseoir de façon amicale, l'une près de l'autre, en cercle. Elles ont mis en avant des *principes moraux* – des façons créatives avec lesquelles travailler ensemble – afin de proposer une meilleure éducation sexuelle aux adolescents, davantage d'aide aux adolescentes enceintes et des programmes d'adoption améliorés. Cependant, l'aspect le plus important du dialogue est *une reddition vers la force de l'unité*, la recherche d'un « réservoir de sens partagé ». En entrant dans l'espace entre vous, vous découvrez la strate commune qui est toujours là, même quand les visions du monde s'opposent.

Quand nous nous ouvrons à notre vraie nature, qui cherche toujours l'unité, nous autorisons la résonance pure et immédiate avec

326 Entretien avec James O'Dea, 9 octobre 2010.

l'autre dans l'espace de notre humanité commune. Ceci n'est pas particulièrement difficile si nous cherchons dans nos mémoires. En fait, la plupart des gens font l'expérience de cette pure connexion lorsqu'ils deviennent parents, ou même au moment de leur propre naissance.

J'étais certaine que j'allais être une mauvaise mère. J'avais attendu d'être enceinte bien après mes trente ans et j'avais passé une bonne partie de ma grossesse convaincue que moi, si investie dans ma carrière, je manquais de l'équipement nécessaire pour le rôle désintéressé que nécessite la maternité. J'ai géré ma grossesse comme un travail de journaliste, je suis allée aux classes prénatales d'une pionnière de la naissance naturelle, j'ai lu des livres, tordu mon corps dans toutes sortes de positions primordiales, j'ai même fait un essai en tenant dans mes bras les bébés de mes amis.

J'étais si préoccupée de savoir si j'étais faite pour l'emploi que j'ai passé les derniers jours de ma grossesse à traîner après mes amies qui avaient déjà eu un accouchement, en prenant des notes dans mon carnet de journaliste, dans l'espoir que quelque chose de leur manière facile et naturelle qu'elles avaient de répondre aux besoins perpétuels d'un petit être démuni pourrait déteindre sur moi.

La révélation principale que j'ai eue à la naissance de notre fille aînée, en dehors du fait que c'est un miracle – l'expérience primordiale et extraordinaire d'être un véhicule pour l'entrée de quelqu'un d'autre dans la vie –, a été de voir combien prendre soin d'elle était relativement automatique. Bien que les besoins d'un nouveau-né soient totalement chronophages, rien n'est vraiment difficile dans ce job. À ma grande surprise, dès le premier jour de la vie de Caitlin, j'ai été capable de comprendre intuitivement ses cris et de la calmer.

Au premier signe de tremblement de ses lèvres, je pouvais dire calmement : « Tiens, elle a besoin d'être changée » ou bien « Elle a faim » ou encore « Elle perce sa première dent ».

Quand Caitlin était difficile, mon mari avait beau la bercer, roucouler, chantonner, faire des grimaces, rien n'y faisait ; il suffisait qu'il me la passe et immédiatement elle se calmait. J'avais souvent l'impression d'être une sorcière dont la seule présence, comme une incantation, suffisait à envoûter en permanence mon enfant. Ce dont je ne me rendais pas compte alors, c'est que j'étais, dans un certain sens, un métronome pour ses ondes cérébrales, rythmant la résonance entre nous. Nos ondes cérébrales étaient coordonnées en une seule ondulation. Elle s'arrêtait de pleurer si on me la passait, car j'avais rétabli notre résonance continue, et à chaque fois nous nous rencontrions dans l'espace entre nous.

Vous ouvrir à une pure connexion avec quelqu'un d'autre, comme cela se passe entre une mère et son enfant, crée un effet de résonance neurale entre vous. Cette sorte de résonance profonde peut avoir lieu avec n'importe qui, pas seulement avec nos enfants. Nous sommes tous si sensibles aux états émotionnels des autres que le cerveau est constamment prêt à résonner avec eux. Le système limbique, qui se trouve entre le tronc cérébral, qui est responsable de notre système nerveux autonome, et le néocortex, le cerveau moderne conceptuel qui résout des problèmes, est reconnu comme étant notre « cerveau émotionnel ».

On pense que le système limbique détecte et interprète l'expérience émotionnelle, y compris celle des autres. Tous les mammifères possèdent un cerveau limbique, et par conséquent ils sont capables de ce que les psychiatres de l'UCSF, Thomas Lewis, Fair Amini et Richard Lannon, ont nommé la « résonance limbique », qui permet à une chose vivante de se mettre en résonance avec l'état émotionnel intime d'un autre. La résonance limbique décrit une situation au-delà de la simple imitation miroir ; elle a lieu lorsque deux personnes se trouvent complètement en synchronie et fusionnent momentanément dans un seul organisme.

L'une des descriptions des plus remarquables de ce processus a été faite par la naturaliste Annie Dillard, qui s'est trouvée nez à nez avec une belette, près de chez elle, à Tinker Creek :

> La belette resta figée de surprise, alors qu'elle émergeait d'un énorme buisson d'aubépines à un mètre de moi. Stupéfaite, je me suis arrê-

> tée, j'ai reculé jusqu'au tronc de l'arbre. Nos yeux se sont croisés et quelqu'un a jeté la clé.
>
> Notre regard était celui de deux amants, ou de deux ennemis mortels, qui se rencontrent à l'improviste sur un sentier broussailleux alors que chacun pensait à quelque chose d'autre : un bon coup à l'estomac. C'était aussi un bon coup au cerveau, ou un battement soudain de cerveaux, avec toute la charge et le crissement intime de ballons qui se frottent. Il a vidé nos cerveaux. Il a abattu la forêt, déplacé les champs et asséché l'étang ; le monde s'est démembré pour tomber dans le trou noir des yeux. Si vous et moi nous regardions de cette façon, nos cerveaux éclateraient et tomberaient sur nos épaules.[327]

Dillard décrit le choc de reconnaissance qui a lieu lorsque nous ressentons le *lien*, qui a été d'autant plus étonnant pour elle puisque cette connexion a eu lieu avec un animal sauvage. Mais sa description s'étend au *lien* que nous créons avec une autre personne lorsque nous allons au-delà de nos buts intéressés ; en quelques secondes, comme le décrivent les psychiatres de San Francisco, « deux systèmes nerveux arrivent à une apposition palpable et intime ».[328] Bien que nous soyons toujours en train de nous imiter involontairement, nous sommes plus enclins à nous mettre sur les ondes d'un autre cerveau quand nous établissons une profonde connexion du genre suggéré par Orland Bishop.

Il n'est pas difficile d'alimenter cette pulsion naturelle à rechercher la connexion partagée. Comme nous l'avons mentionné plus tôt, cela a été démontré scientifiquement, dans des études poussées sur ce que l'on appelle d'habitude l'« influence mentale directe sur les systèmes vivants », dans lesquelles un « expéditeur » qui a été stimulé par quelque chose – une lampe de poche ou une décharge électrique – tente de

327 A. Dillard, « Living Like Weasels », in *Teaching a Stone to Talk*, Harper Colophon, 1982, 13-14.

328 T. Lewis et al., *A General Theory of Love*, First Vintage, 2000, 63-64.

transmettre une image mentale du stimulus à son partenaire. Quand il le fait, plusieurs éléments des systèmes physiologiques du couple commencent à se synchroniser.

La recherche a démontré que certaines conditions peuvent amplifier cet effet. À l'université de Mexico, le neurophysiologue Jacobo Grinberg-Zylberbaum a constaté que ses expéditeurs et ses destinataires avaient tendance à imiter les schémas cérébraux déclenchés par une lumière intermittente s'ils avaient été connectés auparavant, après avoir passé vingt minutes ensemble dans un silence méditatif.[329] D'autres méthodes pour établir une connexion profonde consistent à échanger un objet ou une photographie, à se tenir les mains, à méditer ensemble ou simplement à être désignés pour se mettre deux par deux. Des chercheurs de l'université de Washington ont prouvé que même des étrangers développaient une forte résonance d'ondes cérébrales si on les groupait par deux. Envoyer de l'énergie de guérison crée un entraînement des ondes cérébrales, tout comme l'acte de toucher, ou de se concentrer mentalement sur le cœur.[330] Une forte motivation, une expérience de la méditation et des croyances partagées créent une situation dans laquelle deux personnes arrivent rapidement à la synchronisation de leur corps.

Le facteur le plus important de tous est sans doute de cultiver un amour altruiste non spécifique. Dans l'étude sur l'amour de l'IONS, décrite au chapitre 4, dans laquelle un membre d'un couple envoie des pensées et des intentions de guérison à son partenaire atteint de cancer, l'élément crucial semble être l'instruction en pure compassion. Les chercheurs de l'IONS ont entraîné des expéditeurs dans une technique largement fondée sur l'idée de « donner et recevoir », une pratique qui enseigne à développer une profonde empathie pour les

---

329 J. Grinberg-Zylberbaum et al., « The Einstein-Podolsky-Rosen Paradox in the Brain: The Transferred Potential », *Physics Essays* 7, n° 4 (1994) : 422-28.

330 Rollin McCraty et al., « The Electricity of Touch: Detection and Measurement of Cardiac Energy Exchange between People », in *Brain and Values: Is a Biological Science of Values Possible?*, ed. Karl H. Pribram, Lawrence Erlbaum Associates, 1998, 359-79.

autres, à comprendre les souffrances de quelqu'un d'autre sans en être accablé et à transformer cette compréhension par le processus d'envoyer des messages de guérison.

Cette technique de méditation de la compassion, appelée Tonglen, est progressive. Elle commence sur une petite échelle d'appréciation des autres et d'ouverture jusqu'à ce qu'elle englobe l'amour pour toutes les choses vivantes. La méditation commence avec la pensée : « J'apprécie la gentillesse et l'amour de toutes les créatures vivantes. » Vous pensez ensuite à ceux qui sont les plus proches de vous et vous priez : « Puissent-ils se sentir bien et libérés de toute souffrance. » Puis vous progressez pour bénir vos meilleurs amis, vos connaissances et, finalement, même vos ennemis.

Richard Davidson, psychologue à l'université du Wisconsin, passe sa vie à essayer de localiser l'endroit où une émotion est déclenchée dans le cerveau. Davidson a été particulièrement intrigué de découvrir que les gens qui ressentent des émotions négatives ont une activité persistante dans les régions du cortex préfrontal droit.[331] Il s'est demandé si l'opposé était aussi le cas – si l'émotion positive amènerait davantage d'activité dans les lobes frontaux gauches. Quand le dalaï-lama a entendu parler de sa recherche sur le cerveau, il a décidé de « prêter » un groupe de moines tibétains chevronnés à l'université du Wisconsin extrêmement entraînés à la méditation. Quand Davidson a testé l'un des moines, il a découvert plus d'activité dans les lobes frontaux gauches qu'il n'avait jamais enregistrée. D'après sa perspective de neuroscientifique, Davidson a affirmé que cet homme était le plus heureux qu'il n'ait jamais rencontré.

Ces résultats suggèrent aussi quelque chose d'encore plus significatif pour Davidson. L'enregistrement neural de l'émotion semble être hautement malléable ou mutable. C'est une aptitude apprise qui

331 R. J. Davidson and W. Irwin, « The Functionnal Neuroanatomy of Emotion and Affective Style », *Trends in Cognitive Sciences* 3 (1999) : 11-21.

pourrait se développer grâce à certaines pensées au cours du temps. Davidson a continué à faire des expériences avec des moines bouddhistes pour déterminer si la méditation conditionne le mécanisme du cerveau et permet à une personne de devenir plus heureuse et plus empathique.

Davidson et ses collègues ont recruté d'autres méditants qui avaient une grande expérience d'une pratique appelée la « méditation de la compassion » (*Nyingmapa* ou *Kagyupa* dans la tradition tibétaine), ainsi qu'un groupe de volontaires de l'université qui n'avaient aucune expérience de la méditation. Les méditants novices ont appris les pratiques méditatives écrites par Matthieu Ricard, un moine bouddhiste français qui possède un doctorat en génétique moléculaire, et qui est l'interprète du dalaï-lama. Une fois par jour, pendant une semaine, les nouveaux méditants devaient pratiquer pendant vingt minutes la « pure compassion » (la compassion sans aucun référent), avec une volonté et une disponibilité inconditionnelles à aider tous les êtres vivants. Pour entraîner les participants à cet état d'esprit, Ricard leur a enseigné à penser à quelqu'un qu'ils aimaient comme, par exemple, un parent, un frère ou une sœur, un partenaire, et à laisser leur esprit être envahi par un sentiment d'amour altruiste (en leur souhaitant le bien-être) ou un sentiment de compassion (en leur souhaitant d'être libérés de la souffrance). Ricard a prédit qu'après avoir pratiqué cet exercice pendant un court moment, les participants novices seraient capables de générer un sentiment d'amour et de compassion non spécifique envers toutes les choses vivantes.

On a ensuite fait une IRM aux méditants expérimentés et aux novices, puis on leur a demandé de pratiquer la méditation de la compassion ou de se mettre dans un état détendu, sans émotion positive ou négative. Davidson leur a alors fait entendre divers sons – une femme en détresse, le rire joyeux d'un bébé ou un simple bruit de fond – tout en mesurant leurs ondes cérébrales et en comparant l'activité durant la méditation et durant leur état détendu et neutre.

Comme Davidson l'avait prévu, l'activité cérébrale était plus importante pendant les moments de méditation de la compassion où l'on entendait les cris du bébé. Bien qu'elle était beaucoup plus grande chez les méditants expérimentés que chez les novices, même les nouveaux méditants montraient un plus grand sens de compassion généralisée pendant la méditation que pendant le repos.[332]

L'étude de Davidson contient de nombreuses clés pour apprendre comment ressentir le *lien*. Pratiquer la méditation de la compassion régulièrement peut nous sensibiliser aux autres de façon permanente, si bien que nous sommes disponibles pour autrui de la façon que suggère Bishop. Les moines de Davidson possèdent un circuit cérébral de compassion plus actif que la norme, même au repos. Comme sa recherche sur les méditants novices le prouve, la pratique bouddhique de la méditation de la compassion ressemble beaucoup à notre impulsion naturelle à donner de nous inconditionnellement.

Ce qui est le plus fascinant dans la découverte de Davidson, c'est la zone du cerveau où ont lieu les effets : la jonction temporale pariétale dans l'hémisphère droit. Le neuroscientifique Andrew Newberg, de l'université de Pennsylvanie, a découvert que durant certaines formes de méditation, l'activité cérébrale des lobes pariétaux diminuait. Cette partie du cerveau nous aide à générer une image en trois dimensions de nos corps pour nous orienter, et permet ainsi de différencier le *soi* du *non-soi*. Newberg a aussi découvert qu'un pratiquant de la méditation de la compassion perd le sens du soi et de l'autre et entre dans une perception du Tout.[333] Cette disposition inconditionnelle à donner – faisant partie de notre impulsion naturelle à nous relier – aide à dissoudre les frontières individuelles, en nous permettant de quitter notre individualité pour entrer dans l'espace entre.

L'attraction vers l'unité, présente en chacun de nous, peut être sollicitée pour rétablir l'harmonie après des différences ou des trans-

332 A. Lutz et al., « Regulation of the Neural Circuitry of Emotion by Compassion Meditation: Effects of Meditative Expertise », *PLoS ONE* 3, n° 3 (2008) : e1897, sur l'internet.

333 A. B. Newberg et J. Iversen, « The Neural Basis of the Complex Mental Task of Meditation: Neurotransmitter and Neurochemical Considerations », *Medical Hypotheses* 61, n° 2 (2003) : 282-91.

gressions profondes. En tant que codirecteur du Social Healing Project, James O'Dea, ancien directeur du bureau d'Amnesty International à Washington, a passé plusieurs années à faciliter la réconciliation et le pardon entre des groupes en conflit. Le Dr Judith Thomson et lui ont accueilli des dialogues « de compassion et de guérison sociale » dans lesquels des membres de groupes sociaux et politiques extrêmement divisés – les républicains et les loyalistes d'Irlande du Nord, les Turcs et les Grecs cypriotes, les Israéliens et les Palestiniens – se sont rencontrés pour tenter de guérir des blessures partagées.

Au cours de ces dialogues, O'Dea et Thompson ont déplacé l'accent mis sur celui qui a raison et celui qui a tort pour le mettre sur celui qui est blessé et comment le soigner. Le but étant d'aider chaque côté à reconnaître la douleur ou la honte de l'autre, et ce faisant, de se libérer les uns les autres de la souffrance et de la culpabilité.

Leur méthode s'inspire du travail du théologien Geiko Müller-Fahrenholz et de son livre *L'Art du pardon.*[334] Né en 1940, Müller-Fahrenholz était trop jeune pour avoir un souvenir quelconque du Troisième Reich, mais, comme beaucoup d'Allemands de l'après-guerre, il a grandi hanté par le terrible héritage de son pays et il a donc commencé à penser au pardon depuis la perspective à la fois de la victime et du bourreau.

Müller-Fahrenholz considère que le mal crée un esclavage mutuel. Tout acte mauvais, y compris la plus petite des transgressions, établit une relation déformée entre deux personnes. Le bourreau a volé le pouvoir et la victime a reçu l'impuissance. Pour la victime, la blessure est une « atteinte au cœur de notre personne individuelle », écrit-il.[335]

Le pardon ne peut jamais remplacer la justice, mais il peut nous déplacer au-delà de la simple notion que la rétribution est suffisante. Dans la culture occidentale, qui utilise beaucoup la punition et l'emprisonnement pour traiter les transgressions, la victime et l'auteur

---

334 G. Müller-Fahrenholz, *The Art of Forgiveness: Theological Reflections on Healing and Reconciliation*, WCC Publication, 1997.

335 Ibid.

restent tous deux esclaves. La dignité de la victime et la personne individuelle (ou les biens) ne sont pas rétablies, et le bourreau n'arrive jamais à résoudre ce qu'il a perpétré.

Par contre, un acte de pardon, comme la philosophe Hannah Arendt l'a écrit, est une « libération constante mutuelle ». La victime et le bourreau apprennent tous deux à reconnaître la peine ou la honte de l'autre et se libèrent mutuellement de la souffrance et de la culpabilité.

Müller-Fahrenholz raconte l'histoire d'un groupe d'Allemands âgés qui avaient combattu en Biélorussie dans l'armée d'Hitler pendant la Seconde Guerre mondiale. Ils avaient décidé de revenir en Biélorussie, en 1994, cinquante ans après, pour essayer de demander pardon pour ce qu'ils avaient fait lorsqu'ils étaient jeunes. Leur visite a coïncidé avec l'accident nucléaire de Tchernobyl ; ils ont donc offert de construire une maison pour les enfants affectés par le désastre. Vers la fin de leur séjour, ils ont visité un monument aux morts à Chatyn. Ce soir-là, agités par les souvenirs ravivés par la visite, les Allemands ont voulu partager leur expérience avec leurs hôtes biélorusses.

Après avoir porté plusieurs toasts très personnels, l'un des Allemands, toujours sous le choc de sa visite à Chatyn, a parlé de sa propre expérience de jeune soldat. Il a commencé par décrire sa propre souffrance dans un camp de prisonniers de guerre russe, puis brusquement il s'est arrêté. Il s'est excusé un moment, puis soudain il s'est effondré. Il a dit combien il était profondément désolé de ce que personnellement il avait fait aux Russes, puis il a demandé pardon au nom de son pays.

Il a essayé de dire que cela ne devait plus jamais se reproduire, mais sa voix s'est brisée à nouveau, et il a dû se rasseoir, car il sanglotait. Tous dans la salle, même les jeunes qui n'avaient pas connu la guerre, étaient en larmes.

Après quelques minutes, une femme biélorusse du même âge s'est levée, a traversé la salle et l'a embrassé.

Au moment de la confession sincère de l'Allemand, toute la souffrance a été reconnue et la dignité de chaque personne dans la salle a été restaurée. Pour la vieille femme, le pardon a été déclenché par la réalisation soudaine que la peine des autres – même la peine du bourreau – était aussi sa peine et celle de chacune de ses victimes.

Ce moment de connexion à la peine de l'autre est l'aspect transcendant de toute relation, explique Müller-Fahrenholz, il fait naître « une étincelle de ce courage qu'il faut pour s'ouvrir, ce moment d'audace et de confiance qui fait sauter le cœur par-dessus la barrière ».[336] Finalement, c'est cette fusion soudaine qui abat les « murs de séparation » entre nous.

La vérité profonde et la révélation sincère interrompent la cascade du refus et, ce qui est des plus importants, *recréent le lien en rétablissant l'équilibre dans la relation*, bien plus que le simple fait de dire « Je suis désolé » ou d'essayer de se faire pardonner. L'histoire du soldat allemand et de la femme biélorusse montre que le pardon est une restauration qui corrige la distorsion dans la relation. À travers le pardon, les deux côtés sont égaux à nouveau.

Pour le coupable, tout raconter est un acte de désarmement, écrit Müller-Fahrenholz – la volonté de finalement se confronter à la vérité sur soi. Cela éclaire les aspects innommables du mal, ce qui ouvre le chemin vers la rédemption. L'humanité de l'autre mise à nue semble déclencher la responsabilité chez celui qui écoute et crée une catharsis et un moyen d'aller de l'avant.

James O'Dea pense que ce dialogue profond est le guérisseur le plus puissant parce qu'il désarme à la fois l'auteur du crime et la victime, en permettant à chacun de reconnaître la vérité profonde d'une expérience et leur *lien* dans cette histoire. O'Dea a découvert le pouvoir de la sincérité profonde pour rapprocher deux côtés opposés pendant une rencontre de guérison sociale où se trouvait Mary Rothchild, la fille

336 G. Miller-Fahrenholz, « On Shame and Hurt in the Life of Nations: A German Perspective », *Irish Quarterly Review* 78 (1989) : 127-35, cité dans J. Thompson, « On Forgiveness and Social Healing », Panel Discussion on the Role of Forgiveness in *Social Healing, Harvard Divinity School,* 31 octobre 2005. Disponiple sur www.humiliationstudies.org/documents/ThompsonForgiveness.pdf.

d'un survivant de l'Holocauste, et Gottfried Leich qui avait fait partie du mouvement de la jeunesse hitlérienne sous le Troisième Reich. Leich avait été extrêmement anxieux à l'idée de révéler son histoire et de faire face au fait qu'il avait appartenu au mouvement nazi, surtout devant une juive, fille d'un survivant de l'Holocauste.[337] Il avait craint cette rencontre plus que toute autre dans sa vie.

Au début du dialogue, Rothchild s'est tournée vers Leich et lui a dit : « Beaucoup des miens ont été tués pendant l'Holocauste. Quel rôle avez-vous joué ? »

Leich a avoué qu'il avait battu des juifs et mis le feu à des bâtiments pendant *Kristallnacht*, la Nuit de Cristal, en 1938, quand les sections d'assaut nazies ont détruit des milliers de maisons, de magasins et de synagogues juifs. « Mais je n'avais que seize ans » a-t-il dit.

Rothchild n'était pas satisfaite. « Donc, si vous aviez eu dix ans de plus, vous auriez envoyé ma famille à la chambre à gaz ? »

Leich a gardé les yeux baissés très longtemps avant de finalement répondre : « Je ne sais pas. »

Rothchild a été complètement transformée par sa réponse. Elle ne s'attendait pas à une honnêteté si totale de la part d'une personne qui pour elle représentait l'archétype même de l'altérité. Avec l'aveu de Leich, ils sont tous deux entrés dans un territoire de la vérité complètement nouveau. *Oui, j'aurais pu être un meurtrier.*

Leich a été envahi par le dégoût de lui-même. Il s'est effondré et a éclaté en sanglots. « Je suis grand-père, et mes petits-enfants sont des petits-enfants de nazis. Je suis dans l'abîme, dans le cachot de l'histoire. Je serai toujours lié à cela. »

Sa totale sincérité avait libéré quelque chose chez Rothchild, une compensation émotionnelle qu'elle ignorait avoir cherchée. Elle s'est levée, a marché vers lui, a pris sa main et lui a murmuré : « Alors que je marche dans la vallée de l'ombre de la mort, je ne crains aucun mal, car Tu es avec moi. »[338]

---

337 J. Thompson, « On Forgiveness and Social Healing ».

338 Ibid.

Thompson et O'Dea ont tous deux ressenti que l'espace entre Rothchild et Leich était imprégné par ce qui semblait être une présence divinement animée.[339] Pour Leich, l'expérience a été une révélation. Abandonner sa peur et faire face à son passé avait sincèrement fait un miracle ; il a expliqué que Rothchild avait jeté un « pont au-dessus de l'abîme » et l'avait invité à l'y rencontrer.[340] Par leur histoire partagée, ils ont tous deux ressenti le *lien*.

Selon Judith Thompson, le mot « pardon » signifie en grec « dénouer le nœud », ainsi le coupable et la victime sont tous deux libres de toute blessure ou honte, l'héritage du passé, pour continuer à vivre leur vie. La puissance d'une révélation profonde ou d'une confession sincère est telle que les deux côtés sont changés à jamais par la rencontre. Quand l'humanité des deux parties transparaît pendant le pardon, souvent un plan de restitution et de nouvelles options pour l'avenir se présentent tout simplement d'eux-mêmes.

Selon cette perspective, un désaccord ou un méfait est une connexion interrompue, et le pardon et la restitution un rétablissement de cette connexion. Comme le dit Müller-Fahrenholz, la transgression est un « péché contre le tout » et la vérité profonde est la fin de la « guerre du monde contre lui-même ».[341]

Je conduis une *expérience sur l'intention* pour évaluer la puissance de la pensée d'un groupe dans une expérience bien élaborée et scientifiquement contrôlée et j'organise aussi des ateliers informels dans notre communauté d'intention. À ce jour, dans nos vingt-trois études, nous avons enregistré des résultats surprenants qui montrent la puissance de la pensée pour accélérer la croissance des plantes, pour purifier l'eau et pour faire baisser la violence.[342]

Jusqu'à présent, le phénomène le plus intéressant est l'effet sur les

339 Ibid ; et entretien avec O'Dea, op cit.

340 Ibid.

341 G. Müller-Fahrenholz, *The Art of Forgiveness.*

342 Pour toute preuve à ce jour sur The Intention Experiments, voir www.theintentionexperiment.com.

participants dans nos expériences plus largement diffusées. Nos grandes expériences sur l'internet ont reçu beaucoup de réponses décrivant des expériences enthousiastes, en particulier un sens irrésistible et palpable de l'unité. Bien que les gens prennent part à l'expérience sur des ordinateurs différents dans le monde entier, les participants, qui viennent sur notre site internet au même moment, ressentent un sentiment de connexion avec les autres personnes qui sont à des milliers de kilomètres. Cela fait longtemps que je soupçonne qu'il y a un effet mesurable sur le long terme de cette connexion, tout comme il y a des effets sur le long terme de la méditation.

En septembre 2008, j'ai conduit une expérience avec 15 000 participants de soixante pays et examiné si « l'esprit de groupe » avait le pouvoir de diminuer la violence et de restaurer la paix. L'idée, c'était que tous les lecteurs dans le monde entier unissent leurs forces sur notre site pour envoyer de la paix dans une zone déchirée par la guerre – en l'occurrence, le Sri Lanka.

Dans une enquête que j'ai faite auprès des participants après la fin de l'expérience, 46 % d'entre eux ont remarqué des changements sur le long terme dans leurs relations avec les autres après l'expérience. Apparemment, l'expérience de groupe les avait aidés à ressentir plus d'amour en général, qu'ils connaissent ou non le destinataire. Plus de 25 % ressentaient davantage d'amour pour les personnes aimées ou pour ceux que normalement ils détestaient ou avec lesquelles ils se disputaient, 41 % ressentaient davantage d'amour pour tous ceux avec lesquels ils entraient en contact. Et 19 % ont constaté qu'ils s'entendaient mieux avec de parfaits inconnus.

Quand on leur a demandé avec qui leurs relations s'étaient le plus améliorées, 38 % ont dit qu'ils avaient remarqué le plus grand changement dans leurs relations avec des inconnus. L'expérience de se connecter avec des milliers d'étrangers sur notre site internet et avec le Sri Lanka avait donné à beaucoup de personnes la capacité de mieux accepter tous les étrangers.

J'en suis venue à appeler ce phénomène le « pouvoir du huit ». Cette sorte de lien se produit en fait en quelques minutes. Pendant nos ateliers le week-end, nous partageons les participants en groupes de huit et nous demandons à ces gens qui ne se connaissent pas de s'envoyer des pensées d'amour. Nous avons été témoins d'histoires remarquables de guérison émotionnelles et physiques, à la fois chez les expéditeurs et les destinataires. Par exemple, Marsha avait développé une opacité de la cornée qui diminuait beaucoup la vision de son œil. Le lendemain, après les intentions de guérison de son groupe, elle a affirmé qu'elle avait presque complètement retrouvé la vision de son œil. Plusieurs membres de son groupe, qui avaient envoyé l'intention, souffraient de migraines permanentes ou de problèmes de dos, mais eux aussi ont déclaré se sentir mieux.

Tous les effets possibles de guérison peuvent être dus à l'effet puissant de communauté. Pendant ces ateliers, des inconnus commencent à résonner ensemble comme une unité ; par exemple, lors d'un atelier en Hollande, j'ai découvert que plusieurs personnes disaient avoir eu les mêmes visualisations pendant leurs intentions de groupe. Dans un groupe en particulier, qui se concentrait à envoyer une intention à une femme qui souffrait du dos, elle-même et plusieurs membres du groupe ont tous imaginé la même vision : son épine dorsale détachée de son corps et infusée de lumière.

Le sentiment de ne faire qu'un, rapporté par les membres des ateliers et la communauté de l'*expérience de l'intention*, est un exemple de l'effet de résonance de la connexion pure. Le simple acte d'appartenir et de donner spontanément à l'intérieur d'un petit groupe d'inconnus est si puissant et satisfait tellement notre désir le plus profond qu'il guérit à la fois le guérisseur et le receveur.

Récemment, un chercheur américain de l'université de Californie a fait des recherches sur les Indiens Suya du Mato Grosso, au Brésil, pour tenter de déterminer comment ils utilisaient les nombres. Ce groupe d'Indiens amazoniens est célèbre pour sa musique ; selon Anthony Seeger, professeur d'ethnomusicologie à l'université de Californie, à Los Angeles, leur chant est utilisé pour créer la communauté, établir des relations et une identité sociale, et aussi pour formuler des idées sur le temps et l'espace.[343] Pour un Suya, le chant est à la fois science « dure » et science « douce ».

Les scientifiques qui observent des différences dans les systèmes de nombres entre les cultures ont conclu que beaucoup de cultures indigènes n'ont pas le langage pour décrire des quantités. Par exemple, les Piraha utilisent le même mot, *hoi*, pour dire « environ un » et « environ deux » ; la seule différence est une altération subtile dans l'inflexion. Les Munduruku de l'Amazonie, qui ont fait l'objet de nombreuses observations, ont des mots pour les chiffres jusqu'à cinq seulement. Ceci a conduit nombre de scientifiques à examiner si les êtres humains avaient des aptitudes numériques innées ou si le sens du nombre faisait partie d'un conditionnement culturel.

Ainsi, le chercheur américain a posé un problème numérique à un membre de la tribu Suya : si tu as dix poissons et si tu en donnes trois, combien t'en reste-til ? Le Suya a répondu sans hésitation, comme l'aurait fait n'importe quel habitant du village : la réponse est treize.

Dans la tradition Suya, lorsque vous donnez quelque chose à quelqu'un, celui-ci vous rend le double. Donc s'il donnait trois poissons à son frère, son frère lui rendrait deux fois trois poissons, soit six. Ajoutés à ses dix poissons d'origine cela lui donnerait seize poissons. Une fois qu'il enlèverait les trois qu'il avait donnés à son frère, il aurait un gain net de trois, soit treize poissons. Donc, $10 - 3 = 7$ dans les mathématiques occidentales se transforment en $10 + (2x3) - 3 = 13$ dans les mathématiques suya.

Le Suya était désarmé par la version américaine de l'opération. « Pourquoi est-ce que ce "donner" est toujours vu comme un "moins" chez les Blancs ? » a demandé un membre de la tribu, en se joignant au débat. « Je sais que tu veux que j'utilise le signe moins au lieu du signe plus, mais je ne comprends pas pourquoi. »

---

343 A. Seeger, *Why Suyá Sing*, University of Illinois Press, 2004.

L'incident a beaucoup surpris Alex Bellos, l'auteur de *Here's Looking at Euclid*[344], une étude des différences culturelles en mathématiques. Il a commencé son étude en croyant que les nombres sont un langage universel, une façon dont nous pourrions, disons, communiquer avec les extra-terrestres, mais il a découvert que notre compréhension élémentaire des relations arithmétiques dépend du contexte culturel.

L'histoire révèle quelque chose de très profond, non seulement sur les mathématiques, mais aussi sur la façon dont différentes cultures voient les relations en général, en particulier la façon dont nous nous voyons en relation avec les autres choses. Notre sens des mathématiques dépend beaucoup de la façon dont nous définissons notre monde, et de si nous nous voyons, nous et toutes les choses autour de nous, comme des entités individuelles séparées les unes des autres ou comme entrelacées par nature.

Beaucoup de sociétés non occidentales, y compris des cultures sans écriture comme les aborigènes d'Australie, les anciens Grecs et les anciens Égyptiens, les disciples de religions orientales comme le bouddhisme, le zen et le taoïsme, et un certain nombre de cultures indigènes éteintes, conçoivent qu'ils sont inséparables de l'univers, reliés par une énergie universelle ou force de vie. Cette croyance fondamentale engendre une façon de voir et d'interagir avec le monde extraordinairement différente. Nous voyons la chose ; ils voient la totalité, la relation entre les choses. Pour un indigène, donner est un acte si gratifiant par nature qu'il doit toujours être compris comme une addition et non une soustraction. L'aspect le plus important d'une relation est le signe plus – la concentration sur ce qui est nécessaire pour faire la connexion.

344 A. Bellos, *Here's Looking at Euclid: A Surprising Excursion Through the Astonishing World of Math*, Free Press, 2010.

CHAPITRE 11

Les Nouveaux Voisinages

Henderson, la deuxième ville du Comté de Clark, dans le Nevada, a vécu sous le poids d'une lourde espérance depuis que le président John F. Kennedy a lancé à la population encore clairsemée – à un jet de pierre de Las Vegas – qu'elle appartenait à « une ville de destinée ». Pendant ces cinquante dernières années, la ville, agrandie par l'argent du casino, a atteint la taille de St Paul, dans le Minnesota, en se transformant en une ville américaine moyenne, comme pour obéir aux directives présidentielles, ou comme l'indique son site internet, *Destination Henderson*, en un « diamant dans le désert ». La devise rassurante de la ville, un « endroit que l'on peut appeler son chez soi », fait écho au paillasson de bienvenue officiel que le maire lui-même a mis sur la page d'accueil.

En fait, personne n'est particulièrement le bienvenu à Henderson, à moins d'habiter déjà derrière ses grilles, et même alors, il y a de fortes chances pour qu'un immense mur se dresse entre vous et vos voisins les plus proches. Henderson abrite Green Valley, la première de ces communautés entourées de grilles qui prolifèrent en Amérique, planifiée dans ses moindres détails ; abritant 60 000 habitants – la population de beaucoup de villes moyennes –, elle a été construite en visant particulièrement la primauté de l'individu. Des murs de conception et de construction précises ont été érigés entre les maisons, au fond des cours, entre des sections de la communauté, et, surtout, entre la communauté et le monde extérieur. Il est interdit aux résidents d'apporter une quelconque modification aux murs, même à ceux qui sont sur leur propriété. En plus de la grille d'entrée, les résidences de luxe ont aussi leurs propres gardes de sécurité, et personne n'a le droit d'entrer sans être passé par le contrôle de sécurité. Les magasins, les parcs, les trottoirs, les aires de jeux, les espaces publics, et même l'école municipale, sont tous dans ce centre emmuré, au service de leur communauté exclusive.

Green Valley est l'un de ces ensembles résidentiels protégés qui se répandent rapidement dans le monde entier. À l'heure actuelle, quelque huit millions d'Américains vivent dans des communautés fermées. Sur dix nouveaux projets de construction urbaine, huit sont des communautés fermées, en particulier à l'Ouest et au Sud et dans les banlieues des grandes villes. Un demi-million des résidents des communautés fermées vit en Californie, où quelque 40 % des maisons neuves sont construites derrière des grilles ou un autre appareillage de sécurité. Cette tendance n'est pas l'apanage des États-Unis. Des communautés fermées sont maintenant fréquentes en Afrique du Sud, où les promoteurs immobiliers commencent par murer une zone puis la découpe en rues et maisons ; de même au Moyen-Orient, où des véhicules blindés circulent pour protéger les Occidentaux travaillant dans les groupes pétroliers ; au Royaume-Uni, où une grande partie du renouveau urbain se trouve dans les Docklands, le nouveau centre financier de Londres. Même des populations des pays en voie de développement, comme au Mexique, en Amérique centrale, en Amérique du Sud et en Chine, sont attirées par l'idée de vivre dans des villes ou des quartiers emmurés. Nordelta, en Argentine, le plus grand *barrio privado* du pays offre même à ses résidents son propre hôpital.

Même si, selon les résidents, la raison principale pour vivre derrière des grilles est l'insécurité à l'extérieur, la recherche sur les effets des communautés fermées montre qu'elles n'ont qu'un effet marginal sur la prévention de la criminalité. Les deux meilleures études, entreprises par la police à Fort Lauderdale, en Floride, comparant les taux de criminalité avant et après qu'un quartier a clôturé ses rues, n'ont pas trouvé de différences significatives dans le taux de criminalité contre les biens ou les personnes. Les vols de voitures, les cambriolages et autres délits ont d'abord chuté de façon spectaculaire, mais sont rapidement revenus à la normale une fois que les malfaiteurs ont trouvé un moyen de contourner les enceintes.[345] La seconde étude, qui a examiné le taux de criminalité dans plusieurs résidences fermées, a conclu que les grilles ne faisaient aucune différence en matière de prévention contre certains délits et crimes. S'il est vrai que les crimes contre les personnes étaient moindres derrière les grilles, les cambriolages ou les vols de voiture diminuaient la première année, mais ensuite revenaient à des niveaux équivalents aux quartiers en dehors des enceintes.[346]

Les incidents récents qui ont eu lieu dans les murs de Green Valley comprenaient des viols en série, des meurtres familiaux, plusieurs cambriolages, la consommation et le trafic de drogue par des adolescents, la pollution par du gaz de chlorine provenant d'une usine proche – en résumé, tous les problèmes que l'on trouve dans les quartiers périurbains non protégés.[347] En fait, même le système de sécurité le plus sophistiqué des communautés fermées ne fonctionnait pas aussi bien que celui de *Neighborhood Watch* (« Voisins vigilants »), qui s'avère diminuer les vols et les cambriolages de respectivement 24 et 33 %, selon une étude des chercheurs de la Florida International University.[348]

Les résidents des communautés fermées expliquent ostensiblement que les murs sont là pour les protéger de la criminalité, mais les zones résidentielles ouvertes les plus riches – où se situent la plupart des

---

345 Richard Szymanski, « Can Changing Neighborhood Traffic Circulation Patterns Reduce Crime and Improve Personal Safety? A Quantitative Analysis of One Neighborhood's Efforts », thèse de maîtrise non publiée, Florida Atlantic University, Department of City and Regional Planning, 1994. L'auteur était l'ancien capitaine du Fort Lauederdale Police Department.

346 D. Diamond, « Behind Closed Gates », *USA Today*, 1997, 1: 1-3, cité par E. J. Drew et J. M. McGuigan, « Prevention of Crime: An Overview of Gated Communities and Neighborhood Watch », International Foundation for Protection Officers, sur ttp://www.ifpo.org/articlebank/gatedcommunity.html.

347 U. S. Department of Justice, Bureau of Justice Statistics, *National Crime Victimization Survey*, 1993, cité dans E. J. Blakely et M. G. Snyder, « Separate Places: Crime and Security in Gated Communities », in *Reducing Crime through Real Estate Development and Management*, éd. M. Fleson et R. B. Peiser, Urban Land Institute, 1998, 53-70.

348 G. S. Rudoff, « Cell Phones Reduce Major Urban Crimes », American City and County 111 (1996) : 19-20, mentionné par Drew et Mc Guigan, « Prevention of Crime ».

communautés gardées – ont déjà très peu de criminalité. La véritable raison de l'existence des communautés fermées, c'est de protéger ses habitants des étrangers, écrivent Edward J. Blakely et Mary Gail Snyder, dans leur ouvrage, *Fortress America : Gated Communities in the United States* (« Amérique forteresse : les communautés fermées aux États-Unis ») : « La circulation signifie étrangers, les étrangers c'est le mal, et le mal c'est le crime. »[349]

L'autre argument pour une communauté fermée, c'est le profond désir de voir leur statut social évoluer ; comme Blakeky et Snyder l'ont remarqué : « Ces communautés se nourrissent des aspirations des habitants à devenir des privilégiés et à se différencier. » Un constructeur a confié à Blakely que ce que les acheteurs veulent, c'est une maison « qui soit une déclaration claire sur eux-mêmes et sur leur mode de vie ». Dans les communautés les plus récentes, telle « The Enclave », à Green Valley, on a créé des entrées particulièrement élaborées pour mettre en avant l'exclusivité et le statut des habitants.

Ce que beaucoup de gens prétendent rechercher derrière une grille fermée, c'est un voisinage comme au bon vieux temps, un endroit où leurs enfants peuvent jouer en toute sécurité, où les parcs et les écoles sont sûrs, et où les voisins se saluent de la main par-dessus la clôture du jardin. Pourtant, un mur fait tout le contraire. Une communauté gardée est en fait comme un état qui aurait fait sécession, se procurant ses propres services et sa propre sécurité, n'ayant pratiquement pas de compte à rendre en dehors de ses murs, encourageant ses habitants à abdiquer toute responsabilité civique envers quoi que ce soit qui se passe à l'extérieur. Elle reflète aussi l'avancée inéluctable vers l'atomisation de notre société, notre tendance actuelle à créer des groupes de plus en plus petits qui sont de plus en plus homogènes. Ce qui signifie, essentiellement, que les communautés gardées et beaucoup de zones de résidence modernes ont transformé notre concept du « voisinage » pour lui donner le sens de « country club exclusif ». Le but de notre

349 Edward J. Blakely et Mary Gail Snyder, *Fortress America: Gated Communities in the United States*, The Brookings Institution, 1999.

voisinage à présent est de faire la plus grande déclaration du « je » que nous puissions faire.

En gros, notre idée d'une communauté qui fonctionne, c'est désormais celle où tous se ressemblent, tout comme se ressemblent nos relations – un groupe géant de « je ». Les observateurs de la société, tel Robert Putnam, distinguent entre lier le capital social (l'interaction avec des gens comme nous) et combler le capital social (l'interaction avec des gens qui ne sont pas comme nous). Comme il l'a découvert dans son étude sur les effets de la diversité ethnique sur la confiance et l'engagement civique dans l'Amérique moderne, plus les gens sont entourés par des gens différents d'eux, moins ils tendent à interagir avec *quiconque* – que cette personne leur ressemble ou non – et plus ils sont enclins à « s'effondrer », selon son expression, avec leur proche famille devant un poste de télévision.[350] Cela en est au point où, s'il se trouve qu'ils ne vivent pas avec des voisins qui leur ressemblent, ils ne veulent pas du tout de communauté.

Il n'y a aucune preuve que la ressemblance, sous la forme d'une communauté gardée, crée un meilleur voisinage ou davantage de « capital social », le terme sociologique pour l'esprit de communauté et de rapprochement ; comme le fait remarquer Putnam, l'Amérique possède le capital social le plus bas de son histoire. En fait, la grille empêche le capital social de s'épanouir précisément parce qu'elle encourage un « groupe-in » et un « groupe-out ».

La manière la plus puissante pour créer un voisinage vivant et ouvert, c'est d'aller au-delà de la tendance à se rassembler dans des groupes semblables pour trouver une communauté dans l'espace entre, l'espace de l'interdépendance où nous nous rejoignons tous dans notre humanité commune et notre but commun. L'une des façons les plus rapides pour créer ce *lien* est de former un superorganisme.

---

350 R. D. Putnam, « E Pluribus Unum: Diversity and Community in the Twenty-first Century: The 2006 Johan Skytte Prize Lecture », *Scandinavian Political Studies* 30, n° 2 (2007) : 137-74.

En 1954, vingt-deux jeunes protestants âgés de onze ans, d'Oklahoma City, tous issus de la classe moyenne, qui ne se connaissaient pas, et qui avaient été soigneusement choisis pour leur stabilité psychologique, sont montés dans deux autocars, en route pour un camp de scouts américains de quatre-vingts hectares, près de Robbers Cave State Park dans l'Oklahoma. Tout ceci étant observé par le réalisateur d'une enquête, qui jouait le rôle de directeur du camp, Muzafer Sherif, né en Turquie et sorti de Harvard, à qui l'on a plus tard attribué la discipline de la psychologie sociale. Les garçons ne savaient pas, à cette époque où le consentement de l'objet d'observation n'existait pas, qu'ils allaient devenir les cobayes de l'une des études psychologiques les plus fascinantes et les plus commentées de tous les temps sur le comportement de groupe.

Les garçons ont été divisés en deux groupes et, les premiers jours, les conseillers du camp (une équipe de psychologues, dont la femme de Sherif) les ont encouragés à faire des activités consolidant leur lien avec les membres de leur groupe. On a demandé à chaque groupe de se trouver un nom (ils ont choisi les « Serpents à sonnette » et les « Aigles »), de créer leur propre drapeau, de trouver des emplacements dans le camp qui seraient pour eux seuls, de composer leurs propres chansons, et enfin d'élaborer des pratiques et des modes de comportement particuliers qui seraient les leurs exclusivement. Chaque groupe a reçu son local d'habitation très éloigné de celui des autres, et pendant cette période initiale personne n'a eu le droit de rencontrer un membre de l'autre camp.

Dans la seconde phase de l'étude, Sherif et ses collègues ont élaboré des situations destinées à être hautement compétitives et frustrantes afin de mettre délibérément les deux groupes en conflit. Ils ont annoncé un tournoi général de sports et d'autres jeux de compétition, avec, comme prix, des trophées, des médailles et le plus convoité : onze couteaux à quatre lames, genre couteaux de l'armée suisse pour l'équipe gagnante. Finalement, après un jour de préparation, les deux groupes ont enfin jeté les yeux sur l'équipe adverse qu'ils détestaient déjà.

Pendant les quatre jours de compétition, l'encadrement a manipulé les scores pour que les garçons restent au coude à coude et s'est assuré que les deux équipes soient constamment mises au courant de combien les résultats étaient serrés. L'esprit sportif a été remplacé par des insultes, des invectives et même le refus total de chaque garçon de manger si un membre de l'autre groupe se trouvait dans le réfectoire.

Après un certain temps, les expérimentateurs n'avaient plus à alimenter l'animosité entre les groupes. En camouflage de commando, les Serpents à sonnette ont fait un raid chez les Aigles, ils ont renversé les lits et déchiré les moustiquaires. Les Aigles se sont vengés en montant d'un cran : armés de bâtons et de battes, ils ont jeté toutes les affaires des Serpents à sonnette en tas au milieu de la cabine. Chaque équipe a déchiré le drapeau de l'autre. Le jour où les Aigles ont gagné le tournoi, les Serpents à sonnette ont fait une descente et volé les couteaux gagnés. L'animosité grandissante entre les deux camps s'est achevée par un combat féroce à coups de poing que les conseillers ont dû arrêter.

Après avoir fait grandir un antagonisme aussi féroce entre les groupes, Sherif a essayé diverses activités pouvant encourager les groupes à se mêler. Ni les petites soirées conviviales, ni le cinéma de nuit, ni les festivités de la fête nationale du Jour de l'Indépendance, n'ont fait baisser la tension.

Sherif a alors créé une série de crises dans le camp qui ne pouvaient être résolues qu'avec les ressources et la participation de chaque garçon des deux groupes. Quand l'eau potable a soudain arrêté de couler, et que les garçons ont découvert qu'un grand sac de jute était coincé dans le robinet de sortie du réservoir, les deux groupes ont dû travailler ensemble pour trouver comment le dégager. Les Serpents à sonnette et les Aigles ont aussi été mis à contribution pour tirer sur une corde afin de traîner un arbre à moitié tombé qui aurait pu être dangereux. Ensuite, ils ont dû aider à dégager le camion transportant la nourriture du camp qui s'était enlisé.

Quand l'eau s'est remise à couler, les Serpents à sonnette ont laissé les Aigles boire en premier parce qu'ils n'avaient pas apporté leurs bidons et que c'était eux qui avaient le plus soif. Après avoir travaillé ensemble pour financer un film, les garçons se sont assis ensemble à la cantine, les Serpents à sonnette se mêlant librement avec les Aigles. Le dernier jour du camp, les garçons ont voté unanimement pour voyager ensemble dans le même autocar. Les Serpents à sonnette et les Aigles se sont assis côte à côte, les bras sur les épaules les uns des autres. Lors d'un arrêt, le chef des Serpents à sonnette a dépensé les cinq dollars qu'il avait gagnés à un jeu d'adresse pour acheter des barres de lait malté aux vingt-deux garçons.[351]

William Golding a exposé sa vision de l'inhérente « noirceur du cœur de l'homme » dans *Le Seigneur des mouches* : quand le vernis de la civilisation est enlevé, même les enfants sont capables de redevenir sauvages. L'étude de Sherif prouve le contraire. C'est vrai que des écoliers sont tout à fait capables d'être cruels et se maltraitent les uns les autres lorsqu'ils sont mis dans des groupes opposés et forcés de rivaliser pour des ressources rares. Mais lorsqu'on a donné aux enfants de la Robbers Cave (la « caverne des voleurs ») un objectif commun et un objectif plus grand qu'eux-mêmes et que leur groupe, ils ont mis volontiers leurs différences de côté pour coopérer en tant que superorganisme.

L'étude de Sherif, qui a été répétée plusieurs fois, est considérée un test classique de *l'hypothèse de contact*, élaborée la même année par Gordon Allport. Figure imposante de la psychologie et l'un des fondateurs de la psychologie de la personnalité, Allport pensait que les contacts dirigés entre membres de différents groupes sont le meilleur moyen de réduire les préjugés. Ses théories ont influencé la Cour suprême des États-Unis dans sa décision qui fait date pour abolir le racisme en Amérique, dans le cas Brown versus Board of Education de Topeka. Mais les théories d'Allport ont aussi engendré des échecs spectaculaires, comme l'entrée des écoliers noirs dans des écoles pour Blancs dans les années 1960.

---

351 M. Sherif et al., *The Robbers Cave Experiment: Intergroup Conflict and Cooperation 1954*, University of Oklahoma Institute of Group Relations, 1961.

La preuve de Robert Putnam va à l'encontre de la conclusion d'Allport selon laquelle le contact entre des groupes conduit à la solidarité et à la confiance ; Putnam a trouvé que plus les groupes américains ethniques sont entourés de préjugés et de méfiance, plus les leurs sont élevés. Cependant, Allport a précisé quatre conditions spécifiques pour s'assurer que le contact entre différents groupes marche : un statut de groupe égal dans la situation ; la coopération intergroupe ; le soutien de figures d'autorité ; et finalement le plus important : un objectif commun et global.[352]

Les psychologues appellent ceci un objectif dominant, un objectif atteint seulement par un travail de coopération d'équipe fort. S'engager dans le partage et le travail d'équipe tend à transcender les différences, car cela met en valeur le cœur même de l'humanité : nous sommes tous ensemble là-dedans. Et si nous y sommes tous ensemble, nous ne sommes plus en train de rivaliser pour les ressources rares.

Bien que critiquée par certains pour s'appuyer sur la supposition sous-jacente que tous les gens sont fondamentalement semblables,[353] l'hypothèse de contact a été testée dans des conditions variées et elle s'est révélée être un outil puissant pour diminuer la discrimination contre beaucoup de groupes : les protestants et les catholiques en Irlande du Nord, les homosexuels dans les universités. Des équipes sportives, des équipes de management, des écoles accueillant de nouveaux élèves, et même des prisons, utilisent des objectifs prioritaires pour résoudre la rivalité et encourager l'esprit d'équipe. En 2006, un compte-rendu de 525 expériences, fondées sur l'hypothèse de contact en action, a confirmé que le contact entre divers groupes de toutes sortes diminuait le préjugé intergroupe et augmentait la coopération, en

352 G. W. Allport, *The Nature of Prejudice*, Perseus Books, 1954 ; T. F. Pettigrew, « Intergroup Contact Theory », *Annual Review of Psychology* 49 (1998) : 65-85.

353 D. Bramel, « The Strange Career of the Contact Hypothesis », in *The Psychology of Ethnic and Cultural Conflict*, éd. Y.T. Lee, C. McCauley, F. Moghaddam et S. Worchel, Praeger, 2004, 49-69.

particulier quand les quatre conditions d'Allport étaient remplies.[354]

Don Beck, qui a été un étudiant de Muzafer Sherif, s'est servi des leçons de la « caverne des voleurs » pour utiliser des objectifs prioritaires comme moyen de résoudre un conflit politique. C'est Beck qui, le premier, a eu l'idée de se servir de l'entrée de l'Afrique du Sud dans la coupe du monde de rugby en 1995, décrite dans le film *Invictus*, pour créer l'euphorie d'une nation naissante qui se construit en s'unifiant contre l'apartheid. Beck avait toujours été fasciné par la psychologie des matchs de Premier League, et de par son travail avec les Dallas Cowboys et les New Orleans Saints, il avait acquis la conviction que le sport est un instrument au service de la paix. C'était une idée audacieuse, étant donné que les Springboks, l'équipe de rugby d'Afrique du Sud, étaient le symbole même de l'apartheid. Le rugby était considéré comme un sport de Blancs. Pratiquement tous les joueurs étaient des Afrikaners, la minorité blanche pro-apartheid ; les entraîneurs de rugby criaient même les ordres en langue afrikaan. Les joueurs de langue anglaise et les Noirs entraient rarement dans l'équipe, et, par conséquent, la population noire en Afrique du Sud boycottait activement le sport.

En 1995, Beck a présenté à Kitch Christie, l'entraîneur des Springboks, un document intitulé « Six Games to Glory », Six matchs pour la gloire, qui détaillait une série de stratégies psychologiques qui transformeraient l'équipe plutôt nulle en prétendants de première classe pour les matchs menant jusqu'à la coupe du monde. En plus des stratégies pour gagner la coupe, le document de Beck comprenait des techniques pour faire des Springboks le point de convergence de la fierté du pays et pour reconnecter les Noirs des townships avec les Afrikaners.

---

354 T. F. Pettigrew et L. R. Tropp, « A Meta-analytic Test of Intergroup Contact Theory », *Journal of Personality and Social Psychology* 90, n° 5 (2006) : 751-83.

Le document de Beck offre de nombreuses stratégies qui peuvent être utilisées pour créer des objectifs prioritaires dans d'autres domaines. Il proposait que les Springboks adoptent une *identité collaborative et commune* : les couleurs vertes et or des maillots de l'équipe, une chanson d'équipe accompagnée par un tambour zoulou pour conduire l'entrée des joueurs et enthousiasmer la foule. Il a conseillé à Christie de laisser les joueurs s'asseoir ensemble pour regarder des films tels que *Le Grand Défi* et *Les Chariots de feu* afin d'encourager une « fraternité mystique », le sentiment que l'équipe est *une grande famille* qui se tient les coudes, dont le lien est plus fort que la loyauté envers soi-même et constitue *une cause pour laquelle se battre.* Beck s'est arrangé pour que l'équipe puisse aller voir la minuscule cellule de prison de Mandela, à Robben Island, pour qu'ils comprennent qu'ils jouaient à présent *leur plus grand rôle dans le destin de leur pays.* Pardessus tout, ces exercices étaient censés développer le sentiment que chaque membre de l'équipe faisait face à *un moment qui définirait sa vie* et qui demandait à tous de *se rapprocher pour n'être plus qu'un.*

Au fur et à mesure de l'avancement de la compétition, l'objectif prioritaire de Beck a commencé à déteindre sur le pays, de jeunes Noirs des townships ont déchiré des slogans antirugby et collé des photos des Springboks, leurs héros. Pendant la coupe du monde, que les Springboks ont fini par gagner, on a persuadé Mandela de se montrer dans le maillot vert et doré des Springboks, couleurs qui avaient toujours symbolisé ses oppresseurs, comme un signe tangible d'unité et de pardon.

Pour Beck, créer un objectif prioritaire est l'une des meilleures façons d'établir la paix dans les zones de conflits politiques. Sa mission consiste à rencontrer les deux côtés qui sont en désaccord et à leur montrer une vision positive d'un avenir possible, mais un avenir qui nécessite que les deux côtés travaillent ensemble, mettent en commun leurs efforts et utilisent leur géographie et leurs ressources communes pour créer une solution pour tous ceux qui vivent dans la zone de conflit.

Beck aime utiliser des métaphores du sport. « Vous restez fixé sur un pragmatisme incessant, explique-t-il dans son accent traînant de Texan, sur le progrès qui peut être accompli pour faire avancer le jeu. » Récemment, il a présenté aux Arabes et aux Israéliens un plan pour faire de la Palestine « la Hong Kong du Moyen-Orient », une société affluente où les deux côtés partagent les ressources pour les services tels que l'éducation et la santé. À présent, il a des consultations avec les deux côtés pour élaborer les détails et le calendrier pour la création de ce genre de société en trente ans.[355]

Forger une identité commune et travailler ensemble pour un objectif prioritaire a été crucial pour la survie des mineurs chiliens durant les soixante-dix jours qu'ils ont passés piégés sous le désert d'Atacama après que la mine de Copiapo s'est effondrée, en août 2010. Le surveillant de l'équipe, et le leader de facto, Luis Urzúa, a utilisé diverses tactiques pour créer une identité : un partage strict des ressources ; un processus démocratique de prises de décision, à savoir un homme, un vote ; un nom qui unifiait le groupe : *Los Trenta y tres* (Les Trente-trois) – tout ceci a créé le sentiment de *un pour tous, rassemblons-nous contre l'impossible*. En même temps, Urzúa a constamment renforcé le fait que la survie n'était pas seulement personnelle ou seulement pour le bien du groupe. Il a suspendu un drapeau chilien et fréquemment entonné avec les hommes l'hymne national. Il a créé chez ses mineurs le sentiment de leur place dans l'histoire : *leur survie était nécessaire pour le bien de leur pays*.[356]

D'un point de vue scientifique, le vrai pouvoir que nous prenons quand nous quittons notre petit espace d'individualité et formons un groupe pour réussir un objectif prioritaire vient de l'effet d'une résonance collective. Tout comme un entraînement d'ondes cérébrales

---

355 Entretien avec Don Beck, 19 octobre 2010.

356 R. I. Sutton, « Boss Luis Urzúa and the Trapped Miners in Chili: A Classic Case of Leadership, Performance, and Humanity », *Psychology Today*, 6 septembre 2010 ; J. Webber et J. P. T Rathbone, « Man in the News: Luis Urzúa », *Financial Times*, Londres, octobre 2010 ; Nick Kanas, « Notes for the Underground », *New York Times* OpEd, 29 août 2010, sur l'internet.

peut avoir lieu entre deux individus, il peut aussi se produire entre les membres d'un groupe qui travaillent ensemble. L'activité électrique de chaque individu du groupe commence à résonner sur une onde commune – une chorale parfaitement accordée. Tel un groupe d'électrons qui commencent à vibrer comme un électron géant, le groupe crée une résonance qui amplifie l'effet individuel.

Des psychologues du Max Plank Gesellschaft, à Berlin, et à l'université de Salzbourg ont voulu observer si nos cerveaux agissaient « en tandem » avec d'autres quand nous sommes engagés dans un but commun. Bien que des recherches aient été entreprises avec l'IRMf, personne auparavant n'avait examiné l'activité cérébrale simultanée entre les gens qui accomplissent ensemble la même tâche. Les scientifiques allemands, en s'appuyant sur des recherches récentes, ont observé les rythmes des ondes cérébrales entre deux personnes quand elles interagissent socialement, prouvant qu'un type d'ondes cérébrales est associé à un comportement indépendant, alors qu'un autre est partagé par les deux parties quand le comportement est coordonné.

Les scientifiques allemands et autrichiens ont décidé d'étudier l'activité cérébrale de couples de guitaristes qui jouaient ensemble une courte mélodie pour voir jusqu'où l'activité corticale était synchronisée entre les individus quand ils « swinguaient de concert », selon leur expression. Les scientifiques ont placé un casque EEG sur chaque musicien et ont enregistré leur activité cérébrale.

En utilisant des algorithmes spéciaux pour analyser l'activité cérébrale de chaque personne individuellement alors qu'elle échange avec son partenaire, les scientifiques ont observé que les ondes cérébrales de chaque paire étaient hautement synchronisées et « en phase » ; ce qui veut dire que les ondes avaient des pics et des creux à certains moments clés, quand les musiciens s'exerçaient à donner la mesure avec un métronome, puis quand ils commençaient à coordonner leur jeu.

En fait, des zones entières du cerveau avaient des schémas synchronisés, les plus forts se situant dans les régions frontales et centrales, mais les régions temporales et pariétales montraient aussi une haute synchronisation chez au moins la moitié des paires de guitaristes.[357] Comme les régions pariétales gouvernent le sens du soi dans l'espace, la synchronie des musiciens suggère un mouvement vers l'unité. Nous nous déplaçons au-delà du moi quand nous travaillons pour créer quelque chose ensemble.

Cette étude a de vastes conséquences, si l'on considère que la majorité de notre interaction avec le monde consiste à faire des actions synchronisées et dirigées vers un objectif avec d'autres personnes. Les chercheurs ont conclu que lorsque les gens font des choses ensemble de façon synchronisée, leurs ondes cérébrales font de même. La synchronisation des ondes cérébrales peut même aider à maintenir des relations interpersonnelles entre les gens, puisqu'elles jouent un rôle essentiel dans le développement social à son début. Tout comme un groupe de jazz qui joue ensemble comme un super organisme pour produire un son commun, nous nous mettons sur la longueur d'onde de l'autre quand nous travaillons ensemble pour produire un résultat commun. Finalement, ceci forme probablement la base de toutes les relations de groupes réussies. Nous sommes capables de nous entendre avec les autres – même si nous sommes différents – simplement en partageant une activité ou un objectif.

Nous ressentons aussi une puissante stimulation physique en faisant partie d'un superorganisme. L'une des études les plus fascinantes de ce phénomène concerne l'une des plus grandes traditions universitaires britanniques : l'équipe de rameurs de l'université d'Oxford, connue pour être réellement compétitive, en particulier contre son rival principal, Cambridge. Des anthropologues de l'Oxford Institute of Cognitive and Evolutionary Anthropology ont demandé à un groupe de rameurs d'Oxford de s'entraîner dans une « barque virtuelle » de gymnase utilisée pour l'entraînement normal. Pour chaque test, ils devaient ramer continuellement pendant des séances de

357 U. Lindenberger et al., « Brains Swinging in Concert: Cortical Phase Synchronization while Playing Guitar », *BMC Neuroscience* 10 (2009) : 22.

quarante-cinq minutes, d'abord en tant que membres d'une équipe, ensuite en tant qu'individus.

Après chaque séance, les scientifiques ont évalué les seuils de douleur des rameurs en calculant le temps pendant lequel ils pourraient tolérer un garrot mesurant la pression sanguine serré autour de leur bras. On sait depuis longtemps que l'exercice physique accroît la capacité d'une personne à supporter la douleur. Les rameurs avaient montré une tolérance accrue à la douleur après chaque séance, mais ils avaient une tolérance bien plus marquée après l'entraînement en groupe comparé à l'entraînement individuel.

Les scientifiques en ont conclu que bien que toute activité physique décharge des endorphines, l'une des substances chimiques produites par le corps qui nous fait nous sentir bien, la synchronie de l'activité physique partagée semble créer une libération d'endorphines plus importante, ce qui peut être en rapport avec le lien collectif. Emma Cohen, qui a dirigé l'étude, a pensé que « l'activité physique synchronisée et coordonnée pouvait être responsable » du phénomène. Les rameurs ont créé un « champ » qui amplifiait les efforts individuels et l'emportait sur la limitation individuelle.[358] À l'intérieur du champ, le tout était plus grand que la somme de ses parties.

Quand nous faisons des choses en groupes, la bouffée d'exaltation que nous ressentons à *être tous ensemble dans le même panier* permet de résister aux difficultés, y compris à la douleur. Celle-ci prouve la véracité du vieil adage : l'union fait la force, et explique aussi pourquoi nous ressentons quelque chose qui ressemble extraordinairement à de la magie dans des groupes qui travaillent pour un but commun. Nous sortons de notre propre individualité et entrons dans l'espace du *lien*.

Les scientifiques comprennent à présent que les neurones deviennent plus efficaces et opèrent comme une unité lorsqu'ils sont stimulés ensemble de façon répétitive et persistante : *les neurones qui*

358 E. A. Cohen et al., « Rowers' High : Behavioural Synchrony is Correlated with Elevated Thresholds », *Biology Letters* 6 (2010) : 106-8.

se déchargent ensemble se lient ensemble. Il est peut-être vrai aussi que les gens qui « se déchargent » ensemble se lient ensemble. Quand nous travaillons avec d'autres dans un but commun, nous nous positionnons rapidement et littéralement sur leur longueur d'onde. Tout ceci suggère que se rassembler en groupe pour un objectif prioritaire donne une cohésion sociale au-delà de l'argent, du travail ou de l'importance de nos biens. Il se peut que nous soyons le plus heureux quand nous sommes des voisins qui aident des voisins – comme les voisins faisaient autrefois, par exemple, en construisant une grange.

Il y a beaucoup de noms pour des activités semblables à la construction d'une grange ; les Indiens Cherokees l'appellent *gadugi*, les Finnois *talkoot* et certains Américains l'appellent *bee*. L'idée est de s'attaquer ensemble à un travail volontaire en commun : faire un dessus de lit en patchwork, dépouiller du maïs ou lever la charpente d'une grange – quelque chose qui serait difficile ou ennuyeux de faire seul. En Norvège, les gens font un *dugnad* pour jardiner dans des terrains communaux, ou pour aider à construire des maisons, et certaines organisations organisent un *dugnad* annuel. D'autres communautés travaillent ensemble pour créer quelque chose qui aura de la valeur pour toute la communauté, comme ils l'ont fait il n'y a pas si longtemps dans la ville de Tailhot, dans l'Oklahoma, l'un des quatorze comtés de la nation indienne Cherokee.

Tailholt est l'une des villes oubliées de l'Amérique. Elle se trouve dans un coin perdu au sud-est de l'Oklahoma, à un jet de pierre de villes aux noms comme Bunch, Greasy et Tenkiller. Le nom Tailholt vient de la pratique qu'avaient les pionniers de traverser une rivière en persuadant un cheval de franchir le courant rapide pendant que vous vous accrochiez à sa queue (*tail*), le nom évoque un endroit qui s'accroche pour sa survie même. Un tiers de la population de 42 000 habitants est constitué de familles indiennes au revenu moyen de 27 000 $ par personne et une maison qui vaut environ 60 000 $. Les entreprises qui existent à Tailholt ne paient pour la plupart pas plus du salaire minimum. Avec un cimetière à chaque kilomètre sur douze kilomètres à la ronde, l'activité la plus prospère à Tailholt, c'est d'enterrer ses habitants.

Depuis 1999, les citoyens de Tailhot ont essayé sans résultat d'avoir de l'eau potable. Certains ont eu des problèmes incessants avec leur source d'eau. Des puits se sont asséchés, ailleurs il n'y avait pas assez de pression ou alors l'eau était nauséabonde ou avait mauvais goût. L'Environmental Protection Agency des États-Unis a des règlements stricts concernant la détection de la bactérie coliforme, qui donne une indication du nombre de micro-organismes dangereux dans l'eau et de la quantité maximum de bactéries coliformes par millilitre acceptable pour de l'eau potable. Certaines formes de bactéries – appelées bactéries coliformes fécales – peuvent rendre les gens malades. Cinquante-huit pour cent des foyers ont échoué au test coliforme. Chaque année, la demande auprès de l'Indian Health Services national pour construire une nouvelle canalisation grâce à une subvention offerte aux communautés indiennes avait été rejetée parce que trop élevée. Il n'y avait tout simplement pas assez d'argent fédéral pour tout le monde.

De plus, les résidents de Tailholt n'avaient pas de grande salle des fêtes. À nouveau, il semblait que le coût élevé du projet le rendrait inacceptable pour le gouvernement fédéral.

En 2004, la nation Cherokee a formé le Cherokee National Company Work Projects pour distribuer des aides modestes à de petites communautés indiennes comme Tailholt lorsque les fonds fédéraux n'étaient pas disponibles. Le Cherokee Nation's Community Organization Training and Technical Assistance (COTTA) a aussi été créé pour apprendre aux communautés indiennes à se mettre ensemble pour maximiser les fonds, même minimes, qu'elles pourraient obtenir.

Quand les habitants de Tailholt n'ont pas réussi à obtenir des fonds fédéraux, Billy Hix, le directeur du Cherokee Nation's Engineering and Sanitation Facilities Construction Program, une branche de COTTA, leur a conseillé de participer eux-mêmes à la construction de la canalisation, ce qui leur donnerait des points pour se qualifier auprès du gouvernement fédéral qui encourageait ce genre d'initiative.

La communauté de Tailholt a tenu des réunions régulièrement, parfois de deux cents personnes. Parmi celles-ci, un noyau d'une trentaine d'hommes a décidé de travailler aux projets de la ville de construire une salle municipale et un nouveau pipeline pour l'eau. Ils se sont mis d'accord pour creuser et enfouir le pipeline de seize kilomètres de long dans un fossé de trois mètres – un travail qui demanderait quatre à six mois – sous la surveillance de l'Office des eaux du comté qui offrirait son assistance technique.

L'installation du pipeline aurait dû coûter quelque chose comme 579 000 $, mais en a finalement coûté moins de la moitié parce que les citoyens ont offert de creuser la tranchée eux-mêmes et de trouver leurs propres équipements. En soustrayant ce que le travail manuel aurait coûté, Hix a pu réduire de façon drastique la demande d'aide fédérale pour faire approuver le projet.

Grâce à la bonne volonté de Tailholt d'investir en huile de bras pour construire un centre pour la communauté, la nation Cherokee a financé le projet à hauteur de 72 000 $, pour payer les matériaux de base du bâtiment de 350 m^2. D'autres demandes d'aide de Tailholt, de faibles montants, ont à nouveau été acceptées par la sélection draconienne du gouvernement fédéral parce que des volontaires offraient de faire le travail de construction gratuitement.

La communauté a commencé à chercher des emplacements possibles pour le bâtiment, mais a dû à nouveau faire face à des problèmes d'argent. Où pourrait-on trouver les fonds nécessaires pour acheter le terrain ? Un soir, lors de l'une des réunions, une vieille dame de quatre-vingts ans, Pauline Sanders, a fait une proposition. Elle a offert une partie de sa substantielle propriété, près de deux hectares, pour la construction du bâtiment, un endroit idéal pour le projet, à condition que le centre offre un programme pour apprendre à lire aux enfants et un centre de distribution de nourriture pour les personnes âgées.

Le bâtiment et le pipeline furent tous deux opérationnels en 2006.

Tailholt avait de l'eau potable et un centre communautaire avec bibliothèque, salle d'ordinateurs en utilisation libre, et un endroit pour que chacun puisse se réunir. Mais le plus grand bénéfice a été l'effet de ce travail sur les membres de la communauté engagés ensemble dans une cause commune. Avant que le travail ne commence, les résidents s'étaient sentis isolés les uns des autres, mais pendant la construction, un grand nombre d'hommes sont arrivés sur le chantier avec marteaux, équerres et niveaux, pendant que Pauline Sanders et des femmes de la ville préparaient les repas. « Tout ce processus pour commencer la construction a rassemblé la communauté », a constaté Jeremy Marshall, président de la Tailholt Community Organization.[359]

Aussitôt qu'il a été ouvert, le centre est devenu le pivot de toute la ville. D'autres projets sont prévus comme, par exemple, un parc pour les enfants, des classes pour apprendre la langue cherokee, des activités après l'école, et d'autres propositions pour les jeunes et les personnes âgées. « Cela donne aux enfants le sentiment qu'il y a un avenir dans la communauté », a déclaré Sanders. La participation des habitants est devenue contagieuse au point que des résidents ont commencé à se porter volontaires pour la station rurale de pompiers et pour la collecte de fonds.

Beaucoup de citoyens pensent que la nature d'entraide du projet a été la clé de son succès. « Cela a motivé les gens et ils ont aimé travailler pour quelque chose au lieu de tendre la main pour recevoir une aumône, déclare Lynette Studie, présidente de l'organisation de collecte de fonds de Tailholt. Cela a touché davantage de gens. C'est la seule façon de faire les choses. »[360]

Les leçons à tirer de la « caverne des voleurs » et de Tailhot ne sont pas seulement un modèle pour réduire les préjugés ou construire une salle municipale. Elles offrent aussi un moyen simple pour créer un

359 « Tailholt Residents Build Community Center », *Cherokee News Path*, 10 mars 2005, sur l'internet.

360 D. Agent, « Tailholt Community Reaps Rewards of Gadugi », *Cherokee Phoenix*, Tahlequah, Oklahoma, mars 2006.

nouveau voisinage, abattre les murs entre les gens, comme du reste nous l'avons fait dans ma propre communauté.

Il n'y a eu que deux occasions pour lesquelles mes voisins de banlieue londonienne se sont rencontrés pour autre chose que des réunions d'usage. Les deux fois cela s'est produit par pure nécessité. Nous étions assiégés. Sans prévenir, Orange, une compagnie de téléphones mobiles, a annoncé son intention d'installer huit antennes-relais dans la ville, dont une dans notre quartier, juste en face de la fenêtre de la chambre de notre plus jeune fille. La majorité des habitants de notre ville, en particulier nos voisins immédiats, étaient inquiets des effets potentiellement dangereux d'une antenne-relais sur la santé, en particulier sur celle de nos enfants, ainsi que sur la valeur de nos propriétés et sur l'aspect esthétique général du quartier.

En quelques jours, nous avons fait partie de la transformation sociale la plus extraordinaire qui soit. Un groupe de voisins est venu chez nous un soir. Autour de tasses de thé et de biscuits, nous avons formé une brigade de « femmes au foyer » pour protester contre les projets d'Orange. Face à un but commun et avec peu de temps devant nous, nous n'avions besoin de personne pour en prendre la direction. Instinctivement, nous avons su utiliser nos propres forces et nos propres ressources. Chacun s'est tout simplement porté volontaire pour faire ce qui était nécessaire et la division des tâches a eu lieu automatiquement. Un des hommes d'affaires a cherché dans les lois en vigueur pour voir sur quelles bases nous pourrions protester. Comme les effets des antennes-relais sur la santé sont controversés, et à cette époque n'étaient pas considérés comme des raisons suffisantes pour une objection, notre plus grand problème était de définir contre quoi exactement nous allions nous opposer. Nous devions nous appuyer sur d'autres facteurs – les problèmes d'esthétique, les menaces pour la sécurité des personnes dans des fauteuils roulants ou des mères avec des poussettes – pour monter un dossier. Plusieurs voisins sont partis en reconnaissance pour finalement trouver des endroits peu peuplés dans la région où l'on pouvait placer les antennes, une alternative raisonnable.

Une voisine est allée voir la directrice de l'école catholique de notre rue et tous les ministres du culte des autres églises du coin pour avoir leur soutien. La voisine d'à côté a construit et peint une immense boîte orange lumineuse pour la planter sur l'emplacement proposé afin que les voisins aient une idée viscérale des dimensions de la tour qu'on se proposait de construire, un appareillage laid et encombrant sur notre trottoir. En tant que propriétaires d'une maison d'édition, mon mari et moi avons offert d'élaborer et d'imprimer des affiches, des fiches d'information, des exemples de lettres à envoyer au conseil municipal et des pétitions au Parlement.

Nous avons quadrillé la région et chacun, à tour de rôle, a distribué des pamphlets. Des femmes les ont distribués à la sortie des écoles et ont frappé à la porte de chaque appartement dans chaque bâtiment ; d'autres ont contacté notre député. L'une des familles qui avaient un contact chez Orange a organisé une rencontre avec un manager de la compagnie et nos représentants au Parlement au cours de laquelle nous avons formulé nos objections et proposé une alternative raisonnable. Nous avons montré que nous irions jusqu'au bout s'ils refusaient de prendre au sérieux notre inquiétude.

En quelques semaines, Orange avait retiré son projet.

Quelques années plus tard, ils étaient de retour. Cette fois-ci, plus cyniquement, ils ont fait leur proposition pendant dans les mois d'été quand la plupart des gens sont en vacances. Nous avons appris leur campagne renouvelée seulement après que mon mari a remarqué une petite affiche qui était tombée d'un arbre de l'autre côté de la rue. Néanmoins, en quelques jours, nous avons retrouvé la liste des e-mails, remis à jour et réimprimé les pétitions et les fiches d'information et cette fois-ci nous avons demandé l'aide de quelques adolescents dans le quartier pour distribuer le matériel. En un mois, des centaines de lettres de protestation avaient été envoyées à notre conseil municipal, qui à nouveau a rejeté la demande d'Orange.

Bien qu'Orange ait fait appel, finalement la compagnie a décidé que lutter contre ces résistances bien organisées ne valait pas la peine.

À la fin, ils ont retiré leur projet et se sont joints avec un autre opérateur pour partager leur courant. À l'heure où j'écris, il semble que ce qui n'était finalement rien qu'une brigade de femmes au foyer a chassé l'un des géants de l'industrie britannique de façon permanente.

Bien qu'il ait été gratifiant de voir un petit groupe de citoyens décidés en action, ce qui m'a intéressé dans cet épisode, c'est l'effet de cette crise sur nos relations. Nous sommes une communauté variée, nous avons des maisons individuelles construites dans les années 1930, qui étaient autrefois des logements sociaux, des restes de la restructuration sociale des années 1960, quand les urbanistes ont démoli beaucoup de maisons pour les remplacer par des immeubles pour la classe ouvrière. Depuis le règne de Margaret Thatcher, ces immeubles ont été privatisés et les habitants ont pu acheter leur appartement. Par conséquent, dans notre rue, tout le monde est propriétaire, bien que certaines maisons soient plus grandes que d'autres. Les boutiques du coin sont tenues par des immigrants sud-africains et indiens, ambitieux et travailleurs ; notre petite épicerie du coin est tenue par une veuve indienne qui travaille jour et nuit pour payer les études de ses enfants dans une école privée. Néanmoins, pour beaucoup de leurs voisins plus aisés, les appartements et les boutiques du coin sont des endroits où ils ne vont jamais – c'est Beyrouth, dit l'un de mes voisins plaisantant à moitié.

Pendant notre crise, ces mêmes voisins ont été forcés d'interagir avec « Beyrouth », de mettre leurs différences de côté et d'avoir des rapports entre eux à un niveau plus profond. Pendant cette urgence, nous avons trouvé l'âme d'une communauté dont nous n'avions jamais soupçonné l'existence.

Des individus dans une communauté peuvent même faire de leurs économies un objectif prioritaire, comme c'est le cas de beaucoup de gens à Okinawa. Yoko Masashiro, une veuve de cinquante-huit ans, a ouvert un magasin de produits diététiques dans sa ville de Naha, la plus grande ville d'Okinawa, après la mort de son mari, en 2000. La boutique s'appelle Ichariba, qui désigne en japonais un endroit où les gens se rencontrent et deviennent une famille. « Ichariba » pourrait aussi signifier la façon dont Yoko gère ses finances. Chaque mois, un ami de confiance se rend chez elle et elle lui donne 50 000 yens (environ 450 euros), en étant certaine, qu'à un moment de l'année, il lui rendra dix fois la somme.[361]

En dépit de l'influence des États-Unis sur ce petit archipel, où des troupes américaines étaient stationnées depuis la Seconde Guerre mondiale, Okinawa a maintenu ses anciennes coutumes, y compris un système unique d'aide mutuelle, ou *yuimaru*. Leur système informel s'appelle *moai*, qui est un peu comme un groupement d'épargne et de crédit, organisé par des amis qui se réunissent chaque semaine, ou chaque mois, pendant une période déterminée. La monnaie d'échange n'est pas seulement l'amitié, mais aussi, dans le cas d'un *tasukeai moai*, un pool d'argent auquel chacun contribue pendant un nombre de mois donnés, selon le nombre de personnes dans le *moai* ; pour un groupe de dix personnes, le *moai* durera dix mois.

Dans le *moai* de Yoko, chacun contribue à la hauteur de 50 000 yens chaque mois et l'argent est distribué proportionnellement à chaque membre à tour de rôle, entendu que quelle que soit l'étape où vous prenez le pot, vous commencerez à verser un intérêt de 2 000 yens pour chaque mois qui reste de la convention. La personne qui opte pour recevoir l'argent le premier mois recevra 500 000 yens et paiera les 2 000 yens pendant les neuf mois suivants. La deuxième personne qui opte pour prendre le pot entier le deuxième mois recevra 500 000 yens, plus les 2 000 yens d'intérêts de la première personne, et, pendant le troisième mois, la troisième personne recevra 500 000 yens du pot, plus les 4 000 yens d'intérêts du premier et du deuxième receveur et ainsi de suite. La première personne qui bénéficie de l'argent paiera le plus d'intérêt, et la personne qui attend patiemment de prendre le pot final recevra le plus d'argent (518 000 yens) ; si deux personnes

361 Entretien avec Yoko Masashiro via Fukiko Kai, traducteur, 26 mai 2010.

choisissent de recevoir l'argent le même mois, le receveur sera choisi à pile ou face. Quelquefois, la somme est nominale, aucun intérêt n'est pris ; le *moai* n'est qu'une excuse pour une réunion entre amis, comme c'est le cas pour Yoko, une jeune femme mariée. Elle a commencé un *moai* avec ses amis d'université simplement pour partager une soirée loin de leurs vies familiales actives.

Le *moai* est né de la profonde méfiance des habitants d'Okinawa envers les banques et leurs procédures complexes, et jusqu'à ce jour beaucoup de Japonais des campagnes préfèreraient financer leur voiture et leur maison par le fond *moai* plutôt que par un prêt bancaire. Yoko pense qu'un *moai* est un meilleur système financier qu'une banque, en particulier parce que le taux d'intérêt est bas, mais aussi parce que c'est un tel soutien réciproque : vous aidez les autres quand ils ont besoin d'argent et ils font de même pour vous.

Un *moai* est comme le jeu des biens publics, qui dépend entièrement de la confiance et de la bonne volonté de chacun à continuer de payer honnêtement chaque mois. Quand ils décident de se joindre à un *moai*, les membres examinent la probité de l'organisateur, qui sera tenu responsable si quelque chose va mal. En fait, dans le reste du Japon, où la pratique est moins répandue, le *moai* porte un autre nom : *tanomoschi-ko*, ce qui peut se traduire par « groupe de confiance ». Cela va sans dire au Japon que chaque membre d'un *tanomoschi-ko*, en particulier l'organisateur lui-même, pratiquera une forte réciprocité.

Une autre façon de forger une communauté soudée est de créer un sentiment de fierté à être « tous ensemble dans le même panier ». L'étude de Roseto, en Pennsylvanie, faite par Stewart Wolf, révèle que la ville est devenue une communauté culturelle hautement cohésive à cause de certaines pratiques des habitants. En plus de la fierté que les citoyens éprouvaient à voir leur jolie ville, ils partageaient une certitude sur leur avenir ; les jeunes gens savaient qu'ils trouveraient du travail à la mine et les femmes à la chemiserie locale. *Vous saviez quelle était votre place*. La plupart des familles vivaient dans la même maison depuis trois générations, pratiquement personne n'était au chômage ; les citoyens s'assuraient qu'il n'y avait pas de laissé pour compte. Un autre aspect de l'humanité qui distinguait les habitants, c'était leur habitude à ne pas se différencier des autres à tout prix. Leur sens de la solidarité était tel que toute ostentation était absolument à rejeter, ce qui par conséquent évitait la jalousie. Les riches et les pauvres vivaient côte à côte, mais les riches n'étalaient pas leur richesse. Roseto baignait dans le sentiment évident d'un objectif prioritaire.[362]

Une situation semblable se retrouvait autrefois en Syrie. Nour Hakki, un traducteur d'une trentaine d'années, vivant à Damas, se souvient avoir entendu raconter des histoires sur la vie de ses voisins à l'époque de sa grand-mère. Chaque maison, construite en pierres ou en briques, devait délibérément rester simple, vue de l'extérieur. À l'intérieur, un couloir menait à un beau jardin enclos où des arbres, des fontaines et des fleurs entouraient une cour centrale. On ne portait ses bijoux en or qu'à l'intérieur de la maison. L'idée c'était qu'il fallait éviter toute ostentation extérieure pour ne pas « briser le cœur de vos voisins ». Si quelqu'un n'avait pas assez d'argent pour acheter sa maison, les voisins l'aidaient financièrement. Si votre voisin pouvait sentir la bonne odeur qui sortait de votre cuisine, vous vous sentiez obligé de partager avec lui. Hakki regrette la disparition de ces vieilles façons de faire. Les pays islamiques se sont occidentalisés ; les femmes ne veulent porter que du Chanel et du Guccci désormais. « L'ostentation, dit Hakki, est le signe que vous êtes béni par Dieu. »[363]

Le psychologue social, Willem Doise, a observé la tendance très humaine à se mettre dans des sous-groupes et il avance que l'une des façons de nous réunir est d'aller dans des « catégories transversales », en nous attachant à plus d'un groupe. Cette pratique non seulement

---

362 S. Wolf et J. G. Bruhn, *The Power of Clan*.

363 Entretien avec Nour Hakki, 20 avril 2010.

réduit les préjugés contre les groupes extérieurs, mais tend aussi à empêcher les gens de faire des comparaisons. Elle réduit notre besoin de nous concentrer sur un seul facteur – religion, identité sexuelle, politique, ou même milieu socioéconomique – afin de sentir que nous appartenons. Les gens qui appartiennent à beaucoup de groupes se créent une identité « prioritaire », qui en soi se révèle réduire les préjugés et la peur.[364]

En fait, la situation la plus saine n'est pas une forte affiliation avec un seul groupe, mais une large diversité. Jolanda Jetten, psychologue sociale à l'université d'Exeter, a examiné plusieurs réseaux sociaux et découvert que la plupart des étudiants de première année à l'université qui étaient les plus équilibrés, et avaient le moins de périodes de dépression, étaient ceux qui appartenaient au plus grand nombre de groupes.[365] Nous sommes le plus heureux quand nous nous définissons selon le plus grand parapluie, tout comme les citadins de Roseto ne se rassemblaient pas à cause de leurs revenus ou de leurs affiliations politiques. Tous étaient heureux de se tenir fièrement sous un seul drapeau – en tant qu'habitants de Roseto.

La discrimination n'a pas besoin de conflit ni de grand-chose à part une moindre indication de différence. Comme le psychologue américain Henri Tajfel l'a montré, quand on a dit à un groupe d'adolescents qu'un autre avait eu le même score qu'eux sur un travail à l'ordinateur, ils ont commencé à se mettre ensemble et à exercer une certaine discrimination contre ceux qui n'avaient pas eu le même résultat. Une différence de quelque sorte que ce soit, qui est mise en valeur, est suffisante pour créer un « groupe minimal » et, par conséquent, son opposé : un groupe extérieur.[366] Tout ce qu'il faut, c'est un mur, aussi infime soit-il.

---

364 J. C. Dechamps et W. Doise, « Crossed Category Memberships in Intergroup Relations », in H. Tajfel (éd.), *Differentiation Between Social Groups*, Cambridge University Press, 1978, 141-58.

365 J. Jetten et al., « The Social Cure? » *Scientific American Mind*, septembre/octobre 2009.

366 H. Tajfel, « Experiments in Intergroup Discrimination », *Scientific American* 223 (1970) : 96-102.

La façon la plus importante pour rétablir le *lien* dans nos voisinages et même dans nos sociétés est peut-être d'élargir la définition de qui nous sommes. Dans son étude sur la diversité religieuse, intitulée *American Grace*, Robert Putnam a découvert que l'Amérique devient de plus en plus tolérante envers la diversité religieuse et beaucoup plus disposée à accepter que des membres de la famille se marient en dehors de leur propre église. Dans le cas de la religion, le contact et la familiarité entre des groupes dissemblables apportent en fait l'acceptation, même si la différence ethnique ne le fait pas, à présent.[367] Ceci suggère que notre identité ethnique est plus fixe et exclusive que notre identité spirituelle, mais aussi que l'acceptation et la coopération peuvent être cultivées et rétablies.

Une fois que vous enlevez la nature compétitive des groupements humains, les gens commencent à s'épanouir. Tout comme des molécules qui se chevauchent, nous pouvons apprendre à nous connecter à nouveau et à réclamer notre manière d'être naturelle en créant une identité plus grande et plus globale, une définition plus large de qui « nous » sommes. Plus vous adhérerez à des groupes différents, plus vous adopterez de nouvelles personnes dans votre vie.

367 R. D. Putnam et David E. Campbell, *American Grace: How Religion Divides and Unites Us*, Simon & Schuster, 2010.

CHAPITRE 12

Payez au suivant

C'était en 1998, une bonne année pour être étudiant en sciences de l'informatique au campus de Berkeley de l'université de Californie. Les entreprises de la Silicone Valley étaient en plein milieu du « point-com » boom et manquaient tellement de personnel pour alimenter l'appétit incessant du marketing sur l'internet que les agents de recrutement en avaient été réduits à faire le tour des campus pour attirer des étudiants. Les cinq meilleures entreprises de comptabilité étaient en lice, essayant de pomper le sang nouveau de la Berkeley's School of Engineering and Computer Science et de l'Hass School of Business. Il va sans dire qu'avec une maîtrise en science de l'informatique et en philosophie, Nipun Mehta était une de leurs premières cibles.

Mehta était un prodige de haut niveau qui avait commencé à étudier l'informatique à quatorze ans, était entré à Berkeley à seize et, à la fin de sa première année, avait déjà un travail à mi-temps à Sun Microsystems, qui avaient du reste payé les frais de son inscription à l'université. Quelques années après sa licence, il gagnait déjà un salaire à six chiffres, agrémenté de stock-options et de primes d'embauche. Comme beaucoup d'autres jeunes Turcs de la Baie, il surfait sur la vague du vaste potentiel de l'internet. Presque tous ses amis informaticiens de Berkeley devenaient riches du jour au lendemain, en jouant gros dans des offres publiques d'entreprises qui ne proposaient jamais que des promesses. Certains d'entre eux démissionnaient de leur job de programmeur pour devenir traders sur un marché spéculatif devenu complètement fou. Le sujet des conversations de ses amis semblait ne porter que sur la façon d'utiliser leur soudaine et énorme aubaine – qui avait acheté la dernière maison, la dernière BMW, quelles opérations financières étaient les meilleures.

Dans un sens, Mehta lui-même avait été programmé pour le boom puisqu'il était un auto-entrepreneur débutant, obsédé par l'idée de réussir. En dépit de son jeune âge, il était le meilleur élève de son année et la star des tournois de tennis du coin. Quand il a commencé à se sentir à l'étroit dans ces tournois, dans sa dernière année de lycée, il s'est inscrit comme étudiant à plein temps dans une université locale afin d'entrer dans un circuit de compétitions de tennis plus sévères. En plus d'être un magicien de la technologie, Mehta était passionné par la réussite financière, et a appliqué sa passion pour gagner à la Bourse. Alors qu'il était encore à Berkeley, il a joué chaque jour des dizaines de milliers de dollars à la Bourse, sur l'internet, en refusant d'abandonner avant d'avoir transformé une perte en profit.

Au milieu de l'année 1999, Mehra a commencé à se sentir mal à l'aise vis-à-vis de la culture du devenir-riche-rapidement qui régnait autour de lui, et surtout de ses effets sur lui. Par moments, il lui semblait se noyer dans un océan d'avidité. Il se remémorait souvent une expérience qui l'avait profondément marqué quand il était adolescent. Pendant un long vol entre le Japon et l'Inde, lui et son frère s'étaient trouvés assis près d'un Japonais appelé Shin. Ce qui avait commencé par un échange de politesse s'était transformé en une conversation passionnante qui avait duré pendant les dix heures du vol. Shin était un physicien dont la personnalité avait bien des points communs avec celle de Mehta, un accro au travail dont les journées étaient alimentées par quinze tasses de café. Un an avant le voyage en avion, on lui avait diagnostiqué un cancer de la prostate en phase terminale et on ne lui donnait que seulement deux mois à vivre. Shin se rendait compte que son état était dû en partie à son choix de vie, à ce qu'il décrivait comme son machisme à la japonaise : le besoin d'être sous pression sans relâche et les heures de travail absurdement longues. Il s'était alors embarqué dans un programme personnel de changement interne et externe, et finalement avait eu une guérison spontanée. Le plus important, c'est que cela avait changé sa vision fondamentale sur ce qu'il était précisément venu faire sur Terre. Lorsque Mehta a commencé à travailler dix-huit heures par jour, il s'est souvenu des paroles de Shin. Il ne voulait pas arriver à l'âge de soixante ans pour se rendre compte que, finalement, tout ce qui justifiait sa vie était un gros compte en banque.

Une autre bonne leçon l'attendait en Inde où il était allé rendre visite à un vieil ami d'école. Il était parti faire un tour en moto avec son ami. Alors qu'ils négociaient trottoirs inégaux et petites rues à nids de poule, Mehta avait été pris d'une telle nausée qu'il avait demandé à son ami de s'arrêter pour qu'il puisse vomir à l'écart de la foule. Soudain, un vieux vendeur des rues, émacié et malpropre, avait surgi à bicyclette. En voyant Mehta, il s'était arrêté, avait fouillé lentement dans son sac, sorti un citron, en avait donné la moitié à Mehta en lui faisant comprendre qu'il fallait le sucer pour arrêter la nausée. En le regardant, on aurait pu penser que c'était son dernier citron ; il était heureux pourtant de le partager. Sans mot, le vieil homme était remonté sur son vélo et avait disparu. Il avait surgi de nulle part dans un moment où on avait besoin de lui, avait fait ce geste de générosité, puis il avait disparu sans rien demander en retour. Mehta a réfléchi profondément sur cet incident. Si les rôles avaient été inversés, il n'était pas certain qu'il aurait fait la même chose. Et comme tout ceci était différent de la philanthropie en cours à la Silicone Valley, où les bienfaiteurs étaient aussi ostentatoires dans leurs donations que dans tous les autres aspects de leur vie.

Mehta est rentré à la Silicone Valley déterminé à repenser sa propre vie. Il a suggéré à ses amis de travail de créer « un club de donation », pour mettre ensemble chaque mois une petite portion de leurs gros salaires et faire une donation à des œuvres charitables ou se retrouver le samedi pour faire une montagne de sandwichs et les partager avec les sans domicile fixe.

Un jour du début de l'année 1999, Mehta et ses amis sont allés au ACT For Homeless (le refuge pour les sans-abris), à San Jose, pour offrir leur aide. En arrivant au refuge, ces ingénieurs de la Silicone Valley ont évalué la situation et pensé qu'ils pouvaient aider différemment. Plutôt que de mains supplémentaires, ce dont le refuge avait besoin, c'était d'un site internet. À cette époque, une telle expertise coûtait au moins 10 000 $ – bien au-delà du budget du refuge. S'ils avaient un site internet, a expliqué Mehta au directeur, le refuge pourrait attirer des donations de toute la région de la Baie, bien plus que ce que Mehta et ses amis étaient prêts à donner. Le groupe a vite mis en place un site pour le refuge, ce qui, comme ils l'avaient prévu, l'a fait davantage connaître au public. Cela a aussi fait jaillir l'étincelle d'une grande idée.

Un soir, Mehta a invité chez lui une vingtaine de ses amis informaticiens. Il ne voulait pas moins que changer la culture d'avidité et de matérialisme de la Silicone Valley, leur a-t-il confié, même si c'était une tâche impossible. Ce qu'ils pouvaient réussir pourtant, c'était se changer eux-mêmes. Mehta les a invités à faire l'expérience de la joie de donner dans leur quartier de la Côte Ouest ; un coin de Californie où il semblerait que vivent les plus égoïstes des Américains. La Silicone Valley avait le plus grand nombre de Ferrari par habitant et le plus bas pourcentage de donations à des œuvres charitables du pays.

Mehta avait en tête de commencer une association de volontaires qui offrirait son savoir-faire pour aider d'autres institutions charitables et organisations bénévoles à créer leur site internet. Une fois acquis quelques tuyaux sur l'informatique, ils pourraient transformer une organisation sans but lucratif en une structure techniquement efficace, qui pourrait alors atteindre la communauté de façon efficace.

Mehta était bien clair sur ce qu'il voulait faire. « Nous ne sommes pas là pour nous amuser, disait-il, nous ne sommes pas là pour surfer sur le Net. Ostensiblement, il ne le faisait même pas pour les organisations charitables elles-mêmes. L'idée, c'était de créer au final une contagion de donner, en créant d'abord la contagion en eux-mêmes. Trishna Shah, une amie du frère de Mehta qui passait son premier été à la Berkeley's Haas Business School, se souvient très clairement de cette première réunion : « Il s'agissait du don, de comment l'acte de donner nous transformerait. Nous voulions créer une opportunité pour nous transformer du dedans. » Selon la vision sur la transformation personnelle de Mehta qui était si pénétré de l'internet, leurs efforts déboucheraient bientôt sur une propagation virale, créant une imprégnation lente, mais constante, du don dans la communauté.

Mehta a formellement constitué CharityFocus en 1999. Son intention initiale était d'offrir ses services gratuitement à toute organisation au service de la communauté, sans but lucratif, qui avait besoin d'aide pour les technologies internet. CharityFocus devait être tenue entièrement pas des volontaires ne travaillant pas à plein temps, pour que chaque membre donne son temps de façon non conventionnelle. Sans salaire, tous seraient également appréciés, sans hiérarchie, titre ou supposition sur quelle contribution était la plus importante. Ils n'accepteraient que des donations spontanées et ne chercheraient jamais à faire des collectes d'argent. S'ils étaient à court d'argent, ils travailleraient de façon créative avec ce qu'ils avaient. Leur véritable but étant au final de se concentrer sur le petit, de se changer eux-mêmes et non le monde.

L'une de leurs premières interventions a été en faveur de Toothmobile, de Mike Reza. Celui-ci proposait des soins dentaires pour les pauvres dans un petit local à San Jose où l'on était bien à l'étroit. Reza était un passionné qui conduisait son camion équipé dans différents endroits, y compris des écoles pour enfants déshérités, et il proposait ses soins à faible coût. Son plus grand problème n'était pas de manquer de volontaires, mais de clients. Personne ne connaissait l'existence de Toothmobile. Reza avait besoin de se faire connaître, mais il ne savait pas comment s'y prendre, et créer un site internet était complètement hors de sa portée. Mehta et quelques membres de CharityFocus, qui avaient travaillé sur Netscape, ont construit gratuitement le site de Reza et ils ont pu observer sa portée. Leur petite contribution, une question de quelques heures pour faire un site, a complètement changé la donne pour Reza. Par la suite, CharityFocus a construit plus de 5 600 sites pour toutes sortes d'organisations charitables, depuis des soupes populaires jusqu'à des œuvres humanitaires internationales telles que Airline Ambassadors, qui recrute des habitués des vols aériens qui ont accumulé beaucoup de kilomètres gratuits pour livrer en main propre de l'aide à des enfants, offrir des voyages en avion à des orphelins qui vont rejoindre leur nouvelle famille, et pour transporter des enfants malades des pays en développement.

En 2001, Mehta a quitté son travail à Sun pour devenir bénévole à plein temps, et s'est tourné vers l'internet pour diffuser son message. Son équipe et lui ont créé le Daily Good blog, un site où l'on peut lire citations et histoires de réussite. Ils ont créé un site appelé *helpothers.org*, un portail de gentillesse qui « tague » les gens avec des actes de gentillesse et des cartes « Smile Cards ». Après avoir fait un geste altruiste envers quelqu'un, vous laissez une carte lui demandant de repayer votre générosité par un autre acte de générosité, de payer au suivant. Il a créé KarmaTube, des vidéos sur YouTube du genre « faites quelque chose », qui suggèrent aux spectateurs des petites actions qu'ils peuvent faire, mettant en avant le travail des « agents de changement » et des microcommunautés de volontaires. Leurs « programmes du mercredi » ont formé une base pour certaines communautés où les gens se rencontrent pour méditer, échanger et partager un repas.

Mehta a choisi les mercredis pour tester la confiance innée qui se développe entre les gens quand ils sont généreux les uns avec les autres. Chaque mercredi, les parents de Mehta ouvrent leur maison familiale à Santa Clara à de parfaits inconnus. Au moment où j'écris, ils ont servi plus de 25 000 personnes, avec entre quarante et soixante nouveaux arrivants chaque semaine. Des rassemblements semblables ont lieu désormais dans vingt-quatre maisons partout dans le monde. Les participants proviennent de tous les horizons, des millionnaires sont assis à côté de chômeurs. Néanmoins, tous ont l'occasion de prendre le micro ; chaque semaine, après une lecture, vient la discussion. La générosité est un grand niveleur. Chacun comprend que, dans cette atmosphère, il est apprécié et tous ne forment plus qu'un.

« Quand la générosité est le capital social élémentaire, vous voyez les choses depuis une plus grande perspective. Vous venez d'un différent endroit d'ouverture. Il vous est plus facile d'avoir de multiples points de vue. Cela approfondit la confiance en l'autre. La coupe de la gratitude déborde et se transforme en action de bien des façons », affirme Mehta.

En treize ans de « mercredis » hebdomadaires à Santa Clara, il n'y a jamais eu de difficultés majeures, de désaccords ou de vols. Les seules disputes portent sur qui va faire la vaisselle. Comme on ne fait pas la quête, les gens doivent trouver une manière plus créative de remercier. Un participant a, par exemple, laissé un range-chaussures avec une capacité de cent paires si bien que les visiteurs, qui entrent toujours dans la maison en chaussettes, ont un endroit pour mettre leurs chaussures. Metha continue à affiner l'expérience. Tout dernièrement, il a créé une bibliothèque « ouverte à tous » sur les étagères de la bibliothèque de ses parents, après y avoir mis des ouvrages d'inspiration et annoncé à tous qu'ils pouvaient prendre et laisser des livres quand ils voulaient. Le système fonctionne complètement sur la confiance, sans que l'on note la sortie et le retour des livres. Des milliers de livres ont changé de mains, et les étagères sont désormais remplies de beaucoup plus de livres que lorsque Mehta avait commencé.

Mehta lance de nouveaux défis à chaque nouveau groupe du mercredi. *Allez vers le voisin qui vous a irrité ou vous a ignoré. Écrivez-lui un petit mot, apportez un dessert, portez ses poubelles aux ordures. Laissez vos enfants jouer avec les siens. Ne pensez pas en terme de grosses donations, mais juste aux petites choses que vous pouvez faire ici et maintenant. Faites ce que vous pouvez pour approfondir la connexion.*

Au moment où j'écris, plus d'un million de « Smile Cards » ont été expédiées. *CharityFocus* opère avec des milliers de volontaires dans le monde entier. Trois cent mille souscripteurs sont devenus membres et ses sites variés reçoivent des millions de visiteurs chaque année. Mehta inspire les gens partout dans le monde de diverses façons. Une famille de la Baie a décidé de prouver la joie de donner à leur fils en demandant à ses amis d'offrir aux automobilistes de laver gratuitement leur voiture le jour de son anniversaire puis de payer une glace à tous les enfants qui faisaient la queue devant Baskin Robbins, le magasin de glaces. Le propre père de Trishna Shah, un industriel, avait émigré du Kenya aux États-Unis pour que ses enfants reçoivent les bénéfices d'une éducation de l'élite américaine. Au début, époustouflé qu'elle puisse accepter de faire son apprentissage à CharityFocus, alors que tous ses amis faisaient les leurs dans des entreprises qui travaillaient pour des profits, il a été si impressionné par les activités de l'organisation et par la transformation intérieure de sa fille, qu'il a finalement quitté son agence immobilière pour travailler dans un hôpital pour cancéreux.

Touchée par le message de Mehta, Marie, une employée d'une grande entreprise de logiciels, a eu un jour une idée de génie alors qu'elle était au distributeur de boissons de l'entreprise.[368] Elle a décidé qu'à chaque fois qu'elle viendrait acheter son Coca-Cola de l'après-midi, elle laisserait de l'argent dans la machine pour la personne suivante, avec un mot et une « Smile Card » : *Votre Coca a été payé. Prenez cette « Smile Card » et payez au suivant.*

À partir du moment où Marie a commencé sa campagne, des e-mails frénétiques ont commencé à circuler au bureau pour essayer de démasquer l'identité du père Noël secret de l'entreprise. Un plan de « Voisins vigilants » a été mis en place avec en permanence deux ou trois employés de surveillance. Marie a alors décidé qu'il était temps d'intensifier les opérations. Elle s'est déplacée à un autre étage, où elle laissait subrepticement un lot quotidien de donuts. « Les gens en ont parlé pendant des mois, raconte Mehta. Les sujets de conversation ont complètement changé pendant la pause du déjeuner. »

Une institutrice de cours élémentaire a distribué des « Smile Cards » dans sa classe avec pour consigne de faire un acte de gentillesse ce soir-là, en guise de devoirs. Un jeune garçon qui se demandait bien ce qu'il allait faire a trouvé un chien perdu. Il a lu l'adresse de son propriétaire sur le collier et l'a ramené chez lui. Comme le propriétaire le

368 L'identité de « Marie » a été changée.

remerciait chaleureusement, le garçon de huit ans lui a répondu : « Pas de problème. Tenez, payez au suivant » en lui tendant une « Smile Card ».

La directrice des opérations de Mehta, Trishna Shah, une Américaine expatriée vivant à Londres, avait un penchant pour la sauce épicée Taco Bell qu'on ne trouvait pas en Angleterre. Récemment, alors qu'elle était à l'hôpital pour une intervention mineure, Mehta a contacté ses volontaires américains et bientôt des paquets de sauce Taco Bell sont arrivés dans la boîte à lettres de Trishna. Mehta et des « détachements » de volontaires ont brandi des bannières à des croisements de rues de San Francisco où le trafic est intense pour que les automobilistes les remarquent aux feux rouges. Lors des Walks for Hope, des rassemblements en souvenir du 11 septembre où les gens tendent à se polariser pour ou contre la réponse militaire américaine à la tragédie, ses volontaires ont pour consigne de soutenir les deux côtés. « Nous leur avons montré que c'était juste de ne pas être d'accord, les polarités doivent d'abord cesser dans nos cœurs et nos esprits », a expliqué Mehta.

Nipun Mehta nage à contre-courant. À présent, l'idée la plus contagieuse est l'atomisation : diviser les choses en leurs composants, traiter les parties comme si elles étaient elles-mêmes complètes, les considérer chacune comme l'équivalent d'un tout. Virtuellement, tous les pays développés sont fondés sur la culture de l'individualisme et du gain personnel. Pendant des centaines d'années, nous avons suivi une fausse piste de satisfaction individuelle comme étant une motivation primaire, à grands frais. Avec l'augmentation de l'individualisme, les indices de chaque aspect majeur de satisfaction de la vie, depuis les soins de santé et l'éducation jusqu'à la durée de vie et la sécurité urbaine, sont tombés au plus bas pour chaque membre de la population, riche ou pauvre.

Dans la mesure où nous ne suivons pas nos impulsions naturelles, nous travaillons contre notre nature, qui, elle, répond à l'attraction vers l'unicité. À chaque pas qui nous éloigne du *lien*, qui nous éloigne de notre droit de naissance naturel, nous faisons un autre pas vers la séparation et l'aliénation et nous nous écartons de ce qui est le meilleur et le plus vrai pour nous. Nous créons plus de crises économiques, plus de luttes politiques, plus de conflits, plus de désastres économiques calamiteux. Nous érigeons des murs de plus en plus hauts entre nous et le reste du monde. Dans le jeu des biens publics que nous jouons dans la vie réelle, nous refusons à présent de jouer.

Nous nous tenons à un point crucial de notre évolution, là où nous devons faire un choix. Nous sommes l'une des plus importantes générations de l'histoire de l'humanité. Avec toutes les calamités parmi nous, nos choix affecteront nos enfants et les enfants de nos enfants – et en fait le monde pour toujours. Nous pouvons continuer notre processus de regard obsédé par des morceaux de plus en plus petits de notre univers, encercler les gens et les choses dans des grilles selon des différences définies plus étroitement. Nous pouvons continuer à opérer contre nature et nous connecter de moins en moins avec ce que nous considérons comme autres que nous-mêmes. Ou bien nous pouvons embrasser l'impulsion opposée : notre attraction naturelle à rechercher le tout et la connexion.

Il y a des signes minuscules ici et là montrant que le jeu est en train de changer. Nipun Mehta est ce que Ernst Fehr et d'autres théoriciens du jeu considèreraient comme un instigateur, un agent de changement dans un jeu économique. Herbert Gintis, professeur émérite à l'université du Massachusetts, qui a énormément travaillé avec Fehr sur la théorie des jeux et sur le développement d'une forte réciprocité, a découvert lorsqu'il faisait un modèle du jeu des biens publics que la culture d'une communauté particulière n'est pas fixée dans la pierre. Si une culture du chacun à tour de rôle échoue, car elle a trop de possédants, tout ce qu'il faut c'est un petit groupe de gens décidés à suivre une forte réciprocité pour « envahir » une population d'individus égoïstes et transformer tout le système. « Même si ceux qui pratiquent une forte réciprocité forment une petite fraction de la population, au moins occasionnellement ils formeront la fraction suffisante d'un groupe pour que la coopération puisse être maintenue dans les temps difficiles, dit-il. Un tel groupe dépassera alors d'autres groupes égoïstes, et la fraction de ceux qui pratiquent fortement la réciprocité grandira. Ceci continuera jusqu'à ce qu'une fraction d'équilibre de forte réciprocité chez les gens soit atteinte. »[369]

Ce que Gintis est en train de dire, c'est que l'égoïsme et l'altruisme se répandent facilement, mais que l'altruisme est l'impulsion la plus contagieuse. Comme Fehr l'a découvert, et comme Lindsay Browing l'a prouvé avec la théorie des jeux, les stratégies du « type bien » sont plus facilement établies et peuvent facilement envahir les structures sociales. Bien que cette contagion se répande plus rapidement dans un petit groupe, une fois que le groupe a un niveau petit et stable de coopération et d'égoïsme, il peut s'étendre. En retournant notre tendance humaine naturelle à poursuivre le *lien*, même un petit groupe comme CharityFocus peut répandre la contagion du don.

Les instigateurs comme Nipun Mehta comprennent instinctivement la puissance du *lien* – que dans leur cœur, ce que les êtres humains veulent le plus, c'est appartenir. Ils comprennent aussi, comme Robert Axelrod l'a découvert avec le tournoi du dilemme du prisonnier, que la gentillesse est la stratégie la plus puissante, et surpasse toujours l'égoïsme. L'altruisme est l'acte le plus intéressé, car c'est la position naturellement la plus bénéfique pour nous tous. Nos vies quotidiennes peuvent être vécues comme un équilibre de Nash, en prenant en compte ce qui est bon pour le monde et ce qui est bon pour nous.

Mehta a récemment élaboré une autre expérience de la générosité dans sa ville pour voir si une entreprise pouvait prospérer entièrement sur la générosité de ses clients. Il a persuadé Rajen Thappa, le propriétaire de Taste of Himalayas, un restaurant indien traditionnel sur Shattuck Avenue, la principale rue de Berkeley, de laisser CharityFocus s'en occuper chaque dimanche, de 11 h à 15 h. CharityFocus

369 H. Gintis et al., « Explaining Altruistic Behavior in Humans », *Evolution and Human Behavior* 24 (2003), 153-72.

paierait les salaires des chefs et le coût des ingrédients, mais ses volontaires fourniraient le reste des employés : serveurs, plongeurs et personnel de nettoyage.

Il n'y a pas de prix sur le menu du déjeuner de midi, le chèque à la fin indique zéro dollar. Mais une explication s'y ajoute : « Votre repas est le cadeau d'une personne qui vous a précédé. Pour garder vivante la chaîne de cadeaux, nous vous invitons à payer pour ceux qui viendront déjeuner après vous. » Les clients peuvent donner ce qu'ils veulent et les sommes sont anonymes. Chaque semaine, les dons sont utilisés pour payer au Taste of Himalyas les ingrédients et le personnel de cuisine, et tout le surplus est utilisé pour payer les frais de la semaine suivante ou les activités de CharityFocus. Jusqu'à présent, chaque dimanche, le système reçoit plus d'argent qu'il n'en a besoin.

Nicholas Christakis, sociologue et spécialiste des réseaux sociaux, a récemment découvert un phénomène de « Payez au suivant » dans les réseaux sociaux. Il s'agissait de jouer au jeu des biens publics. Les participants, répartis par hasard à chaque fois dans un autre groupe, jouaient une série de jeux « one-shot » avec des inconnus. Les joueurs pouvaient décider de mettre de l'argent dans une cagnotte pour le bien public. Cette expérience a permis à Christakis et à son partenaire, James Fowler, de faire des schémas des réseaux d'interaction et ainsi d'explorer comment un comportement se répand d'une personne à l'autre le long de la chaîne. Ils ont fait la démonstration scientifique de ce que Mehta a espéré réussir : donner crée une contagion du don, un réseau altruiste de « Payez au suivant ». Les actions des participants influent sur les interactions futures d'autres personnes le long du réseau. « Si Tom est gentil avec Harry, Harry le sera avec Susan. Susan sera gentille avec Jane et Jane sera gentille avec Peter », selon Christakis. « Ainsi la gentillesse de Tom avec Harry se retrouve dans la gentillesse de Jane avec Peter, même si Jane et Peter n'ont rien à voir avec Tom et Harry et ne se sont jamais rencontrés. »[370]

370 N. Christakis, correspondance par e-mail avec l'auteur, 19 février 2010.

Il suffit d'un acte de gentillesse et de générosité pour qu'il se répande à travers plusieurs périodes de jeu et jusqu'à trois échelons le long du réseau. « Chaque contribution additionnelle faite par une personne dans la cagnotte publique pendant la première période de jeu est triplée pendant la suite de l'expérience par d'autres personnes qui sont donc directement ou indirectement influencées à contribuer davantage », écrivent Christakis et Fowler.[371] Pour chaque acte de bonté ou de générosité que vous faites pour un ami, il le « passera » à un ami, qui le « passera » à un ami, qui le « passera » à un ami ! Christakis a démontré que les instincts de Mehta étaient corrects : la gentillesse et la générosité créent une cascade de comportements coopératifs, même chez les cœurs les plus endurcis.

Au cours des générations, alors que la société s'est progressivement démantelée, des individus visionnaires ont agi comme des agents de changement pour l'holisme. Même durant la crise bancaire de la Grande Dépression, en 1929, John Spedan Lewis, qui était devenu le directeur de grands magasins en Grande-Bretagne après la mort soudaine de son père, croyait que « la situation actuelle des affaires », ce qui pour lui voulait dire la situation dans laquelle des actionnaires extérieurs séparaient la source du capital de son utilisation, était « une perversion du fonctionnement correct du capitalisme ». « Le capitalisme a fait énormément de bien, écrivait-il. Mais la perversion nous a donné une société trop instable… Il est tout à fait absurde d'avoir des millionnaires avant de cesser d'avoir des taudis. »[372]

Par nature, Lewis pratiquait la réciprocité. Dans cette déclaration, extraordinaire pour l'époque, il voulait dire que lorsque trop de gens possèdent des actions dans une entreprise et sont éloignés de ses opérations, ce sont des parasites. Il ne croyait pas au socialisme, mais croyait en une sorte de capitalisme dans lequel la récompense

371 J. Fowler et N. Christakis, « Cooperative Behavior Cascades in Human Social Networks », *Proceedings of the National Academy of Sciences of the United States of America* 107, n° 12 (2010) : 5334-38.

372 J. S. Lewis, « Dear to My Heart », discours enregistré à la BBC, 15 avril 1957.

financière d'une personne devait être proportionnée à sa contribution. Il comprenait aussi que le manque de justice dans une société était hautement toxique pour tous, riches et pauvres. Selon lui : « Les différences de récompenses doivent être suffisamment grandes pour inciter les gens à faire de leur mieux, mais les différences présentes sont beaucoup trop grandes. »

Lewis a eu l'idée de faire de son entreprise un objectif prioritaire. Il a transformé son grand magasin en un partenariat, chaque employé étant copropriétaire. Aussi subalterne que soit la contribution d'une personne, chacun recevrait un assortiment d'avantages, dont un excellent système de retraites et l'abonnement à un country club pour les week-ends. Mais l'idée la plus radicale était que les profits seraient divisés entre les employés. Bien que les travailleurs recevaient des salaires différents selon leur travail, à ce jour, chaque employé, depuis celui qui remplit les étagères jusqu'au président, reçoit en bonus le même pourcentage proportionnel à son salaire.

Au début de mars 2010, lorsque Marks & Spencer, l'un des principaux distributeurs de Grande-Bretagne, a fait des profits de juste 5 %, John Lewis a distribué 151 millions de livres de ses 9,7 % de profits ; chacun de ses 70 000 employés a donc reçu 15 % de son salaire de base, l'équivalent de huit semaines de travail. En parlant de la récession de 2009, un employé a expliqué : « C'était dur, mais on s'est tous tenu les coudes. » Lewis a compris qu'il pouvait créer un effet de résonance parmi tous ses employés s'ils travaillaient tous pour le bien de l'ensemble. Tout comme pour les rameurs d'Oxford, la puissance que donne le fait de travailler ensemble a amélioré le jeu de chacun.

L'histoire de Dave Barham est l'exemple même d'une réussite à l'américaine – avec un rebondissement. En 1946, Barham a monté un stand de hot-dogs à Muscle Beach, près de la jetée de Santa Monica, en Californie. En plus d'offrir des hot-dogs de qualité et de la limonade fraîche, Barham croyait dur comme fer que ses employés auraient un rapport plus chaleureux avec les clients s'ils aimaient leur travail. Sa stratégie a été payante. Au cours des années, Hot Dog on a

Stick est devenu une chaîne, avec 105 magasins dans les centres commerciaux des États-Unis. Barham a continué à innover pour améliorer le facteur plaisir et amuser clients et employés. Il a ajouté un toboggan gonflable dans beaucoup de ses établissements, et au milieu des années 1960, inspiré par la mode du temps, il a fait confectionner des uniformes pour ses employés : shorts et casquettes de jockey à rayures vives de couleurs primaires qui se détachaient sur le stand blanc et se reflétaient dans les miroirs des murs. Pour que chaque employé se sente apprécié et pour mettre en avant l'aspect ludique du travail, chaque chapeau était fait main et adapté à la taille de son propriétaire.

Avant sa mort, en 1991, Barham a décidé de partager sa fortune avec l'équipe qu'il avait dirigée pendant des années et il a fondé un trust qui permettait au personnel d'acheter entièrement son affaire. À présent, Hot dog on a Stick est la seule chaîne de restauration rapide au monde dont les actions et la marque sont possédées à 100 % par ses employés. Comme pour John Lewis, la possession inspire la loyauté et les changements de personnel sont faibles – une situation inhabituelle dans une chaîne de fast-food. Afton, par exemple, qui fait partie de l'entreprise depuis une dizaine d'années explique : « À chaque fois que je commence mon tour de travail, je sais que je peux faire la différence pour l'entreprise et que mon plan d'actions sera affecté par tout ce que je fais. Ce qu'il y a de mieux, c'est que je travaille avec des gens qui ressentent la même chose, explique-t-il. »[373] La devise de Barham, c'était de faire d'un objectif prioritaire une chose qui *plaît* – et l'atmosphère à HDOS continue d'être contagieuse, des deux côtés du comptoir.

En 1969, un petit groupe d'habitants de Portland, dans l'Oregon, a complètement renversé la tendance à l'étalement urbain et à l'ennui de leur ville en s'organisant dans un groupe appelé River front for People (« La rive aux habitants ») pour protester contre l'élargissement d'une route le long du fleuve. Ce qu'ils voulaient, expliquaient-ils, c'était moins de route et plus d'accès pour les piétons aux bords du

373 www.hotdogonastick.com.

fleuve. Après deux ans de pourparlers, le River front for People a gagné. La route du fleuve démolie, un parc a été créé : le Tom McColl Waterfront Park, et Portland est resté un exemple de vie urbaine accessible et sympathique.[374] Mais, le plus important, en un temps où le capitalisme social est de plus en plus absent aux États-Unis, c'est que les citoyens de Portland continuent à être parmi les plus activistes du pays. Ils ont appris la puissance qu'il y a à devenir un superorganisme.

En Grande-Bretagne, les Coin Street Community Builders (« Les constructeurs de la communauté de Coin Street »), un groupe d'activistes locaux, se sont formés pour protester contre un projet de construction d'un grand complexe de hauts immeubles huppés dans leur quartier ouvrier de la rive Sud de la Tamise, à Londres. Ils ont réussi à le faire remplacer par un centre d'affaires actif, des logements sociaux ultra-modernes et un centre pour enfants en donnant certains des profits provenant des entreprises qu'ils avaient aidées à construire, dont le luxueux restaurant Harvey Nichols au dernier étage de l'Oxo Tower. De cette façon, le groupe de Coin Street a fait circuler le capital privé dans un cercle vertueux : le financement de services publics pour les moins fortunés sans avoir besoin des aumônes du gouvernement.

Chaque jour, il y a maints exemples de la puissance d'un objectif prioritaire. Par exemple, des organisations innovatrices aux États-Unis ont créé des façons collectives de rendre un service public. La Southern Maryland Electric est une coopérative qui appartient aux consommateurs et qui fournit une partie de l'électricité de l'État. De même, Group Health Cooperative, basée à Seattle, offre à ses membres la possibilité de régir leur propre système de santé à but non lucratif. Se rendant compte du besoin de travailler ensemble globalement, certains chefs religieux ont même tendu la main à l'autre côté. En 2007, un groupe de chefs religieux musulmans a publié une lettre ouverte : « A Common Word between Us and You » (« Un mot commun entre

374 Robert D. Putnam et Lewis M. Feldstein, *Better Together: Restoring the American Community*, Simon & Schuster, 2003.

vous et nous ») pour encourager la paix et la compréhension entre les fois chrétiennes et musulmanes en mettant en avant la connexion commune entre eux ; les deux religions ont le même commandement d'aimer Dieu et son prochain.

Néanmoins, au milieu des crises permanentes de notre façon de vivre actuelle, nous avons besoin de prendre des mesures beaucoup plus radicales que des exemples individuels de capitalisme bienveillant et de reconquête civique. Il ne faut maintenant pas moins qu'une révolution de pensée. Nous devons abandonner le chemin de l'atomisation dans nos relations avec autrui, dans la façon dont nous créons notre voisinage et surtout dans la façon dont nous voyons le monde. Il est temps pour chacun de nous d'embrasser les nouvelles découvertes scientifiques de toutes les disciplines qui nous prouvent que nous avons maintenu une vue erronée et dangereuse de nous-mêmes. Il est temps de commencer un nouveau Siècle des Lumières, un âge qui reconnaîtra et honorera l'unicité, et détestera la polarisation d'un peuple, d'une religion et même d'un parti politique contre un autre. Tout comme Nipun Mehta, nous devons tous commencer nos efforts individuels pour faire du *lien* notre objectif prioritaire.

En 2009, Karma Kitchen a ouvert un second restaurant, au Polo India Club, à Washington D.C., et, en 2010, un troisième à Klay Oven, à Chicago. Peu de temps après l'ouverture de l'établissement de Washington, une famille de touristes mexicains est entrée à pas prudents dans le restaurant. Le père, un économiste, était très sceptique quant au concept de « Payez au suivant » ; *si vous faites confiance aux gens, ils vous rouleront.* À la fin du repas, alors qu'il se demandait s'il allait partir sans rien payer, son fils de onze ans a sorti un billet de vingt dollars, son argent de poche pour le mois.

« Qu'est-ce que c'est ? » a demandé le père.

« Ma contribution » a répondu le garçon en espagnol. En dépit des protestations de son père, le garçon a insisté pour laisser l'argent.

Le père est resté pensif un long moment, puis il a sorti son portefeuille. Il a commencé à remplir la corbeille avec tous les billets de vingt dollars qu'il avait. Avant de partir, il a écrit un mot : « Aujourd'hui, mon fils m'a donné une leçon de générosité. » Après un seul acte de don, un parasite potentiel est devenu l'un des joueurs les plus généreux du jeu des biens publics.

CharityFocus est un exemple de la création d'un objectif en tant que but de la vie. Il vise à résonner profondément avec ses clients. Jusqu'à présent, les deux restaurants ont reçu plus qu'ils ne l'auraient fait s'ils avaient fait payer pour les repas. Des bénévoles viennent du monde entier pour y travailler, juste pour faire l'expérience d'un service sans conditions. Après avoir apprécié l'expérience d'un cadeau sans conditions, beaucoup d'invités sont émus aux larmes. Ils embrassent les autres invités et laissent des mots et des poèmes, aussi bien que de l'argent. Presque tous demandent aux bénévoles : « Qu'est-ce que je peux faire ? Comment est-ce que je peux aider ? » Mais c'est l'expression de leur visage qui en dit le plus. C'est comme s'ils venaient de se souvenir d'une mélodie préférée, à moitié oubliée. Oui, c'est ça, semblent-ils dire : c'est ce que signifie être un être humain.

Remerciements

Un livre est toujours un *lien* – une communion de pensées et de travail de beaucoup d'individus.

Ce livre rassemble des informations provenant d'un large éventail de publications scientifiques, d'ouvrages pour le grand public, d'articles de presse, d'entretiens avec des chercheurs et d'autres sources mentionnées dans l'ouvrage. Ma reconnaissance va à Daniel Batson, Don Beck, Orland Bishop, Lindsay Browning, Nicholas Christakis, Andrew Colman, Germaine Cornélissen, Ernst Fehr, Graham Flemming, Nour Hakki, Franz Halberg, Randy Jirtle, Yoko Masashiro, Nipun Mehta, James O'Dea, Samuel Oliner, Hal Puthoff, Giacomo Rizzolatti, Trishna Shah, Leonard Syme, Vlatko Vedral et Robert Waterland pour avoir accepté un entretien, et pour la plupart d'entre eux, pour avoir revu et corrigé les erreurs dans les parties du manuscript qui concernaient leurs travaux. Je remercie aussi Fukiko Kai pour avoir si généreusement organisé un lien téléphonique avec Yoko Masashiro et pour avoir traduit notre échange.

Merci aussi à ma fille aînée, Caitlin, licenciée en psychologie, qui m'a recommandé d'étudier l'hypothèse de contact.

J'ai une dette de gratitude envers toute mon équipe à Free Press – Dominick Anfuso, Suzanne Donahue, Carisa Hayes, Meredith Wahl et Donna Loffredo pour leur soutien sans faille, leur travail et leur ouverture aux idées nouvelles. J'ai particulièrement apprécié le travail de Judith Hoover dont le regard d'aigle a amélioré mon manuscrit de tant de façons.

Sharyn Wong, la responsable de production de mon entreprise, a fait un travail de dernière minute en établissant la bibliographie et les notes ; Pavel Mikoloski, à nouveau, a organisé un merveilleux tour de promotion ; et Kyle Gibson s'est occupée du côté administratif pour ma tournée de lancement. Andrew Coleman, mon réviseur au

Royaume-Uni, m'a rendu un immense service en vérifiant les faits de cette version.

Ma reconnaissance va aussi à Danny et Heather Benor, mes agents pour l'étranger, et pour tous leurs efforts diligents pour s'assurer que le livre atteigne des lecteurs du monde entier. Comme toujours, toute ma reconnaissance va à mon agent, Russell Galen, le constant jardinier de mon travail et de mes meilleurs intérêts depuis plus de vingt ans.

Ma belle-sœur, Trina Hubbard, mérite une mention particulière, elle qui m'a offert un autocuiseur, sans lequel ce livre n'aurait jamais pu être écrit.

J'ai la chance immense d'avoir un éditeur extraordinaire en la personne de Leslie Meredith, dont le travail éditorial et le dévouement pour améliorer ce livre ont été époustouflants. Je la remercie énormément pour la confiance dont elle a fait preuve envers moi en d'innombrables occasions, et pour son talent à me faire écrire toute l'histoire que je voulais raconter.

Je dois particulièrement remercier mes deux filles, Caitlin et Anya, qui chaque jour m'enseignent à dépasser la différence superficielle pour aller vers la pure connexion.

Enfin, ce livre a une immense dette envers mon mari, Bryan Hubbard, qui une fois de plus s'est occupé de moi de toutes les façons possibles à tous les stades de ce livre. La profondeur de ses vues m'a toujours encouragée à aller plus loin, et par lui, chaque jour, je fais l'expérience de l'espace « entre ».

Bibliographie

- Abbott, A., « Testosterone Link to Aggression May Be All in the Mind », *Nature News*, 8 décembre 2009. En ligne.
- « After You: How Taking Turns Is Hardwired into Our Evolution », *Mail Online*, 9 juillet 2009.
- Agent, D., « Tailholt Community Reaps Rewards of Gadugi », *Cherokee Phoenix* (Tahlequah, Oklahoma), mars 2006.
- Allahverdiyev, A. R., et al., « Possible Space Weather Influence on Functional Activity of the Human Brain », présentation au Space Weather Workshop: Looking towards a European Space Weather Programme, Noordwijk, Pays-Bas, 17-19 décembre 2001.
- Alleyne, R., « Britain's "Me Culture" Making Us Depressed », *Telegraph*, 6 novembre 2009.
- Allport, G. W., *The Nature of Prejudice*, Perseus Books, 1954.
- Alonso, Y., « Geophysical Variables and Behavior: LXXII. Barometric Pressure, Lunar Cycle, and Traffic Accidents », *Perceptual and Motor Skills* 77, n° 2 (1993): 371-76.
- Alves, D. W., et al., « Effect of Lunar Cycle on Temporal Variation in Cardiopulmonary Arrest in Seven Emergency Departments During 11 Years », *European Journal of Emergency Medicine* 10, n° 3 (2003): 225-28.
- Arai, J., et al., « Transgenerational Rescue of a Genetic Defect in Long-Term Potentiation and Memory Formation by Juvenile Enrichment », *Journal of Neuroscience* 29, n° 5 (2009): 1496-502.
- Aranda, M. P., « Relationship Between Religious Involvement and Psychological Well-Being: A Social Justice Perspective », *Health and Social Work* 33, n° 1 (2008): 9-21.
- Aspelmeyer, M., et Zeilinger, A., « A Quantum Renaissance », physicsworld.com, 1er juillet 2008.
- Associated Press, « Ancient Tribe Survives Tsunami », 6 janvier 2005.

  ———, « Ancient Tribes Touched by Tsunami », 14 janvier 2005.

  ———, « Fate of Indigenous Tribes Unknown », 4 janvier 2005.

  ———, « "Sea Gypsies" Tsunami Rebuild Curse », 14 janvier 2005.

– « The Authentic Expression of My Voice », Video, Global Oneness Project, 27 septembre 2006.

– Babayev, E., « Some Results of Investigations on the Space Weather Influence on Functioning of Several Engineering-Technical and Communication Systems and Human Health », *Astronomical and Astrophysical Transactions* 22, n° 6 (2003): 861-67.

– Baevsky, R. M., et al., « Meta-analyzed Heart Rate Variability, Exposure to Geomagnetic Storms, and the Risk of Ischemic Heart Disease », *Scripta Medica* (Brno) 70, n° 4-5 (1997): 201-6.

– Bailey, K. P., « Electrophysiological Kindling and Behavioral Sensitization as Models for Bipolar Illness: Implications for Nursing Practice », *Journal of the American Psychiatric Nurses Association* 5 (1999): 62-66.

– Bair, C. C., « The Heart Field Effect: Synchronization of Healer-Subject Heart Rates in Energy Therapy », *Advances in Body-Mind Medicine* 23, n° 4 (2008-9): 10-19.

– Barber, N., *Kindness in a Cruel World: The Evolution of Altruism.* Prometheus Books, 2004.

– « Barrio De Paz », Video, Global Oneness Project, 12 février 2007.

– Barsade, S. G., « The Ripple Effect: Emotional Contagion and Its Influence on Group Behavior », *Administrative Science Quarterly* 47 (2002): 644-75.

– Barsade, S. G., et Gibson, D. E., « Group Emotion: A View from Top and Bottom », *Research on Managing Groups and Teams* 1 (1998): 81-102.

– Barsade, Sigal G., et Gibson, Donald E., « Why Does Affect Matter in Organizations? », *Academy of Management Perspectives,* février 2007, 36-59.

– Barsade, Sigal G., et al., « The Affective Revolution in Organizational Behavior: The Emergence of a Paradigm » in J. Greenberg, ed., *Organizational Behavior: The State of the Science,* 3-52, Erlbaum Associates, 2003.

– Baruch, I., et al., « Latent Inhibition and "Psychotic Proneness" in Normal Subjects », *Personality and Individual Differences* 9 (1988): 777-83.

– Batson, C. D., « How Social an Animal? The Human Capacity for Caring », *American Psychologist* 45, n° 3 (1990): 336-46.

– Batson, C. Daniel, et Nadia Ahmad, « Four Motives for Community Involvement », *Journal of Social Issues* 58, n° 3 (2002): 429-45.

– Batson, C. D., et al., « Empathic Joy and the Empathy-Altruism Hypothesis », *Journal of Personality and Social Psychology* 61, n° 3 (1991): 413-26.

- Batson, C. D., et al., « Five Studies Testing Two New Egoistic Alternatives to the Empathy-Altruism Hypothesis », *Journal of Personality and Social Psychology* 55 (1988): 52-77.
- Batson, C. D., et al., « Is Empathic Emotion a Source of Altruistic Motivation? », *Journal of Personality and Social Psychology* 40, n° 2 (1981): 290-302.
- Batson, C. D., et al., « Negative-State Relief and the Empathy-Altruism Hypothesis », *Journal of Personality and Social Psychology* 56 (1989): 922-33.
- Batson, C. D., et al., « Perspective Taking: Imagining How Another Feels versus Imagining How You Would Feel », *Personality and Social Personality Bulletin* 23 (1997):751-58.
- Batty, David, « Dog Adopts Tiger Triplets », *Guardian*, 18 mai 2007. En ligne.
- Baumgartner, T., « Oxytocin Shapes the Neural Circuitry of Trust and Trust Adaptation in Humans », *Neuron* 58 (2008): 639-50.
- Beardsley, « In Focus: Evolution Evolving », *Scientific American*, septembre 1997, 15-16.
- Beauregard, Mario, et O'Leary, Denyse, *The Spiritual Brain: A Neuroscientist's Case for the Existence of the Soul*, HarperOne, 2007.
- Beck, Don, « Six Games to Glory: A Winning Strategy for the 1995 South African Springbok Team », manuscript non publié, 1995.

  ———. « World Cup Offers Insight into Rugby », *Dallas Morning News*, 16 mars 1995.

  ———. « World Cup Team New Symbol of Unity in South Africa », *Dallas Morning News*, 8 juin 1995.
- Beck, Don Edward, et Cowan, Christopher C., *Spiral Dynamics: Mastering Values, Leadership, and Change*, Blackwell, 2006.
- Becker, Robert O., *The Body Electric: Electromagnetism and the Foundation of Life*, Quill, 1985.
- « Bees and Ants "Operate in Teams" », *BBC News*, 23 mars 2009.
- Bellos, A., *Here's Looking at Euclid: A Surprising Excursion Through the Astonishing World of Math*, Free Press, 2010.
- Berk, M., et al., « Do Ambient Electromagnetic Fields Affect Behavior? A Demonstration of the Relationship Between Geomagnetic Storm Activity and Suicide », *Bioelectromagnetic* 27 (2006): 151-55.

- Berkman, Lisa F., et Syme, S. L., « Social Networks, Host Resistance, and Mortality: A Nine-Year Follow-up Study of Alameda County Residents », *American Journal of Epidemiology* 109, n° 2 (1979): 186-204.
- Bernhard, H., et al., « Parochial Altruism in Humans », *Nature* 442 (2006): 912-15.
- Bhattacharjee, C., et al., « Do Animals Bite More During a Full Moon? Retrospective Observational Analysis », *British Medical Journal* 321, n° 7376 (2000): 1559-61.
- Bishop, Orland, « Keynote Address », Connectivity, São Paulo, Brésil, 16-22 juillet 2006. En ligne.
- Blakely, Edward J., et Snyder, Mary Gail, *Fortress America: Gated Communities in the United States*, Brookings Institution, 1999.
- Blakely, E. J., et Snyder, M. G., « Separate Places: Crime and Security in Gated Communities », in M. Fleson and R. B., Peiser, eds., *Reducing Crime Through Real Estate Development and Management*, 53-70. Urban Land Institute, 1998.
- Blakeslee, S., « A Pregnant Mother's Diet May Turn the Genes Around », *New York Times*, 7 octobre 2003. En ligne.
- Block-Lerner, J., et al., « The Case of Mindfulness-Based Approaches in the Cultivation of Empathy: Does Nonjudgmental, Present-Moment Awareness Increase Capacity for Perspective-Taking and Empathic Concern? », *Journal of Marital and Family Therapy* 33, n° 4 (2007): 501-16.
- Boden-Albala, B., et al., « Social Isolation and Outcomes Post Stroke », *Neurology* 64, n° 11 (2005): 1888-92.
- Bohm, D. et al., « Dialogue: A Proposal », www.muc.de/~heuvel/dialogue/dialogue_proposal.html.
- Borris, Eileen R., « The Healing Power of Forgiveness », Occasional Paper n° 10, Institute for Multi-Track Diplomacy (Washington, D.C.), octobre 2003.
- Bramel, D., « The Strange Career of the Contact Hypothesis », in Y. T. Lee et al., eds., *The Psychology of Ethnic and Cultural Conflict*, 49-69, Praeger, 2004.
- Brooks, David, « They Had It Made », Op-ed, *New York Times*, 12 mai 2009. En ligne.
- Brosnan, S., et De Waal, B. M., « Animal Behaviour: Fair Refusal by Capuchin Monkeys », *Nature* 428 (2004): 140.

- Brown, D., et al., « Visual Sensitivity and Mindfulness Meditation », *Perceptual and Motor Skills* 58, n° 3 (1984): 727-33, 775-84.
- Broz, Svetlana, « Courage under Fire », *Greater Good* 3 (2006-7). En ligne.
- Bruhn, J. G., et Wolf., S., « Studies Reporting "Low Rates" of Ischemic Heart Disease: A Critical Review », *American Journal of Public Health* 60, n° 8 (1970): 1477-95.
- Bruhn, J. G., et al., « Social Aspects of Coronary Heart Disease in Two Adjacent, Ethnically Different Communities », *American Journal of Public Health* 56, n° 9 (1966): 1493-506.
- Buber, Martin, *I and You*, Continuum, 2004. (Disponible en français : *Je et tu,* éditions Aubier, 2001)
- Buchenau, J., « Global Darwin: Multicultural Mergers », *Nature* 462, n° 19 (2009): 284-85.
- Buettner, Dan, *The Blue Zones: Lessons for Living Longer from the People Who've Lived the Longest*, National Geographic Society, 2008.
- Bureau, Y., et Persinger, M. « Decreased Latencies for Limbic Seizures Induced in Rats by Lithium-Pilocarpine Occur when Daily Average Geomagnetic Activity Exceeds 20 Nanotesla », *Neuroscience Letters* 192 (1995): 142-44.
- Cairns, J., « The Origin of Mutants », Nature 335 (1988): 142-45.
- Campbell, Joseph, *The Hero with a Thousand Faces*, Princeton University Press, 2004. (Disponible en français : *Le Héros aux mille et un visages*, éditions Oxus, 2010)
- Carlson, Emily, « How Do Mothers Process Emotion About Their Own Babies? », *Wisconsin Week*, 27 février 2004. En ligne.
- Carson, S., « Decreased Latent Inhibition Is Associated with Increased Creative Achievement in High-Functioning Individuals », *Journal of Personality and Social Psychology* 85, n° 3 (2003): 499-506.
- Catmur, C., et al., « Sensorimotor Learning Configures the Human Mirror System », *Current Biology* 17 (2007): 1527-31.
- Cavendish, C., « The Big Society Is About Bowling Together », *London Times*, 23 septembre 2010. En ligne.
- « The Cell: Unraveling the Double Helix and the Secret of Life », *Time*, 19 avril 1971. En ligne.
- Chapman, S., et Morrell, S. « Barking Mad? Another Lunatic Hypothesis Bites the Dust », *British Medical Journal* 321, n° 7376 (2000): 1561-63.

- Chiao, J. Y., et Blizinsky, K. D., « Culture-Gene Coevolution of Individualism—Collectivism and the Serotonin Transporter Gene », *Proceedings of the Royal Society B: Biological Sciences* 277, n° 1681 (2010): 529-37.
- « Child Abuse May "Mark" Genes in Brains of Suicide Victims », *ScienceDaily*, 7 mai 2008.
- Chiltern Pierce, J., *Magical Child*, Bantam Books, 1980. (Disponible en français : *L'Enfant magique*, éditions Retz, 1982)
- Christakis, N., et Fowler, J., *Connected: The Amazing Power of Social Networks and How They Shape Our Lives*, HarperPress, 2010.
- Christakis, N. A., et al., « The Spread of Obesity in a Large Social Network over 32 Years », *New England Journal of Medicine* 357 (2007): 370-79.
- Christian, L. M., et al., « Stress and Wound Healing », *Neuroimmunomodulation* 13 (2006): 337-46.
- Chua, H. F., et al., « Cultural Variation in Eye Movements During Scene Perception », *Proceedings of the National Academy of Science of the United States of America* 102, n° 35 (2005): 12629-33.
- Church, R. M., « Emotional Reactions of Rats to the Pain of Others », *Journal of Comparative Physiological Psychology* 52 (1959): 132-34.
- Cialdini, R. B., et al., « Empathy-Based Helping: Is It Selflessly or Selfishly Motivated? », *Journal of Personality and Social Psychology* 52, n° 4 (1987): 749-58.
- Cialdini, R. B., et al., « Reinterpreting the Empathy-Altruism Relationship: When One into One Equals Oneness », *Journal of Personality and Social Psychology* 73, n° 93 (1997): 481-94.
- Clark, A., et Senik, C., « Who Compares to Whom? The Anatomy of Income Comparisons in Europe », IZA Discussion Papers 4414, Institute for the Study of Labor (Bonn, Allemagne), 2009.
- Climent, C. E., et Plutchik, R., « Lunar Madness: An Empirical Study », *Comprehensive Psychiatry* 18, n° 4 (1977): 369-74.
- Cloud, John, « Why Your DNA Isn't Your Destiny », *Time*, 6 janvier 2010. En ligne.
- Cohen, E. A., et al., « Rowers' High: Behavioural Synchrony Is Correlated with Elevated Thresholds », *Biology Letters* 6 (2010): 106-8.
- Cohen, S., et Popp, F.-A., « Biophoton Emission of the Human Body », *Journal of Photochemistry and Photobiology* 40 (1997): 187-89.

- Cohen, S., et al., « Social Integration and Health: The Case of the Common Cold », *Journal of Social Structure* 1, n° 3 (2000): 1-7.
- Cohen, S., et al., « Social Ties and Susceptibility to the Common Cold », *Journal of the American Medical Association* 277, n° 24 (1997): 1940-44.
- Cohen-Mansfield, J., et al., « Full Moon: Does It Influence Agitated Nursing Home Residents? », *Journal of Clinical Psychology* 45, n° 4 (1989): 611-14.
- Colman, A. M., « Love Is Not Enough: Other-Regarding Preferences Cannot Explain Payoff Dominance in Game Theory », *Behavioral and Brain Sciences* 30, n° 1 (2007): 22-23.
- Colman, A. M., et Browning, L., « Evolution of Cooperative Turn-Taking », *Evolutionary Ecology Research* 11 (2009): 949-63.
- Condon, W. S., « Method of Micro-analysis of Sound Films of Behavior », *Behavior Research Methods, Instruments and Computers* 2, n° 2 (1970): 51-54.
- Condon, W. S., et Sander, L. W., « Neonate Movement Is Synchronised with Adult Speech: Interactional Participation and Language Acquisition », *Science* 183 (1974): 99-101.
- Condon, W. S., et Sander, L. W., « Synchrony Demonstrated Between Movements of the Neonate and Adult Speech », *Child Development* 45 (1974): 456-62.
- Cornélissen, Germaine, et al., « Chronomes, Time Structures, for Chronobioengineering for "a Full Life" », *Biomedical Instrumentation and Technology* 33, n° 2 (1999): 152-87.
- Cornélissen, G., et al., « From Various Kinds of Heart Rate Variability to Chronocardiology », *American Journal of Cardiology* 66 (1990): 863-68.
- Cornélissen, G., et al., « Is a Birth-Month-Dependence of Human Longevity Influenced by Half-Yearly Changes in Geomagnetics? », *Proceedings of the XXV Annual Seminar, "Physics of Auroral Phenomena," Apatity* [2657b] (2002): 161-65.
- Cornélissen, G., et al., « Non-photic Solar Associations of Heart Rate Variability and Myocardial Infarction », *Journal of Atmospheric and Solar-Terrestrial Physics* 64 (2002): 707-20.
- Crisp, R. J., et Farr, M. J., « Moderation of Intergroup Memory Bias via Crossed Categorization », *Current Research in Social Psychology* 9, n° 9 (2004). En ligne.

– Dalai Lama et Howard C. Cutler. *The Art of Happiness in a Troubled World.* Hodder and Stoughton, 2009. (Disponible en français : L'art du bonheur, Sagesse et sérénité au quotidien – entretiens avec Howard Cutler, éditions Essai (poche), 2000.

– Daley, M., et al., « Relative Status and Well-being: Evidence from U.S. Suicide Deaths », *Federal Reserve Bank of San Francisco Working Paper Series*, n° 2007-12 (2008).

– Damasio, Antonio R., *Descartes' Error: Emotion, Reason, and the Human Brain.* Grosset/ Putnam, 1994. (Disponible en français : *L'Erreur de Descartes*, éditions Odile Jacob, 1997)

– Darwin, Charles, *The Origin of Species*, Wordsworth Editions, 1998. (Disponible en français : *L'Origine des espèces*, Flammarion, 1999)

– Davidson, R. J., et Irwin, W., « The Functional Neuroanatomy of Emotion and Affective Style », *Trends in Cognitive Sciences* 3 (1999): 11-21.

– Dawkins, R., *The Selfish Gene*, Oxford University Press, 1989. (Disponible en français : *Le Gène égoïste*, éditions Odile Jacob, 2003)

– Day, E., « Why Reality TV Works », *Observer*, 21 novembre 2010, 18-24.

– de Quervain, D. J.-F., et al., « The Neural Basis of Altruistic Punishment », *Science* 305 (2004): 1254-57.

– de Waal, Frans, *The Age of Empathy: Nature's Lessons for a Kinder Society*, Harmony Books, 2009. (Disponible en français : éditions Les liens qui libèrent, 2010)

———, « The Evolution of Empathy », *Greater Good*, automne/hiver 2005-6, 6-9.

———, « Putting the Altruism Back into Altruism: The Evolution of Empathy », *Annual Review of Psychology* 59 (2008): 279-300.

– del Giudice, Marco, et al., « Programmed to Learn? The Ontogeny of Mirror Neurons », *Developmental Science* 12 (2009): 350-63.

– Delavallade, A., « Research on Moon's Effect Could Illuminate Behavior », *Business Review* (Albany), 23 juin 1997. En ligne.

– Deschamps, J. C., et Doise, W., « Crossed Category Memberships in Intergroup Relations », in H. Tajfel, ed., *Differentiation Between Social Groups*, 141-58, Cambridge University Press, 1978.

– Detillion, C. E., et al., « Social Facilitation of Wound Healing », *Psychoneuroendocrinology* 29, n° 8 (2004): 1004-11.

– Di Pellegrino, G., et al., « Understanding Motor Events: A Neurophysiological Study », *Experimental Brain Research* 91 (1992): 176-80.

– Ditzen, B., et al., « Effects of Different Kinds of Couple Interaction on Cortisol and Heart Rate Responses to Stress in Women », *Psychoneuroendocrinology* 32, n° 5 (2007): 565-74.

– « Do Animals Think Like Autistic Savants? », *ScienceDaily*, 20 février 2008.

– Donovan, S., et al., *The Physical and Psychological Effects of Meditation*, chapitre 3. Institute of Noetic Sciences, 1997.

– Doolan, Robert, « Helpful Animals », *Creation* 17, n° 3 (1995): 10-14.

– Drew, E. J., et McGuigan, J. M., « Prevention of Crime: An Overview of Gated Communities and Neighborhood Watch », International Foundation for Protection Officers, www.ifpo.org/articlebank/gatedcommunity.html.

– Drexler, Madeleine, « Where DNA Meets Daily Life », *Harvard Public Health Review*, automne 2010, 4-9.

– Dugatkin, Lee Alan, *The Altruism Equation: Seven Scientists Search for the Origins of Goodness*, Princeton University Press, 2006.

———, *Cooperation Among Animals: An Evolutionary Perspective*. Oxford University Press, 1997.

– Dumé, Bell, « Entanglement Heats Up », physicsworld.com, 23 février 2006.

– Dunn, B. R., et al., « Concentration and Mindfulness Meditations: Unique Forms of Consciousness? », *Applied Psychophysiology and Biofeedback* 24, n° 3 (1999): 147-65.

– Eisenegger, C., et al., « Prejudice and Truth About the Effect of Testosterone on Human Bargaining Behaviour », *Nature* 463 (2010): 356-59.

– Elshakry, M., « Global Darwin: Eastern Enchantment », *Nature* 461, n° 2 (2009): 1200-1201.

– « Emory Brain Imaging Studies Reveal Biological Basis for Human Cooperation », *ScienceDaily*, 18 juillet 2002. En ligne.

– Engardio, Joel P., « Charity Begins @ Home », *San Francisco Weekly News*, 5 janvier 2000. En ligne.

– « Evolution Guides Cooperative Turn-Taking, Game Theory-Based Computer Simulations Show », *ScienceDaily*, 9 juillet 2009.

– « Exercise and Company: Fitter with Friends », *Economist*, 17 septembre 2009.

- Fehr, E., « The Effect of Neuropeptides on Human Trust and Altruism: A Neuroeconomic Perspective », in D. Pfaff et al., eds., *Hormones and Social Behavior,* 47-56, Springer-Verlag, 2008.
- Fehr, E., et Fischbacher, U., « The Nature of Human Altruisme, *Nature* 425 (2003): 785-91.
- Fehr, E., et Schmidt, K. M., « A Theory of Fairness, Competition and Cooperation », *Quarterly Journal of Economics* 114 (1999): 817-68.
- Fehr, E., et al., « Reciprocity as a Contract Enforcement Device: Experimental Evidence », *Econometrica* 65 (1997): 437-59.
- Finch, J., « Humble MD Who Is Never Knowingly Underpaid », *Guardian,* 7 mars 2008.
- « First Direct Recording Made of Mirror Neurons in Human Brain », *ScienceDaily*, 13 avril 2010.
- Fischbacher, U., et al., « Fairness, Errors and the Power of Competition », *Journal of Economic Behavior and Organization* 72 (2009): 527-45.
- Fischer, A., et al., « Recovery of Learning and Memory Is Associated with Chromatin Remodelling », *Nature* 447 (10 mai 2007): 178-82.
- Fixico, Donald L., *The American Indian Mind in a Linear World: American Indian Studies and Traditional Knowledge*, Routledge, 2003.
- Fogassi, L., et al., « Parietal Lobe: From Action Organization to Intention Understanding », *Science* 308 (2005): 662-67.
- Forte, M., et Mitrovica, J. X., « A Resonance in the Earth's Obliquity and Precession over the Past 20 Myr Driven-by-Mantle Convection », *Nature* 390 (1997): 676-80.
- Fowler, J. H., et Christakis, N. A., « Cooperative Behavior Cascades in Human Social Networks », *Proceedings of the National Academy of Sciences of the United States of America*, 8 mars 2010, www.pnas.org/cgi/doi/10.1073/pnas.0913149107.
- Fowler, J. H., et Christakis, N. A., « Dynamic Spread of Happiness in a Large Social Network: Longitudinal Analysis over 20 Years in the Framingham Heart Study », *British Medical Journal* 337 (2008): a2338.
- Fraser, A., et al., « Association of Maternal Weight Gain in Pregnancy with Offspring Obesity and Metabolic and Vascular Traits in Childhood », *Circulation* 121 (2010): 2557-64.
- Freedman, J., « White Paper: Emotional Contagion », *Sixseconds*, 14 avril 2007. En ligne.

- Friedman, H., et al., « Geomagnetic Parameters and Psychiatric Hospital Admissions », *Nature* 200 (1963): 626-28.
- Fromm, E., *The Anatomy of Human Destructiveness*, Fawcett Books, 1973.
- Gallese, V., « The "Shared Manifold" Hypothesis: From Mirror Neurons to Empathy », *Journal of Consciousness Studies* 8 (2001): 33-50.
- Gallese, V., et al., « Action Recognition in the Premotor Cortex », *Brain* 119, n° 2 (1996): 593-609.
- Gallese, V., et al., « Intentional Attunement: Mirror Neurons and the Neural Underpinnings of Interpersonal Relations », *Journal of the American Psychoanalytic Society* 55, n° 1 (2007): 131-75.
- Gallese, V., et al., « The Mirror Matching System: A Shared Manifold for Intersubjectivity », *Behavioral and Brain Sciences* 25, n° 1 (2002): 35-36.
- Gallese, V., et al., « A Unifying View of the Basis of Social Cognition », *Trends in Cognitive Sciences* 8, n° 9 (2004): 396-403.
- Gardner, A., et Grafen, A., « Capturing the Superorganism: A Formal Theory of Group Adaptation », *Journal of Evolutionary Biology* 22, n° 4 (2009): 659-71.
- Gazzola, V., et al., « The Anthropomorphic Brain: The Mirror Neuron System Responds to Human and Robotic Actions », *NeuroImage* 35 (2007): 1674-84.
- Gazzola, V., et al., « Aplasics Born Without Hands Mirror the Goal of Hand Actions with Their Feet », *Current Biology* 17 (2007): 1235-40.
- Gazzola, V., et al., « Empathy and the Somatotopic Auditory Mirror System in Humans », *Current Biology* 16 (2006): 1824-29.
- Gentleman, A., « Smile Please », *Guardian*, 19 octobre 2004. En ligne.
- Gershon, David, *Social Change 2.0: A Blueprint for Reinventing Our World,* High Point, 2009.
- Gerzon, M., *Global Citizens,* Harvard Business School Press, 2006.

  ———, *Leading Through Conflict: How Successful Leaders Transform Differences into Opportunities,* Harvard Business School Press, 2006.
- Gibson, L., « Mirrored Emotion », *University of Chicago Magazine* 98, n° 4 (2006). En ligne.
- Gintis, H., et al., « Explaining Altruistic Behavior in Humans », *Evolution and Human Behavior* 24 (2003): 153-72.

- Gislén, A., « Superior Underwater Vision in a Human Population of Sea Gypsies », *Current Biology* 13 (2003): 833-36.
- Gislén, A., et al., « Visual Training Improves Underwater Vision in Children », *Vision Research* 46, n° 20 (2006): 3443-50.
- Gladwell, Malcolm, *The Outliers: The Story of Success,* Penguin, 2009.

———, *The Tipping Point: How Little Things Can Make a Big Difference.* Little Brown, 2002. (Disponible en français : *Le point de bascule – Comment faire une grande différence avec de très petites choses*, Éditions LibreEntreprise, 2006)

- Gnevyshev, M. N., « Essential Features of the 11-Year Solar Cycle », *Solar Physics* 51 (1977): 175-82.
- Goddard, G. V., « Development of Epileptic Seizures Through Brain Stimulation at Low Intensity », *Nature* 214 (1967): 1020.
- Goodenough, W., « Navigation in the Western Carolines: A Traditional Science », In Laura Nadar, ed., *Naked Science: Anthropological Inquiry into Boundaries, Power, and Knowledge*, Routledge, 1996.
- Goodenough, W. H., et Thomas, Stephen D., « Traditional Navigation in the Western Pacific: A Search for Pattern », *Expedition* 29, n° 3 (1987): 3-14.
- Gøtzsche, P. C., et al., « Ghost Authorship in Industry-Initiated Randomised Trials », *PLoS Medicine* 4, n° 1 (2007): e19.
- Gould, Stephen Jay, *The Richness of Life*, Vintage Books, 2007.
- Gramling, R., et al., « Hormone Replacement Therapy, Family History and Incident Invasive Breast Cancer Among Postmenopausal Women in the Women's Health Initiative », *Epidemiology* 20 (2009): 752-56.
- Grandin, T., *Animals in Translation,* Scribner, 2005.
- Greene, J., et al., « An fMRI Investigation of Emotional Engagement in Moral Judgment », *Science* 293, n° 5537 (2001): 2105-108.
- Grinberg-Zylberbaum, J., et al., « The Einstein-Podolsky-Rosen Paradox in the Brain: The Transferred Potential », *Physics Essays* 7, n° 4 (1994): 422-28.
- Gurfinkel, I., et al., « Assessment of the Effect of a Geomagnetic Storm on the Frequency of Appearance of Acute Cardiovascular Pathology », *Biofizika* 43, n° 4 (1998): 654-58.
- Gutierrez-Garcia, J. M., et Tusell, F., « Suicides and the Lunar Cycle », *Psychological Reports* 80, n° 1 (1997): 243-50.

– Haisch, B., Rueda, A., et Puthoff, H. E., « Advances in the Proposed Electromagnetic Zero-Point Field Theory of Inertia », article présenté à l'AIAA 98-3143, Advances ASME/SAE/ASEE Joint Propulsion Conference and Exhibit, Cleveland, Ohio, 13-15 juillet 1998.

– Haisch, B., Rueda, A., et Puthoff, H. E., « Inertia as a Zero-Point-Field Lorentz Force », *Physical Review A* 49, n° 2 (1994): 678-94.

– Haisch, Bernhard, Rueda, Alfonso, et Puthoff, H. E., « Physics of the Zero-Point Field: Implications for Inertia, Gravitation and Mass », *Speculations in Science and Technology* 20 (1997): 99-114.

– Halberg, F., « Chronomics of Autism and Suicide », *Biomedicine and Pharmacotherapy* 59 (2005): S100-108.

———, « Historical Encounters Between Geophysics and Biomedicine Leading to the Cornélissen-Series and Chronoastrobiology », in W. Schröder, ed., *Long- and Short-Term Variability in Sun's History and Global Change,* 272, Science Edition [2465], 2000.

– Halberg, F., et al., « Cross-Spectrally Coherent about 10.5- and 21-Year Biological and Physical Cycles, Magnetic Storms and Myocardial Infarctions », *Neuroendocrinology Letters* 21 (2000): 233-58.

– Halberg, F., et al., « Cycles Tipping the Scale Between Death and Survival (="Life") », *Progress of Theoretical Physics,* suppl. 173 (2008): 153-81.

– Halberg, F., et al., « Subtraction and Addition of Heliomagnetics and Human Violence: Time Course of Transyears in Terrorism Mimics Their Cosmos », présentation au premier International Workshop, Physiology of Adaptation and Quality of Life: Problems of Traditional Medicine and Innovation, People's Friendship University of Russia, Moscou, 14-16 mai 2008.

– Hall, Barry G., « Adaptive Evolution That Requires Multiple Spontaneous Mutations, 1. Mutations Involving an Insertion Sequence », *Genetics* 120 (1988): 887-97.

– Hall, E. T., *Beyond Culture*, Anchor Books, 1989.

– Halpern, David, *Social Capital*, Polity Press, 2005.

– Han, S., et al., « Empathic Neural Responses to Others' Pain Are Modulated by Emotional Contexts », *Human Brain Mapping* 30 (2009): 3227-37.

– Haslam, S. A., et Reicher, S. D., « The Psychology of Tyranny », *Scientific American Mind* 16, n° 3 (2005): 44-51.

– Hatfield, E., et al., *Emotional Contagion*, Cambridge University Press, 1994.

– Hatfield, E., et al., « Primitive Emotional Contagion: Recent Research », in J. Decety and W. Ickes, eds., *The Social Neuroscience of Empathy*, MIT Press, 2011.

– Hawton, A., « The Impact of Social Isolation on the Health Status and Health-Related Quality of Life of Older People », *Quality of Life Research*, juillet 2010. En ligne. DOI: 10.1007/s11136-010-9717-2.25.

– He, J., « Body Mass and Blood Pressure in a Lean Population in Southwestern China », *American Journal of Epidemiology* 139, n° 4 (1994): 380-89.

———, « Dietary Macronutrients and Blood Pressure in Southwestern China », *Journal of Hypertension* 13, n° 11 (1995): 1267-74.

———, « Effect of Migration and Related Environmental Changes on Serum Lipid Levels in Southwestern Chinese Men », *American Journal of Epidemiology* 144, n° 9 (1996): 839-48.

– Heinkel-Wolfe, Peggy, « The Story Behind "Invictus": Man Aided Team Now on Screen », *Denton Record-Chronicle* (Denton, Texas), 24 décembre 2009.

– Henrich, J., et al., « Cooperation, Reciprocity and Punishment in Fifteen Small-Scale Societies », *American Economic Review* 91 (2001): 73-78.

– Hewstone, Miles, « Mixed Communities: How "Intergroup Contact" Can Promote Cohesion and Integration », présentation à la Housing and Community Cohesion Conference, Londres, 15 mars 2007.

– Hochschild, A., « The Chauffeur's Dilemma », *Greater Good*, automne/hiver 2005-6, 10-12.

– Holt-Lunstad, J., et al., « Social Relationships and Mortality Risk: A Meta-analytic Review », *PLoS Medicine* 7, n° 7 (2010): e1000316.

– Houston, Jean, *Jump Time: Shaping Your Future in a World of Radical Change*, Sentient Publications, 2004.

– « How Chimps Deal with Death: Studies Offer Rare Glimpses », *ScienceDaily*, 27 avril 2010.

– Hubbard, Barbara Marx, *Conscious Evolution: Awakening the Power of Our Social Potential.* New World Library, 1998.

– « Human-like Altruism Shown in Chimpanzees », *ScienceDaily*, 25 juin 2007.

– Hutton, W., « Fairness, Not Capitalism, Is the Issue », *Guardian*, 26 février 2010. En ligne.

– Iacoboni, M., et al., « Grasping the Intentions of Others with One's Own Mirror Neuron System », *PLoS Biology* 3, n° 3 (2005): e79.

- Institute of Noetic Sciences, *The 2007 Shift Report: Evidence of a World Transforming*, IONS Press, 2007.

  ———, *The 2008 Shift Report: Changing the Story of Our Future*, IONS Press, 2008.

- Ispas, Alexa, « Psyched Out by Numbers: Altruism and the .Dangers of Methodolatry », *EJOP (Europe's Journal of Psychology)*, 17 août 2007. En ligne.
- Ivanoff, J., « Sea Gypsies of Myanmar », *National Geographic*, avril 2005. En ligne.
- Jabbi, M., et al., « Empathy for Positive and Negative Emotions in the Gustatory Cortex », *Chemistry and Biology* 34, n° 4 (2007): 1744-53.
- Jacques, V., et al., « Experimental Realization of Wheeler's Delayed-Choice Gedankenexperiment », *Science* 315, n° 5814 (2007): 966-68.
- Jensen, K., « Chimpanzees Are Rational Maximizers in an Ultimatum Game », *Science* 318, n° 5847 (2007): 107-9.
- Jetten, J., et al., « The Social Cure? », *Scientific American Mind*, septembre/octobre 2009.
- Jirtle, R. L., « Epigenome: The Program for Human Health and Disease », *Epigenomics* 1, n° 1 (2009): 13-16.
- Jirtle, Randy L., et Weidman, Jennifer R., « Imprinted and More Equal », *American Scientist,* mars-avril 2007, 143-49.
- Johnson, Sharon, « Healing Power of Community », *Oregon Mail Tribune*, 3 mars 2009.
- Jones, P. K., et Jones, S. L., « Lunar Association with Suicide », *Suicide and Life-Threatening Behavior* 7, n° 1 (1977): 31-39.
- Kaati, G., et al., « Transgenerational Response to Nutrition, Early Life Circumstances and Longevity », *European Journal of Human Genetics* 15 (2007): 784-90.
- Kanas, Nick, « Notes for the Underground », Op-ed. *New York Times*, 29 août 2010.
- Kaplan, G. A., et al., « Social Connections and Mortality from All Causes and from Cardiovascular Disease: Prospective Evidence from Eastern Finland », *American Journal of Epidemiology* 128 (1988): 370-80.
- Kawachi, I., et al., « Social Capital, Income Inequality, and Mortality », *American Journal of Public Health* 87, n° 9 (1997): 1491-98.

- Kelly, J. R., et Barsade, S. G., « Mood and Emotions in Small Groups and Work Teams », *Organizational Behavior and Human Decision Processes* 86, n° 1 (2001): 99-130.
- Keltner, Dacher, *Born to Be Good: The Science of a Meaningful Life.* Norton, 2009.

———, « The Compassionate Instinct », *Greater Good* 1 (2004): 6-9.

- Keysers, C., et Fadiga, L., « The Mirror Neuron System: New Frontiers », *Social Neuroscience* 3, n° 3-4 (2008): 193-98.
- Keysers, C., et Gazzola, V., « Towards a Unifying Neural Theory of Social Cognition », in *Progress in Brain Research,* ed. S. Anders et al., 156: 379-401, Elsevier, 2006.
- Keysers, C., et al., « Audiovisual Mirror Neurons and Action Recognition », *Experimental Brain Research* 153 (2003): 628-36.
- Keysers, C., et al., « A Touching Sight: SII/VV Activation During the Observation and Experience of Touch », *Neuron* 42 (2004): 335-46.
- Kiecolt-Glaser, J. K., et al., « Hostile Marital Interactions, Proinflammatory Cytokine Production, and Wound Healing », *Archives of General Psychiatry* 62, n° 12 (2005): 1377-84.
- Kiecolt-Glaser, J. K., et al., « Marital Stress: Immunologic, Neuroendocrine, and Autonomic Correlates », *Annals of the New York Academy of Sciences* 840 (1998): 656-63.
- Kiecolt-Glaser, J. K., et al., « Negative Behavior During Marital Conflict Is Associated with Immunological Down-Regulation », *Psychosomatic Medicine* 55 (1993): 395-409.
- Kittenis, M., et al., « Distant Psychophysiological Interaction Effects Between Related and Unrelated Participants », *Proceedings of the Parapsychological Association Convention*, 2004, 67-76, as reported in D. Radin, *Entangled Minds*, 138-39, Paraview, 2006.
- Klag, M. J., « The Contribution of Urinary Cations to the Blood Pressure Differences Associated with Migration », *American Journal of Epidemiology* 142, n° 3 (1995): 295-303.
- Knight, Will., « Brain Scans Reveal Men's Pleasure in Revenge », *New Scientist,* 18 janvier 2006. En ligne.
- Kollerstrom, N., et Steffert, B., « Sex Difference in Response to Stress by Lunar Month: A Pilot Study of Four Years' Crisis-Call Frequency », *BMC Psychiatry* 3 (2003): 20.

- Kollewe, J., et Wood, Z., « John Lewis Staff to Share £151m in Bonuses », *Guardian*, 11 mars 2010. En ligne.
- Koski, S. E., et Sterchk, E. H. M., « Post-conflict Third-Party Affiliation in Chimpanzees: What's in It for the Third Party? », *American Journal of Primatology* 71, n° 5 (2009): 409-18. En ligne.
- Kowinski, W. S., « Pioneers of the Heart », *North Coast Journal* (Humboldt, California), 24 avril 2003. En ligne.
- Krakovsky, M., « When Feelings Go to Work », *Wharton Alumni Magazine*, printemps 2006, 24-26.
- Krivelyova, A., et Robotti, C., « Playing the Field: Geomagnetic Storms and the Stock Market », *Federal Reserve Bank of Atlanta Working Paper* 2003-5b, octobre 2003.
- Lamm, C., et al., « The Neural Substrate of Human Empathy: Effects of Perspective-Taking and Cognitive Appraisal », *Journal of Cognitive Neuroscience* 19 (2007): 42-58.
- Langergraber, K. E., et al., « The Limited Impact of Kinship on Cooperation in Wild Chimpanzees », *Proceedings of the National Academy of Sciences of the United States of America* 104 (2007): 7786-90.
- Lanzetta, J. T., et Englis, B. G., « Expectations of Cooperation and Competition and Their Effects on Observers' Vicarious Emotional Responses », *Journal of Personality and Social Psychology* 56, n° 4 (1989): 543-54.
- Laughlin, Robert B., *A Different Universe: Reinventing Physics from the Bottom Down*. Basic Books, 2005.
- Lewis, Thomas, et al., *A General Theory of Love*, Vintage, 2000.
- Lieber, A., « Human Aggression and the Lunar Synodic Cycle », *Journal of Clinical Psychiatry* 39, n° 5 (1978): 385-92.
- Lieber, A., et Sherin, C. R., « Homicides and the Lunar Cycle: Toward a Theory of Lunar Influence on Human Behavior », *American Journal of Psychiatry* 129 (1972): 69-74.
- Lindenberger, U., et al., « Brains Swinging in Concert: Cortical Phase Synchronization while Playing Guitar », *BMC Neuroscience* 10 (2009): 22.
- Lipton, Bruce, *The Biology of Belief: Unleashing the Power of Consciousness, Matter, and Miracles*, Hay House, 2008.
- Lipton, Bruce H., et Bhaerman, Steve. *Spontaneous Evolution: Our Positive Future (and a Way to Get There from Here)*, Hay House, 2009.

- « Loneliness Can Be Contagious », *ScienceDaily*, 2 décembre 2009. En ligne.
- Long, T., et al., « Relationship of Daily Geomagnetic Activity to the Occurrence of Temporal Lobe Seizures in an Epilepsy Monitoring Unit », article présenté à l'American Epilepsy Society, mai 1996. Résumé publié sur *Epilepsia*, 36(S4) (1996): 94.
- Lumey, L. H., « Decreased Birthweights in Infants After Maternal In Utero Exposure to the Dutch Famine of 1944–1945 », *Paediatric and Perinatal Epidemiology* 6, n° 2 (1992): 240-53.
- Luscombe, B., « Do We Need $75,000 a Year to Be Happy? », *Time*, 6 septembre 2010.
- Lutz, A., et al., « Attention Regulation and Monitoring in Meditation », *Trends in Cognitive Science* 12, n° 4 (2008): 163-69.
- Lutz, A., et al., « Regulation of the Neural Circuitry of Emotion by Compassion Meditation: Effects of Meditative Expertise », *PLoS One* 3, n° 3 (2008): e1897. En ligne.
- Mack, A., et Rock, I., « Inattentional Blindness: An Overview », *Current Directions in Psychological Science* 12, n° 5 (2003): 180-84.
- Manning, R., et al., « The Kitty Genovese Murder and the Social Psychology of Helping: The Parable of the 38 Witnesses », *American Psychologist* 62 (2007): 555-62.
- Markey, Sean, « Monkeys Show Sense of Fairness, Study Says », *National Geographic News*, 17 septembre 2003.
- Marmot, Michael G., et Syme, S. Leonard, « Acculturation and Coronary Heart Disease in Japanese-Americans », *American Journal of Epidemiology* 104, n° 3 (1976): 225-47.
- Marsh, Jason, « The Making of an Upstander », *Greater Good* 3 (2006-7). En ligne.
- Masson, Jeffrey, et McCarthy, Susan, *When Elephants Weep: The Emotional Lives of Animals*, Vintage, 1994. (Disponible en français : *Quand les éléphants pleurent – la vie émotionnelle des animaux*, Editions Albin Michel, 1997)
- Masuda, T., et Nisbett, R. E., « Attending Holistically vs. Analytically: Comparing the Context Sensitivity of Japanese and Americans », *Journal of Personality and Social Psychology* 81 (2001): 922-34.
- Mathew, V. M., et al., « Attempted Suicide and the Lunar Cycle », Pt. 1. *Psychological Reports* 68, n° 3 (1991): 927-30.

- McCarthy, R., et Kiser, G., « Number of U.S. Millionaires Soared in 2009 », *Huffington Post*, 9 mai 2010.
- McConnachie, J., « The Political Gene: How Darwin's Ideas Changed Politics. By Dennis Sewell », *Sunday Times* (Londres), 8 novembre 2009. En ligne.
- McCraty, Rollin, et al., « The Electricity of Touch: Detection and Measurement of Cardiac Energy Exchange Between People », in Karl H. Pribram, ed., *Brain and Values: Is a Biological Science of Values Possible?*, 359-79. Lawrence Erlbaum, 1998.
- McGowan, P. O., et al., « Diet and the Epigenetic (Re)programming of Phenotypic Differences in Behavior », *Brain Research* 1237 (2008): 12-24.
- McGowan, P. O., et al., « Promoter-Wide Hypermethylation of the Ribosomal RNA Gene Promoter in the Suicide Brain », *PLoS One* 3, n° 5 (2008): e2085.
- McMinn, D., « The Sun, the Moon, and the Number 56 », *TSAA Newsletter* (Technical Securities Analysts Association of San Francisco), avril 1996. En ligne.
- McPherson, M., et al., « Birds of a Feather: Homophily in Social Networks », *Annual Review of Sociology* 27 (2001): 415-44.
- McTaggart, Lynne, *The Field: The Quest for the Secret Force of the Universe*, HarperCollins,
- 2002. (Disponible en français : *Le Champ de la cohérence universelle – La quête de la science pour comprendre le champ de la cohérence universelle*, éditions Ariane, 2008)

———, *The Intention Experiment: Using Your Thoughts to Change Your Life and the World.* Free Press, 2007. (Disponible en français : *La Science de l'intention – Utiliser ses pensées pour transformer sa vie et le monde*, éditions Ariane, 2008)

- Meaney, M. J., et Szyf, M., « Environmental Programming of Stress Responses Through DNA Methylation: Life at the Interface Between a Dynamic Environment and a Fixed Genome », *Dialogues in Clinical Neuroscience* 7, n° 2 (2005): 103-23.
- « Memory Restored in Mice Through Enriched Environment: New Hope for Alzheimer's », *ScienceDaily*, 30 avril 2007.
- Meredith, C., « Tit for Tat », *The Slab* (Australian Broadcasting Corporation), 1998. En ligne.

- Michon, A., et Persinger, M., « Experimental Simulation of the Effects of Increased Geomagnetic Activity upon Nocturnal Seizures in Epileptic Rats », *Neuroscience Letters* 224 (1997): 53-56.
- Mikulecky, M., « Lunisolar Tidal Waves, Geomagnetic Activity and Epilepsy in the Light of Multivariate Coherence », *Brazilian Journal of Medical and Biological Research* 29 (1996): 1069-72.
- Mill, J., et al., « Epigenomic Profiling Reveals DNA-Methylation Changes Associated with Major Psychosis », *American Journal of Human Genetics* 82, n° 3 (2008): 696-711.
- Mills, Kelly, « Bringing the "Social" to Epidemiology: S. Leonard Syme, Ph.D », *Public Health Magazine*, University of California at Berkeley, printemps 2006: 22-23.
- Misra, N., « Stone Age Cultures Survive Tsunami Waves », Associated Press, 4 janvier 2005. En ligne.
- Mizun, Y. G., et Mizun, P. G., *Space and Health*, Znanie, 1984.
- Moll, J., et al., « Human Fronto-Mesolimbic Networks Guide Decisions about Charitable Donation », *Proceedings of the National Academy of Sciences of the United States of America* 103 (2006): 15623-28.
- Monroe, Kristen Renwick, *The Heart of Altruism: Perceptions of a Common Humanity*, Princeton University Press, 1996.
- Mott, M., « Did Animals Sense Tsunami Was Coming? », *National Geographic News*, 4 janvier 2005. En ligne.
- Moyer, M. W., « You're Happy, I'm Happy », *Scientific American Mind*, septembre/octobre 2010, 13.
- Müller-Fahrenholz, Geiko, *The Art of Forgiveness: Theological Reflections on Healing and Reconciliation*, WCC Publications, 1997.
- Murphy, M., et al., *The Physiological and Psychological Effects of Meditation: A Review of Contemporary Research, with a Comprehensive Bibliography, 1931-1996,* Institute of Noetic Sciences, 1997.
- Myers Lowe, R., « Combating Childhood Obesity May Start in the Womb », Reuters, 14 mai 2010. En ligne.
- Naish, John, *Enough: Breaking Free from the World of Excess*, Hodder and Stoughton, 2009.
- Nakamura, K., et Hiramatsu, M., « Ultra-Weak Photon Emission from Human Hand: Influence of Temperature and Oxygen Concentration on Emission », *Journal of Photochemistry and Photobiology B: Biology* 80, n° 2 (2005): 156-60.

- Neal, R. D., et Colledge, M., « The Effect of the Full Moon on General Practice Consultation Rates », *Family Practice* 17, n° 6 (2000): 472-74.
- Neumann, R., et Strack, F., « "Mood Contagion": The Automatic Transfer of Mood Between Persons », *Journal of Personality and Social Psychology* 79 (2000): 211-23.
- Neumann, R., et al., « The Influence of Mood on the Intensity of Emotional Responses: Disentangling Feeling and Knowing », *Cognition and Emotion* 15, n° 6 (2001): 725-47.
- « The New "Epigenetics": Poor Nutrition in the Womb Causes Permanent Genetic Changes in Offspring », *ScienceDaily*, 14 avril 2009.
- Newberg, A., « Cerebral Blood Flow During Meditative Prayer: Preliminary Findings and Methodological Issues », *Perceptual and Motor Skills* 97 (2003): 625-30.
- Newberg, A. B., et Iversen, J., « The Neural Basis of the Complex Mental Task of Meditation: Neurotransmitter and Neurochemical Considerations », *Medical Hypotheses* 61, n° 2 (2003): 282-91.
- Newman, M. E. J., « The Structure and Function of Complex Networks », *SIAM Review* (Society for Industrial and Applied Mathematics) 45 (2003): 167-256.
- Nicolson, S., « Child Vampire Hunters Sparked Comic Crackdown », *BBC News*, 22 mars 2010. En ligne.
- Nisbett, Richard E., *The Geography of Thought: How Asians and Westerners Think Differently—and Why*, Nicholas Brealey, 2009.
- Nisbett, R., et Masuda, T., « Culture and Point of View », *Proceedings of the National Academy of Sciences of the United States of America* 100, n° 19 (2003): 11163-70.
- Nitsche, M., « Are the Stabilizing and Destabilizing Influences of the Planetary Gravitational Field on the Structural Formation of Biological Patterns Real? », Lecture at the 10th Conference on Synergetics and Complexity Research, Self-Organization in Psychology, Psychiatry and Social Sciences, Bavière, Allemagne, 6-8 juin 2002.
- Nitschke, J. B., et al., « Orbitofrontal Cortex Tracks Positive Mood in Mothers Viewing Pictures of Their Newborn Infants », *NeuroImage* 21, n° 2 (2004): 583-92.
- Oatley, K., « A Feeling for Fiction », *Greater Good*, automne/hiver 2005-6, 12-15.

– O'Connell, S. M., « Empathy in Chimpanzees: Evidence for Theory of Mind? », *Primates* 36, n° 3 (1995): 397-410.

– O'Connor, R. P., et Persinger, M. A., « Geophysical Variables and Behavior LXXXII: A Strong Association Between Sudden Infant Death Syndrome (SIDS) and Increments of Global Geomagnetic Activity. Possible Support for the Melatonin Hypothesis », *Perceptual and Motor Skills* 84 (1997): 395-402.

– O'Dea, James, *Creative Stress: A Path for Evolving Souls Living Through Personal and Planetary Upheaval*, autopublié, 2010.

– Oderda, G. M., et Klein-Schwartz, W., « Lunar Cycle and Poison Center Calls », *Journal of Toxicology and Clinical Toxicology* 20, n° 5 (1983): 487-95.

– Oliner, S., *Do unto Others: Extraordinary Acts of Ordinary People*, Westview Press, 2003.

– Oraevskii, N., et al., « Medico-Biological Effect of Natural Electromagnetic Variations », *Biofizika* 43, n° 5 (1998): 844-48.

– Oraevskii, V. N., et al., « An Influence of Geomagnetic Activity on the Functional Status of the Body », *Biofizika* 43, n° 5 (1998): 819-26.

– Ormel, Johan, et al., « Vulnerability Before, During, and After a Major Depressive Episode: A 3-Wave Population-Based Study », *Archives of General Psychiatry* 61 (2004): 990-96.

– Ou, J. N., et al., « Histone Deacetylase Inhibitor Trichostatin A Induces Global and Gene-Specific DNA Demethylation in Human Cancer Cell Lines », *Biochemical Pharmacology* 73, n° 9 (2007): 1297-307.

– Page, L. B., et al., « Antecedents of Cardiovascular Disease in Six Solomon Island Societies », *Circulation* 49 (1974): 1132-46.

– Panksepp, J., « The Anatomy of Emotions », in R. Plutchik, ed., *Emotion: Theory, Research and Experience,* vol. 3: *Biological Foundations of Emotions,* 91-124, Academic Press, 1986.

———, « The Neurobiology of Emotions: Of Animal Brains and Human Feelings », in T. Manstead et H. Wagner, eds., *Handbook of Psychophysiology,* 5-26, Wiley, 1989.

– Park, Alice, « Study: Money Isn't Everything—But Status Is! », *Time*, 23 mars 2010. En ligne.

– Pembrey, M. E., et al., « Sex-Specific, Male-Line Transgenerational Responses in Humans », *European Journal of Human Genetics* 14 (2006): 159-66.

– Persinger, M., « Sudden Unexpected Death in Epileptics Following Sudden, Intense, Increases in Geomagnetic Activity: Prevalence of Effect and Potential Mechanisms », *International Journal of Biometeorology* 38 (1995): 180-87.

– Petro, M., et al., « An Influence of Changes of Magnetic Field of the Earth on the Functional State of Humans in the Conditions of Space Mission », Conférence donnée à l'International Symposium Computer Electro-Cardiograph on Boundary of Centuries, Moscou, 27-30 avril 1999.

– Pettigrew, T. F., « Intergroup Contact Theory », *Annual Review of Psychology* 49 (1998): 65-85.

– Pettigrew, T. F., et Tropp, L R., « A Meta-analytic Test of Intergroup Contact Theory », *Journal of Personality and Social Psychology* 90, n° 5 (2006): 751-83.

– Phillips, N. J., et al., « Absence of Pupil Response to Blur-Driven Accommodation », *Vision Research* 32, n° 9 (1992): 1775-79.

– Pichon, S., et al., « Emotional Modulation of Visual and Motor Areas by Dynamic Body Expressions of Anger », *Social Neuroscience* 3, n° 3-4 (2008): 199-212.

– Piliavin, M., « Good Samaritanism: An Underground Phenomenon? », *Journal of Personality and Social Psychology* 13, n° 4 (1969): 289-99.

– Pitzke, M., « The World As We Know It Is Going Down », *Spiegel,* 18 septembre 2008. En ligne.

– Popp, F.-A., et al., « Mechanism of Interaction Between Electromagnetic Fields and Living Organisms », *Science in China* (Series C), 43, n° 5 (2000): 507-18.

– Post, R. M., « Transduction of Psychosocial Stress into the Neurobiology of Recurrent Affective Disorder », *American Journal of Psychiatry* 149 (1992): 999-1010.

– Post, S. G., « Altruism, Happiness and Health: It's Good to Be Good », *International Journal of Behavioral Medicine* 12, n° 2 (2005): 66-77.

– Potter, M., et Davey, J., « M&S Profit Rise Lags Rivals », Reuters, 25 mai 2010. En ligne.

– Pray, Leslie A., « Epigenetics: Genome, Meet Your Environment », *Scientist* 18, n° 13 (2004): 14-20.

– Preston, S. D., et de Waal, F. B. M., « Empathy: Its Ultimate and Proximate Bases », *Behavioral and Brain Sciences* 25 (2002): 1-72.

- Preston, S. D., et al., « The Neural Substrates of Cognitive Empathy », *Social Neuroscience* 2, n° 3-4 (2007): 254-75.
- « Public Conversations Project, "Talking with the Enemy" », *Boston Globe*, 28 janvier 2001.
- Pugh, S. D., « Service with a Smile: Emotional Contagion in the Service Encounter », *Academy of Management Journal* 44, n° 5 (2001): 1018-27.
- Pusey, J., « Global Darwin: Revolutionary Road », *Nature* 462, n° 12 (2009): 162-63.
- Puthoff, H. E., « Ground State of Hydrogen as a Zero-Point-Fluctuation-Determined State », *Physical Review D* 35 (1987): 3266.
- Putnam, Robert D., *Bowling Alone: The Collapse and Revival of American Community*. Simon & Schuster, 2000.

———, « E Pluribus Unum: Diversity and Community in the Twenty-First Century: The 2006 Johan Skytte Prize Lecture », *Scandinavian Political Studies* 30, n° 2 (2007): 137–74.

———, « Social Capital: Measurement and Consequences », *ISUMA: Canadian Journal of Policy Research* 2, n° 1 (2001): 41-51.

- Putnam, R. D., et Campbell, David E., *American Grace: How Religion Divides and Unites Us*, Simon & Schuster, 2010.
- Putnam, Robert D., et Feldstein, Lewis M., *Better Together: Restoring the American Community*, Simon & Schuster, 2003.
- Putnam, Robert, et al., « The Social Capital Community Benchmark Survey », www. hks.harvard.edu/saguaro/communitysurvey/results_pr.html.
- Radin, D. I., « Event-Related EEG Correlations Between Isolated Human Subjects », *Journal of Alternative and Complementary Medicine* 10 (2004): 315-24.
- Radin, D. I., et Schlitz, M. J., « Gut Feelings, Intuition and Emotions: An Exploratory Study », *Journal of Alternative and Complementary Medicine* 11, n° 5 (2005): 85-91.
- Ramkissoon, Anton, « Karma Kitchen in Northwest D.C. Serves Trust and Generosity », *Washington Post*, 6 mai 2010. En ligne.
- Rand, Ayn, *The Fountainhead,* Signet, 1996. (Disponible en français : *La Source Vive*, éditions Jeheber, 1945)
- Raps, Avi, et al., « Geophysical Variables and Behavior: LXIX. Solar Activity and Admission of Psychiatric Inpatients », *Perceptual and Motor Skills* 74 (1992): 449.

- Rasenberger, J., « Nightmare on Austin Street », *American Heritage,* 5 octobre 2006. En ligne.
- Reed, D., et al., « Social Networks and Coronary Heart Disease Among Japanese Men in Hawaii », *American Journal of Epidemiology* 117 (1983): 384-96.
- Reiman, J., « The Impact of Meditative Attentional Training on Measures of Select Attentional Parameters and on Measures of Client-Perceived Counsellor Empathy », *Dissertation Abstracts International* 46, n° 6A (1985): 1569.
- « Relationships Improve Your Odds of Survival by 50 Percent, Research Finds », *ScienceDaily*, 27 juillet 2010.
- Rettner, R., « Brain's 'Fairness' Spot Found », *LiveScience*, 24 février 2010. En ligne.
- Rice, G. E., et Gainer, P., « "Altruism" in the Albino Rat », *Journal of Comparative and Physiological Psychology* 55 (1962): 123-25. *TTh. The Empathic Civilization: The Race to Global Consciousness in a World in Crisis*, Polity, 2009.
- Riley, Naomi Schaefer, « Getting to Know You », *Wall Street Journal,* 15 mai 2009.
- Rilling, J., et al., « A Neural Basis for Social Cooperation », *Neuron* 35, n° 2 (2002): 395-405.
- Rimé, Bernard, et Zech, E., « The Social Sharing of Emotions; Interpersonal and Collective Dimensions », *Boletin de Psicologia* 70 (2001): 97-108.
- Rimé, Bernard, et al., « Beyond the Emotional Event: Six Studies on the Social Sharing of Emotion », *Cognition and Emotion* 5, n° 5-6 (1991): 435-65.
- Rizzolatti, G., et Craighero, L., « Mirror Neuron: A Neurological Approach to Empathy », in Jean-Pierre Changeux et al., eds., *Neurobiology of Human Values,* 108-23, Springer-Verlag, 2005.
- Rizzolatti, G., et Craighero, L., « The Mirror Neuron System », *Annual Review of Neuroscience* 27 (2004): 169-92.
- Rizzolatti, Giacomo, et Sinigaglia, Corrado, *Mirrors in the Brain: How Our Minds Share Actions and Emotions*, Oxford University Press, 2008.
- Rosenblum, B., et Kuttner, F., « The Observer in the Quantum Experiment », *Foundations of Physics* 32, n° 8 (2002): 1273-93.
- Rossouw, Jacques E., et al., « Risks and Benefits of Estrogen Plus Progestin in Healthy Postmenopausal Women: Principal Results from the Women's Health Initiative Randomized Controlled Trial », *Journal of the American Medical Association* 288 (2002): 321-33.

- Ruby, P., et Decety, J., « How Would You Feel versus How Do You Think She Would Feel? », *Journal of Cognitive Neuroscience* 16, n° 6 (2004): 988-99.
- Russell, C. T., et al., « The Permanent and Induced Magnetic Dipole Moment of the Moon », *Proceedings of the Fifth Lunar Conference* 3 (1974): 2747-60.
- Sample, I., « Working in a Team Increases Human Pain Threshold », *Guardian*, 16 septembre 2009.
- Sanders, J. V., « I Am the Son of Sam », *Fortean Times* (Londres), août 2002. En ligne.
- Saul, John Ralston, *The Collapse of Globalism*, Atlantic Books, 2005.
- « Sawubona »,Video, Global Oneness Project, 27 septembre 2006.
- Scanlan, J. M., et al., « CD4 and CD8 Counts Are Associated with Interactions of Gender and Psychosocial Stress », *Psychosomatic Medicine* 60, n° 5 (1998): 644-53.
- Schedlowski, M., et al., « Psychophysiological, Neuroendocrine and Cellular Immune Reactions under Psychological Stress », *Neuropsychobiology* 28 (1993): 87-90.
- Scherwitz, L., et al., « Self-Involvement and Coronary Heart Disease Incidence in the Multiple Risk Factor Intervention Trial », *Psychosomatic Medicine* 48 (1986): 187-99.
- Scheving, L. E., et Halberg, F., *Chronobiology: Principles and Applications to Shifts in Schedules*, Kluwer Academic, 1981.
- Schulte-Rüther, M., et al., « Mirror Neuron and Theory of Mind Mechanisms Involved in Face-to-Face Interactions: A Functional Magnetic Resonance Imaging Approach to Empathy », *Journal of Cognitive Neuroscience* 19, n° 8 (2007): 1354-72.
- « The Sea Gypsies », *60 Minutes*, 20 mars 2005.
- Search for Common Ground, « Cooperative Problem-Solving: A Guide for Turning Conflicts into Agreements », 2003. En ligne.
- Sephton, S. E., et al., « Diurnal Cortisol Rhythm as a Predictor of Breast Cancer Survival », *Journal of the National Cancer Institute* 92, n° 2 (2000): 994-1000.
- Sewell, Dennis, « Charles Darwin and the Children of the Evolution », *London Times*, 8 novembre 2009.
- Shankleman, M., « Income Envy "Makes You Ill" », *BBC News*, 20 avril 2009.

- Shapiro, J. A., « Bacteria Are Small but Not Stupid: Cognition, Natural Genetic Engineering and Socio-Bacteriology », *Studies in History and Philosophy of Science Part C: Studies in History and Philosophy of Biological and Biomedical Sciences* 38, n° 4 (2007): 807-19.

  ———, « Mobile DNA and Evolution in the 21st Century », *Mobile DNA* 1 (2010): 4.

  ———, « Revisiting the Central Dogma in the 21st Century », *Annals of the New York Academy of Sciences* 1178 (2009): 6-28.

  ———, « A 21st Century View of Evolution », *Journal of Biological Physics* 28 (2002): 1-20.

- Shenk, Joshua Wolf., « What Makes Us Happy? », *Atlantic*, juin 2009.
- Shepherd, S. V., et al., « Latency of Social-Cued Attention Signals in Macaque Area LIP », conférence donnée à Neuroscience 2007, le 37e congrès annuel de la Society for Neuroscience, San Diego, 2007.
- Sherif, M., et al., *The Robbers Cave Experiment: Intergroup Conflict and Cooperation, 1954*, University of Oklahoma Institute of Group Relations, 1961.
- Sigmund, K., et Hauert, C., « Altruism », *Current Biology* 12, n° 8 (2002): R270-2.
- Simons, D. J., et Chabris, C. F., « Gorillas in Our Midst: Sustained Inattentional Blindness for Dynamic Events », *Perception* 28 (1999): 1059-74.
- Simons, D. J., et Levin, D. T., « Failure to Detect Changes to People During a Real-World Interaction », *Psychonomic Bulletin and Review* 5 (1998): 644-49.
- Singer, T., et Fehr, E., « The Neuroeconomics of Mind Reading and Empathy », *American Economic Review* 95, n° 2 (2005): 340-45.
- Singer, T., et al., « Empathic Neural Responses Are Modulated by the Perceived Fairness of Others », *Nature* 439 (2006): 466-69.
- Singer, T., et al., « Empathy for Pain Involves the Affective but Not Sensory Components of Pain », *Science* 303, n° 5661 (2004): 1157-62.
- Sitar, J., « The Causality of Lunar Changes on Cardiovascular Mortality », *Casopis Lekaru Ceskych* 129 (1990): 1425-30.
- Slagter, H. A., et al., « Mental Training Affects Distribution of Limited Brain Resources », *PLoS Biology* 5, n° 6 (2007): e138.
- Smolin, Lee, *The Trouble with Physics*, Penguin, 2006. (Disponible en français : *Rien ne va plus en physique ! L'échec de la théorie des cordes*, éditions Dunod, 2007)

- Snyder, A. W., et al., « Savant-Like Skills Exposed in Normal People by Suppressing the Left Fronto-Temporal Lobe », *Journal of Integrative Neuroscience* 2, n° 2 (2003): 149-58.
- « Social Isolation Worsens Cancer, Mouse Study Suggests », *ScienceDaily*, 29 septembre 2009.
- Spiegel, D., et Sephton, S. E., « Psychoneuroimmune and Endocrine Pathways in Cancer: Effects of Stress and Support », *Seminars in Clinical Neuropsychiatry* 6, n° 4 (2001): 252-65.
- Stafford, N., « Laughter: It's Catching », *Nature News*, 12 décembre 2006. En ligne.
- Standish, L., et al., « Electroencephalographic Evidence of Correlated Event-Related Signals Between the Brains of Spatially and Sensory Isolated Human Subjects », *Journal of Alternative and Complementary Medicine* 10, n° 2 (2004): 307-14.
- Starbuck, S., et al., « Is Motivation Influenced by Geomagnetic Activity? », *Biomedicine and Pharmacotherapy* 56 (2002): 289s-97s.
- Staub, E., et Vollhardt, J., « Altruism Born of Suffering: The Roots of Caring and Helping After Victimization and Other Trauma », *American Journal of Orthopsychiatry* 78, n° 3 (2008): 267-80.
- Stenhouse, D., « Tales of the Gorbals Vampire », *Sunday Times* (Londres), 28 mars 2010.
- Steptoe, A., et Diez Roux, Ana V., « Happiness, Health, and Social Networks », Editorial, *British Medical Journal* 339 (2009): a2781.
- Sterelny, Kim, *Dawkins vs. Gould: Survival of the Fittest*, Icon Books, 2007.
- Stern, S., « How to Respond when the Truth Hurts », *Financial Times*, 25 mai 2010. En ligne.
- Stoilova, I., et Zdravev, T., « Influence of the Geomagnetic Activity on the Human Functional Systems », *Journal of the Balkan Geophysical Society* 3, n° 4 (2000): 73-76.
- Stoupel, E., « Relationship Between Suicide and Myocardial Infarction with Regard to Changing Physical Environmental Conditions », *International Journal of Biometeorology* 38, no. 4 (1994): 199-203.
- Stoupel, E., et al., « Clinical Cosmobiology: The Lithuanian Study, 1990–1992 », *International Journal of Biometerology* 38 (1995): 204-8.

———, « Suicide-Homicide Temporal Interrelationship, Links with Other Fatalities and Environmental Physical Activity », *Crisis* 26 (2005): 85-89.

- « The Subway Samaritan », *Time*, 19 janvier 1970.
- Sutton, R. I., « Boss Luis Urzúa and the Trapped Miners in Chile: A Classic Case of Leadership, Performance, and Humanity », *Psychology Today*, 6 septembre 2010.
- Swan, G. E., et Carmelli, D., « Curiosity and Mortality in Aging Adults: A 5-Year Follow-Up of the Western Collaborative Group Study », *Psychology and Aging* 11 (1996): 449-53.
- Syme, L., « Historical Perspective: The Social Determinants of Disease—Some Roots of the Movement », *Epidemiological Perspectives and Innovations*, 2 (2005): 2.
- Syme, S. L., et al., « Cultural Mobility and the Occurrence of Coronary Heart Disease », *Journal of Health and Human Behavior* 6 (1965): 178-89.
- Syme, S. L., et al., « Epidemiologic Studies of Coronary Heart Disease and Stroke in Japanese Men Living in Japan, Hawaii and California: Introduction », *American Journal of Epidemiology* 102, n° 6 (1975): 477-80.
- Syme, S. L., et al., « Some Social and Cultural Factors Associated with the Occurrence of Coronary Heart Disease », *Journal of Chronic Diseases* 17 (1964): 277-89.
- Szyf, M., « The Role of DNA Hypermethylation in Cancer and Cancer Therapy », *Current Oncology* 15, n° 2 (2008): 72-75.
- Szyf, M., et al., « DNA Demethylation and Cancer: Therapeutic Implications », *Cancer Letters* 211, n° 2 (2004): 133-43.
- Szyf, M., et al., « DNA Methylation and Breast Cancer », *Biochemical Pharmacology* 68, n° 6 (2004): 1187-97.
- Szymanski, Richard, « Can Changing Neighborhood Traffic Circulation Patterns Reduce Crime and Improve Personal Safety? A Quantitative Analysis of One Neighborhood's Efforts », thèse de maîtrise non publiée, Florida Atlantic University, Department of City and Regional Planning, 1994.
- « Tailholt Residents Build Community Center », Cherokee News Path, 10 mars 2005. En ligne.
- Tajfel, H., « Experiments in Intergroup Discrimination », *Scientific American* 223 (1970): 96-102.
- « Teenagers Hit by Soap Opera Virus », Reuters, 19 mai 2006.
- Templer D., et Veleber, D., « The Moon and Madness: A Comprehensive Perspective », *Journal of Clinical Psychology* 36, n° 4 (1980): 865-68.

– Thioux, M., et al., « Action Understanding: How, What and Why », *Current Biology* 18, n° 10 (2008): 431-34.

– Thomas, C. B., et Ross, D. C., « Precursors of Hypertension and Coronary Disease Among Healthy Medical Students: Discriminant Function Analysis V. Family Attitudes », *Johns Hopkins Medical Journal*, 123 (1968): 283-96.

– Thompson, J. presenter, « On Forgiveness and Social Healing », Panel Discussion on the Role of Forgiveness in Social Healing, Harvard Divinity School, 31 octobre 2005. En ligne : www.humiliationstudies.org/documents/ThompsonForgiveness.pdf.

– Tierney, Ruth, « The Search for Happiness », *Sunday Times* (Londres), 20 décembre 2009. En ligne.

– Todes, D., « Global Darwin: Contempt for Competition », *Nature* 462, n° 5 (2009): 36-37.

– Tremmel, P. V., « Culture of "We" Buffers Genetic Tendency to Depression », *Northwestern University News*, 27 octobre 2009.

– Tricomi, E., et al., « Neural Evidence for Inequality-Averse Social Preferences », *Nature* 463 (2010): 1089-91.

– Tucker, Chris, « New Maps of Hope: Breaking Out of the Trap of Race », *D Magazine* (Dallas), octobre 1991.

– « Tuning in to Genius », *BBC News*, 7 octobre 1999.

– University of Leicester, « Research Shows That "Invisible Hand" Guides Evolution of Cooperative Turn-Taking », Press release, *Science News*, 8 juillet 2009.

– Uvnas-Moberg, K., et Petersson, M., « Oxytocin, A Mediator of Anti-stress », *Zeitschrift für Psychosomatische Medizin und Psychotherapie* 51, n° 1 (2005): 57-80.

– Van de Gaag, C., et al., « Facial Expressions: What the Mirror Neuron System Can and Cannot Tell Us », *Social Neuroscience* 2, n° 3-4 (2007): 179-222.

– Van Stambrouck, Paul, « Getting Radical in California—1990s Style », charityfocus.org.

– Vanderwal, T., « Everyone Around You Acting Strange? Maybe It's a Full Moon », *Olympian* (Olympia, Washington), 15 septembre 2003.

– Vedral, V., « A Better Than Perfect Match », *Nature* 439 (2006): 397.

———, « Quantifying Entanglement in Macroscopic Systems », *Nature* 453 (2009): 1004-7.

———, « Where Does Life Come From? », *Straits Times*, 31 janvier 2009, 8.

- Vormbrock, J. K., et Grossberg, J. M., « Cardiovascular Effects of Human–Pet Dog Interactions », *Journal of Behavioral Medicine* 11 (1988): 509-17.
- Wade, Dorothy, « So What Do You Have to Do to Find Happiness? », *Sunday Times* (Londres), 2 octobre 2005. En ligne.
- Waller, J., « Dancing Death », *BBC News*, 12 septembre 2008. En ligne.
- Warneken, F., et Tomasello, M., « Altruistic Helping in Human Infants and Young Chimpanzees », *Science* 311 (2006): 1301-3.
- Warneken, F., et al., « Spontaneous Altruism by Chimpanzees and Young Children », *PLoS Biology* 5, n° 7 (2007): 1414-20.
- Warren, J. E., et al., « Positive Emotions Preferentially Engage an Auditory-Motor Mirror System », *Journal of Neuroscience* 26, n° 50 (2006): 13067-75.
- Waterland, R. A., et Jirtle, R. L., « Transposable Elements: Targets for Early Nutritional Effects on Epigenetic Gene Regulation », *Molecular Cell Biology* 23 (2003): 5293-300.
- Waterland, R. A., et al. « Methyl Donor Supplementation Prevents Transgenerational Amplification of Obesity », *International Journal of Obesity* 32, n° 9 (2008): 1373-79.
- Wechkin, J. H., et al., « Altruistic Behavior in Rhesus Monkeys », *American Journal of Psychiatry* 121 (1964): 584-85.
- Weaver, I. C., et al., « Epigenetic Programming by Maternal Behavior », *Nature Neuroscience* 7, n° 8 (2004): 847-54.
- Weaver, I. C., et al., « Maternal Care Effects on the Hippocampal Transcriptome and Anxiety-Mediated Behaviors in the Offspring That Are Reversible in Adulthood », *Proceedings of the National Academy of Sciences of the United States of America* 103, n° 9 (2006): 3480-85.
- Weaver, I. C., et al., « Reversal of Maternal Programming of Stress Responses in Adult Offspring Through Methyl Supplementation: Altering Epigenetic Marking Later in Life », *Journal of Neuroscience* 25, n° 47 (2005): 11045-54.
- Webber, J., et Rathbone, J. P., « Man in the News: Luis Urzúa », *Financial Times* (Londres), 15 octobre 2010.
- Weinberg, Steven, « What Is an Elementary Particle? », *Beam Line: A Periodical of Particle Physics* 27 (printemps 1997): 17-21.
- Wessely, S., « Protean Nature of Mass Sociogenic Illness », *British Journal of Psychiatry* 180 (2002): 300-306.

- « What Is a Scab? », *BBC News*, 4 mars 2004.
- Wicker, B., et al., « Both of Us Disgusted in My Insula: The Common Neural Basis of Seeing and Feeling Disgust », *Neuron* 40 (2003): 655-64.
- Wilkinson, R., et Pickett, Kate, *The Spirit Level: Why More Equal Societies Almost Always Do Better*, Allen Lane/Penguin, 2009.
- Williams, J. B., et al., « A Model of Gene-Environment Interactions Reveals Altered Mammary Gland Gene Expression and Increased Tumor Growth Following Social Isolation », *Cancer Prevention Research* 2 (2009): 850.
- Williams, P., et West, M., « EEG Responses to Photic Stimulation in Persons Experienced at Meditation », *Electroencephalography and Clinical Neurophysiology* 39, n° 5 (1975): 519-22.
- Wright, S., « Fat Cats in Terror After Anti-Capitalists Attack Fred the Shred's Home », *London Daily Mail Online*, 26 mars 2009.
- Wolf, S., et Bruhn, J. G., *The Power of Clan*, Transaction, 1993.
- Wolf, S., et al., « Roseto Revisited: Further Data on the Incidence of Myocardial Infarction in Roseto and Neighboring Pennsylvania Communities », *Transactions of the American Clinical and Climatological Association* 85 (1973): 100-108.
- Wolf, S., et al., « Roseto, Pennsylvania 25 Years Later—Highlights of a Medical and Sociological Survey », *Transactions of the American Clinical and Climatological Association*

Index analytique

A

B

C

D

E

F

G

H

I

J

K

L

M

N

O

P

S

T

U

V

W

Y

Z

Au sujet de l'auteure

Journaliste de renommée internationale, Lynne McTaggart est aussi l'auteure de deux best-sellers : *Le Champ de la Cohérence universelle*, et *La Science de l'Intention*, ce dernier apparaissant dans *Le Symbole perdu*, le livre de Dan Brown. Cofondatrice et directrice éditoriale de « What Doctors Don't Tell You », elle publie des articles sur la santé mondialement reconnus. Elle est aussi l'éditrice de *Living the Field*, un cours qui enseigne comment utiliser la science du champ dans la vie quotidienne. Sa société donne des conférences et organise des ateliers très suivis sur la santé et la spiritualité. Elle fait autorité dans le domaine de la science de la spiritualité.

Faites une connexion plus profonde

Si vous avez apprécié *Le Lien* et désirez aller plus loin, consultez le site en anglais, www.thebond.net, pour en savoir davantage.

L'auteure, Lynne McTaggart, a préparé un éventail de programmes pour vous aider à appliquer les idées contenues dans *Le Lien*. Vous pouvez aussi demander à recevoir ses articles hebdomadaires, sa lettre d'information et les pages de son réseau social.

Pour découvrir d'autres livres, programmes et activités, allez sur le site en anglais : www.lynnemctaggart.com.

www.thebond.net

Table des matières

Dans la même collection

MASSIMO TEODORANI

Synchronicité

Le rapport entre physique et psyché
de Pauli et Jung à Chopra

De mystérieux événements synchrones semblent parsemer nos vies. Tandis qu'une pensée affleure, un fait, qui renferme toujours un sens profond dont le but est de conduire nos vies vers leur destin, se produit à l'improviste, dans un synchronisme parfait. L'objectif de ce livre est de démontrer que le phénomène de la « synchronicité » est depuis longtemps étudié, en particulier par les physiciens quantiques. Ces recherches plongent leurs racines dans l'alliance durable et harmonieuse entre le grand psychologue analytique *Carl Gustav Jung* et le physicien quantique *Wolfgang Pauli*.

Un livre qui s'adresse à tous les passionnés de physique et de psychologie, à ceux qui ne se contentent pas d'attribuer des phénomènes parfois incroyables au hasard et qui veulent en savoir plus en puisant dans les connaissances de personnages scientifiques éminents.

Dans la même collection

Massimo Teodorani

Entanglement

L'intrication quantique,
des particules à la conscience

Le phénomène de l'intrication quantique est l'aspect le plus bouleversant jamais dévoilé par la physique quantique contemporaine et semble intéresser non seulement les particules élémentaires, mais également le monde macroscopique et psychique.

L'auteur, en utilisant un langage clair et accessible à tous, nous conduit, au cours d'un voyage enthousiasmant, dans les laboratoires et les centres de recherche du monde entier où se déroulent certaines des plus grandes aventures scientifiques, dans un crescendo prenant qui nous mène du monde microscopique des photons et des électrons aux mystères de l'ADN, du cerveau et de la conscience, jusqu'aux phénomènes psychiques et à ceux de conscience collective.

Un seul mécanisme physique synchrone semble unir tous ces phénomènes, où particules, matière et conscience se fondent en une seule réalité holographique, en rendant des phénomènes comme la télépathie, la téléportation, la clairvoyance, la vision à distance et la psychokinésie, concrets et intelligibles.

Dans la même collection

Massimo Teodorani

Tesla
L'éclair du génie

Tout sur sa vie, sa formation, ses inventions et son intelligente sensibilité…

De mystérieux événements synchrones semblent parsemer nos vies. L'histoire de la science n'a pas toujours rendu l'hommage qu'ils méritaient à ses acteurs principaux. Au contraire, elle a souvent fait la part belle à des imposteurs, à des opportunistes dénués de scrupules ou à de véritables plagiaires. Nikola Tesla a été l'un des plus grands inventeurs que le monde ait jamais connus. Nous lui devons l'énergie électrique – le courant alternatif en particulier – que nous utilisons tous les jours, mais aussi d'autres découvertes très nombreuses comme les ampoules fluorescentes (néon), la radio, la télévision, le radar, la turbine, les robots, les appareils électro-thérapeutiques, autant d'innovations qui ont trop souvent été attribuées aux stars des livres scolaires : Edison pour l'énergie électrique, Marconi pour la radio… Très peu sont ceux qui connaissent sa carrière, pluridisciplinaire mais contrariée, et sa mémoire est aujourd'hui encore occultée, comme celle de tous les génies incompris. Ce livre souhaite tirer sa vie et ses inventions de ce type d'oubli rassurant et les restituer fidèlement dans leur vérité en rendant hommage à ses recherches, à son intelligence et à son originalité, laquelle lui valut de sérieux ennuis. Cet ouvrage est structuré en deux parties : la première se penche sur l'homme et ses travaux tandis que la seconde est plus strictement scientifique.

Dans la même collection

Massimo Teodorani

David Bohm
La physique de l'infini

David Bohm est connu comme l'un des esprits les plus grands et originaux du siècle passé. Scientifique et philosophe, ses découvertes et ses réflexions ont influencé de manière décisive la physique contemporaine.

L'une des principales découvertes de Bohm, le « potentiel quantique », ce paramètre invisible de la physique – si proche de la conscience – en mesure de guider l'existence tout entière, des particules élémentaires aux organismes complexes, lui a permis de formuler une version totalement innovante et néanmoins rigoureuse de la mécanique quantique.
Deux réalités – celle de la matière et celle de la conscience – qui interagissent de façon synchrone et harmonieuse, et que Bohm entendait décrire à l'aide d'un modèle physico-mathématique en mesure d'offrir un principe unifiant. L'univers de Bohm, en partant de la physique de l'infiniment petit, aboutit à une cosmologie complètement neuve où l'esprit et la matière cohabitent en harmonie. L'œuvre de Bohm est l'un des rares exemples de vraie sagesse dans le domaine scientifique : il souligne les difficultés qu'il faut affronter pour atteindre des vérités scientifiques et philosophiques qui vont bien au-delà du simple monde matériel. Ce livre est à la fois une histoire de courage dans le milieu de la physique et un mini-traité, aussi bien scientifique que philosophique, de grand intérêt pour quiconque se pose des questions sur la structure intime de la réalité.

Dans la même collection

Richard Bartlett
La Physique des Miracles

Pénétrez dans le champ du potentiel de la conscience

Préparez-vous à pénétrer dans un monde où
vos perceptions de l'humainement et du physiquement possible
ne seront plus jamais pareilles

Il y a une dizaine d'années, le docteur Richard Bartlett fit une découverte renversante en exerçant son métier de chiropracteur. En focalisant intensément son attention sur les maux de ses patients tout en les touchant légèrement, il fut capable de libérer et de soigner leurs tensions instantanément. Dans *La Physique des Miracles*, le docteur Bartlett explore en profondeur ce processus révolutionnaire connu sous le nom de *Matrice énergétique*, également le titre de son *best-seller*. En se fondant sur ses séminaires dynamiques, destinés à révéler l'énergie subtile qui est en nous, Richard Bartlett nous livre des concepts novateurs dans la guérison et la transformation, et offre aux lecteurs les outils et la connaissance permettant d'accéder à cette faculté miraculeuse. Comme le démontre le Dr Bartlett, cette pratique n'exige aucun entraînement spécial, induit des transformations rapides et vous donne la clé d'un tout nouveau niveau de puissance, de conscience et de potentiel dans votre vie.

Dans la même collection

RICHARD BARTLETT

Matrice énergétique

Pénétrez dans le champ du potentiel de la conscience

Préparez-vous à pénétrer dans un monde
où vos perceptions de l'humainement et du physiquement possible
ne seront plus jamais pareilles

Il y a une dizaine d'années, le docteur Richard Bartlett fit une découverte renversante en exerçant son métier de chiropracticien. En focalisant intensément son attention sur les maux de ses patients tout en les touchant légèrement, il fut capable de libérer et de soigner leurs tensions instantanément. Dans *La Physique des miracles*, le docteur Bartlett explore en profondeur ce processus révolutionnaire connu sous le nom de *Matrice énergétique,* également le titre de son best-seller. En se fondant sur ses séminaires dynamiques, destinés à révéler l'énergie subtile qui est en nous, Richard Bartlett nous livre des concepts novateurs dans la guérison et la transformation et offre aux lecteurs les outils et la connaissance permettant d'accéder à cette faculté miraculeuse. Comme le démontre le Dr Bartlett, cette pratique n'exige aucun entraînement spécial, induit des transformations rapides et vous donne la clé d'un tout nouveau niveau de puissance, de conscience et de potentiel dans votre vie.

Aux lecteurs de Macro Éditions

Ce livre est publié dans la collection
« Science et Connaissance » de *Macro Éditions*.

À vous tous qui recherchez de nouvelles techniques pour mieux vivre
et ressentir un bien-être plus profond...
À vous tous qui désirez réaliser vos rêves...
À vous tous qui êtes ouverts à l'innovation, prêts à remettre en question
vos convictions et à changer vos habitudes les plus ancrées...

*... **Macro Éditions** dédie ses livres.*

Macro Éditions traite sans tabous les sujets au cœur de l'actualité, tous ceux qui correspondent à vos attentes : spiritualité ; métamorphose du « soi » ; santé du corps, de l'âme et de l'esprit ; nouvelle science et sagesse antique. Vous trouverez l'art de guérir et sa multiplicité de moyens.
Et cela grâce à l'enseignement des plus grands maîtres dont notre maison d'édition se fait le porte-parole.

Venez découvrir notre catalogue complet sur notre site
www.macrolivres.com

Renseignements à :
contact@macrolivres.com

Notice bibliographique

Le Lien Quantique / Cesena - Italie : *Macro Éditions*, 2012 .
400 p. ; 20,5 cm (Science et Connaissance)
Titre original : *The Bond. Connecting through the space between us.*
Traduction de Madeleine Le Jeune
ISBN 978-88-6229-263-4
1. Physique et Philosophie